Cristiano Barbieri - Michele Tronchin

Disturbi del comportamento alimentare e matrimonio canonico

Cover: Serena Aureli
Progetto grafico e impaginazione: Servizi Grafici Editoriali Srl - Roma

© 2010 Gregorian & Biblical Press
Piazza della Pilotta 35, 00187 - Roma
books@biblicum.com - www.gbpress.net

ISBN 978-88-7839-**159**-8

PREFAZIONE

Michael P. Hilbert, S.J.

Sono ben lieto di poter presentare il volume "Disturbi del comportamento alimentare e matrimonio canonico", di don Michele Tronchin e del prof. Cristiano Barbieri. Sono stato infatti il Moderatore della dissertazione per il dottorato di don Michele, che affrontava appunto i problemi derivanti dai disturbi del comportamento alimentare sul consenso matrimoniale canonico *ex can.* 1095, nn. 2-3, nella dottrina e giurisprudenza rotale. Tale tesi, profonda ed esaustiva, è stata discussa nel 2006 nella Facoltà di Diritto Canonico della Pontificia Università Gregoriana, e costituisce la parte più propriamente canonistica dell'opera. D'altra parte, il prof. Cristiano Barbieri, Professore di Medicina Legale nella Facoltà di Giurisprudenza dell'Università degli Studi di Pavia e dell'Università Cattolica del Sacro Cuore di Piacenza, è già un autorevole e noto esperto nel campo della medicina forense, autore di molti studi scientifici e apprezzate perizie per i Tribunali ecclesiastici. In modo particolare, il suo volume "La coppia coniugale: attualità e prospettive in medicina canonistica", LEV 2007, offre un valido contributo della medicina al diritto canonico, non solo per gli addetti al lavoro nei tribunali ecclesiastici ma anche al dibattito antropologico e culturale in senso più ampio. Con questo volume il lavoro dei due Autori avrà certo una più ampia e meritata diffusione.

Desidero inoltre sottolineare che il presente volume si inserisce in una serie di studi promossi dalla Facoltà di Diritto Canonico della Gregoriana sulle varie patologie psicologiche e psichiatriche

che influiscono sulla capacità di emettere un valido consenso matrimoniale canonico, inibendola o inficiandola. Da più di vent'anni, i progetti di ricerca in cui sono coinvolti i professori e i dottorandi della nostra Facoltà hanno voluto costruire un dialogo interdisciplinare tra canonisti, psicologi e psichiatri necessario e proficuo, la cui importanza è ribadita dalla stessa istruzione "Dignitas Connubii" nell' art. 209: "...il giudice non ometta di chiedere al perito se una o entrambe le parti, al tempo del matrimonio fossero affette da una particolare anomalia abituale o transitoria; quale ne fosse la gravità; quando, per quali cause e in quali circostanze tale anomalia abbia avuto origine e si sia manifestata" (§ 1). In questa serie di studi abbiamo pertanto voluto sviluppare queste tematiche per un utile e approfondito progresso scientifico, affrontando *ex professo* i vari disturbi della personalità, dalla schizofrenia alla paranoia, dalle varie dipendenze da sostanze stupefacenti ai problemi derivanti dall'alimentazione, sempre passando attraverso il filtro della giurisprudenza canonica. Il presente volume si può dire dunque veramente interdisciplinare: Barbieri e Tronchin scrivono insieme tre capitoli su problematiche comuni, mentre ciascuno presenta poi a sua volta gli elementi più nettamente psicologici e canonistici. Per parte sua, Barbieri ha collaborato con gli esperti Pierluigi Roncaroli, Pietro Taverna, e Alessandra Luzzago. La postfazione, di S.E. Mons. Antoni Stankiewicz, Decano della Rota Romana, rende l'opera ancora più completa ed equilibrata.

Il tema stesso dell'opera e la sua attualità è un ulteriore motivo di interesse. I disturbi alimentari sono un fenomeno relativamente recente, una malattia sociale, concentrata nel mondo occidentale, spesso oggetto di studi sociologici e servizi clamorosi nei *mass-media*. Si tratta inoltre di un problema che tocca altri temi rilevanti: il ruolo della donna nella società, la formazione dell'identità personale, l'influsso della pubblicità. La genesi e il percorso dei disturbi alimentari presentano dunque una sfida ai giudici ecclesiastici, impegnati nella ricerca della verità ed in fedeltà alla dottrina cattolica sul vincolo matrimoniale. Il perito ed il giudice debbono muoversi su di un comune terreno antropologico, cioè su di una visione dell'uomo equilibrata e realista, che rifugga i facili ottimismi come ogni pessimismo paralizzante: questo dovrebbe poter permettere una comunicazione tra i vari saperi tale da rispettare i propri campi di conoscenza e le specifiche metodologie, per riconoscere l'essenza e le proprietà del matrimonio, identificando i parametri (a volte anche non precedentemente esplicitati) di un'eventuale incapacità. Quando si tratta di disturbi del comportamento alimentare, le scienze psicologiche e psichiatriche, la dottrina canonica e la giurisprudenza rotale dovranno continuare a chiarire tutti questi elementi al servizio della retta amministrazione della giustizia. L'opera che viene qui pubblicata sarà, mi auguro, un contributo importante a tale impegno.

Saggio introduttivo

L'AMBIGUO DIALOGO
TRA ANORESSIA E DISMORFOFOBIA

Bruno Callieri

È questo un tema tipicamente rivelatore dell'equivoco psicosomatico della corporeità, della psicosomatica come luogo privilegiato di comunicazione tra mente e corpo, dove il disagio si esprime attraverso i canoni di una visione che tiene ben separato il corpo dalla mente.

A me pare invece mera astrazione ostinarsi a considerare il "mio corpo" separato dalla "mia mente", e da tempo mi accade di pensarlo in termini di partner: il *corpo-vissuto*, il "mio corpo", come il mio più intimo partner.

Se il corpo è il corpo vissuto, fonte continua di eventi, di emozioni, di partecipazioni, di coinvolgimenti, io lo sento come mio inseparabile compagno.

Se invece lo vedo solo come una compagine di carne e ossa, allora lo guardo come me allo specchio, con i segni della vecchiaia ben evidenti, mentre, come *corpo-proprio*, lo scorgo come *me-storia*, non come qualche cosa che mi porta, ma come *io-portante*: un po' come accade nella cultura indiana, in quella zen e nel taoismo. Quello che si riconosce come *l'errore* di Cartesio (Damasio)[1], io lo riproporrei come il *destino* di Cartesio: un destino occidentale di dualismo e di separazione. Quel *corpo-proprio* che, attraverso i dialet-

---

1. Damasio A.R., *L'errore di Cartesio. Emozione, ragione e cervello umano*, Adelphi, Milano, 2005.

ti dei sintomi, diviene strumento di comprensione flessibile e fecondo, fonte di realtà duale, di *noità* (la *Wirheit* di Martin Buber)[2].

Ogni volta che mi è dato imbattermi come medico, in una persona anoressica, mi accorgo, come medico, dell'importanza di distinguere e differenziare il *guardare* dal *vedere*, lo sguardo dalla vista.

Ciò mi è occorso appieno incontrando nella sua abitazione la cinquantenne Zoe, che aveva avuto, poco più che ventenne, un grave stato di "depressione con anoressia", con astenia, insonnia, inquietudine immotivata, per alcuni mesi. Il figlio me l'ha descritta come meticolosa, coscienziosa, scrupolosa. Zoe è stata sempre attenta a mantenere la linea, senza esagerazioni nel controllo alimentare. Difficile distinguere in lei l'ambito *salutistico* da quello *estetico*. Negli ultimi mesi è divenuta più taciturna, spesso assorta, ma sempre abbastanza vivace ed indaffarata, con netto aumento del tempo trascorso davanti allo specchio, quasi "palpandosi con gli occhi", con uso aumentato di creme estetiche idratanti. L'alimentazione si è progressivamente ridotta, vegetali e frullati di frutta: ciò viene da lei minimizzato.

Nell'incontro con me è apparsa diffidente e quasi "scocciata": molto magra e avvizzita, con pelle inaridita e secca. Sul tema della pelle e dell'estetica si è, invece, dilungata. Vede allo specchio il suo naso come divenuto ingrossato e secco (questa mi è sembrata una vera e propria dismorfofobia, come vista da Morselli nel 1891[3], da Thomas nel 1987[4], dalla Philllis, 1991[5]). Aumentata l'attenzione al

---

2. Buber M., *Io e Tu*, in: Buber M., *Il principio dialogico e altri saggi*, a cura di Poma A., Edizioni San Paolo, Cinisiello Balsamo (Mi), 1993.

3. Morselli E., *Sulla dismorfofobia e sulla tafefobia*, "Bollettino della Regia Accademia di Genova", 6, 1891, pp. 110-119.

4. Thomas C.S., *Anorexia nervosa and dysmorphophobia*, "British Journal of Psychiatry", 150, 1987, pp. 406-407.

5. Phillips K.A., *Body Dysmorphic Disorder: The Distress of Imagined Ugliness*, "American Journal of Psychiatry", 148, 1991, pp. 1138-1149.

naso (che lei vuol far dimagrire) con vere e proprie illusioni (non allucinazioni, né pareidolìe) dermatoscopiche, vere e proprie "macropsie di settore" ("…vede come è diventato secco, screpolato e ingrossato dentro?"), con netta ideazione prevalente, quasi ossessionante, come accade in ogni tipologia anoressica, con timore di perdere o di avere irrimediabilmente perduto la bellezza. Zoe mi è sembrata *figée* in un tempo che ormai non scorreva più. Molto *sensitiva* (nel senso di Kretschmer[6]), tanto da non uscire di casa per non sentirsi osservata.

L'ulteriore decorso me l'ha mostrata intrappolata in questo vicolo cieco, evocando alcune anoressie tardive (Nathan, 1928)[7], alcune nevrosi dismorfiche (Schachter, 1971)[8] e certe mirabili pagine ad hoc di Gabriella Ripa di Meana (1995)[9] e di Recalcati e Zuccardi Merli (2006)[10].

È qui necessario accennare al senso esistenziale ed al significato "mondano" e interpersonale di questa peculiare modalità dell'esistere, che è costitutiva della configurazione anoressica. Come non ricordare qui l'ipocondria di bellezza (la *Schönheitshypochondrie* di Jahrreis, 1930)[11]? Il tema privilegiato dell'in-

---

6. Kretschmer E., *Der sensitive Beziehungswahn*, Springer, Berlin, 1918.
7. Nathan M., *Une forme tardive d'anorexie mentale*, Presse Médicale, 1928, cit. in: Callieri B., *Un raro polimorfismo somatopsichico: anoressia tardiva e dismorfofobia*, "Informazione psicologia, psicoterapia, psichiatria", 24/25, 1996, pp. 3-8.
8. Schachter M., *Névroses dysmorphiques (complexe de laideur) et délire ou conviction délirante de dysmorphie*, "Annales medico-psychologiques", 129, 1971, pp.723-746.
9. Ripa di Meana G., *Figure della leggerezza. Anoressia. Bulimia. Psicanalisi*, Astrolabio Ubaldini, Roma, 1995.
10. Recalcati M., Zuccardi Merli U., *Anoressia, bulimia e obesità*, Bollati Boringhieri, Torino, 2006.
11. Jahrreiss, W., *Das hypochondrische Denken*, Archiv für Psychiatrie, 92, 1930, pp. 686-823.

vestimento libidico della propria corporeità è il culto del proprio corpo, in toto o di sue parti: ad es., l'idolatria del muscolo pettorale in certi fanatici culturisti. L'idolatria della propria figura (vestita?) in alcune indossatrici (quasi sacrificali). Questa figura (di cui è profluvio in ogni settimanale "serio") si incarna nell'utopica accentuazione o negazione fantastica di quella particolare datità corporea: il seno, il fondoschiena, le cosce, il volto...favorendo irresistibili pulsioni anoressiche (penso anche all'acuto volumetto di Englander, 1999[12]) *versus* dismorfofobie, come acutamente anticipato nel 1983 da Umberto Galimberti[13], alla frontiera dell'immaginario e degli stereotipi socio-culturali.

Col *corpo-parola* delle donna (Buzzati e Salvo, 1995)[14] emergono qui sistemi simbolici che inducono negatività che si fanno segno e immagine a smascherare un'ansia profonda; grazie anche alla pervasività della cosmesi e della fiction, e all'onnipotenza dell'inesorabile influenzamento televisivo.

Certo, è soprattutto nell'età adolescenziale e giovanile che l'anoressia mentale (con la gemella bulimia) emerge come *appetizione della magrezza* (la *Magersucht*, una vera e propria tossicomania) in cui la magrezza estetica del proprio corpo si pone come *valore generativo*, come *scopo primario*, *senza limiti*: donde le recenti aperture di Mendonça *pro matrimonii nullitate* per il can. 1095 n.3[15] e l'insistere sul prevalere di un linguaggio somatico intensamente pervaso di emotività (Palazzoli Selvini, 1963[16];

---

12. Englander N., *Per alleviare insopportabili impulsi*, Einaudi, Milano, 1999.
13. Galimberti U., *Il corpo*, Feltrinelli, Milano, 1983.
14. Buzzati G., Salvo A. (a cura di), *Corpo a corpo: Madre e figlia nella psicoanalisi*, Laterza, Roma-Bari, 1995.
15. Mendonça A., Sangal N., Effetti dell'anoressia e della bulimia nervosa sul consenso matrimoniale, Monitor Ecclesiasticus, 121, 1996, pp. 611-654.
16. Palazzoli Selvini M., *L'anoressia mentale*, Milano, Feltrinelli, 1963.

Garfinkel e Garner, 1982[17]; Bruch, 1988[18]; Cuzzolaro, 2004[19]).

In tal senso, "il corpo e i suoi fantasmi" (Castellana, 1995)[20] manifesta assenza ed esaltazione, enigmatica contesa fra *corpo-natura* e *corpo-cultura*, fra *cibo-farmaco* e *cibo-veleno*[21], tra incorporazione e astinenza.

Ecco, imperioso, l'aggancio al cibo, come veicolante le malattie dell'immagine, dell'immagine che si propone come emaciamento spettrale, tormentata sempre dal *rischio di ingrassare*; ecco l'esodo quasi *parafilico* da una fecondità ripudiata, dal grande polo orale dell'incorporazione, all'ardore consunto delle sante anoressiche, dagli inflessibili rituali di evitamento, costellati di specchi inquietanti come in una certa fiaba di Basile[22]: dal corpo osceno al corpo sublime, in tutti gli infingimenti di un corpo stremato (la binswangeriana Ellen West[23]), assorbito dal nucleo depressivo irriducibile che, a parere del D.S.M., permea lo spettro degli *eating disorders*.

Da qui l'imperioso richiamo alla coscienza del corpo, al legame tra schema corporeo e identità personale, al ruolo degli affetti nella formazione e nel sostegno dell'immagine corporea e, non ultimo, alla donazione di senso a quest'immagine (Di Petta, 1995)[24]. In tal

---

17. Garfinkel P., Garner D., *Anorexia nervosa: a multidimensional perspective*, Brunner & Mazel, New York, 1982.
18. Bruch H., *Anoressia mentale: casi clinici*, Raffaello Cortina Editore, Milano, 1988.
19. Cuzzolaro M., *Anoressie e bulimie*, Il Mulino, Bologna, 2004.
20. Castellana F., *Il corpo stremato*, "Rivista di Psicologia Analitica", 51, 1995, pp. 15-30.
21. Callieri B., *L'ambiguità esistenziale del cibo: tra farmaco e veleno*, "Attualità in Psicologia", 13, 1998, pp. 9-14.
22. Basile G.B., *Lo cunto de li cunti*, Edizione di riferimento a cura di Rack M., Garzanti, Milano, 1995.
23. Binswanger L., *Il caso di Ellen West e altri saggi*, Bompiani, Milano, 1973.
24. Di Petta G., *Senso ed esistenza in psicopatologia*, Edizioni Universitarie Romane, Roma, 1995.

senso, l'incontro con la cinquantenne Zoe, migrante ora dalla sua bellezza femminile d'antan verso uno sfiorire pseudo-scelta, ma irreversibile, mi spinge a ricordare:
a) l'importanza diagnostica dei comportamenti di restrizione alimentare, anche nelle persone più giovani;
b) la "macropsia" dell'alimento, con la conseguente, rigida condotta di evitamento;
c) il valore esistenziale, e non solo biologico, dell'alimentarsi, che comporta anche connotati culturali di digiuno, in una vita con tradizionali valori etico-religiosi (si pensi allo *sciopero della fame*!) non sempre legato al "*mépris de la chair*" (Calvi, 1992)[25];
d) l'anoressia come *equivalente depressivo*, a volte preceduto da un trauma affettivo, tipo "*bereavement*";
e) convincimenti di indegnità, mortificazione, espiazione, o addirittura allucinatori e simil-delidarinti.

Tutto ciò mantiene vivo l'interesse psicopatologico per queste presenze che, non raramente, ci si propongono professionalmente, in quanto medici, dietologi, endocrinologi, neuropsichiatri, psicologi, assistenti sociali, etc.

Ma soprattutto sollecita la nostra riflessione antropologica sulla graffiante dialettica fra bisogno e desiderio, sull'ineliminabile contrapposizione del vuoto e del pieno della domanda d'amore, richiesta che non può essere saziata, né può essere ridotta a prevalente determinazione culturale.

Pur alla ribalta di un mutato scenario culturale e valoriale, molte *pseudo-anoressie*, tali solo per esigenze professionali, si condannano e si consacrano al voto della frustrazione e della priva-

---

25. Calvi L., *Osservazioni preliminari sulla fenomenologia della carne nell'ossessione e nell'anoressia*, in: Petrangeli L., Vannozzi F. (a cura di), *Nosografia e Transnosografia* - Atti del II Congresso Nazionale di Storia della psichiatria, Siena, 21-23 marzo 1991, Tipografia Senese, Siena, 1992.

zione, pur in un laico clima di liberazione e di radicale relativismo, come possibile via antagonista all'etica moderna dell'*appagamento*, come possibile metafora per la sfinge divoratrice della nostra età (del nostro tempo).

Capitolo I

ASPETTI DEFINITORI:
DISTURBO ALIMENTARE O DISTURBO ESISTENZIALE?

Cristiano Barbieri

1. *Il concetto di anoressia nella storia della psichiatria*

Il termine anoressia deriva dalle parole greche άν e όρεξις, traducibili letteralmente con l'espressione «mancanza di appetito», anche se concettualmente l'anoressia, come disturbo psichico, non implica una perdita di appetito, ma un rifiuto prolungato e sistematico del cibo.

Da un punto di vista storico, è possibile distinguere due periodi: nel primo, l'anoressia, intesa come rifiuto volontario di alimentarsi, pur essendo ampiamente diffusa, non si configurava come un fenomeno di interesse medico, mentre nel secondo è stata oggetto di un processo di progressiva medicalizzazione.

Inizialmente, quindi, non era percepita come una vera e propria malattia, perché alla capacità di astenersi dal cibo o era attribuito un significato religioso, per cui tale condotta assumeva finalità di ascesi e di purificazione[1], o era utilizzata per esibire pubblicamente un talento raro e straordinario[2].

---

1. Sul tema, si rinvia a: Vandereycken W., Van Deth R., *Dalle sante ascetiche alle ragazze anoressiche. Il rifiuto del cibo nella storia*, Raffaello Cortina Editore, Milano 1995; Lacey J.H., *Anorexia nervosa in a bearded female saint*, "British Medical Journal", 285, 1982, pp. 1816-1817; Bell R. (1985), *La Santa Anoressia. Digiuno e misticismo dal Medioevo a oggi*, Laterza, Bari, 1987.

2. Schwartz H., *Never Satisfied: A Cultural History of Diets, Fantasies, and Fat*, "Free Press of Macmillan", New York, 1986.

D'altra parte, premesso che in queste forme non era presente il timore dell'aumento di peso, caratteristica specifica della moderna anoressia mentale, quando si affronta quest'aspetto precipuo, è necessario evitare i rischi insiti in un approccio di tipo revisionistico o storicistico, cioè di svincolare dal contesto storico, sociale e culturale determinati fenomeni, come quello del rapporto con il cibo, e di giudicarli non solo alla luce delle conoscenze scientifiche odierne, ma soprattutto sulla base di impostazioni pregiudiziali, finalizzate ad etichettare positivamente o negativamente alcuni avvenimenti del passato. Infatti, si deve sempre tener presente che non tutte le forme di digiuno, più o meno rituale, risultano sovrapponibili dal punto di vista diagnostico all'anoressia nervosa, né tantomeno possono considerarsi equivalenti ad essa[3].

In proposito, i rapporti con il corpo e con il cibo chiamano in causa tutta una serie di "fenomeni che appartengono a contesti storici e culturali diversi e tra loro anche molto lontani; pur accomunati dal fatto di poter essere ricondotti ad una sorta di mistica del corpo, questi fenomeni sono descritti in modo diverso da linguaggi eterogenei difficilmente traducibili e confrontabili tra loro come quello storico, quello religioso e quello medico. Ciascun linguaggio fornisce un'immagine specifica, ma, proprio per questo, al contempo parziale, del proprio oggetto: l'applicazione del linguaggio scientifico della medicina moderna, la semplice attribuzione della diagnosi di anoressia ai comportamenti caratteristici dell'ascetismo religioso non è solo una grossolana semplificazione, ma un fondamentale errore metodologico. Non è infatti possibile trattare queste tematiche astraendo dal contesto storico di riferimento, dal diverso significato attribuito in epoche diverse non solo alla ali-

---

3. Habermas T., *Continuità e discontinuità delle forme e delle interpretazioni del digiuno estremo*, in: Santonastaso P., Favaretto G. (a cura di), *Ascetismo Digiuni Anoressia*, Masson, Milano, 1999.

mentazione e al suo rifiuto, ma anche al rapporto con la corporeità, con il trascendente e con la morte.... Il confronto e l'intercomunibilità tra saperi sono resi necessari dalla complessità del fenomeno dell'alimentazione che, pur essendo regolato dalle leggi biologiche della vita corporea e degli istinti, si sviluppa nella dimensione della cultura, contraendo un ampio rapporto con il simbolico. È così possibile stabilire una contiguità, se non una continuità, tra oggetti di saperi diversi. Non si tratta più, in questo caso, di applicare una diagnosi medica ai comportamenti eccezionali del passato, ma di analizzare le possibili connessioni tra i significati del digiuno religioso (o di quello "profano") e la "scelta" di digiunare dell'anoressica, analizzando contemporaneamente i diversi linguaggi in cui questi significati si iscrivono..."[4].

I primi riferimenti storici alla patologia sarebbero stati rinvenuti in una certa Blessila del IV secolo d.C. e nella figura leggendaria di Santa Vilgeforte del IX secolo dell'era cristiana[5]. Altre probabili descrizioni della malattia sarebbero presenti anche in Thomas Hobbes (1588-1679)[6].

Tuttavia, la prima presentazione scientifica di un caso di anoressia nella letteratura medica si deve al medico inglese Richard

---

4. Santonastaso P., *Digiuno, ascesi e anoressia. Acquisizione e rinuncia nella ricerca della perfezione*, in: *La sacra mensa. Condotte alimentari e pasti rituali nella definizione dell'identità religiosa*, Ciclo di lezioni ottobre - dicembre 1996, Fondazione Collegio San Carlo di Modena; il testo qui riportato si riferisce alla lezione tenuta Lunedì 9 dicembre 1996 ed è attualmente disponibile al seguente indirizzo web: http://csr.fondazionesancarlo.it/fsc/Viewer.
5. Lacey J.M., *Anorexia nervosa and a beared female saint*, "British Medical Journal", 285, 1982, pp. 1816-1817; Keel P.K., Klump K.L., *Are Eating Disorders Culture-Bound Syndromes? Implications for Conceptualizing Their Etiology*, "Psychological Bulletin", 129, 5, 2003, pp. 747-769.
6. Brumberg J.J., "Fasting Girls": *Reflections on Writing the History of Anorexia Nervosa*, Monographs of the Society for Research in Child Development: "History and Research in Child Development", 50, 4/5, 1985, pp. 93-104.

Morton, che, a proposito di due pazienti (un maschio di 16 anni e una femmina di 18), parlò di uno "uno scheletro vestito di sola pelle" e di "atrofia o consunzione nervosa" per indicare un dimagrimento corporeo dovuto soltanto alla mancanza di appetito ed alla cattiva digestione, ai quali seguiva un indebolimento psico-fisico progressivo fino alla morte[7]. In tal modo, egli fu il primo medico a descrivere l'anoressia come malattia e a differenziarla dalla tubercolosi e dalla generica diagnosi di "morte per consunzione".

Con Morton, quindi, avviene il passaggio dal primo al secondo periodo della storia dell'anoressia, viraggio nel quale, grazie ai contributi di molti illustri studiosi di diverse epoche, il comportamento anoressico viene medicalizzato, cioè concettualizzato e quindi trattato come una vera e propria malattia, o della mente o del corpo, ma in ogni caso come una patologia che richiede una cura[8].

Sia qui sufficiente richiamare le figure di Giorgio Baglivi (1668-1707), il quale nel secolo XVIII descrisse "… disaffezioni nei confronti del cibo in giovani donne inquiete d'amore"[9]; di Philippe Pinel (1745-1826), il quale nelle sue descrizioni delle isteriche illustrò altresì la sintomatologia della sindrome anoressica[10]; di Jean Martin Charcot (1825-1893), per il quale la componente isterica parve assumere un ruolo preminente nella condizione anoressica[11];

---

7. Morton R., *Phthisiologia, seu exercitationes de phthisi*, S. Smith, London, 1689.

8. Per un adeguato approfondimento storico, si segnalano: Borghi A., Salvestroni R., Fusi S., *L'anoressia "nervosa"*, S.E.U., Roma, 1975 – cap. I: Evoluzione storica delle conoscenze sull'anoressia "nervosa", pp.17-58; Civita A., *L'anoressia nell'evoluzione del pensiero psichiatrico*, in: Recalcati M., *Il corpo ostaggio. Teoria e clinica dell'anoressia-bulimia*, Borla, Roma, 1998, pp. 288-300.

9. Baglivi G., *The practice of physick*, Midwinter, Londra, 1723.

10. Pinel Ph., *Nosographie philosophique, ou la méthode de l'analyse appliquée à la médecine*, Sixième édition, 3 volumes, Brosson, Paris, 1818.

11. Ricou Ph., Leroux-Hugon V., Poirier J., *La Bibliothèque Charcot à la Salpêtrière*, Éditions Pradel, ANEMF, Paris, 1999.

di Joseph Babinski (1857-1932), il quale nei suoi studi sull'isteria[12] parlò anche di "parteno-anoressia"[13].

Tuttavia, furono William Gull (1819-1890)[14] ed Ernest Charles Lasègue (1816-1883)[15] a fornire un'inequivocabile descrizione del quadro clinico attualmente definito come anoressia: esordio tra i 15 e i 20 anni; prevalenza del sesso femminile; rifiuto del cibo; dischezia e amenorrea; deperimento progressivo fino ad una gravissima cachessia; iperattività e irrequietezza fisica; disconoscimento della malattia e resistenza alla cura; assenza di patologie somatiche correlate.

Da questo momento in poi, il dibattito scientifico si concentrò sulla natura della anoressia e la principale controversia riguardò i suoi rapporti con l'isteria. Infatti, molti Autori, come Lasègue, considerarono l'anoressia come una forma specifica di isteria, mentre da Gull questa venne concepita come una patologia a sé stante, nella quale la mancanza di appetito era dovuto ad uno stato mentale morboso, per guarire il quale fu suggerito l'allontanamento dall'ambiente familiare, stante altresì le relazioni patologiche con la famiglia da parte della pazienti, come descritto da Lasègue stesso[16].

---

12. Babinski J., *Définition de l'hystérie*, "Revue neurologique", IX, 1901, pp. 1074-1080.
13. Roch M., Monnier M., *Anorexie mentale*, "Revue Médicale de la Suisse Romande", 61, 1941, pp. 321-336.
14. Gull W.W., *Anorexia nervosa*, Transaction Clinical Society of London, 7, 1874, pp. 22-31.
15. Lasègue E.C., *De l'anorexie hystérique*, Archive Générale de Médecine, 21, 1873, pp. 385-483.
16. Questi aspetti ancora oggi sono oggetto di approfondimenti, per cui sul tema specifico si segnalano: Dethieux J.B., Hazane F., Dounet C., Gentil V., Raynaud J.P., *À la recherche des émotions perdues: l'adolescente anorexique et son père*. Étude préliminaire à propos de l'hypothèse alexithymique, Neuropsychiatrie de l'Enfance et de l'Adolescence, 49, 2, 2001, pp. 131-140; Le Heuzey M.F., *Faut-il encore isoler les jeunes anorexiques mentales?*, "Annales Médico-psychologiques", 160, 4, 2002, pp. 327-331.

Dal canto suo, Pierre Janet (1859-1947) concentrò la sua attenzione sui tratti ossessivo-compulsivi delle pazienti anoressiche e parlò di una "... *obsession relative à leur corps*" causata dalla paura di non essere amate[17], dato questo discusso nuovamente in tempi recenti[18] e richiamato dalla stessa dizione di *Pubertätmagersucht*, letteralmente traducibile come "deperimento puberale compulsivo", con la quale venivano indicate in Germania le manifestazioni anoressiche[19].

Riguardo al nome, gli AA. anglosassoni utilizzarono l'espressione "anoressia nervosa" (*anorexia nervosa*), usata tutt'ora in Inghilterra, Stati Uniti, Italia, mentre quelli francesi optarono per la dicitura "anoressia mentale" (*anorexie mentale*), coniato da Henry Huchard nel 1883[20].

A prescindere comunque dalle differenze terminologiche, i diversi AA. erano concordi nel definire l'anoressia non solo come una malattia, ma come una malattia mentale, cioè come una patologia con una causa ed una patogenesi di natura psichica.

Queste convinzioni, però, furono messe in discussione dall'opera di Morris Simmonds (1855-1925), il quale, nel 1914, pubblicò il caso di una paziente affetta da cachessia, alla cui autopsia furono scoperte gravi lesioni della ghiandola pituitaria; tale quadro clinico-patologico

---

17. Janet P. (1903), *Les Obsessions et la Psychasthénie*, Vol. 1, L'Harmattan, Paris, 2005.

18. Kipman A., Gorwood P., Mouren-Simeoni M. C., Adès J., *Anorexie mentale et obsession: continuité ou contiguïté?*, "Annales Médico-psychologiques", revue psychiatrique, 159, 8, 2001, pp. 560-575

19. La dizione tedesca sarebbe quella più adatta secondo la Kaplan (cfr. Kaplan L.J., *Perversioni femminili. Le tentazioni di Emma Bovary*, Raffaello Cortina Editore, Milano, 1992), in quanto, pur comportando la perdita dell'appetito, l'anoressia avrebbe a che vedere con un digiuno non solo auto-imposto, ma compulsivo, responsabile del deperimento organico fino alla morte.

20. Di Nicola V.F., *Anorexia multiforme: Self-starvation in historical and cultural context.*, "Transcultural Psychiatric Research Review", 27, 1990, Part I: Self-starvation as historical chameleon, pp. 165-197; Part II: Anorexia nervosa as a culture reactive syndrome, pp. 245-286; Fairburn C.G., Brownell K.D., Eating Disorders and Obesity, Second Edition: A Comprehensive Handbook, "The Guilford Press", New York, 2002.

venne definito, dapprima, come "cachessia ipofisaria" e, in seguito, come "morbo di Simmonds"[21]. Egli, quindi, avanzò l'ipotesi fisiopatologica che un'insufficienza pituitaria grave, nelle pazienti anoressiche, sarebbe stata la causa fondamentale del disturbo, dato che le stesse presentavano uno stato di estremo deperimento organico. In tal modo, dagli anni '20 in avanti, l'anoressia scomparve come malattia di interesse psichiatrico, per ricomparire in qualità di patologia di interesse internistico, venendo considerata come una malattia a patogenesi endocrina, fatto che, in qualche misura, contribuiva a rassicurare quei medici che, sino ad allora, avevano trattato una condizione ad esito inesorabilmente infausto senza conoscerne le cause organiche[22].

Tuttavia, grazie all'opera di Berkman (con uno studio del 1930 su 117 pazienti) e di Sheehan (con una serie di contributi dal 1937 in poi), fu dimostrato che la denutrizione non costituiva l'elemento tipico dell'insufficienza ipofisaria, per cui, nell'anoressia nervosa, le alterazioni ormonali rappresentavano la conseguenza e non la causa, del defedamento organico, posto che era stato possibile differenziare le cachessie secondarie a necrosi ipofisaria su base ischemica dalle anoressie mentali propriamente dette[23]. Pertanto,

---

21. Simmonds M., *Über Hypophysisschwund mit tödlichem Ausgang*, Deutsche Medizinische Wochenschrift, Berlin, 1914, 40, pp. 322-323; Reye E., *Die ersten klinischen Symptome bei Schwund des Hypophysenvorderlappens (Simmondssche Krankheit) und ihre erfolgreiche Behandlung*, "Deutsche Medizinische Wochenschrift", Stuttgart, 1928, 54, pp. 696-671.
22. Dell'Aria M., Favara A., *Aspetti storici, culturali e riferimenti mitologici dell'anoressia mentale*, "Il Pisani" Rivista di psichiatria e neurologia, CVII-CVIII, fascicolo unico, 1983-1984, pp. 75-89.
23. Berkman J.M., *Anorexia nervosa: anorexia, inanition and low basal metabolic rate*, "The American Journal of the Medical Sciences", 180, 1930, pp. 411-424; Sheehan H.L., *Postpartum necrosis of anterior pituitary*, "Journal of Pathology and Bacteriology", 45, 1937, pp. 189-214; Sheehan H.L., *Simmond's disease due to post-partum necrosis of anterior pituitary*, "Quarterly Journal of Medicine", 8, 1939, pp. 277-309; Pearce J.M.S., *Richard Morton: Origins of Anorexia nervosa*, European Neurology, 52, 2004, pp. 191-192.

da patologia internistica, l'anoressia tornò ad essere concepita come una condizione di interesse psichiatrico. Non a caso, nel 1938, fu pubblicata da Nicolle una fondamentale descrizione scientifica delle differenze esistenti tra malattia anoressica e malattia isterica, distinzione in base alla quale quella anoressica sarebbe stata una patologia ben più grave di quella isterica, tanto da poter essere considerata una "pre-psicosi ravvicinabile alla schizofrenia", a motivo del "progressivo intiepidirsi dei sentimenti" e di una "difficoltà di riconoscimento degli stessi"[24].

Inoltre, nello stesso periodo, iniziarono ad essere studiati sia la natura dei rapporti genito-filiali, sia l'organizzazione psichica formatasi nel contesto di tali relazioni, fino a riscontrare nelle anoressiche adulte una vera e propria deformazione della struttura dell'Io, indebolito ed atrofizzato da quegli schemi di funzionamento abnorme che regolavano le interazioni madre-figlia[25].

Contestualmente, nel solco delle teorie freudiane, per le quali l'anoressia rappresenta o un sintomo prodotto dai meccanismi nevrotici rispettivamente della conversione[26] e dell'ascetismo[27], o un fenomeno correlato ad un inadeguato sviluppo psico-sessuale[28] ed alla melanconia stessa[29], il disturbo fu interpretato

---

24. Nicolle H.C., *Pre-psychotic anorexia*, Lancet, II, 1938, pp. 1173-1174; Nicolle G., *Pre-psychotic Anorexia*, Archive of Proceedings of the Royal Society of Medicine, 32, 1938, pp. 153-162.
25. Al riguardo, si rimanda ai contributi di Eissler K.R. (1943) e di Meng H. (1944) citati sia dalla Bruch (cfr. Bruch H., *Anoressia. Casi clinici*, Raffaello Cortina Editore, Milano, 1988), sia da De Giacomo e Coll. (De Giacomo P., Renna C., Santoni Rugiu A., *Anoressia e bulimia*, Piccin, Padova, 1992).
26. Freud S. (1892-1895), *Studi sull'isteria*, OSF Vol. 1, Boringhieri, Torino, 1979.
27. Freud S. (1936), *L'Io ed i meccanismi di difesa*, Opere 1922-1943, Boringhieri, Torino, 1979.
28. Freud S., Minuta G., in: Freud S. (1892-1897), *Minute teoriche per Wilhelm Fliess*, OSF Vol. 2, Boringhieri, Torino, 1979.
29. Freud S. (1915), *Lutto e melanconia*, OSF Vol. 8, Boringhieri, Torino, 1979.

come l'espressione del ripudio della sessualità e dell'inibizione dei c.d. istinti parziali, concetti questi che acquisirono una valenza dominante nel pensiero psicanalitico, come peraltro testimoniato dalla tendenza a ricercare nelle pazienti anoressiche i predetti meccanismi difensivi[30].

Infine, a partire dagli anni Cinquanta, le ricerche in ambito psicologico e psicoterapico su questo disturbo aumentarono parallelamente alla sua diffusione. In quest'ottica, si ricordano i contributi di Hilde Bruch (1904-1984) e di Mara Selvini Palazzoli (1916-1999).

Alla prima si devono alcuni tra i contributi maggiormente innovativi per la comprensione dell'anoressia[31]. Partita da posizioni freudiane, infatti, prese in considerazione il problema dell'anoressia all'interno del sistema familiare e ne sviluppò una visione di tipo sistemico ed interattivo, in base alla quale l'aumento della malattia sarebbe riconducibile a fattori di ordine psico-sociale, come l'enfasi posta dalla moda e dai mass-media sulla magrezza per diffondere la falsa idea che solo chi è magro può essere amato e rispettato; oppure come la ricerca di un senso di identità e di autonomia da parte delle anoressiche, per le quali il controllo del proprio corpo e del proprio peso rappresenterebbe la modalità preferenziale, ancorché anomala, di affermare la propria volontà sugli eventi esterni.

La seconda, nella sua opera di osservazione clinica e di pratica terapeutica, ha dato un fondamentale apporto al trattamento dei

---

30. Fenichel O., *Trattato di psicanalisi delle nevrosi e delle psicosi*, Casa Editrice Astrolabio, Roma, 1951; Thomä H. (1961), *Anorexia nervosa*, "International Universities Press", New York, 1967.
31. Bruch H., *Patologia del comportamento alimentare. Obesità, anoressia e personalità*, Feltrinelli, Milano, 1977; Bruch H., *La gabbia d'oro. L'enigma dell'anoressia mentale*, Feltrinelli, Milano, 1983; Bruch H., *Anoressia: casi clinici*, Feltrinelli, Milano, 1988.

disturbi alimentari[32], collegando il disturbo anoressico ai rapporti familiari e alla realtà sociale delle pazienti ed evidenziandone non solo il bisogno di esercitare un dominio sul corpo, avvertito come minaccioso ed indistruttibile, ma anche un vero e proprio "contegno anoressico", cioè una cosciente e cocciuta determinazione ad emaciarsi fino alla morte nonostante l'interesse per il cibo.

Le sue ricerche si collocano idealmente accanto a quelle di Minuchin[33], il quale ai disturbi alimentari ha applicato il c.d. modello psicosomatico; secondo tale approccio, la comparsa e il mantenimento del sintomo anoressico sono riconducibili ad alcune anomale modalità di funzionamento interpersonale presenti nel nucleo familiare, al punto da prospettare, per la risoluzione del predetto sintomo, non solo un trattamento individuale del paziente, ma anche un vero e proprio programma di terapia familiare.

Negli anni Ottanta, infine, deve segnalarsi l'opera di Garner e Garfinkel[34], che hanno sottolineato la polifattorialità ezio-patogenetica dell'anoressia e ne hanno raccolto i dati storici, sociologici, psicologici e comportamentali in tre diverse categorie di fattori:

---

32. Selvini Palazzoli M., Cirillo S., Selvini M., Sorrentino A.M., *I giochi psicotici nella famiglia*, Raffaello Cortina Editore, Milano, 1988; Selvini Palazzoli M., Cirillo S., Selvini M., Sorrentino A.M. (1998), *Ragazze anoressiche e bulimiche. La terapia familiare*, Raffaello Cortina Editore, Milano, 2002; Selvini M., *Reinventare la psicoterapia. La scuola di Mara Selvini Palazzoni*, Raffaello Cortina Editore, Milano, 2004; Selvini Palazzoli M. (1974), *L'anoressia mentale*, nuova edizione, Raffaello Cortina Editore, Milano 2005; Selvini Palazzoli M. (1987), *L'anoressia mentale. Dalla terapia individuale alla terapia familiare*, Raffaello Cortina Editore, Milano, 2006.

33. Il tema specifico è approfondito nel capitolo sulle psicoterapie – cfr. Cap. VII; in questa sede, si segnalano: Minuchin S., Rosman B.L., Baker L., *Famiglie psicosomatiche. L'anoressia mentale nel contesto familiare*, Astrolabio, Roma, 1980; Trombini G., Baldoni F., *Psicosomatica*, Il Mulino, Urbino, 1999.

34. Garfinkel P.E., Garner D.M., *Anorexia Nervosa. A Multidimensional Perspective*, Brunner / Mazel, New York, 1982.

predisponenti, scatenanti e cronicizzati. L'utilità di tale approccio è stata valutata come fondamentale, avendo dato la possibilità di ordinare tutte le informazioni in veri e propri "schemi", in base ai quali è verosimilmente riconoscibile una personalità premorbosa, sulla quale si innestano elementi di attivazione e di aggravamento del disturbo[35]. Siffatta impostazione è parsa più completa ed organica rispetto a quegli studi, pur degni di menzione scientifica, che hanno analizzato il rapporto tra disturbi della condotta alimentare ed eventi traumatici infantili dal punto di vista della teoria e della terapia[36].

Attualmente, nel contesto di una certa egemonia culturale, il disturbo anoressico viene diagnosticato soprattutto in base ai criteri della nosografia proposta dall'Associazione Psichiatrica Americana ed anche dell'Organizzazione Mondiale della Sanità[37]. Tale impostazione, se da un lato ha avuto una notevole diffusione e si è rivelata

---

35. Manzone M.L., Lugo F., Clerici M., Papa R., *Evoluzione dell'approccio diagnostico*, in: Clerici M., Lugo F., Papa R., Penati G., *Disturbi alimentari e contesto psicosociale. Bulimia, anoressia e obesità in trattamento ospedaliero*, Franco Angeli, Milano, 1996, pp. 48-63

36. Una tappa fondamentale in questo filone di ricerca è stata compiuta da Vanderlinden e Vandereychen (cfr. Vanderlinden J., Vandereychen W., *Le origini traumatiche dei disturbi alimentari*, Casa Editrice Astrolabio, Roma, 1998), anche se, al riguardo, si richiama la problematicità, la complessità e la molteplicità dei contenuti del costrutto di trauma psichico (cfr. Lugano P., Barbieri C., La coppia coniugale nella medicina canonistica: incapacitas assumendi onera ob causas naturae psychicae (can. 1095, n.3), in: Barbieri C., *La coppia coniugale: attualità e prospettive in medicina canonistica*, Libreria Editrice Vaticana, Città del Vaticano, 2007, pp. 189-204).

37. American Psychiatric Association (2000), D.S.M. IV – TR, *Manuale diagnostico e statistico dei disturbi mentali* - Text Revision, Edizione italiana a cura di Andreoli V., Cassano G.B., Rossi R., Masson, Milano, 2002; World Health Organization, International Statistical Classification of Diseases and Related Health Problems 10th Revision, Version for 2007, Copyright WHO/DIMDI 1994/2006, Ginevra.

assai utile nelle indagini epidemiologiche, dall'altro ha però mostrato anche dei limiti oggettivi (la descrizione dei quadri clinici mutuata dalla statistica; la pressoché assoluta mancanza di teorie eziologico-patogenetiche; la natura prettamente categoriale della diagnosi; l'equivalenza e l'inter-cambiabilità dei criteri diagnostici; la comorbilità diagnostica)[38]. Pertanto, anche per il disordine anoressico, come per tutti gli altri disturbi mentali, è opportuno rammentare la fondamentale distinzione tra classificare (cioè ordinare le diverse conoscenze riguardanti un disturbo, facendo riferimento a criteri generali, prestabiliti più o meno convenzionalmente) e comprendere (cioè capire come e spiegare perché un certo disturbo si è presentato in un determinato modo nella storia di vita di un soggetto)[39].

2. *Il concetto di bulimia nella storia del pensiero psichiatrico*
Da un punto di vista storico, il concetto di bulimia solo da alcuni decenni è stato utilizzato in riferimento ad una vera e propria sindrome psichiatrica, dal momento che, nella letteratura medica, il termine era in genere usato per indicare un sintomo: quello di "appetito smisurato".

---

38. In proposito, si rimanda a: Barbieri C., *Riflessioni psicopatologiche*, in: Barbieri C., Luzzago A., Musselli L., *Psicopatologia forense e matrimonio canonico*, Libreria Editrice Vaticana, Città del Vaticano, 2005, pp.103-140.

39. Le precipue problematiche sono illustrate nel capitolo sulla classificazione dei disturbi alimentari – cfr. Cap. II; qui risulta sufficiente segnalare quei contributi sui problemi generali della diagnosi in ambito psicopatologico: Barbieri C., *Implicazioni etiche e medico-legali del momento diagnostico in psichiatria forense*, "Rivista del Dipartimento di Scienza dei processi conoscitivi, del comportamento e della comunicazione", III, 3, 1995, pp. 25-38; Callieri B., *Lo psicopatologo clinico e la demitizzazione della nosologia*, in: Ballerini A., Callieri B. (a cura di), Breviario di Psicopatologia, Feltrinelli, Milano, 1996, pp. 42-50; Ballerini A., *La diagnosi in psichiatria*, La Nuova Italia Scientifica, Roma, 1997; Vella G., Aragona M., *Metodologia della diagnosi in psicopatologia*, Bollati Boringhieri, Torino, 2000.

Presente già in Aristotele e Galeno, con la parola βουλιμία si volle segnalare una "fame da bue", essendo questo l'animale di maggiore mole che i Greci conoscevano[40], mentre nel mondo romano[41], per esprimere la stessa idea, si fece ricorso, al temine "cinoressia", richiamando la voracità del cane[42].

Tale termine si mantenne nel corso del tempo, sino a comparire nella letteratura psichiatrica ottocentesca, come confermato dal fatto che, nel 1892, il *Tuke's Dictionary of Psychological Medicine* affermò che bulimia ed appetito canino erano la stessa condizione[43].

La prima descrizione scientifica della bulimia, però, è stata fatta risalire a William Cullen (1710-1790), che, nel suo trattato *Methodological System of Nosology*, raggruppò tutti i disturbi alimentari sotto il titolo di "appetiti erronei" e tra questi inserì anche la "bulimia emetica", cioè la consumazione forzata ed il successivo rigurgito di quantità di cibo maggiori di quelle che potevano essere ingerite[44].

---

40. De Giacomo P., Renna C., Santoni Rugiu A., *Anoressia e bulimia*, Piccin, Padova, 1992.

41. Aureliano, nel V secolo, nel contesto delle malattie croniche, trattò anche della "fame morbosa". Per l'approfondimento degli aspetti storici, si rinvia a: Castiglioni A. *Storia della medicina*, Nuova edizione ampliata, Mondadori, Milano, 1948; Ottaviani R., Vanni D., Vanni P., *Trenta lezioni di Storia della medicina*, Franco Angeli, Milano, 2004.

42. Artusi A., *Anoressia e bulimia nel pensiero scientifico antico*, in: Santonastaso P., Favaretto G., *Ascetismo, digiuni, anoressia. Esperienze del corpo, esercizi dello spirito*, Masson, Milano, 1999, pp. 13-32.

43. Cfr. al riguardo: Tuke H. D. (Ed.), *Dictionary of Psychological Medicine Giving the Definition, Etymology and Synonyms of the Terms Used in Medical Psychology with the Symptoms, Treatment, and Pathology of Insanity and the Law of Lunacy in Great Britain and Ireland*, 2 volumes, P. Blakiston Son & Co., Philadelphia, 1892.

44. Garrison F., *An Introduction to the History of Medicine* (with Medical Chronology, Suggestions for Study and Bibliographical Data), 4th ed., W.B. Saunders & Co., London, 1924, pp. 321-322; Bynum W.F., Nosology, in: Bynum W.F., Porter R. (Eds.), *Companion Encyclopedia of the History of Medicine*, Routledge, London, 1994, pp. 335-356.

Anche Nicola Palli, nel suo *Dizionario medico-etimologico*, parlò della patologia bulimica nei termini di una "fame così intensa che può dirsi malattia, poiché eccede in paragone delle forze digestive dello stomaco"[45]. Le prime definizioni tecniche del disturbo, quindi, parrebbero chiamare in causa un criterio di proporzionalità tra la quantità degli alimenti assunti e le capacità recettive/digestive dell'organismo umano.

Al contrario, Albert von Eulenburg (1840-1917), nel suo *Dizionario Medico Enciclopedico*[46], trattò della bulimia come di un "aumento morboso del senso della fame, senza perdita del senso della sazietà", per cui la malattia sarebbe stata collocata nel contesto di un'alterazione della regolazione degli istinti.

All'inizio del XX secolo, nell'ambito della psichiatria di ispirazione kraepeliniana (fondata cioè sulla classificazione e sulla diagnosi per categorie, nonché su di un approccio positivistico ed oggettivante), la bulimia venne considerata come un sintomo di altre gravi malattie psichiatriche e non come una sindrome a sé stante; infatti, Tanzi e Lugaro (1905) parlarono di "fame insaziabile" in riferimento alla demenza, alle oligofrenie, all'epilessia, alla paralisi progressiva e a certe forme di melanconia; in conseguenza di tale condizione, comunque, il paziente era indotto a mangiare in modo sfrenato, tanto da causarsi il vomito, salvo poi riprendere ad alimentarsi[47].

Una prima differenziazione tra i vari eccessi alimentari, fino ad allora ritenuti tutti uguali, avvenne nel 1926, grazie a Lévy-Valensi

---

45. Palli N., *Dizionario medico-etimologico di tutte le voci derivanti dal greco*. Seconda Edizione riveduta ed accresciuta, Edizione aggiornata sulla prima del 1864, Napoli, 1869.
46. von Eulenburg A. (1899), cit. in: Cuzzolaro M., *Bulimia Nervosa: definizione diagnostica e terapia psicanalitica*, Psicobiettivo, VIII, 2, 1988, pp. 9-24.
47. Tanzi E., Lugaro E., *Trattato delle malattie mentali*, Voll. 1 e 2, Società Editrice Libraria, Milano, 1905.

(1879-1943), il quale distinse tra bulimia e sitomania, concependo la prima come ingestione eccessiva di alimenti solidi e la seconda come ingestione impulsiva di alimenti liquidi[48].

Nei decenni successivi, le caratteristiche della condotta bulimica, rappresentate da abbuffate, vomito auto-indotto, ricorso a sostanze ad azione lassativo-purgante, furono giudicate come parte integrante dell'anoressia nervosa, fino a quando, nel 1979, Gerald Russel pubblicò sulla rivista *Psychological Medicine* un articolo intitolato "Bulimia nervosa: an ominous variant of anorexia nervosa"; questo contributo, infatti, definendo i criteri diagnostici specifici di tale disturbo, sancì la data di nascita della bulimia come entità autonoma sul piano nosologico[49].

Nel 1980, il DSM-III, richiamando il lavoro scientifico del predetto Autore, ratificò l'uso del termine "bulimia" per indicare una sindrome distinta dagli episodi bulimici associati ad altri quadri clinici[50] e la introdusse in quella classificazione delle malattie mentali tutt'ora in vigore; non a caso, il DSM-III-R riprese il termine usato da Russel di "bulimia nervosa"[51] e, come il precedente DSM-III, conservò la distinzione con la "Pica"[52]; il DSM-IV, mantenendo questa impostazione, raggruppò i disturbi alimentari in una precipua sezione, comprendendovi, oltre all'"Anoressia Nervosa" ed ai "Disturbi dell'Alimentazione Non Altrimenti Specificati", anche la "Bulimia Nervosa"[53].

---

48. Levy-Valensi A., *Précis de Psichiatrie*, J.B. Bailliére & Fils, Paris, 1926.
49. Russel G.F.M., *Bulimia nervosa: a nominous variant of anorexia nervosa*, "Psychological Medicine", 9, 1979, pp. 429-448.
50. American Psychiatric Association (1980), D.S.M. III, *Manuale Diagnostico e Statistico dei Disturbi Mentali*, Terza Edizione, Masson, Milano, 1984.
51. American Psychiatric Association (1987), D.S.M. III-R. *Manuale Diagnostico e Statistico dei Disturbi Mentali*, Terza Edizione Revisionata, Masson, Milano, 1988.
52. Questo disturbo consiste nell'ingestione persistente di sostanze non alimentari in soggetti di età infantile.
53. American Psychiatric Association (1994), D.S.M. IV, *Manuale Diagnostico e Statistico dei Disturbi Mentali*, Quarta Edizione, Masson, Milano, 1996.

Nel tempo, quindi, l'eccessiva alimentazione è sempre stata concepita come un significativo problema, sia quando è stata considerata alla stregua di un sintomo di diverse affezioni (si pensi all'obesità da iperfagìa, nella c.d. sindrome da alimentazione incontrollata), sia quando è stata correlata ad altre condotte disfunzionali riguardanti la sfera nutritiva (ad es., il vomito autoindotto, l'utilizzo abnorme di lassativi, etc).

Inoltre, se la condotta bulimica è stata inizialmente ascritta ad una particolare tipologia di disordine anoressico, a livello intrapsichico la dinamica ad essa sottesa (abbuffata-vomito) è stata poi ricollegata ai differenti livelli di autostima individuale, a loro volta influenzati dalla c.d. immagine corporea, cioè dalla rappresentazione mentale della forma, della dimensione e della taglia del proprio corpo, nonché dei sentimenti provati verso queste caratteristiche e alle singole parti somatiche; ecco perché, il disturbo bulimico, nel quale il rispetto del peso corporeo viene perseguito in modo sostanzialmente coatto, è attualmente considerato come un'entità clinica diversa dall'anoressia mentale, rispetto alla quale sono state ravvisate non solo una parziale sovrapposizione formale[54], ma anche aree di

---

54. Le tematiche inerenti la classificazione dei diversi disturbi alimentari sono trattate nel cap. II; in queste sede, si richiama soltanto il concetto di "sindrome anoressico-bulimica", o meglio, secondo un approccio psicoanalitico, di "posizione anoressico-bulimica", in accordo con l'ipotesi di un continuum tra i due disturbi, cioè di una categoria nosografica globale sottesa da una comune posizione psicodinamica, ma con espressioni sintomatiche individuali che si traducono in manifestazioni cognitivo-comportamentali diverse; tale ipotesi si basa sul fatto che molti soggetti presentano una commistione della forma anoressica e di quella bulimica, passano da una forma all'altra e in entrambe non solo esiste la stessa paura di ingrassare, ma l'apparenza estetica appare determinante per lo stato psicologico; contrariamente a tale ipotesi, però, laddove i due disturbi non coesistano, si rileva come quello di tipo anoressico sia in genere egosintonico (cioè sia accettato ed esibito nel contesto della fanatica ricerca di una

peculiare specificità psicopatologica e clinica[55].

In quest'ottica, il fenomeno bulimico è stato altresì inteso come "disturbo etnico"[56], a partire dalle complesse interazioni tra ambiente socio-culturale ed espressività psicopatologica soggettiva[57].

---

magrezza non solo accentuata, ma della quale vantarsi), mentre quello bulimico tenda ad essere egodistonico (cioè si traduca in un comportamento da nascondere come fonte di marcata vergogna); in proposito, cfr.: AA.VV. - *Associazione per lo studio e la ricerca sull'anoressia, la bulimia, i disordini alimentari e l'obesità, I gruppi ABA. L'esperienza della fondazione*, Franco Angeli, Milano, 1997; Recalcati M., L'ultima cena: anoressia e bulimia, Bruno Mondatori, Milano, 1997; Recalcati M., I casi gravi. Clinica psicoanalitica, Franco Angeli, Milano, 2001.

55. Andersen A. (Ed.), Males with Eating Disorders, Brunner / Mazel, New York, 1990; Andersen A., Cohn L., Holbrook T. *Making Weight: Men's Conflict with Food, Weight, Shape & Appearance*, Gurze Books, Carlsbad US, 2000.

56. In proposito, si riporta il pensiero di Devereux: "Definisco come psicosi o nevrosi etnica ogni disordine psichico che presenti queste caratteristiche: a) il conflitto sotteso alla nevrosi o alla psicosi colpisce in egual misura la maggior parte degli individui (di una certa società): il conflitto del nevrotico o psicotico è semplicemente più violento di quello degli altri... b) i sintomi caratteristici della nevrosi o psicosi etnica non sono improvvisati. Non sono inventati dal malato: gli sono forniti «prêt à porter» dal suo ambiente culturale e rappresentano... dei «modelli di de-comportamento». È come se la società dicesse al nevrotico o allo psicotico potenziale: «Non essere pazzo... ovvero sii "normale"...», cioè conforme agli schemi generalmente accettati dalla società... ma, se devi o sei costretto ad esserlo, manifesta la tua pazzia... intesa come posizione alienata basata su presupposti erroneamente trasgressivi... in questo certo modo, e non in un altro... ancora una volta in maniera «conformista»..." (Cfr. Devereux G., *Saggi di etnopsichiatria generale*, Armando, Roma, 1978).

57. Per ulteriori approfondimenti del concetto di "disturbo etnico", si rinvia a: Collignon R., *Pour un retour sur les "culture-bound syndromes" en psychiatrie transculturelle*, Santé, Culture, Health, VI, 2, 1989, pp. 149-162 ; Devereux G., *Essais d'ethnopsychiatrie générale*, Gallimard, Paris, 1970; Devereux G., *Ethnopsychanalyse complémentariste*, Flammarion, Paris, 1972; Devereux G., *De l'angoisse à la méthode dans les sciences du comportement*, Flammarion, Paris, 1980; Jilek G., *Culture "Pathoplastic" or "Pathogenic"? A key question of Comparative Psychiatry*, Curare ("Journal of Ethnomedicine and Transcultural Psychiatry"), Heidelberg, 5, 1982, pp. 57-68.

La disamina di siffatte relazioni, del resto, ha aiutato a chiarire le ragioni dell'incremento di talune forme psichiatriche (come appunto la bulimia) e la scomparsa quasi completa di altre (come, ad es., la grande isteria), dal momento che aspetti strutturali del costume della nostra epoca e anche della nostra storia hanno verosimilmente contribuito ad una diffusione della patologia bulimica maggiore rispetto al passato, stimolando o amplificando personali fattori psicopatologici più o meno latenti[58].

In tale prospettiva, dunque, il disordine bulimico ha chiamato in causa anche un approccio di tipo etno-psichiatrico e trans-culturale[59], oltre che "di liaison"[60] e "di gruppo"[61], dato che, nell'odierna società del benessere, in modo tanto ambiguo quanto pericoloso, da un lato è stato diffuso lo stereotipo culturale (che, alla fine, è diventato quasi un diktat) secondo il quale "il vincente non è grasso"[62], mentre dall'altro l'allocazione delle risorse alimentari tra i diversi stati resta comunque non proporzionata e quindi non adeguata al reale fabbisogno locale, con tutti i pregiudizievoli riflessi sulla salute individuale e collettiva[63].

---

58. Gordon R.A. *Anorexia and Bulimia: Anatomy of a Social Epidemic*, Blackwell, Oxford, 1991; Apfeldorfer G., *Je mange donc je suis. Surpoids et troubles du comportement alimentaire*, Payot, Paris, 1991; Cooper P.J., *Bulimia nervosa*, Armando, Roma, 1996.

59. Wen-Shing T., *Manuale di psichiatria culturale*, Edizione italiana a cura di Bartocci C., CIC Edizioni Internazionali, Roma, 2003.

60. Invernizzi G., Gala C., Rigatelli M., Bressi C., *Manuale di Psichiatria di Consultazione*, McGraw-Hill, Milano, 2002.

61. Esemplificativa, in proposito, appare la riflessione di Bion, per il quale l'estrinsecazione della sofferenza psichica individuale sarebbe sempre condizionata dalle dinamiche e dalla cultura del gruppo sociale di appartenenza, poiché questo definirebbe le modalità espressive, cioè la tipologia di sintomi, nelle e con le quali si manifesta il disagio (cfr. Bion W.R. (1961), *Esperienze nei gruppi*, Armando, Roma, 1971).

62. Nizzoli U., Colli C., Covri C., *DCA: disturbi del comportamento alimentare*, Carocci, Firenze, 2007.

63. Per ulteriori approfondimenti, si rimanda alle statistiche sulle problematiche della distribuzione delle risorse alimentari e delle allegate conseguenze sullo

3. *Altri disturbi alimentari nella storia del pensiero psichiatrico*
In un *excursus* storico sui disturbi del comportamento alimentare, è opportuno segnalare altre fattispecie che, un tempo assenti dalle tassonomie del sapere psichiatrico ufficiale, si sono progressivamente affermate, al punto da acquisire una nomenclatura e, soprattutto, una dignità scientifica.

Questo progressivo aumento di costrutti diagnostici se, per un verso, non può prescindere dall'apporto di quelle ricerche finalizzate ad una sempre miglior definizione del disturbo mentale per finalità trattamentali, per un altro, pare comunque riconducibile ad una tradizione storico-culturale che affonda le proprie radici agli albori della civiltà occidentale e che si è articolata in una dicotomia che, nel pensiero psichiatrico, si è mantenuta sino ai giorni nostri.

Infatti, se già la medicina ippocratica postulava l'esistenza di un continuum tra lo stato di salute e quello di malattia, disponendo le diverse affezioni lungo un gradiente, al contrario, la rivale scuola platonica riteneva che le patologie potessero essere catalogate in tipi ideali e distinti. Da questo momento, si è assistito ad una progressiva evoluzione di siffatta impostazione, che prevede, da una parte, modelli di tipo dicotomico (cioè categoriali), nei quali alcune specifiche variabili sono considerate presenti o assenti e, dall'altra, modelli di tipo continuo (cioè dimensionali), nei quali esiste una gradualità della stessa condizione da una polarità a quella diametralmente opposta[64].

In ambito psichiatrico, questo duplice paradigma ha investito il momento della diagnosi e quello della classificazione delle malat-

---

stato di salute contenute nei seguenti documenti: World Health Organization, Report of a Joint WHO/FAO Expert Consultation, Diet, *Nutrition and the Prevention of Chronic Diseases*, WHO, Geneva, 2003; Organisation des Nations Unies pour l'alimentation et l'agriculture, *L'état de l'insécurité alimentaire dans le monde 2006*, Roma, FAO 2006.
64. Migone P., *Alcuni problemi della diagnosi in psichiatria*, "Il Ruolo Terapeutico", 70, 1995, pp. 28-31.

tie mentali, ponendo il problema se sia meglio utilizzare "categorie" o "dimensioni".

Il ricorso a "categorie" ha comportato la suddivisione delle patologie psichiche in precisi raggruppamenti di tipo qualitativo (es. le schizofrenie, le depressioni, le demenze, etc.) sulla base di criteri predeterminati, come dimostrato dall'approccio kraepeliniano e dagli epigoni neo-kraepeliniani (tra i quali si colloca, a pieno titolo, il D.S.M. stesso). Viceversa, l'uso di "dimensioni" ha implicato la distribuzione dei diversi disturbi secondo variazioni di natura quantitativa (ad es. in base alla gravità del disturbo ed alla c.d. personalità premorbosa) in uno spettro che si dispiega da situazioni di maggior gravità fino alla condizione ascrivibile ad un concetto di salute.

Tutto ciò ha creato aree, per così dire, "neutre" o "di transizione" tra una diagnosi e l'altra, cioè spazi concettuali colmabili individuando, laddove sia possibile, forme c.d. atipiche, o miste, o ibride. In questa prospettiva, si sono collocati alcuni dei disordini alimentari qui trattati: il c.d. disturbo da alimentazione incontrollata, la c.d. sindrome dei mangiatori notturni e la c.d. ortoressia[65].

3.1 B.E.D.

Il *Binge Eating Disorder* (BED), o "Disturbo da Alimentazione Incontrollata", per diverso tempo è stato oggetto di difficile inquadramento diagnostico, anche per una certa confusività dei criteri utilizzati da parte di clinici e ricercatori (si pensi alle ricorrenti ed incoercibili crisi di fame - come nella bulimia - in assenza però di condotte evacuative o comunque compensatorie - a differenza della bulimia -).

---

65. Non sono prese in considerazione né l'"obesità", né la "carbohydrate cravers syndrome", né quelle forme di alimentazione selettiva usualmente denominate "diete", chiamando esse in causa fattori medico-biologici di ordine internistico, eccessivamente *a latere* rispetto al tema oggetto della presente trattazione.

Nel 1959, lo psichiatra statunitense Albert Stunkard descrisse per primo la "sindrome del mangiatore smodato", presente in soggetti obesi con abbuffate compulsive[66]. Da questo momento in poi, si svilupparono tutta una serie di ricerche finalizzate non solo a definire la specificità del quadro clinico, ma ad individuare i fattori implicati nell'insorgenza e nel decorso del medesimo, nonché le diverse soluzioni terapeutiche da applicare ai pazienti[67].

Robert Spitzer, tenuto conto sia della presenza di ricorrenti abbuffate, sia dell'assenza di condotte compensatorie inadeguate, coniò la dizione di "Disturbo da Alimentazione Incontrollata" e ne chiese esplicitamente l'inserimento nella tassonomia nel D.S.M. IV[68].

Attualmente, il BED è considerato come la più importante sindrome tra i "Disturbi dell'Alimentazione Non Altrimenti Specificati"

---

66. Stunkard A.J., *Eating Patterns and Obesità*, "Psychiatric Quarterly", 33, 1959, pp. 284-295.
67. Yanovski S.Z., *Binge Eating Disorder: Current Knowledge and Future Directions*, "Obesity Research", 1, 4, 1993, pp. 306–323; Fairburn C.G., Wilson G.T., *Binge eating: definition and classification*, in: Fairburn C.G., Wilson G.T. (Eds.), *Binge Eating: Nature, Assessment and Treatment*, "The Guilford Press", New York. 1993, pp. 123-143; Fairburn C.G., *Overcoming Binge Eating*, "Guilford Press", New York, 1995; Grilo C.M., *The Assessment and Treatment of Binge Eating Disorder*, "Journal of Practical Psychiatry and Behavioral Health", 4, 1998, pp. 191–201.
68. Spitzer R.L., Devlin M., Walsh B.T., Hasin D., Wing R., Marcus M., Stunkard A., Wadden T., Yanovski S., Agras S., Mitchell J., Nonas C., *Binge eating disorder: A multisite field trial of the diagnostic criteria*, "International Journal of Eating Disorders", 11, 1992, 191-203; Spitzer R.L., Yanovski S., Wadden T., Wing R., Marcus M.D., Stunkard A., Delvin M., Mitchell J., Hasin D., Horn R.L., *Binge eating disorders: its further validation in a multisite study*, "International Journal of Eating Disorders", 13, 1993, pp. 137-153; Spitzer R.L., Stunkard A., Yanovski S., Marcus M.D., Wadden T., Wing R., Mitchell J., Hasin D., *Binge eating disorder should be included in DSM-IV: a reply to Fairburn et al.'s "the classification of recurrent overeating: the binge eating disorder proposal"*, "International Journal of Eating Disorders", 13, 1993, pp. 161-169.

secondo D.S.M. IV, ovvero fra quelle condizioni che non rientrano nelle categorie dell'Anoressia e della Bulimia. Tuttavia, anche se la diagnosi di BED non è ancora stata ufficialmente accettata dall'Associazione Psichiatrica Americana, il D.S.M. IV - TR prevede esplicitamente una serie di "criteri proposti per la ricerca" della medesima, cioè una lista di parametri finalizzati ad ottenerne una maggiore accuratezza diagnostica. Tenuto conto dell'esistenza di linee guida per l'identificazione, la valutazione e il trattamento di tale disturbo, un riconoscimento formale nelle future edizioni del D.S.M. sembrerebbe plausibile.

Diversi ricercatori[69], infatti, nella loro pratica clinica, hanno generalmente accettato questa diagnosi e, alla domanda (tutt'altro che scontata sul piano scientifico) se la BED sia solo un sintomo, oppure sia una vera e propria sindrome[70], sembrano propendere per la seconda eventualità.

3.2 N.E.S.

Con la dizione di *Night-eating syndrome* o "sindrome dei mangiatori notturni" si fa riferimento alla condizione di quei soggetti che soffrono di "attacchi di fame notturna"; si tratta di pazienti che presentano le stesse caratteristiche del Binge Eating Disorder, ma le loro abbuffate si verificano esclusivamente durante le ore notturne, situa-

---

69. Carter J.C., Fairburn C.G., *Treating binge eating problems in primary care*, Addictive Behaviors, 6, 1995, pp. 765-772; Castonguay L.G., Eldredge K.L., Agras W.S., *Binge eating disorder: Current state and future directions*, "Clinical Psychology Review", 15, 1995, pp. 865-890; Carter J.C., Fairburn C.G., *Cognitive-Behavioral Self-Help for Binge Eating Disorder. A Controlled Effectiveness Study*, "Journal of Consulting and Clinical Psychology", 66, 4, 1998, pp. 616-623; Dingemans A.E., Bruna M.J., van Furth E.F., *Binge eating disorder: a review*, "International Journal of Obesity", 26, 2002, pp. 299-307; Mitchell J.E., Devlin M.J., de Zwaan M., Crow J.S., Peterson G.B., *Binge-Eating Disorder: Clinical Foundations and Treatment*, "The Guilford Press", New York, 2007.

70. Stunkard A.J., Allison K.C., *Binge eating disorder: Disorder or marker?*, "International Journal of Eating Disorders", 34, S1, 2003, pp. 107-116.

zione questa che ha dato origine a diversi contributi, i quali iniziano ad essere riportati in letteratura[71].

Stunkard, dopo circa quaranta anni di ricerche sul campo, è giunto alla conclusione che in questi soggetti esiste un'inversione dei ritmi circadiani (il ritmo ormonale sonno- veglia, relativo alla melatonina - che influisce sul sonno - ed alla leptina - che incide sull'appetito -)[72].

Se, quindi, chi soffre di NES non sarebbe altro che un paziente affetto da BED con manifestazioni esclusivamente notturne anziché diurne, è corretto chiedersi se la "sindrome dei mangiatori notturni" rappresenti una semplice variante del "disturbo da alimentazione incontrollata", oppure un vero e proprio disordine a sé stante. Per rispondere a tale interrogativo sono state avviate numerose ricerche[73], le quali, però, non hanno ancora fornito una risposta definitiva.

---

71. Wadden T.A,, Stunkard A.J., *Handbook of Obesity Treatment*, "The Guilford Press", New York, 2002; Keel P.K., Levitt P., *Eating Disorders (Psychological Disorders)*, "Chelsea House Publications" - Library Binding edition, 2006; Costin C., *The Eating Disorders Sourcebook*, McGraw-Hill - 3 ed., New York, 2006.

72. Stunkard A.J., Berkowitz R., Wadden T., Tanrikut C., Reiss E., Young L., *Binge eating disorder and the night eating syndrome*, "International Journal of Obesity and Related Metabolic Disorders", 20, 1996, pp. 1-6; Stunkard A.J., *Two eating disorders: binge eating disorder and the night eating syndrome*, "Appetite", 34, 3, 2000, pp. 333-334.

73. Napolitano M.A., Head S., Babyak M.A., Blumenthal J.A., *Binge eating disorder and night eating syndrome: psychological and behavioral characteristics*, "International Journal of Eating Disorders", 30, 2, 2001, pp. 193-203; Geliebter A., *New developments in binge eating disorder and the night eating syndrome*, "Appetite", 39, 2, 2002, pp. 175-177; Grilo C.M., Masheb R.M., *Night-time eating in men and women with binge eating disorder*, "Behaviour Research and Therapy", 42, 4, 2004, pp. 397-407; Vander Wal J.S., Waller S.M., Klurfeld D.M., McBurney M.I., Dhurandhar N.V., *Night eating syndrome: Evaluation of two screening instruments*, "Eating Behaviors", 6, 1, 2005, pp. 63-73; Thompson S.H., Stroud K.L., Dobson A., Bakalov N., *A Preliminary Study of Characteristics of Night Eating Syndrome Among College-Age Students*, "Journal of the American Dietetic Association", 106, 8, Supp 1, 2006, p. A29.

3.3 Ortoressia

La parola "ortoressia", dal greco Ορθοσ (giusto, corretto) e ορεξισ (appetito), qualifica l'ossessione per il mangiare esclusivamente cibi sani. Questo quadro clinico, pur non essendo ancora ufficialmente riconosciuto né dall'Associazione Psichiatrica Americana, né dall'Organizzazione Mondiale della Sanità, da quando venne descritto per la prima nel 1997[74] ad oggi, ha motivato tutta una serie di studi[75] finalizzati a dimostrarne l'esistenza sul piano scientifico nei termini di un vero e proprio disturbo della sfera alimentare.

Infatti, l'iperselezione stenica e seriale degli alimenti non solo si è rivelata pericolosa da un punto di vista dietologico-nutrizionale, ma è risultata spesso all'origine di alcune gravi patologie internistiche. Le conseguenze, del resto, sono rappresentate non

---

74. Bratman S., *Obsession with dietary perfection can sometimes do more harm than good, says one who has been there*, "issue of Yoga Journal", October 1997; Billings T., *Clarifying Orthorexia: Obsession with Dietary Purity as an Eating Disorder*, 1997 - Copyright © 1997 by Thomas E. Billings. All rights reserved.

75. Davis J., *Orthorexia: Good Diets Gone Bad"*, 2000 WebMD, Inc., All rights reserved; Fugh-Berman A., Health Food Junkies: *Orthorexia Nervosa: Overcoming the Obsession with Healthful Eating* - "A Book Review, Journal of American Medical Association", 285. 2001. pp. 2255-2256; Bratman S., Knight D., Health food junkies. *Orthorexia Nervosa: Overcoming the Obsession with Healthful Eating*, "Broadway Books", New York, 2000; Strand E., *Orthorexia: Too Healthy? Specialists have coined a new term-orthorexia-to describe an obsessive concern with healthy eating that often leads to social isolation*, "Psychology Today Magazine", Sep/Oct 2004; Donini L., Marsili D., Graziani M., Imbriale M., Cannella C., *Orthorexia nervosa: a preliminary study with a proposal for diagnosis and an attempt to measure the dimension of the phenomenon*, "Eating and Weight Disorders", 9, 2, 2004, pp. 151-157; Donini L., Marsili D., Graziani M., Imbriale M., Cannella C., *Orthorexia nervosa: validation of a diagnosis questionnaire*, "Eating and Weight Disorders", 10, 2, 2005, pp. 28-32

solo dalle marcate limitazioni nella vita sociale del paziente – il quale rifiuta gli inviti a pranzo o a cena per evitare cibi ritenuti non sicuri, o non selezionati (condotte di evitamento fobico) ed impiega molto tempo per procurarsi alimenti particolari (accentuazione ipomaniacale) e per controllarli scrupolosamente dal punto di vista igienico (rituali ossessivo-compulsivi) –, ma anche da malattie organiche a carattere sistemico, perché chi soffre di ortoressia presenta altresì avitaminosi, osteoporosi ed aterosclerosi con frequenza maggiore rispetto a chi segue un'alimentazione completa ed equilibrata.

Inoltre, mentre nell'anoressia e nella bulimia tutte le attenzioni sono poste sulla "quantità" di cibo e sulle conseguenze da questa provocate (estetica e morfologia corporee, calcolo delle calorie, iperattività, condotte compensatorie, etc.), nell'ortoressia invece le preoccupazioni vertono sulla "qualità" degli alimenti, per evitare la minaccia che questi siano stati contaminati (come se qualcuno avesse cercato di avvelenare il soggetto), oppure siano comunque poco o affatto salutari per l'organismo.

Si tratta, quindi, di una condizione che solo di recente ha attratto l'attenzione dei ricercatori, anche se non pare fortuito il fatto che sia emersa in un contesto culturale c.d. salutista, nel quale molte diete vengono quotidianamente proposte ed accettate al di fuori di specifiche indicazioni mediche e di regolari controlli specialistici. In tal senso, essa risulta epifenomenica di quella dialettica tra natura e cultura nell'ambito della quale il disturbo alimentare deve essere sempre e comunque posto.

4. Il senso del disturbo

L'excursus storico proposto nelle pagine precedenti permette, almeno in qualche misura, di trarre qualche conclusione (cauta, ma al contempo chiara) sul senso di alcuni disturbi della condotta alimentare.

Parlare del "senso" significa illustrare quella concatenazione di fenomeni che, nell'ambito della coscienza[76], dal significante manifesto si dispiega al significato latente[77] e comporta altresì di articolare qui un discorso psicopatologico di ispirazione antropo-fenomenologica, nella consapevolezza che la psicanalisi (specie quella freudiana), nel momento stesso in cui ha postulato l'intreccio tra "catena del senso" e "catena della causazione"[78], avrebbe manifesta-

---

76. Il termine "coscienza" indica qui il luogo della fondazione trascendentale del mondo e della relazionalità con esso, nonché il polo della reciprocità alteregoica (cfr. Callieri B., Seller R., *L'accesso fenomenologico alla coscienza in psichiatria*, in: Pancheri P., Biondi M. (a cura di), *La coscienza e i suoi disturbi*, Il Pensiero Scientifico Editore, Roma, 1996, pp. 89-102), luogo connotato in modo pregnante dall' "intenzionalità", concepita a sua volta come "capacità di costruire e mantenere un mondo soggettivo coerente di modelli, significati e scopi" (cfr. Mundt Ch., *L' "intenzionalità" fenomenologica*, in: Ballerini A., *Psicopatologia Fenomenologica: percorsi di lettura*, CIC Edizioni Internazionali, Roma, 2002, pp. 385-395).

77. Per "significante" si intende qui il segno apportatore di significato (cioè il contenuto della forma del significato), mentre per "significato" si intende la possibilità di riferimento del segno al suo oggetto (cioè la dimensione semantica del procedimento segnico); in altri termini, atteso che la "significazione" è un procedimento che mette in relazione un significante ed un significato, il primo ne rappresenta l'elemento formale, o esterno, mentre il secondo ne costituisce l'elemento concettuale, o intrinseco (cfr. de Saussure F., *Course in General Linguistics*, Eds. Charles Bally and Albert Sechehaye, Trans. Wade Baskin, McGraw, New York, 1959; Abbagnano N., *Dizionario di filosofia*, Terza edizione aggiornata e ampliata da Fornero G., UTET Libreria, Torino, 2001); il "significato" si differenzia anche dal "senso": il *senso* di una parola è il concetto, cioè l'idea indicata dalla parola stessa, mentre il *significato* è l'oggetto reale che corrisponde alla medesima (cfr. Morselli E., *Dizionario di filosofia e scienze umane*, Carlo Signorelli Editore, Milano, 1993; Frege G., *Senso, funzione e concetto*, a cura di Penco C., Picardi E., trad. it. di Picardi E., Laterza, Bari, 2001).

78. Fornaro M., *Relazioni causali e relazioni di senso: il caso della psicanalisi*, in: Brigati R. (a cura di), *Causalità e azione nella spiegazione psicologica*, Discipline Filosofiche, VIII, 2, 1998, pp. 227-244.

to pure il suo limite, come stigmatizzato da Jaspers[79] e da Sartre[80] quando accusarono Freud di aver confuso le "relazioni di causa" (di natura esplicativa), con le "relazioni di senso" (di natura comprensiva), le uniche ad essere ritenute adeguate alla sfera psichica.

Tuttavia, si deve dare atto che, nel corso del tempo, lo "spiegare" (*Erklären*) ed il "comprendere" (*Verstehen*) sono stati sempre più intesi come modalità di "interpretare" (*Auffassen* come "concepire" – *Auslegen* come "emettere"), sia perché "insieme danno senso al fenomeno del discorso, ma a partire da prospettive diverse, benché complementari"[81], sia perché il valore simbolico del linguaggio può rappresentare una prospettiva interdisciplinare tra fenomenologia e psicanalisi[82], sia perchè di fronte all' "alterità del testo" (cioè al racconto del paziente sulla sua sofferenza) sono stati soprattutto raccomandati "indicibilità" (concepita alla luce del principio gadameriano della "inesauribilità delle letture possibili di un testo") e "ascolto" (considerato secondo la posizione ermeneutica heideggeriana, che mira ad interpretare la parola altrui "senza consumarla" e rispettarla "nella sua natura di permanente riserva")[83].

---

79. Per le critiche rivolte da Jaspers alla psicanalisi di Freud, si rinvia a: Jaspers K. (1913), *Psicopatologia generale*, Il Pensiero Scientifico Editore, Roma, 1964; Jaspers K. (1950), *Il medico nell'età della tecnica*, Raffaello Cortina Editore, Milano, 1991.

80. Per le critiche avanzate da Sartre a Freud, si rimanda a "Immaginazione" (1936) e "Idee per una teoria delle emozioni" (1939), contributi raccolti e pubblicati nel volume: Jean-Paul S., *L'immaginazione. Idee per una teoria delle emozioni*, a cura di Pirillo N., Bompiani © RCS Libri, Milano, 2004.

81. Schrag C.O., Comprensione e spiegazione come modi dell'interpretazione, in: Brigati R. (a cura di), *Causalità e azione nella spiegazione psicologica*, "Discipline Filosofiche", VIII, 2, 1998, pp. 49-69

82. Soncini U., *Fenomenologia e psicanalisi: il linguaggio, una prospettiva interdisciplinare*, "Rivista Sperimentale di Freniatria", CXIX, 4, 1995, pp. 621-633.

83. Muscatello C.F., Scudellari P., *Indicibilità e ascolto. L'alterità del «testo» come problema cruciale dell'ermeneutica e della psichiatria*, "Rivista Sperimentale di Freniatria", CXVII, 5, 1993, pp. 784-790.

Anche nell'economia di un discorso sui disturbi alimentari, quindi, pare fondamentale riferirsi all'analisi esistenziale (di matrice binswangeriana)[84], essendo questa finalizzata a "… scorgere la struttura che di volta in volta si dà dell'esserci di un determinato singolo uomo e cioè indipendentemente dalla distinzione di sano e malato, normale e anormale"[85], in modo che il malato "… non è più colui che «vive fuori dal mondo», ma colui che nell'alienazione ha trovato… l'unico modo per lui possibile di essere-nel-mondo, essendo l'alienazione null'altro che l'estremo tentativo di un uomo di diventare, nonostante tutto, se stesso"[86].

Quindi, tenuto conto che "il problema della psicanalisi è il problema della ricostruzione, a partire dalla sofferenza e dalla domanda di senso rivolta da un desiderio a un altro desiderio"[87], chiarire quale sia il senso del disturbo alimentare in una prospettiva storica implica necessariamente il ricorso anche ai contributi di matrice antropo-fenomenologica, oltre (e, forse, più) che psicodinamica, poiché "la domanda sul senso della psichiatria e sul senso dell'essere uomo, prima che sul senso di essere malato" rappresenta "la

---

84. L'espressione "analisi esistenziale" traduce qui il termine *Daseinanalyse*, per un corretta e completa comprensione del quale si rimanda alle precisazioni fornite alla Nota IV di Barbieri C., *La coppia c.d. perversa*, in: Barbieri C., *La coppia coniugale: attualità e prospettive in medicina canonistica*, Libreria Editrice Vaticana, Città del Vaticano, 2007, pp. 87-107.

85. Binswanger L. (1958), *Analisi dell'esserci, psichiatria, schizofrenia*, trad. it. di Esposito S., "Attualità in psicologia", 18, 2003, pp. 197-204.

86. Galimberti U., *Ludwig Binswanger e l'analisi esistenziale fenomenologicamente fondata*, in: Besoli S. (a cura di), *Ludwig Binswanger. Esperienza della soggettività e trascendenza dell'altro. I margini di un'esplorazione fenomenologico-psichiatrica*, Quodlibert, Macerata, 2006, pp.467-480.

87. Ricoeur P., *Conversazione sulla psicanalisi. Intervista a Paul Ricoeur a cura di Martini G.*, in Jervolino D., Martini G. (a cura di), *Paul Ricoeur e la psicanalisi. Testi scelti*, Franco Angeli, Milano, 2007, pp. 153-169.

preoccupazione cruciale che ha attraversato tutta la vita" di Ludwig Binswanger, padre della *Daseinanalyse*[88].

Infatti, se la ricerca del senso deve attuarsi a livello della coscienza (perché essa, come ed in quanto *intenzionalità*, è il campo della donazione di senso - *Sinngebung* -[89]) e se essa opera non solo come "uno strumento narrativo", ma anche come un "narratore così compulsivo da essere un grande confabulatore"[90], allora la chiarificazione del significato stesso di un disturbo come quello alimentare non può prescindere dalla disamina della temporalità, della spazialità e, soprattutto, della corporeità di chi ne è affetto; cioè di quelle "caratteristiche" della Presenza umana[91] da concepirsi "non come un suo «avere»: ma come aspetti costitutivi con cui si rivela il suo «essere», ognuno dei quali la manifesta nella sua interezza, per quanto in un particolare segno"[92].

In questa prospettiva, si richiama lo storico caso di Ellen West, resoconto particolareggiato della vicenda clinico-esistenziale di una paziente curata da Binswanger nella sua clinica di Kreutzlingen per oltre due mesi. Artisticamente dotata, ma affetta da una forma anoressia dovuta ad un ideale di magrezza al quale ella rimase fedele per quasi tutta la sua breve vita (quando morì aveva trentatré anni),

---

88. Di Petta G., *Daseinsanalyse e Gruppen-daseinanalyse. L'incontro, l'amore, la cura tra tossici, psicotici e lucidi*, in: Besoli S. (a cura di), *Ludwig Binswanger. Esperienza della soggettività e trascendenza dell'altro. I margini di un'esplorazione fenomenologico-psichiatrica*, Quodlibert, Macerata, 2006, pp. 193-230

89. Savoldi F., Nappi G., Martignoni E., *Considerazioni fenomenologiche sugli stati confusionali*, "Rivista Sperimentale di Freniatria", 102, 1978, pp. 74-85; Callieri B., *Prospettive antropofenomenologiche nella melanconia: eclissi*, "Informazione Psicoterapia Counselling Fenomenologia", 6, 2005, pp. 2-11.

90. Charlton B., *Psichiatria e condizione umana*, CIC Edizioni internazionali, Roma, 2002.

91. Calvi L., *Il consumo del corpo. Esercizi fenomenologici d'uno psichiatra sulla carne, il sesso, la morte*, Mimesis edizioni, Milano, 2007.

92. Cargnello D., *Alterità e alienità*, Feltrinelli, Milano, 2ed., 1977.

questa donna venne dimessa dal *Bellevue* dopo aver ripreso ad alimentarsi, ma, alcuni giorni dopo, assunse una dose letale di veleno[93]. Nelle pagine del suo diario, nel quale sono state annotate molte delle sue esperienze interiori, si legge: "… la cosa più orribile della mia vita è quella dell'essere continuamente dominata dalla paura: paura di mangiare, ma anche paura della fame e paura della stessa paura. Soltanto la morte potrà liberarmene…".

Certamente la qualità dell'angoscia che ha pervaso la sua esistenza può dirsi psicotica e, non a caso, Binswanger ha scritto che "la festa della morte non è stata se non la festa della rinascita della sua esistenza"[94], nel senso che "solo nel suicidio… Ellen West riesce ad essere fino in fondo se stessa"[95], poiché "… nell'inesauribile anelito alla morte volontaria e nel suicidio conseguente" si colgono la "realizzazione" e "l'indicibile epifania" della sua vita[96]; nondimeno, questa donna è un *Dasein*, cioè una "presenza incarnata in un mondo", vale a dire un incrocio di relazioni tra esteriorità ed interiorità mediate dalla sua corporeità; e per "abitare", con il corpo, quel mondo che l'ha voluta in un certo modo, il suo *Esserci* si è consegnato ad una forma di vita inautentica, nella quale il rifiuto del cibo si è tradotto in un corpo esile e diafano, ma dalla quale ha potuto riscattarsi solo con la morte, riconquistando così la propria significazione esistenziale. Le diagnosi stilate su di lei sono state molte e anche molto diverse (dalla nevrosi coatta alla melanconia, dalla psicosi maniaco-depressiva alla schizofrenia[97]),

---

93. Binswanger L., *Il caso di Ellen West e altri saggi*, Bompiani, Milano, 1973.
94. *Ibid.*
95. Borgna E., *Come se finisse il mondo*, Feltrinelli, Milano, 1995.
96. Borgna E., *L'attesa e la speranza*, Feltrinelli, Milano, 2005.
97. Binswanger L., *Der Fall Ellen West*, "Schweizer Archiv für Neurologie und Psychiatrie", 53, 1944, pp. 255-277; ibidem, 54, 1944, pp. 69-117, pp. 330-360; ibidem, 55, 1945, pp. 16-40; Binswanger L., *Schizophrenie, Neske, Pfullingen*, 1957, trad. it Il caso Ellen West e altri saggi, Bompiani, Milano, 1973.

ma essa, proprio per le tematiche in precedenza delineate, è stata anche considerata come il prototipo dell'anoressia mentale[98].

In effetti, se l' *essere-nel-mondo* dell'anoressica (come quello di tutti gli altri malati di mente) si configura come una "crisi della presenza", proprio nel mondo familiare ella riesce a declinare una propria forma di vita, mai autentica però, perché articolata essenzialmente sul rifiuto del cibo e sulla distruzione del proprio corpo: in un "mondo inospitale", del resto, il soggetto è pressoché condannato ad una "esistenza mancata"[99], cioè ad una modalità esistenziale nella quale la *Presenza* riduce progressivamente, sino alla morte, la propria partecipazione alla vita del mondo. In tal senso, "la malattia non appare come l'effetto di una causa, ma come il significato di un rapporto, il significato che la malattia assume per colui che la vive"[100].

Facendo ancora riferimento all'angoscia, sofferta da Ellen West ma anche dai molti altri individui affetti da disturbi alimentari, proprio in essa è stata ravvisata "la cifra segreta dell'anoressia", in quanto emozione "che più radicalmente e profondamente si riflette nei modi di essere del corpo, del volto e degli sguardi, dei gesti", nonché "di rivivere il cambiamento... dall'infanzia all'adolescenza"[101]. Infatti, nella dimensione dell'angoscia, ma ancor più in quelle della corporeità e della temporalità sono stati riscontrati gli aspetti costitutivi della patologia anoressica, sia femminile che maschile.

In proposito, del resto, si è osservato che l'anoressia femminile "... è radicalmente contrassegnata non solo dalla modificata espe-

---

98. Castellana F., *L'angoscia di essere niente. L'anoressia mentale*, Melusina Editrice, Roma, 1994.
99. Binswanger L., *Tre forme di esistenza mancata*, Il Saggiatore, Milano, 1980.
100. Galimberti U., *Il corpo*, Feltrinelli, Milano, 1987.
101. Borgna E., Presentazione, in: Nizzoli U., Colli C., (a cura di), *Giovani che rischiano la vita. Capire e trattare i comportamenti a rischio negli adolescenti*, McGraw-Hill, Milano, 2004, pp. XXI-XXV.

rienza soggettiva del tempo ancorata al passato improblematico dell'infanzia, ma anche dall'angoscia davanti alle trasformazioni del corpo così profonde e così inarrestabili", perché in questa "... sopravvive la disperata nostalgia del corpo della infanzia, della improblematicità e della slanciatezza del corpo che sono in essa ed esiste così l'esperienza soggettiva di un corpo alternativo a quello che si sta vivendo nella forma anoressica di vita..."; al punto che, da un lato, "... la magrezza, la regressione emozionale, il rifiuto dell'alimentazione non sembrano finalizzate se non al recupero di una immagine corporea vissuta e fantasticata: quella dell'infanzia"[102], mentre, dall'altro, la "personalità anoressica... sembra contrassegnata dallo sprofondare nella mera razionalità, negli schemi ghiacciati di una dilagante razionalità, e dall'inaridirsi di una vita emozionale: dalla quale ci si difende e ci si allontana"[103].

Al contrario, nelle forme presenti nel genere maschile, meno frequenti di quelle femminili, ma ugualmente importanti e pericolose, il corpo viene "imprigionato in un agostiniano presente che induce a trionfalizzare narcisisticamente il modo di essere attuale del proprio corpo: rifiutato, o almeno non accettato, nella sua immagine che gli specchi ossessivamente rimandano senza fine nella sua precarietà e nelle sue inadeguatezze nei confronti della immagine e delle immagini socialmente proposte e riproposte, e mediaticamente imposte con l'aggressività che conosciamo"[104]; nell'anoressia maschile, perciò, specie in epoca adolescenziale, "... si desidera un corpo altro da quello che si ha non per recuperare l'immagine corporea del passato, ma per ritrovare una diversa immagine corporea", per la radicale "tematizzazione narcisistica" di questo disturbo[105], a

---

102. Borgna E., *Come in uno specchio oscuramente*, Feltrinelli, Milano, 2007.
103. Borgna E., *Le figure dell'ansia*, Feltrinelli, Milano, 1990.
104. Borgna E., *Come in uno specchio oscuramente*, Feltrinelli, Milano, 2007.
105. *Ibid.*

sua volta comprensibile alla luce della "... crisi, più o meno profonda, nella propria identità sessuale" e della "frantumazione" del tempo interiore, con "preminenza assoluta dell'istante e del presente"[106].

Considerazioni di analogo genere, potrebbero essere avanzate anche sulla condizione bulimica, posto che, anche in questa, il significato del disturbo della condotta alimentare si coglie nella perturbazione delle categorie esistenziali del corpo, del tempo e del rapporto con il mondo e con sé stessi.

Tuttavia, quanto detto sinora pare sufficiente a dimostrare che il senso di siffatte alterazioni, in psicopatologia, rappresenta l'esito di un'ermeneutica di derivazione analitico-esistenziale, a proposito della quale risulta paradigmatica la seguente riflessione: "La psicanalisi è soprattutto un metodo di psicoterapia e ha dunque per scopo fondamentale la «salute» dei pazienti, mentre l'analisi esistenziale ha precipuamente lo scopo di approfondire l'essenza fenomenologia e antropologica dei sintomi, delle sindromi e dei quadri della psicopatologia e della clinica psichiatrica, senza per questo precludersi eventuali sviluppi verso una metodologia terapeutica che la sua stessa apertura verso «l'umano» sembrerebbe additare"[107].

Se quindi "il senso si dà e deve essere cercato nell'attività creativa ed interpretante: è il senso delle cose e soprattutto delle persone, del mondo percepito poeticamente e della storia umana"[108], i disturbi alimentari di tipo anoressico e bulimico, investendo l'ambito complessivo della vita individuale, sono soprattutto pato-

---

106. Borgna E., *Il punto di vista fenomenologico nell'anoressia maschile*, in: Zappa E. (a cura di), *Narciso a tavola. L'anoressia nervosa nel maschio*, Franco Angeli, Milano, 2007 pp.13-19.
107. Cargnello D., *Nota alla seconda edizione (1977) di Alterità e alienità*, Feltrinelli, Milano, 1977.
108. Aime O., *Senso e essere. La filosofia riflessiva di Paul Ricoeur*, Cittadella Editrice, Assisi, 2007.

logie di un corpo soggettivamente vissuto (*Leib*) e non solo oggettualizzato dalla tecnica e reificato dalla cultura (*Körper*); come tali, perciò, vanno considerati quali "malattie dell'esistenza", nel senso che è la vita stessa del soggetto che si trasforma in una "esistenza malata" in quanto "esistenza mancata"[109], cioè decurtata di potenzialità antropologiche e deprivata di possibilità umane fondamentali, come la partecipazione alla vita interiore e a quella di relazione[110].

Al pari di tutte le altre *gestalt* psicopatologiche, il "disturbo alimentare" è dunque un "disturbo esistenziale", con tutte le molteplici e significative conseguenze del caso, tra le quali è doveroso collocare anche quelle medico-canonistiche.

---

109. Callieri B., Maldonato M., Di Petta G., *Lineamenti di Psicopatologia Fenomenologica*, Alfredo Guida Editore, Napoli, 1999.

110. Callieri B., *Corpo Esistenze Mondi, Per una psicopatologia antropologica*, Edizioni Universitarie Romane, Roma, 2007.

Capitolo II

PROBLEMATICHE CLASSIFICATORIE

Cristiano Barbieri, Michele Tronchin

1. *Riflessioni introduttive*

Per illustrare adeguatamente le attuali classificazioni dei disturbi del comportamento alimentare (DCA), è necessario avanzare alcune preliminari osservazioni sulle tematiche della diagnosi e della tassonomia in ambito psicopatologico, tenendo altresì conto della complessità e della problematicità dei concetti di salute e malattia mentale a queste sottese.

Il costrutto di "malattia" si configura attualmente come antitetico a quello di "salute"[1], anche se l'Organizzazione Mondiale della Sanità ha inteso la salute come uno stato di completo benessere dal punto di vista bio-psico-sociale, non riducibile alla semplice assenza di una patologia (O.M.S., 1946). Questa concezione è stata poi integrata dalla stessa O.M.S. (2001) come "stato di benessere nel quale il singolo è consapevole delle proprie capacità, sa affrontare le normali difficoltà della vita, lavorare in modo utile e produttivo ed è in grado di apportare un contributo alla propria comunità"[2].

---

1. Atto costitutivo dell'O.M.S. del 22 Luglio 1946, D.L.C.P.S. 4 marzo 1947, n. 1088
2. World Health Organization, cit. in: Hilber A.M., *Promoting Sexual Health, Entre Nous*, "The European Magazine for Sexual and Reproductive Health". 50, 2001, pp. 11-13.

Le nozione di malattia e di salute, quindi, possono delinearsi tenendo presente questi parametri di riferimento. Non a caso, alla luce del c.d. modello bio-psico-sociale[3], la salute non deve solo essere considerata una condizione di benessere dal punto di vista fisico e psicologico, ma deve anche essere valutata a partire dal contesto socio-culturale di appartenenza dell'individuo[4].

In tale prospettiva, la salute rappresenta quell'obiettivo che viene raggiunto soltanto quando esiste un sufficiente equilibrio ed un'adeguata proporzione tra le predette tre dimensioni: quella biologico-organica, quella psicologico-relazionale, quella socio-culturale. Gli influssi reciproci tra queste componenti, del resto, sono stati esemplificati da quegli studi che hanno dimostrato quanto la sfera psichica e l'ambiente possano interagire reciprocamente ed incidere sull'origine e sull'andamento di una condizione patologica[5]. Alla

---

3. Engel G.L., *The need for a new medical model: a challenge for biomedicine*, "Science", 196, 1977, pp. 129-136; Engel G.L., *The biopsychosocial model and the education of health professionals*, "Annals of The New York Academy of Sciences", 21, 310, 1978, pp. 169-187; Engel G.L., *The clinical application of the biopsychosocial model*, "American Journal of Psychiatry", 137, 1980, pp. 535-544; Engel G.L., *The clinical application of the biopsychosocial model*, "Journal of Medecine and Philosophy", 6, 2, 1981, pp. 101-123; Engel G.L., *Sounding board. The biopsychosocial model and medical education. Who are to be the teachers?*, "The New England Journal of Medecine", 306, 13, 1982, pp. 802-805; Engel G.L., *The biopsychosocial model and family medicine*, "The Journal of Family Practice", 16, 2, 1983, pp. 412-413; Freedman A.M., *The biopsychosocial paradigm and the future of psychiatry*, "Comprehensive Psychiatry", 36, 6, 1995, pp. 397-406; Weiner H., *Is the "biopsychosocial model" a helpful construct?*, "Psychotherapie, Psychosomatik, Medizinische Psychologie", 44, 3-4, 1994, pp. 73-83; Engel G.L., *From biomedical to biopsychosocial. Being scientific in the human domain*, "Psychosomatics", 38, 6, 1997, pp. 521-528.

4. Bickenbach J.E., Chatterji S., Badley E.M., Üstün T.B., *Models of disablement, universalism and the international classification of impairments, disabilities and handicaps*, "Social Science & Medicine", 48, 1999, pp. 1173-1187.

5. Torrey E.F., Miller J., *The Invisible Plague: The Rise of Mental Illness from 1750 to the Present*, "Rutgers University Press", New Brunswick, 2002.

luce di questo paradigma, non esiste perciò la malattia, ma "l'uomo malato", dal momento che la salute "non è precisamente un sentirsi, ma è un esserci, un essere nel mondo, un essere insieme ad altri uomini ed essere occupati attivamente e gioiosamente dai compiti particolari della vita"; pertanto, "il modo più chiaro per raffigurarsi la salute consiste nel concepirla come uno stato di equilibrio..."[6].

In psicopatologia, sulla base delle predette considerazioni, è corretto chiedersi, parafrasando una celebre frase di Belmaker e Van Praag[7], se la realtà della malattia mentale sia riconoscibile ed organizzabile secondo parametri intrinseci di distinzione, oppure secondo criteri di suddivisione predeterminati dall'esterno e in modo più o meno convenzionale. Il dibattito scientifico in materia risulta non solo molto articolato sul piano storico, ma tuttora in corso - come peraltro dimostrato dai diversi contributi sull'argomento[8] -, al punto

---

6. Gadamer H.G. (1993), *Dove si nasconde la salute*, Raffaello Cortina, Milano, 1994.

7. Si fa qui riferimento alla seguente frase: "Abbiamo davanti a noi un frutto chiamato psicosi, ma non sappiamo se sia un agrume, che si dividerà in sezioni separate, oppure una mela, che dobbiamo dividere noi con tagli arbitrari" (cfr. Belmaker R.H., Van Praag H.M., *Mania: disease entity or symptom cluster*, in: Belmaker R.H., Van Praag H.M., *Mania: an evolving concept*, "Spectrum Publications", Jamaica, NY, 1980, pp. 97-109).

8. La letteratura sul tema è vastissima; a titolo esemplificativo, qui si indicano: Allexander F.G., Selesnick Sh.T., *The History of Psychiatry: An Evaluation of Psychiatric Thought and Practice from Prehistoric Times to the Present*, Harper & Row, New York, 1966; Kendell R.E., *The role of diagnosis in psychiatry*, Blackwell, Oxford, 1975; Pogue-Geile M.F., Harrow M., *Strategies for psychopathology research*, in: Bellack A.S., Hersen M. (Eds.), *Research methods in clinical psychology*, Pergamon, New York, 1985, pp. 179-207; Nurcombe B., Gallagher R.M., *The Clinical Process in Psychiatry: Diagnosis and Management Planning*, "Cambridge University Press", Cambridge, 1986; Shorter E., *A History of Psychiatry: From the Era of the Asylum to the Age of Prozac*, John Wiley & Sons, New York, 1997; Millon Th., *Masters of the Mind: Exploring the Story of Mental Illness from Ancient Times to the New Millennium*, John Wiley & Sons, New York, 2004; Greene T., *The Kraepelinian dichotomy: the twin pillars crumbling?*, "History of Psychiatry", 18, 3, 2007, pp. 361-379.

da poter essere considerato inesauribile, stante soprattutto l'enigmaticità della stessa dimensione antropologica[9].

In questa sede, tuttavia, ricordando che i termini di "classificazione", "tassonomia" e "tipologia" sono usati correntemente per designare sia vari tipi di operazioni intellettuali, sia i diversi prodotti delle medesime, sia quei settori delle scienze naturali nei quali si ricorre regolarmente a tali operazioni[10], si evidenzia come, in ambito psichiatrico, nella seconda metà del XX secolo, sia diventato prevalente, se non dominante, l'approccio di tipo operazionale alla diagnosi[11], quale reazione necessaria all'anarchia epistemologica e linguistica di fine Ottocento e della prima metà del Novecento[12],

---

9. Moravia S., *L'enigma della mente,* Laterza, Bari, 1988; Moravia S., *L'enigma dell'esistenza*, Feltrinelli, Milano, 1996; Moravia S., *L'esistenza ferita*, Feltrinelli, Milano, 1999.

10. Marradi A., *Classificazioni, Tipologie, Tassonomie*, in: *Enciclopedia delle Scienze Sociali*, Istituto della Enciclopedia Italiana, Roma, 1993, vol. II, pp. 22-30; Bailey K.D., *Typologies and Taxonomies: An Introduction to Classification Techniques*, "Sage Publications", London, 1994; Grove A., *Taxonomy*, in: *Encyclopedia of Library and Information Science*, Marcel Dekker Inc., New York, 2003, pp. 2770-2777.

11. L'impostazione c.d. operazionale mira a dare una definizione semplice e chiara di ogni manifestazione clinica, nonché a rendere conto delle operazioni eseguite per discriminare se una determinata condizione corrisponda o meno alla predetta definizione; paradigmatico, al riguardo, risulta il D.S.M., per cui, una diagnosi come quella di matrice psicodinamica o fenomenologia si riferisce ad un approccio c.d. *person oriented*, mentre una diagnosi di tipo operazionale concerne un approccio c.d. *morbus oriented*; per ulteriori approfondimenti, si rimanda a: Maj M., Gaebel W., López-Ibor J.J., Sartorius N. (Eds.), *Psychiatric Diagnosis and Classification*, John Wiley & Sons, New York, 2002.

12. Hempel C.G., *Fundamentals of Taxonomy*, in: Hempel C.G., *Aspects of Scientific Explanation and other Essays in the Philosophy of Science*, "Free Press", New York, 1965, pp. 137-154; Meehl P.E., *Bootstraps taxometrics: solving the classification problem in psychopathology*, "American Psychologist", 50, 4, 1995, pp. 266-275.

anche perché la creazione di una forma di sapere e di una terminologia quanto più oggettive e condivise dovevano essere la premessa irrinunciabile ad un adeguato approfondimento dei molteplici e ancora ignoti aspetti della malattia mentale (ad es. la multifattorialità eziologica, i vari meccanismi patogenetici, la patoplastica dei sintomi correlata alla storia di vita individuale, il decorso cronologico rapportato alla tipologia degli interventi terapeutici, etc.).

In realtà, nel corso del tempo, questo presupposto si è tradotto nella tendenza, sempre più radicata nell'attuale nosologia, ad abbandonare l'analisi psicopatologica e a sostituirla con una osservazione codificata in formule e schemi operativi così riduttivi, non solo da semplificarne il linguaggio in virtù della condivisibilità del medesimo, ma da appiattirla in formule più o meno stereotipate che reificano la complessità della malattia stessa[13]. Si è notato, infatti, che "... la preoccupazione per ciò che è oggettivo... con gli anni... si è intensificata", ma "... non si è più vista come una fase transitoria sulla strada di una maggiore discriminazione diagnostica, ma come il punto di arrivo. Il cosiddetto soggettivo non è stato visto come un territorio da conquistare, usando metodologie empiriche, ed è diventato sinonimo di non operazionalizzabile, non misurabile, non quantificabile..."[14].

Un siffatto approccio ha dunque trascurato la qualità dell'esperienza personale provata in relazione al fenomeno psicopatologico, vale a dire la soggettività del paziente, che assume viceversa una profonda rilevanza sul piano tanto diagnostico (di tipo sia clinico, che medico-legale), quanto terapeutico, posto che "tutto ciò che è detto è detto da qualcuno", per cui ogni "descrizione" non è solo

---

13. Sarteschi P., Maggini C., Casu G., *Psicofarmacologia e Nosografia Psichiatrica*, "Rivista Sperimentale di Freniatria", CXII, 2, 1988, pp. 353-388.

14. Van Praag H.M., *Reconquest of the Subjective. Against the Waning of psychiatric Diagnosing*, "British Journal of Psychiatry", 160, 1992, pp. 266-271.

un'informazione su un determinato oggetto, ma è al contempo una informazione sul soggetto che produce la stessa[15], oltre che un'interpretazione[16].

Per questa ragione, si è osservato che le categorie diagnostiche in psichiatria sono soltanto "ampi cesti" contenenti "una varietà di sindromi più o meno collegate tra loro", ma "non... entità patologiche genuine"[17], cioè veri e propri "enti" di natura; al punto da render necessario un significativo mutamento all'approccio diagnostico, con un viraggio da un'impostazione rigidamente categoriale ad una visione di tipo dimensionale dei disturbi mentali[18] anche in considerazione del fatto che, negli ultimi tempi, la stessa ricerca scientifica ha tentato sempre più di dimostrare un collegamento patogenetico non tanto tra un neuro-mediatore ed una categoria nosografica, quanto piuttosto tra un pattern di neuro-trasmettitori ed alcune fondamentali componenti sintomatologiche della patologia psichica (quali, ad es., l'aggressività, l'angoscia, etc.)[19].

---

15. Maturana H., Varela F., *Autopoiesi e Cognizione. La realizzazione del vivente*, Marsilio Editore, Padova, 1985; Guidano V.F., *La complessità del Sé*, Bollati Boringhieri, Torino, 1989; Guidano V.F., *Il Sé nel suo divenire*, Bollati Boringhieri, Torino, 1992.

16. Heidegger M., Zollikoner Seminäre - Protokolle-Gespräche-Briefe, hrsg. Boss M., Klostermann V., Frankfurt a./M. 1987, 8 marzo 1965, trad. it. Seminari di Zollikon, Guida, Napoli, 1991.

17. Van Praag H.M., Asnis G.M., Brown S.L., Kom M., *Beyond serotonin. A multiaminergic pespective on abnormal behaviour*, in: Brown S.L., Van Praag H.M. (Eds.), *The role of serotonin in psychiatric disorders*, Brunner-Mazel, New York, 1991, pp. 302-323.

18. Van Praag H.M., *"Make-Believes" in psychiatry or the perils of progress*, Brunner-Mazel, New York, 1993.

19. Mark V.H., Ervin F.R., *Violence and the brain*, Harper and Row, New York, 1970; Valzelli L., *Psychobiology of aggression and violence*, "Raven Press", New York, 1981; Coccaro E.F., Astill J.L., *Central serotonergic function in parasuicide*,

2. Psicopatologia versus nosografia

Tenendo presente tali contributi, è quindi corretto differenziare una c.d. *psicopatologia esplicativa* da un'altra c.d. *descrittiva*, dal momento che questa distinzione ha una sua innegabile rilevanza non solo a livello clinico e terapeutico, ma altresì medico-valutativo.

La c.d. *psicopatologia esplicativa*, si contraddistingue, in generale, per i seguenti dati:

. il disturbo viene ricostruito, nei suoi prodromi e nelle sue dinamiche, dal punto di vista del paziente, della sua storia e della sua narrazione della medesima;

. il sintomo diventa il punto di partenza essenziale per la ricostruzione del percorso in cui è sorto e si è consolidato il disturbo, non il punto di arrivo per l'applicazione di un'etichetta diagnostica;

. per poter cogliere il senso del disturbo dal punto di vista soggettivo, è necessario avere una teoria della mente di riferimento, perché la sofferenza individuale può acquisire un significato solo alla luce di una cornice teorica che permetta di inserire i sintomi in una visione più ampia, dotata di una logica intrinseca e potenzialmente riconoscibile dal malato stesso;

. i risultati ottenuti possono comunque essere confrontati e integrati in una qualche tassonomia, a patto che le classificazioni siano

---

"Progressive Neuro-Psychopharmacology and Biological Psychiatry", 14, 1990, pp. 663-674; Wexler B.E., *Beyond the kraepelinian dichotomy*, "Biological Psychiatry", 31, 6, 1992, pp. 539-541; Carey G., *Gentics and violence*, in: Reiss A.J., Roth J.A. (Eds.), *Understanding and preventing violence: Biobehavioral infleuences on violence*, Committee on Law and Juatice - National Research Council, National Academy Press, Washington DC, 1994, vol. 2, pp. 21-58; Coccaro E.F., Kavoussi R.J., *Neurotransmitter correlates of impulsive aggression*, in: Stoff D.M., Cairns R.B. (Eds.), *Aggression and Violence: Genetic, Neurobiological, and Biosocial Perspectives*, Lawrence Erlbaum Associates, Publishers, Mahwah, New Jersey, 1996, pp. 67-86; John E.R., Prichep L.S., Valdes-Sosa P., *Approach to biological nosology*, "Biological Psychiatry", 42, 1, Supp. 1, 1997, p. 64S.

costruite sulla base delle modalità soggettive di attribuire significati o gestire l'esperienza della patologia da parte del soggetto;
. per il paziente, il trovare un senso al sintomo è già parte della terapia, non è semplicemente un presupposto alla terapia; egli, infatti, può vivere il disturbo non più come una *quid aliud* ed un *quid novi* che, dall'esterno, aggredisce il suo organismo, ma come una componente che è parte di sé, un proprio modo di funzionare psichicamente, o di reagire in certe situazioni, modo che può però essere modificato, proprio perché parte di sé;
. al terapeuta, un approccio esplicativo consente di "mettersi in relazione" con il malato, cioè di assumere la posizione di chi cerca con lui il senso del disturbo.

La c.d. *psicopatologia descrittiva*, viceversa, si contraddistingue per i seguenti aspetti:
. si prescinde da una teoria della mente, in qualche misura precostituita o quantomeno costruita in base all'esperienza clinica soggettiva;
. la raccolta dei dati definisce automaticamente la diagnosi grazie ad un puntuale confronto tra i sintomi raccolti ed i criteri diagnostici;
. la definizione della sintomatologia diventa così il punto di arrivo dal quale, quasi meccanicamente, far derivare la diagnosi ed il trattamento, perché le indicazioni terapeutiche (soprattutto per la farmacoterapia) sono estrapolate dalla diagnosi descrittiva seguendo delle linee guida codificate;
. l'approccio descrittivo ha comunque il grosso merito di riuscire a creare un linguaggio comune tra gli operatori ed appare funzionale per una farmacoterapia che si occupa più del sintomo, che della causa del disturbo;
. una terapia farmacologica, in alcuni casi, può addirittura fungere da criterio "ex adiuvantibus", cioè da strumento di verifica esterna della diagnosi descrittiva.

Esemplificativi di una *psicopatologia esplicativa*, sul piano non solo storico, ma anche concettuale, appaiono le opere di

Jaspers[20], Schneider[21], Scharfetter[22], Ey[23] Fenichel[24], Arieti[25], Callieri[26], mentre paradigmatici di una *psicopatologia descrittiva* risultano le nosografie proposte rispettivamente dall'A.P.A.[27] e dall'O.M.S.[28], con contributi di altri AA., come Sims[29] e Gabbard[30], che hanno tentato di collocarsi in una posizione, per così dire, intermedia fra le predette impostazioni, con risultati peraltro proficui.

---

20. Jaspers K. (1913), *Psicopatologia generale*, Il Pensiero Scientifico Editore, Roma, 1964.
21. Schneider K. (1950), *Psicopatologia clinica*, Sansoni Edizioni Scientifiche, Firenze, 1954.
22. Scharfetter Ch. (1976), *Psicopatologia generale. Un'introduzione*, Giovanni Fioriti Editore, Roma, 2004.
23. Ey H., Bernard P., Brisset Ch. (1978), *Manuale di psichiatria*, Masson, Milano, 1995.
24. Fenichel O., *Trattato di psicanalisi delle psicosi e delle nevrosi*, Casa Editrice Astrolabio, Roma, 1951.
25. Arieti S. (a cura di) (1969), *Manuale di Psichiatria*, 3 Voll., Bollati Boringhieri, Torino, 1991.
26. Callieri B., Castellani A., De Vincentiis G., *Lineamenti di una psicopatologia fenomenologica*, Il Pensiero Scientifico Editore, Roma, 1972; Callieri B., *Quando vince l'ombra. Problemi di psicopatologia clinica*, Città Nuova Editrice, Roma, 1982.
27. Si fa qui riferimento al Manuale Diagnostico e Statistico dei Disturbi Mentali dell'Associazione Psichiatrica Americana, nelle sue diverse Edizioni pubblicate in lingua italiana dalla casa editrice Masson: in particolare dalla Terza (1984) fino alla Quarta Revisionata (2002).
28. Organizzazione Mondiale della Sanità, Classificazione delle malattie, dei traumatismi e delle cause di morte, 9° revisione (ICD-9), Roma, 1975; Organizzazione Mondiale della Sanità, Classificazione delle sindromi e dei disturbi psichici e comportamentali: descrizioni cliniche e direttive diagnostiche, criteri diagnostici per la ricerca (ICD-10), Milano, 1996.
29. Sims A., *Introduzione alla psicopatologia descrittiva*. Terza edizione, Raffaello Cortina Editore, Milano, 2004.
30. Gabbard G.O., *Psichiatria psicodinamica*. Quarta edizione. Raffaello Cortina Editore, Milano, 2007.

D'altra parte, nonostante l'approccio esplicativo sia ormai irrinunciabile sotto il profilo epistemologico e metodologico, in ambito tanto clinico, quanto forense, e nonostante le prescritte limitazioni all'uso del D.S.M. in contesti di tipo medico-legale[31], anche in ambito valutativo, oltre che clinico-terapeutico, la nosografia proposta dall'A.P.A. è pressoché imperante. Vale dunque la pena, al riguardo, rammentare quanto segue:

. oltre ad essere un sistema descrittivo, nelle intenzioni, il manuale si dichiara ateoretico[32];

---

31. Si richiamano, in proposito, la "Raccomandazione cautelativa" e i "Problemi nell'uso del DSM" redatti dalla stessa Associazione Psichiatrica Americana autrice del Manuale Diagnostico Statistico Dei Disturbi Mentali (Edizione Americana 1994, Edizione Italiana 1996, Masson, Milano); infatti a pag. 9 si legge chiaramente: "...L'uso del DSM-IV in ambito forense dovrebbe essere consapevole dei rischi e delle limitazioni sopra discussi..."; inoltre, a p.13, si dichiara testualmente: "... Lo scopo del DSM-IV è quello di fornire descrizioni chiare delle categorie diagnostiche, allo scopo di consentire ai clinici ed ai ricercatori di diagnosticare, di comunicare, di studiare e di curare le persone affette dai diversi disturbi mentali. È chiaro che l'inclusione in questa sede, a scopo clinico e di ricerca, di una categoria diagnostica quale il Gioco d'Azzardo Patologico o la Pedofilia, non implica che tale condizione soddisfi i criteri giuridici, o comunque non medici, di ciò che costituisce una malattia, un disturbo od una disabilità mentale. I concetti clinici e scientifici implicati nella categorizzazione di queste condizioni come disturbi mentali possono essere del tutto irrilevanti in sede giuridica, ove ad esempio si debba tenere conto di aspetti quali la responsabilità individuale, la valutazione della disabilità e l'imputabilità...".

32. In proposito, si rammenta che: "...La vantata ateoreticità suscita alcune perplessità, poiché è evidente che effettuare delle classificazioni comporta sempre un'attività interpretativa, la quale deve necessariamente fare riferimento a un particolare punto di vista. L'accusa più frequente rivolta al DSM è quella di «eclettismo», data l'adozione di un lessico che attinge da differenti ambiti teorici quali, ad esempio, la psicoanalisi (si parla di meccanismi di difesa), la neurobiologia [...] la sociologia (la definizione di personalità antisociale)" (cfr. Fossi G.. Pallanti S., *Psichiatria elementare*, Carocci, Firenze, 1999);

. le affezioni mentali sono concepite come entità cliniche, sindromiche, psicologiche o comportamentali[33];

. l'impostazione, pur non essendo di tipo biologico, contiene aspetti comunque pregiudizievoli[34];

. lo scopo è quello di ottenere il maggior grado di consenso su una specifica diagnosi all'interno della comunità scientifica;

. per ogni disturbo, esistono criteri di inclusione ed esclusione dalla categoria diagnostica predeterminata e, in questa operazione, si tiene conto del principio per cui la presenza di un disturbo (ad es., un affezione di natura psico-organica) esclude automaticamente la diagnosi di altri (ad es. una forma schizofrenica);

. la codificazione del disturbo avviene in base a più classi di informazioni, da registrarsi singolarmente su di uno specifico asse;

. gli assi considerati sono cinque: Asse I (Disturbi Clinici e Altre condizioni che possono essere oggetto di attenzione clinica), Asse II (Disturbi di Personalità e Ritardo Mentale), Asse III (Condizioni Mediche Generali), Asse IV (Problemi Psicosociali ed Ambientali), Asse V (Valutazione Globale del Funzionamento);

. l'ultima versione prende il nome di D.S.M. IV - TR (cioè *Text*

---

33. Il termine adottato dal DSM è quello di «disturbo mentale», che non equivale automaticamente a malattia, ma che implica pur sempre la possibilità che all'insieme dei sintomi corrisponda un'unità morbosa.

34. Ulteriore critica viene avanzata circa la scelta di escludere l'omosessualità dalla classificazione del D.S.M., salvo poi reintrodurla successivamente nell'ambigua dicotomia tra "forma egodistonica" (considerata patologica) e "forma egosintonica"(considerata non patologica) sotto la pressione, definita «politica», di varie lobbies di potere (cfr. Kirk S.A., Kutchins H., *The Selling of DSM: The Rhetoric of Science in Psychiatry* (Social Problems and Social Issues), Aldine Transaction, New York 1992); inoltre di sottolinea l'esistenza nel D.S.M. di stereotipi e pregiudizi verso la fede stessa (cfr. Schöch N., *Criteri per una determinazione giuridica della personalità anormale*, in: AA.VV., *L'incapacità di assumere gli oneri essenziali del matrimonio* (can. 1095 n. 3), Libreria Editrice Vaticana, Città del Vaticano, 1998, pp. 159-186).

Revision), che non si discosta da quella precedente, dato che ogni disturbo è descritto nei suoi sintomi più tipici, che però non sono i più probabili; "tipico" e "probabile", del resto, rappresentano due aggettivi riferibili a concetti spesso molto diversi, in quanto il *tipico* deve presentare tutte le caratteristiche fondamentali, mentre il disturbo è più *probabile* che si presenti solo con alcune di queste caratteristiche e non con tutte[35].

Le prospettive future del D.S.M. appaiono comunque interessanti, dal momento che diverse ricerche propedeutiche alla revisione della quinta edizione tenderebbero ad ampliare la categorizzazione diagnostica dell'Asse II – attualmente inerente i disturbi di personalità – e a trasformarla in "disturbi della personalità e della relazione", intendendo per "disturbi della relazione" quelle "modalità dolorose e pervasive di sentimento, comportamento e percezione che coinvolgono due o più soggetti in un rapporto personale importante"[36]. Questa eventualità, infatti, potrebbe avere importanti riflessi in sede sia clinico-terapeutica, che medico-forense, non soltanto perché concerne il "livello di compromissione della struttura delle rappresentazioni mentali", ma anche perchè si articola su concetti come quello di "definizione di sé" (*self-definition*) e di "relazionalità" (*relatedness*)[37], concetti di fondamentale importanza all'approccio, al trattamento ed alla valutazione tecnica anche dei disordini della condotta alimentare.

---

35. Per un'esaustiva disamina sulle diverse edizioni, si segnala: Migone P., I DSM dell'American Psychiatric Association, in: Cassano G.B., Pancheri P., Pavan L., Pazzagli A., Ravizza L., Rossi R., Smeraldi E., Volterra V. (Eds.), *Trattato italiano di psichiatria*, Vol. II., Masson Milano, 1999, pp. 1026-1036.

36. Cooper J.E., *Prospects for Charter V of ICD 11 and DSM-V*, "The British Journal of Psychiatry", 183, 2003, pp. 379-381.

37. Blatt S.J., Levy K.N., *Un approccio psicodinamico alla diagnosi in psicopatologia*, in: Barron J.W. (a cura di), *Dare un senso alla diagnosi*, Raffaello Cortina Editore, Milano, 2005.

Infatti, circa l'inquadramento di tali disturbi nel DSM-V, da un lato è stato ribadito che rappresentano indicatori attendibili del disturbo alimentare sia il disprezzo per il corpo (dovuto alla influenza sulla autostima del rapporto forma / peso corporeo)[38], sia la presenza di condotte compensatorie, nonostante la bassa prevalenza di alterazioni del sistema endocrino; mentre, dall'altro, sulla base di studi epidemiologici e di revisioni catamnestiche, sono state avanzate diverse proposte, tra le quali: modificare la classificazione per categorie degli *eating disorders* con l'aggiunta di una componente dimensionale, nella quale sia rimossa l'amenorrea quale criterio diagnostico per l'anoressia nervosa; eliminare i sottotipi dell'anoressia nervosa e della bulimia nervosa; trasformare la BED in una categoria unificante; rendere la diagnosi di disturbi alimentari N.A.S una più specifica forma di disturbo alimentare[39].

Nella presente trattazione, si fa riferimento soltanto alla nosografia del D.S.M., essendo questo lo strumento più diffuso ed utilizzato (perlomeno in Italia, ma non solo) dagli specialisti dei disturbi mentali, anche se esiste un altro sistema di classificazione, l'*International Classification of Diseases* (I.C.D.), che rappresenta il modello nosografico ufficiale dell'Organizzazione Mondiale della Sanità (O.M.S.) e viene adottato a fini epidemiologici e statistici dalla maggioranza degli Stati membri di questa organizzazione[40].

---

38. Ackard D.M., Fulkerson J.A, Neumark-Sztainer D., *Prevalence and utility of DSM-IV eating disorder diagnostic criteria among youth*, "International Journal of Eating Disorders", 40, 5, 2001, pp. 409-417.

39. Wilfley D.E., Bishop M.E., Wilson G.T., Agras W.S., *Classification of eating disorders: toward DSM-V*, "International Journal of Eating Disorders", 40, Suppl, 2007, pp. 123-129; Fairburn C.G., Cooper Z., Bohn K., O'Connor M.E., Doll H.A., Palmer R.L., *The severity and status of eating disorder NOS: implications for DSM-V*, "Behaviour Research and Therapy", 45, 8, 2007, 1705-1715.

40. Le origini di tale sistema rinviano alla necessità del mondo scientifico della seconda metà del 1800 di avere una classificazione uniforme sulle cause di

3. Il disturbo anoressico

3.1 Alcune classificazioni dell'anoressia

La natura multiforme dell'anoressia nervosa, nella quale le componenti psicologiche si intersecano con quelle fisiche, culturali e sociali, nel tempo ha indotto numerosi clinici e ricercatori a interrogarsi su quali dovessero essere i criteri fondamentali per diagnosticare questo disturbo. Sembra perciò utile richiamare sinteticamente le classificazioni di tale disturbo effettuate a partire dagli anni Sessanta fino ad oggi. Tale *excursus*, del resto, può consentire una migliore lettura dei dati attuali, oltre a fornirne una visione più esaustiva finalizzata alla valutazione tecnica.

Da un punto di vista storico, si può dire che le varie ricerche siano oscillate tra due diverse impostazioni: quella di considerare l'anoressia come una sindrome a sé stante e quella di valutarla come il sintomo di altre affezioni. Inoltre, sono stati forniti altri contributi diretti ad individuare non soltanto forme c.d. sub-cliniche, ma eventuali sottotipi o sub-classificazioni nell'ambito della stessa anoressia nervosa.

Fenichel, già nel 1951, sostenne che un'anoressia di natura psichica può verificarsi nell'isteria (come paura di impregnazione orale), nella neurosi compulsiva (come reazione ascetica), nella depressione

---

morte. In seguito, la tassonomia si è estesa a tutte le malattie conosciute, tant'è vero che, nelle prime edizioni, lo spazio dedicato alle sindromi e ai disturbi psichici era del tutto marginale. Alla fine della seconda guerra mondiale, però, l'O.M.S. si è assunta il compito di elaborare la sesta edizione e così è sorto l'ICD-6, nel tempo progredito fino a giungere all'odierna decima edizione (ICD-10), entrata ufficialmente in vigore nel 1993. Caratteristica dell'ultima versione, come anche di quelle precedenti, è la classificazione non solo della patologia psichiatrica, comunque trattata con accuratezza, ma di ogni tipo di malattia. Per una completa analisi sulle diverse edizioni, si rinvia a: Catapano F., Maj M., Gli ICD dell'Organizzazione Mondiale della Sanità, in: Cassano G.B., Pancheri P., Pavan L., Pazzagli A., Ravizza L., Rossi R., Smeraldi E., Volterra V. (Eds.), *Trattato italiano di psichiatria*, Vol. II., Masson Milano, 1999, pp. 1016-1026.

(come equivalente affettivo), nella schizofrenia (come rifiuto simbolico di contatto con il mondo), nelle neurosi d'organo e nei disturbi dello sviluppo dell'Ego (in individui fissati alla fase orale)[41].

Bliss e Branch, nel 1960, reputata l'anoressia come un semplice sintomo aspecifico, potenzialmente ricorrente in diverse patologie mentali, rivolsero la loro attenzione soltanto ai sintomi fisici e comportamentali, liquidando come non specifiche le caratteristiche psicologiche[42].

Hart de Ruyter (1969)[43] differenziò un' "anoressia nervosa" da un' "anoressia mentale", perché la seconda sarebbe stata più grave della prima, in quanto connotata da depressione e senso di colpa; questa distinzione, però, fu giudicata "artificiosa" e produttiva di "ulteriore confusione"[44].

Quasi contemporaneamente, venne proposta una classificazione dei pazienti anoressici in tre gruppi: un gruppo ossessivo (gruppo O) - caratterizzato da paura di ingrassare, vomito auto-indotto, abbuffate, iper-attività -, un gruppo isterico (gruppo H) - connotato dalla mancata alimentazione per assenza della sensazione di fame - e un gruppo misto (gruppo M) – contraddistinto da ipo-attività, sintomi depressivi, rifiuto del cibo quale causa di nausea e di vomito, vomito spontaneo, involontario e incoercibile -[45].

---

41. Fenichel O., *Trattato di psicanalisi delle psicosi e delle nevrosi*, Casa Editrice Astrolabio, Roma 1951.
42. Bliss E.L., Branch C.H.H., *Anorexia nervosa*, Paul B. Hoeber Inc., New York, 1960.
43. Hart de Ruyter Th., *Anorexie als Symptoom*, Ned Tijdschr Psychiatr, 1961, cit in: Borghi A., Salvestroni R., Fusi S., *L'anoressia "nervosa"*, Società Editrice Universo, Roma, 1975.
44. Borghi A., Salvestroni R., Fusi S., *L'anoressia "nervosa"*, Società Editrice Universo, Roma, 1975.
45. King A., *Primary and secondary anorexia nervosa syndromes*, "British Journal of Psychiatry", 109, 1963, pp. 470-479; Dally P., *Anorexia nervosa*, "New York Daily", Grune & Stratton, 1969.

Verso la fine degli anni Sessanta e l'inizio degli anni Settanta, si cercò di stabilire un criterio unico per la diagnosi di anoressia nervosa[46], per cui vennero proposti alcuni schemi comprendenti sia i sintomi fisici, sia le caratteristiche psicologiche, sia la tipologia comportamentale; tutti avevano in comune il rifiuto del cibo, quale componente psicologica, e il disturbo mestruale, quale sintomo organico.

Nel 1976, Beaumont e Coll. considerarono l'anoressia come un'entità costituita da due forme cliniche, a seconda del modo di perdere peso: la dieta, in un caso; vomito e sostanze ad azione lassativo-purgante, nell'altro; si individuarono così soggetti c.d. *dieters* e soggetti c.d. *vomiters-purgers*, diversi tra loro non solo per i mezzi dimagranti impiegati, ma anche per alcuni caratteri di personalità, per il peso pre-morboso e per il decorso della malattia[47].

Nel 1977, de Ajuruaguerra distinse tra:

. "anoressia del lattante", più frequente nel secondo semestre di vita, epoca in cui sarebbero individuabili due forme anoressiche: quella da "inerzia" - nella quale il bimbo manca di slancio e non collabora alla assunzione del cibo - e quella da "opposizione" - nella quale vi è una palese ostilità da parte del bimbo nei confronti dell'alimentazione -;

. "anoressia della seconda infanzia", nella quale vi sarebbero tanto componenti oppositive di fronte alla rigidità dei genitori, quanto componenti fobiche, con conseguente alterazione del comportamento alimentare, che si protrarrebbe anche in età adulta[48].

---

46. Feighner J.B., *Diagnostic criteria for use in psychiatric research*, "Archives of General Psychiatry", 26, 1, 1972, pp. 57-63.

47. Beaumont P.J.V., George G.C.W., Smart D.E., *"Dieters" and "vomiters and purgers" in anorexia nervosa*, "Psychological Medicine", 6, 1976, pp. 617-622.

48. de Ajuruaguerra J., *Psychiatrie de l'enfant*, Masson, Paris, 1977.

Nel 1980, diversi AA.[49] ipotizzarono che anche i soggetti bulimici avrebbero potuto rappresentare un particolare sottotipo nell'ambito più generale della malattia anoressica, per cui distinsero i *restricters* - coloro che controllavano il peso attraverso una riduzione dell'apporto calorico ed un'eccessiva attività fisica - dai *bulimici* - coloro che andavano spesso incontro ad abbuffate e a vomito autoindotto, con frequente abuso di lassativi e diuretici -. Relativamente alle caratteristiche di personalità, i primi erano meticolosi e perfezionisti, rigidi ed anaffettivi, iper-critici con gli altri ed esigenti con sé medesimi; eludevano i rapporti sociali al punto tale da configurare una personalità di tipo evitante; le bizzarrie del loro comportamento alimentare potevano estendersi ad altre condotte, tanto da giustificare una diagnosi di "disturbo di personalità di tipo bizzarro eccentrico"; viceversa, i secondi presentavano spesso comportamenti impulsivi - come abuso di sostanze alcoliche, furti, tentativi suicidari - con estroversione caratteriale e spiccata ansia; inoltre, si mostravano più sensibili ai rapporti interpersonali ed erano spesso tormentati dai sensi di colpa per aver ceduto alla forza degli impulsi alimentari, con conseguenti reazioni depressive ed una sequela di sintomi che interessava sia la sfera psichica, sia quella somatica.

Tale assunto fu confermato da quegli studi condotti negli anni Ottanta tra studentesse universitarie, le quali manifestavano moderate forme anoressiche, denominate Anoressia Sub-Clinica[50].

---

49. Casper R.C., Eckert E.D., Halmi K.A., *Bulimia, its incidence and clinical significance in patients with anorexia nervosa*, "Archives of General Psychiatry", 37, 1980, pp. 1030-1035; Garfinkel P.E., Moldofsky H., Garner D.M., *The heterogeneity of anorexia nervosa: Bulimia as a distinct subgroup*, "Archives of General Psychiatry", 37, 1980, pp. 1036-1040.
50. Button E.J., Whitehouse A., *Subclinical anorexia nervosa*, "Psychological Medecine", 11, 1981, pp. 509-516; Thompson M.G., Schwartz D.M., *Life Adjustment of woman with anorexia nervosa and anorexic-like behavior*, "International Journal of Eating Disorders", 1, 1982, pp. 47-60.

Questa condizione, però, fu messa successivamente in discussione da altre ricerche basate sul raffronto tra i tratti psicologici di pazienti anoressiche, di donne solo preoccupate per il peso e la dieta alimentare e di donne normali non preoccupate per il peso. Tali dubbi vennero poi estesi anche alle alterazioni del ciclo mestruale, agli episodi di binge-eating ed all'abuso di lassativi e diuretici, che potevano rappresentare solamente un momentaneo e non eccessivo abuso del proprio corpo e che, non sempre e non necessariamente, erano destinati a tradursi in malattia conclamata[51].

Successivamente, fu considerata valida ed utile - sia per la diagnosi, sia per la corretta collocazione nosologica - la distinzione tra: "anoressia primaria" (o "vera" o "idiopatica" o "tipica"...), forme "atipiche", secondarie a patologie note (come stati fobico-ossessivi, sindromi isteriche, quadri depressivi in epoca adolescenziali, reazioni schizoidi in soggetti apatici ed indifferenti) e "sitofobia", caratterizzata dal deciso rifiuto di alimentarsi da parte di pazienti psicotici (catatonia, deliri ipocon-

---

51. Garner D.M., Olmsted M.P., Polivy J., Garflnkel P.E., *Comparison between weight-preoccupied women and anorexia nervosa*, "Psychosomatic Medicine", 46, 3, 1984, pp. 255-266; Theander S., *Outcome and prognosis in anorexia nervosa and bulimia: some results of previous investigations compared with those of a Swedish long-term study*, "Journal of Psychiatric Research", 19, 1985, pp. 493-508; Kreipe R.E., Strauss J., Hodgman C.H., Ryan R.M., *Menstrual cycle abnormalities and subclinical eating disorders: a preliminary report*, "Psychosomatic Medicine", 51, 1, 1989, pp. 81-86; Szmukler Gl., *Weight and food preoccupation in a population of English school girls?*, in: *Understanding anorexia nervosa and bulimia*, "Report of the Fourth Ross Conference on medical Research", Columbus, Ohio, Ross Laboratories, 1983, pp. 21-27; Bunnell D.W., Shenker I.R., Nussbaum M.P., Jacobson M.S., Coolper P., *Subclinical versus formal eating disorders: Differentiating psychological features*, "International Journal of Eating Disorders", 9, 3, 1990, pp. 357-362.

driaci o di veneficio, confusione mentale, sindromi melanconiche inibite)[52].
Inoltre, si è sostenuto che "l'individuazione di possibili sottotipi diagnostici omogenei per caratteristiche cliniche all'interno dello «spettro» dei Disturbi Alimentari può affinare le strategie terapeutiche per l'impiego di strumenti psico-farmacologici e psicoterapeutici mirati e specifici sul singolo caso"; prospettiva questa che, per un verso, si integra adeguatamente in una "logica categoriale", ma che, per un altro, implica la necessità di "una lettura dimensionale che pone per questi disturbi confini certamente più sfumati, ma, nello stesso tempo, forse, più credibili", tenuto conto altresì che l'assunzione di cibo, funzione oggettivamente alterata nei disturbi della condotta alimentare, "può di fatto essere compromessa nelle svariate condizioni psicopatologiche in cui è presente una destrutturazione più o meno globale della personalità"[53].

3.2 La diagnosi di anoressia nel DSM-III

Il D.S.M. III (1980) classificò l' "Anoressia Mentale" tra i "Disturbi nell'Infanzia, Fanciullezza ed Adolescenza" e stabilì cinque criteri per la diagnosi di anoressia nervosa:
A. Paura intensa di ingrassare che non diminuisce con il progredire della perdita di peso.
B. Disturbi dell'immagine corporea, per esempio, il sostenere di sentirsi grassi, anche se emaciati.

---

52. Borghi A., Salvestroni R., Fusi S., *L' anoressia "nervosa"*, Società Editrice Universo, Roma, 1975; Gabrielli F., *Le sindromi psicosomatiche e i rapporti tra medicina e psichiatria*, in: Giberti F., Rossi R., *Manuale di psichiatria*, Piccin Nuova Libraria, Padova, 1996, pp. 205-268.
53. Lugo F., Clerici M., *Lo spettro dei disturbi del comportamento alimentare: individuazione di sottotipi dignostici*, in: Clerici M., Lugo F., Papa R., Penati G., *Disturbi alimentari e contesto psicosociale. Bulimia, anoressia e obesità in trattamento ospedaliero*, Franco Angeli, Milano, 1996, pp. 64-92.

C. Perdita di peso, almeno del 25% del peso originale; oppure, se sotto i 18 anni, la perdita di peso dal peso originale, ed il peso che si presuppone si debba acquistare secondo i grafici della crescita, possono essere sommati per raggiungere il 25 %.
D. Rifiuto di mantenere il peso corporeo al minimo peso normale per l'età e la statura.
E. Nessun disturbo organico conosciuto al quale poter attribuire la perdita di peso.

3.3. *La diagnosi di anoressia nel DSM-III-R*

La successiva revisione del D.S.M. (1988) parlò di "Anoressia Nervosa", pur conservandola tra i "Disturbi nell'Infanzia, Fanciullezza ed Adolescenza", e ne mantenne alcuni criteri diagnostici, come il rifiuto di mantenere il peso corporeo al di sopra di un minimo in funzione dell'età e della statura, l'intensa paura di diventare grassi, anche quando si è gravemente sottopeso, l'alterazione del modo di vivere il proprio corpo, le proprie misure e la propria forma.

Per il sintomo "amenorrea", fornì indicazioni più precise, richiedendo l'assenza di almeno tre cicli mestruali consecutivi, perché l'interruzione del flusso mestruale è spesso precedente alla significativa perdita di peso, costituendosi, in molti casi, quale prima vera avvisaglia della malattia.

Relativamente agli altri parametri, non vennero posti limiti di età, essendo sufficiente una perdita ponderale del 15 % al di sotto del peso previsto, pur non specificando se questo calo ponderale dovesse verificarsi rispetto alla condizione iniziale del paziente, oppure andasse considerato in funzione dello standard medio per l'età e l'altezza[54].

---

54. Questa ambiguità venne superata dall'ICD-10, nel quale il peso viene definito in base all'Indice di Massa Corporea (IMC) di Quetelet. L'Indice di Massa Corporea, traduzione dell'originale inglese Body Mass Index, viene indicato in italiano con la sigla BMI. L'Indice di Massa Corporea viene calcolato dividen-

I criteri per la diagnosi di anoressia nervosa proposti dal DSM-III-R furono:

A. Rifiuto di mantenere il peso corporeo al di sopra del peso minimo normale per l'età e per la statura; per es. perdita di peso che porta a mantenere il peso corporeo il 15% al di sotto del previsto; oppure incapacità di raggiungere il peso previsto durante il periodo della crescita, con la conseguenza che il peso rimane del 15% al di sotto del previsto.

B. Intensa paura di acquistare peso o di diventare grassi, anche quando si è sottopeso.

C. Alterazione nel modo in cui un soggetto vive il proprio peso corporeo, le proprie misure o forme; per es. la persona asserisce di "sentirsi magra" anche quando è emaciata, è convinta che una parte del suo corpo è "troppo grassa" persino quando è chiaramente sottopeso.

D. Nelle femmine, assenza di almeno 3 cicli mestruali consecutivi, quando non vi siano altre ragioni potenzialmente responsabili (amenorrea primaria o secondaria). (Una donna viene considerata amenorroica se i suoi cicli si manifestano solo a seguito di somministrazione di ormoni, per es. estrogeni).

3.4 La diagnosi di anoressia nel DSM-IV

Il D.S.M. IV (1994) scorporò i "Disturbi dell'Alimentazione" dai "Disturbi Solitamente Diagnosticati per la Prima Volta nell'Infanzia, nella Fanciullezza o nell'Adolescenza" e mantenne la dizione di "Anoressia Nervosa".

---

do il peso (in chilogrammi) per il quadrato della statura (in metri): peso (kg) /statura^2(m). Ad esempio una persona alta 2 metri con un peso di 100 chilogrammi ha un Indice di Massa Corporea pari a 25, cioè 100/4 (Cfr. Panatta G.B., Piccini F., Come fare un counseling nutrizionale corretto a pazienti con DCA sospetto o conclamato, in: Piccini F., *Anoressia, Bulimia, Binge Eating Disorders*, Centro Scientifico Editore, Torino, 2000, pp. 71-101).

Inoltre, introdusse tra i criteri diagnostici la distinzione tra due sottotipi: quello con restrizioni e quello con abbuffate e condotte di eliminazione. Nel primo, la perdita di peso è ottenuta attraverso la dieta, il digiuno e un'attività fisica eccessiva, ed il soggetto non presenta regolarmente abbuffate o condotte di eliminazione; nel secondo, invece, rientrano quei pazienti con regolari abbuffate e/o condotte di eliminazione, quali vomito autoindotto, uso inappropriato di lassativi, diuretici o enteroclismi, la frequenza dei quali deve essere almeno settimanale. È opportuno osservare che alcuni soggetti mettevano in atto tali condotte anche in conseguenza dell'ingestione di modiche quantità di cibo.

I criteri diagnostici per l'anoressia nervosa furono:
A. Rifiuto di mantenere il peso corporeo al di sopra o al peso minimo normale per l'età e la statura (per es. perdita di peso che porta a mantenere il peso corporeo al di sotto dell'85% rispetto a quanto previsto, oppure incapacità di raggiungere il peso previsto durante il periodo della crescita in altezza, con la conseguenza che il peso rimane al di sotto dell'85% rispetto a quanto previsto).
B. Intensa paura di acquistare peso o di diventare grassi, anche quando si è sottopeso.
C. Alterazione del modo in cui il soggetto vive il peso o la forma del corpo, o eccessiva influenza del peso e della forma del corpo sui livelli di autostima, o rifiuto di ammettere la gravità dell'attuale condizione di sottopeso.
D. Nelle femmine dopo il menarca, amenorrea, cioè assenza di almeno tre cicli mestruali consecutivi (una donna viene considerata amenorroica se i suoi cicli si manifestano solo a seguito di somministrazione di ormoni, per es. estrogeni).

Sottotipi:
- *Con Restrizioni*: nell'episodio attuale di Anoressia Nervosa il soggetto non ha presentato regolarmente abbuffate o condotte di eliminazione (per es. vomito autoindotto, uso inappropriato di lassativi, diuretici o enteroclismi).

- *Con Abbuffate / Condotte di Eliminazione*: nell'episodio attuale di Anoressia Nervosa il soggetto ha presentato regolarmente abbuffate o condotte di eliminazione (per es. vomito autoindotto, uso inappropriato di lassativi, diuretici o enteroclismi).

3.5 *La diagnosi di anoressia nel DSM IV-TR*

Nell'ultima versione, rispetto alla precedente, non sono mutate né la collocazione tassonomica del disturbo anoressico (compreso tra i "Disturbi dell'Alimentazione"), né la dizione di "Anoressia Nervosa", né la criteriologia diagnostica.

4. *Il disturbo bulimico*

4.1 *Alcune classificazioni della bulimia*

La classificazione delle varie forme di tale disturbo implica la preliminare distinzione tra "bulimia" (sinonimo del quale è "iperoressia") e "iperfagia" (sinonimo del quale è "polifagia"). Con il primo termine, si intende la sensazione di fame eccessiva e il bisogno di ingerire una quantità di alimenti, mentre con il secondo si fa riferimento all'ingestione di eccessive quantità di alimenti[55]. Richiamando la letteratura[56], inoltre, emerge come l'iperfagia sia il sintomo non solo di affezioni neurologiche (come la Sindrome di

---

55. Garnier M., Panzera G., Delamare V., *Dizionario dei termini tecnici di medicina*, Paolo Gagliardi Editore, Roma, 1987.
56. Stricker E.M., *Hyperphagia*, "The New England Journal of Medecine", 298, 1978, pp. 1010-1016; Maxmen J.S., Ward N.G., *Essential Psychopathology and Its Treatment*, Norton & Company, New York, 1995; Rosenzweig M.R., Breedlove S.M., Watson N.V., *Biological Psychology: An Introduction to Behavioral and Cognitive Neuroscience*, Sinauer Associates, Sunderland MA, 2004; The American Heritage, *Dictionary of the English Language*, Houghton Mifflin Company, Fourth Edition, Boston, 2007

Kluwer-Bucy[57]) o sistemiche (come il diabete), ma anche di condizione di interesse psichiatrico[58].

Ciò premesso, vale la pena di ricordare che, negli anni Ottanta, venne proposto un modello classificatorio unitario dei disturbi anoressico-bulimici[59], secondo il quale sarebbe stato possibile riconoscere tre gruppi di pazienti: quello dei *dieters* (gruppo A), quello dei *binge-eaters* (gruppo B) e quello dei *vomiters-purgers* (gruppo C); fu anche un modello di tipo dinamico, avendo previsto la concreta possibilità che il quadro clinico di uno stesso soggetto fosse cambiato nel corso del tempo (ad es., da un'anoressia di tipo restrittivo, era possibile giungere ad una situazione di estrema obesità, passando attraverso una sindrome bulimica, che in questa gamma occupava una posizione centrale). I soggetti di gruppo "B" e, ancor più, quelli del gruppo "C" presentarono, all'inizio del trattamento, nonché all'esordio della patologia, un'età più elevata ed una maggior durata dei sintomi. La prognosi, inoltre, risultò peggiore per il gruppo "C", nel quale la mortalità era più alta, i sintomi più persistenti e l'integrazione psico-sociale più scarsa. La collocazione, quindi, di un soggetto in un sottogruppo all'interno della stessa patologia parve importante a fini sia prognostici, che terapeutici.

---

57. Ando K., Ishikura R., Nakao N., Kodama N., *Klüver-Bucy syndrome*, "Nippon Rinsho", 28, Suppl 1, 2006, pp. 23-26; Gaul C., Jordan B., Wustmann T., Preuss U.W., *Klüver-Bucy syndrome in humans*, "Nervenarzt", 78, 7, 2007, pp. 821-823.

58. Un'alimentazione eccessiva e reiterata è stata osservata nelle reazioni a situazioni emotive più o meno specifiche (solitudine, angoscia, noia, etc.), nelle risposte a condizioni di frustrazione più o meno cronica (nelle quali il cibo sostituisce altre fonti di piacere), nelle modalità difensive da problematiche di ordine depressivo, o anche nei casi in cui, più semplicemente, il cibarsi in modo esagerato è la conseguenza di un'abitudine tanto inveterata, quanto inadeguata.

59. Vandereycken W., Pierloot R., *Drop-out during in-patient treatment of anorexia nervosa: a clinical study of 133 patients*, "The British Journal of Medical Psychology", 56, 1983, pp. 154-156.

Nel tempo, però, ci sono stati molti studi[60] che hanno portato ad abbandonare il predetto paradigma e, allo stato attuale, dopo l'avvento dell'impostazione nosografia dell'A.P.A., di riconoscere ulteriori problemi, peraltro non ancora risolti; infatti, ci si è chiesti, ad esempio: se le condotte connotate da abuso di lassativi rappresentino o meno un disturbo sotto-soglia dei disturbi alimentari[61], oppure una variante della bulimia nervosa[62], o ancora se debbano trovare collocazione tra i disturbi non altrimenti specificati[63].

4.2 La diagnosi di bulimia nel DSM-III

Il D.S.M. III (1980), introdusse il termine "bulimia" per indicare una sindrome autonoma e distinta dagli episodi bulimici asso-

---

60. Le ricerche sul tema sono moltissime; in questa sede, a titolo esemplificativo, si segnalano: Fichter M.M., Quadflieg N., Rief W., *Course of multi-impulsive bulimia*, "Psychological Medicine", 24, 3, 1994, pp. 591-604; Garfinkel P.E., Kennedy S.H., Kaplan A.S., *Views on classification and diagnosis of eating disorders*, "The Canadian Journal of Psychiatry", 40, 8, 1995, pp. 445-556; Herzog D.B., Field A.E., Keller M.B., West J.C., Robbins W.M., Staley J., Colditz G.A., *Subtyping eating disorders: is it justified?*, "Journal of the American Academy of Child and Adolescent Psychiatry", 35, 7, 1996, pp. 928-936; Welch S.L., Fairburn C.G., *Impulsivity or comorbidity in bulimia nervosa. A controlled study of deliberate self-harm and alcohol and drug misuse in a community sample*, "The British Journal of Psychiatry", 169, 4, 1996, pp. 451-458; Westen D., Harnden-Fischer J., *Personality profiles in eating disorders: rethinking the distinction between axis I and axis II*, "The American Journal of Psychiatry", 158, 4, 2001, pp. 547-562; Leibl C., Naab S., *Diagnostics and treatment of bulimic eating disorders*, "Fortschritte der Neurologie, Psychiatrie", 74, 4, 2006, pp. 226-235.

61. Keel P.K., *Purging disorder: subthreshold variant or full-threshold eating disorder?*, "International Journal of Eating Disorders", 40 Suppl, 2007, pp. 89-94.

62. Keel P.K., Haedt A., Edler C., *Purging disorder: an ominous variant of bulimia nervosa?*, "International Journal of Eating Disorders", 38, 3, 2005, pp. 191-199.

63. Wade T.D., *A retrospective comparison of purging type disorders: eating disorder not otherwise specified and bulimia nervosa*, "International Journal of Eating Disorder", 40, 1, 2007, pp. 1-6.

ciati ad altri quadri morbosi; collocò il medesimo tra i "Disturbi nell'Infanzia, Fanciullezza ed Adolescenza" e fissò i seguenti criteri diagnostici:
A) Episodi ricorrenti di eccessi nell'alimentazione (con consumo rapido di una grande quantità di cibo in un determinato periodo di tempo, di solito inferiore alle due ore).
B) Almeno tre dei seguenti elementi:
1) assunzione di cibo ad alto contenuto calorico e facilmente ingeribile durante gli accessi;
2) atteggiamento indifferente nel mangiare durante un accesso;
3) conclusioni delle abbuffate per dolori addominali, sonno, interruzione da parte di qualcuno o vomito auto-indotto;
4) tentativi ripetuti di perdere peso tramite diete severamente restrittive, vomito auto-provocato, uso di anoressizzanti e diuretici;
5) frequenti fluttuazioni di peso di grado superiore a 5 chilogrammi collegate all'alternanza di accessi alimentari e di digiuni.
C) Consapevolezza nel fatto che le modalità di alimentazione sono abnormi e paura di non essere in grado di smettere di mangiare volontariamente.
D) Umore depresso e idee di auto-accusa conseguenti agli eccessi alimentari.
E) Gli episodi bulimici non sono collegati con l'Anoressia Mentale o con qualche altro disturbo fisico conosciuto.

Pertanto, la Bulimia delineata dal D.S.M. III non risultò pienamente sovrapponibile a quella definita da Russel[64]; inoltre, per l'A.P.A., non fu prevista la possibilità di diagnosticare aggiuntivamente la bulimia qualora fossero stati soddisfatti tutti i criteri per l'anoressia; infine, vennero considerate "bulimia" anche le forme lievi, normopeso, con crisi molto rare, in assenza, per giunta, della

---

64 Russell G.F.M., *Bulimia nervosa: an ominus variant of anorexia nervosa*, "Psychological Medecine", 9, 1979, pp. 429-448.

paura morbosa di ingrassare, elemento questo non solo giudicato da Russel indispensabile per il riconoscimento della bulimia nervosa, ma anche aspetto psicopatologico comune all'anoressia nervosa; in altri termini, non furono riconosciuti i rapporti nosologici e psicopatologici tra anoressia e bulimia.

4.3 La diagnosi di bulimia nel DSM-III-R

Nel D.S.M. III R (1988), si utilizzò il termine di "Bulimia Nervosa", ma si mantenne la collocazione della stessa tra i "Disturbi nell'Infanzia, Fanciullezza ed Adolescenza"; inoltre, furono introdotti i concetti della frequenza minima di accessi iperfagici, della preoccupazione persistente e marcata per il peso corporeo (collegando così la bulimia all'anoressia) e la componente affettiva del disturbo venne compresa tra quelle associate. In altri termini, ripresi i contributi di Russel, i criteri diagnostici proposti furono:
A) Ricorrenti episodi di "abbuffate" (con consumo rapido di un gran quantitativo di cibo in un modesto periodo di tempo).
B) Sensazione di mancanza di controllo sul proprio comportamento alimentare nel corso delle abbuffate.
C) La persona, regolarmente, si dedica al vomito auto-provocato, all'uso di lassativi e diuretici, a diete ristrette o al digiuno, oppure a forme di rigorosa disciplina finalizzate al fatto di evitare gli aumenti di peso.
D) Una media minima di episodi di due abbuffate la settimana per un periodo di tempo di almeno tre mesi.
E) Persistente ed eccessiva preoccupazione a riguardo della forma e del peso del corpo.

4.4 La diagnosi di bulimia nel DSM-IV

Il D.S.M. IV (1994) scorporò i "Disturbi dell'Alimentazione" dai "Disturbi Solitamente Diagnosticati per la Prima Volta nell'Infanzia, nella Fanciullezza o nell'Adolescenza", mantenne la dizione di "Bulimia Nervosa" ed introdusse la descrizione di quegli elementi caratteristici di una crisi bulimica. Infatti, l'abbuffata, definita come l'ingestione di grandi quantità di cibo in un ben determinato periodo di tempo, è stata qualificata non tanto dalla compulsione verso uno specifico alimento, ma dal potenziale interessamento di qualsiasi tipo di cibo, dal fatto di verificarsi in genere in solitudine, dall'essere accompagnata da una perdita di controllo per cui il soggetto riesce a fermarsi solo nel momento in cui «è pieno da star male», nonché dal fatto di essere spesso seguita da umore depresso e forti sensi di colpa, i quali, uniti alla paura di ingrassare, spingono ad attuare comportamenti compensatori inadeguati. In base a questi ultimi, inoltre, è stata proposta una distinzione tra due sottotipi di abbuffate alimentari: quelle nelle quali si fa ricorso a vomito autoindotto, lassativi, diuretici o enteroclismi (abbuffata «con condotte di eliminazione»), oppure quelle nelle quali si utilizzano soltanto il digiuno e un'attività fisica eccessiva (abbuffate «senza condotte di eliminazione»).

I criteri diagnostici proposti furono:
A. Ricorrenti abbuffate. Una abbuffata è caratterizzata da entrambi i seguenti:
1) mangiare in un definito periodo di tempo (ad es. un periodo di due ore), una quantità di cibo significativamente maggiore di quello che la maggior parte delle persone mangerebbe nello stesso tempo ed in circostanze simili;
2) sensazione di perdere il controllo durante l'episodio (ad es. sensazione di non riuscire a smettere di mangiare o a controllare cosa e quanto si sta mangiando).
B. Ricorrenti ed inappropriate condotte compensatorie per prevenire l'aumento di peso, come vomito autoindotto, abuso di lassativi, diuretici, enteroclismi o altri farmaci, digiuno o esercizio fisico eccessivo.
C. Le abbuffate e le condotte compensatorie si verificano entrambe in media almeno due volte alla settimana, per tre mesi.

D. I livelli di autostima sono indebitamente influenzati dalla forma e dal peso corporei.
E. L'alterazione non si manifesta esclusivamente nel corso di episodi di Anoressia Nervosa.

Sottotipi:
. *Con Condotte di Eliminazione*: nell'episodio attuale di Bulimia Nervosa il soggetto ha presentato regolarmente vomito autoindotto o uso inappropriato di lassativi, diuretici o enteroclismi.
. *Senza Condotte di Eliminazione*: nell'episodio attuale il soggetto ha utilizzato regolarmente altri comportamenti compensatori inappropriati, quali il digiuno o l'esercizio fisico eccessivo, ma non si dedica regolarmente al vomito autoindotto o all'uso inappropriato di lassativi, diuretici o enteroclismi.

4.5 *La diagnosi di bulimia nervosa nel DSM IV-TR*
Nell'ultima versione, rispetto alla precedente, non sono mutate né la collocazione tassonomica del disturbo bulimico (compreso tra i "Disturbi dell'Alimentazione"), né la dizione di "Bulimia Nervosa", né la criteriologia diagnostica.

5. *Altri disturbi del comportamento alimentare*

5.1 *La diagnosi di «Disturbi del Comportamento Alimentare Non Altrimenti Specificati» nel DSM-IV e nel DSM-IV-TR*
Premesso che questa diagnosi è stata introdotta nel D.S.M. IV (1994) tra i "Disturbi Alimentari" ed è stata mantenuta integralmente nella Quarta Edizione Revisionata (2000), questa categoria venne riservata ai disordini della condotta alimentare non soddisfatti dai criteri di nessun specifico disturbo dell'alimentazione e, in proposito, fu riportata una serie di esempi utili al suo riconoscimento.

In particolare, si è affermato che:
"La categoria Disturbi dell'Alimentazione Non Altrimenti Specificati include quei disturbi dell'alimentazione che non soddisfano i criteri di nessuno specifico Disturbo dell'Alimentazione".

Gli esempi includono:
- Per il sesso femminile, tutti i criteri dell'Anoressia Nervosa in presenza di un ciclo mestruale regolare.
- Tutti i criteri dell'Anoressia Nervosa sono soddisfatti e, malgrado la significativa perdita di peso, il peso attuale risulta nei limiti della norma.
- Tutti i criteri della Bulimia Nervosa risultano soddisfatti, tranne il fatto che le abbuffate e le condotte compensatorie hanno una frequenza inferiore a 2 episodi per settimana per 3 mesi.
- Un soggetto di peso normale che si dedica regolarmente ad inappropriate condotte compensatorie dopo aver ingerito piccole quantità di cibo (es. induzione del vomito dopo aver mangiato due biscotti).
- Il soggetto ripetutamente mastica e sputa, senza deglutirle, grandi quantità di cibo.
- Disturbi da Alimentazione Incontrollata: ricorrenti episodi di abbuffate in assenza delle regolari condotte compensatorie inappropriate tipiche della Bulimia Nervosa.

5.2 Il *Disturbo da Alimentazione Incontrollata*

Denominato *Binge Eating Disorder* nella letteratura scientifica anglosassone, o più brevemente BED, per il Disturbo da Alimentazione Incontrollata sono stati proposti soltanto dei criteri di ricerca, riportati nel D.S.M. IV (1994) e mantenuti nel D.S.M. IV - TR (2000). Tali criteri hanno avuto lo scopo di fornire un linguaggio comune agli studiosi interessati, in attesa di una codificazione ufficiale.

I criteri di ricerca sono stati:
A. Episodi ricorrenti di alimentazione incontrollata. Un episodio

di alimentazione incontrollata si caratterizza per la presenza di entrambi i seguenti elementi:
1) Mangiare, in un periodo definito di tempo (per es., entro un periodo di due ore), un quantitativo di cibo chiaramente più abbondante di quello che la maggior parte delle persone mangerebbe in un periodo simile di tempo e in circostanze simili;
2) Sensazione di perdita del controllo nel mangiare durante l'episodio (per es., la sensazione di non riuscire a fermarsi, oppure a controllare che cosa e quanto si sta mangiando).
B. Gli episodi di alimentazione incontrollata sono associati con tre (o più) dei seguenti sintomi:
1) mangiare molto più rapidamente del normale
2) mangiare fino a sentirsi spiacevolmente pieni
3) mangiare grandi quantitativi di cibo anche se non ci si sente fisicamente affamati
4) mangiare da soli a causa dell'imbarazzo per quanto si sta mangiando
5) sentirsi disgustato verso se stesso, depresso, o molto in colpa dopo le abbuffate.
C. È presente marcato disagio a riguardo del mangiare incontrollato.
D. Il comportamento alimentare incontrollato si manifesta, mediamente, almeno per 2 giorni alla settimana in un periodo di 6 mesi.
Nota: Il metodo per determinare la frequenza è diverso da quello usato per la Bulimia Nervosa; la ricerca futura dovrebbe indicare se il metodo preferibile per individuare una frequenza-soglia sia quello di contare il numero di giorni in cui si verificano le abbuffate, oppure quello di contare il numero di episodi di alimentazione incontrollata.
E. L'alimentazione incontrollata non risulta associata con l'utilizzazione sistematica di comportamenti compensatori inappropriati (per es., uso di purganti, digiuno, eccessivo esercizio fisico), e non si verifica esclusivamente in corso di Anoressia Nervosa o di Bulimia Nervosa.

6. I rapporti tra i diversi disturbi

Dai criteri diagnostici finora esposti, emerge che un elemento comune alla patologia anoressica e a quella bulimica è rappresentato dalla paura morbosa di ingrassare: nell'anoressia, tale paura può indurre un digiuno protratto fino alla marcata emaciazione nel tentativo di evitare una obesità più fittizia che reale, mentre nella bulimia la dieta radicale sembra essenzialmente finalizzata a compensare l'abbuffata. Inoltre, negli ultimi decenni, si è osservato che in pazienti anoressici possono instaurarsi comportamenti di tipo bulimico (abbuffate, uso di diuretici e lassativi) e, viceversa, in quelli bulimici si possono ravvisare sintomi anoressici (severo digiuno, attività fisica intensa e strenuo controllo del peso).

I pazienti con disordini della condotta alimentare sono quindi accomunati dal tentativo di controllare il peso, tentativo che può sfociare o nel deperimento, o in abbuffate bulimiche, o paradossalmente in un aumento ponderale. Quindi, nonostante l'apparente precisione dei criteri proposti dai manuali diagnostici, la diagnosi differenziale tra anoressia e bulimia risulta spesso difficile, anche per gli specialisti. Infatti, molti clinici hanno riscontrato che buona parte delle pazienti affette da DCA, nel loro decorso, sembrano virare continuamente da un quadro sintomatico tipo anoressico a un quadro sintomatico tipo bulimico e viceversa, a seconda di parametri come le fluttuazioni di peso, l'insorgenza o la remissione dell'amenorrea, la presenza o meno di abbuffate e di successive condotte di eliminazione.

In proposito, è stato osservato che anoressia e bulimia non sono semplici alternative in antagonismo tra loro, ma due facce della stessa medaglia, dove l'anoressia indica la realizzazione dell'"Ideale del soggetto", mentre la bulimia il suo "naufragio legato all'irruzione del reale pulsionale sulla scena dell'Ideale"[65]. In questo senso,

---

65. Per gli approfondimenti del caso, cfr.: Recalcati M., *L'ultima cena: anoressia e bulimia*, Bruno Mondadori, Torino, 1997; Piccini F., *Anoressia, Bulimia, Binge Eating Disorders*, Centro Scientifico Editore, Torino, 2000.

se è stato proposto di introdurre nelle future edizioni del D.S.M. una diagnosi di *Disturbo dell'Alimentazione* nel quale Anoressia e Bulimia siano presenti come sottotipi[66], già ora, nell'approccio c.d. post-razionalista[67], tutti i pazienti che rientrano nell'area diagnostica dei disturbi alimentari psicogeni sono inquadrati in un *continuum*, nel quale l'anoressia e l'obesità si collocano agli estremi dello spettro, mentre la bulimia si situa in posizione intermedia. Questi soggetti, del resto, condividono la stessa modalità di gestire l'esperienza e di attribuirvi specifici significati, mentre i sintomi variano in rapporto al c.d. stile attributivo: nell'anoressia, la vita viene affrontata in modo particolarmente attivo, unitamente ad un elevato livello di motricità, con assegnazione della colpa alla realtà esterna ed atteggiamento di autosufficienza e di lotta ad oltranza contro un mondo che limita e disconferma il singolo; all'opposto, nell'obesità, la motricità è molto rallentata, la vita viene affrontata in modo molto passivo, l'attribuzione della colpa concerne il mondo interiore del soggetto, con senso pervasivo di sconfitta, per cui le delusioni e le disconferme sono percepite come inevitabili e sempre imputabili a personali responsabilità o carenze; la bulimia si trova a metà strada tra le predette polarità, con ampie oscillazioni del peso corporeo che avvicinano il disturbo all'anoressia o all'obesità.

Più recentemente, è stato presentato il modello della "teoria transdiagnostica", nel quale si è tentato di riunificare i disturbi alimentari in un'unica area nosologica, sottesa da una comune disfunzionale valutazione di sé, originata dalla triade "peso", "forme cor-

---

66. Johnson C., Conners M.E., *The etiology and treatment of bulimia nervosa*, Basic Books, New York, 1987; Speranza A.M., *Aspetti diagnostici e caratteristiche psicopatologiche nei disturbi alimentari: un contributo di ricerca*, in: Recalcati M. (a cura di), *Il corpo ostaggio*, Borla, Roma, 2004.
67. Guidano V.F., *La complessità del Sé*, Bollati Boringhieri, Torino, 1989; Guidano V.F., *Il Sé nel suo divenire*, Bollati Boringhieri, Torino, 1992.

poree" e "cibo", nonché dal loro marcato controllo[68]; tentativo questo di costruire sistemi diagnostici e nosografici attenti più ai fattori eziologici e ai processi patogenetici, che ai sintomi ed ai comportamenti[69], utilizzati, soprattutto in passato, per proporre nuove tipologie di classificazioni[70].

Sul piano nosografico, esistono dunque paradigmi costruiti su percorsi psicopatologici nei quali la continuità dei Disturbi del Comportamento Alimentare viene ad essere chiarita grazie al *senso* dato dal soggetto al proprio corpo, al proprio mondo ed alla propria vita. Non a caso, se molte possono essere le cause che determinano i disturbi alimentari, "in tutti i casi è presente un'immagine corporea ideale. L'ideale di un corpo magro e perfetto, che nella nostra cultura costituisce ormai un condiviso canone di bellezza, spinge molti adolescenti, e non solo, in un vortice di manovre alimentari, miranti a controllare un corpo oggetto sempre più idealizzato ed estraneo"[71]. In tale prospettiva, è auspicabile che i futuri modelli di classificazione e di diagnosi dei DCA non prescindano mai dal fatto che l'uomo non

---

68. Fairburn C.G., Marcus M.D., Wilson G.T., *Cognitive-behavioral therapy for binge eating and bulimia nervosa: a comprehensive treatment manual*, in: Fairburn C.G., Wilson G.T. (Eds.), *Binge eating: nature, assessment and treatment*, "Guilford Press", New York, 1993, pp. 361-404; Fairburn C.G., Cooper Z., Shafran R., *Cognitive behaviour therapy for eating disorders: a "transdiagnostic" theory and treatment*, "Behaviour Research and Therapy", 41, 2003, pp. 509-528.

69. Nizzoli U., Colli C., Covri C., *DCA: disturbi del comportamento alimentare*, Carocci, Firenze, 2007.

70. Da Costa M., Halmi K.A., *Classifications of anorexia nervosa: question of subtypes*, "International Journal of Eating Disorder", 11, 4, 1992, pp. 305-313; Mitchell J.E., *Subtyping of bulimia nervosa*, "International Journal of Eating Disorder", 11, 4, 1992, pp. 327-232.

71. Di Pentima, L., *L'anoressia mentale secondo la nosografia psichiatrica*, in: Montecchi F. (a cura di), *Anoressia mentale dell'adolescenza. Modelli teorici, diagnostici e terapeutici*, Franco Angeli, Milano 1998, pp. 92-101.

ha soltanto un corpo, ma che *è* sempre, in misura rilevante, un corpo[72], da non considerarsi mai come un oggetto avulso dal contesto entro il quale egli vive, ma da inscriversi in una vera e propria "cosmologia". In quest'ottica, gli stessi disturbi alimentari, alla fine rappresenterebbero quelle situazioni nelle quali verrebbe meno una relazione armonica di natura cosmica, cioè quella "solidarité structurale" tra l'io e l'universo, in virtù della quale i moti dell'animo umano sono costantemente in rapporto con i ritmi e le leggi della natura[73].

---

72. Binswanger L., *Sulla psicoterapia*, in: Binswanger L., *Per un'antropologia fenomenologica*, Feltrinelli, Milano, 1989, pp. 151-153.
73. Minkowski E., *Vers une cosmologie*, Payot, Paris, 1999.

Capitolo III

EPIDEMIOLOGIA DEI DISTURBI ALIMENTARI

Cristiano Barbieri, Michele Tronchin

1. *Problemi e limiti*

Fornire un'immagine chiara, completa e, al contempo, sintetica dell'attuale situazione epidemiologica dei DCA è assai complesso, poiché le ricerche effettuate sono difficilmente comparabili. Vi sono infatti problemi metodologici non indifferenti, riguardanti, ad esempio, la costruzione di gruppi omogenei di popolazione, la formazione dei gruppi di controllo, i criteri diagnostici adottati, nonché gli strumenti di valutazione e di rilevazione dei dati.

Per quanto riguarda la popolazione di riferimento, i vari studi epidemiologici differiscono spesso per fasce d'età, che possono essere più o meno estese (ad es., da una fascia compresa dai 13 ai 19 anni, fino ad un range che va dai 13 ai 35 anni), oppure per genere sessuale (in genere gli studi sono mirati alla sola popolazione femminile).

Inoltre, all'interno di una certa fascia d'età, spesso sono selezionati soltanto gruppi con peculiari caratteristiche, come quelli che frequentano scuole o istituti. Tutto ciò rende difficile l'integrazione tra queste ricerche ed altre meno rigide rispetto agli stessi criteri di inclusione o di esclusione[1].

---

1. Lugo F., Clerici M., *La diffusione del fenomeno nel mondo*, in: Clerici M., Lugo F., Papa R., Penati G., *Disturbi alimentari e contesto psicosociale. Bulimia, anoressia e obesità in trattamento ospedaliero*, Franco Angeli, Milano, 1996, pp. 29-47.

Problematica è anche la scelta dei criteri diagnostici da utilizzare, perché nel tempo essi sono stati modificati e questo, di fatto, ostacola il confronto tra gli studi più attuali e quelli meno recenti.

Ulteriori difficoltà derivano poi dalle modalità di somministrazione dei questionari utilizzati e dall'adattamento di questi al particolare contesto socio-culturale di applicazione.

Infine, se le indagini sono effettuate mediante interviste diagnostiche a pazienti in cui la patologia si evolve, attraversando fasi anche molto diverse sul piano clinico, gli esiti possono essere differenti a seconda del momento di esecuzione dell'intervista, con tutte le conseguenze sul risultato finale.

2. Alcuni dati internazionali

Nell'ultimo quarto di secolo, si è evidenziato un notevole incremento dei disturbi della condotta alimentari.

Infatti, studi degli anni Settanta effettuati negli Stati Uniti e in Europa rilevarono una prevalenza dello 0.5-0.6 % per l'anoressia e del 2% per la bulimia nella popolazione a rischio, con un aumento ancora maggiore (dal 6% al 22%) comprendendo anche quei comportamenti alimentari giudicati come indicatori di rischio[2]. Le ricerche condotte negli anni Ottanta sulla bulimia registrarono indici in crescita, con una prevalenza della sindrome (secondo i criteri del D.S.M. III) dal 5 al 20% nella popolazione studentesca femminile e dallo 0 al 5% in quella maschile[3].

---

2. Halmi K.A., Falk J.R., Schwartz E., *Binge-eating and vomiting; a survey of a college population*, "Journal of Psychological Medicine", 11, 4, 1981, pp. 697-706; per gli indicatori di rischio, si rimanda a: Montecchi F., *Diagnosi precoce e indicatori di rischio nelle anoressie mentali della adolescenza*, "Informazione in psicologia, psicoterapia, psichiatria", 24/25, 1996, pp. 9-14.

3. Pope H.G. Jr., Hudson J.I., Yurgelun-Todd D., Hudson M.S., *Prevalence of anorexia nervosa e bulimia in three student, populations*, "International Journal of Eating Disorders", 3, 3, 1984, pp. 45-51.

Nei Paesi europei c.d. occidentali, le stime di prevalenza si collocano attorno allo 0.3-0.8 % per le forme di anoressia conclamata[4] ed al 3-4 % per quelle sub-cliniche; nella Bulimia, la prevalenza sarebbe invece dell'1-2 % per le forme conclamate e dell'8-10% per quelle sub-cliniche.

Nel Terzo Mondo (Africa e America Latina), come anche nella maggior parte dei Paesi asiatici, il fenomeno non appare socialmente rilevante, ad eccezione di particolari gruppi (comunità scolastiche e universitarie), delle città più progredite e collegate al mondo occidentale (le metropoli del Giappone e della Cina, Hong Kong, Singapore, etc.), al punto che, in linea di massima, questi disturbi sarebbero fino a 3 volte più diffusi tra gli abitanti delle città, rispetto a quelli dei centri rurali[5].

Negli ultimi venti anni, quindi, le diagnosi di D.C.A. sono aumentate, al punto che sono stati segnalati: un tasso di prevalenza media, per l'anoressia nervosa, pari allo 0.3 % nelle giovani donne e, per la bulimia nervosa, pari all'1% per le giovani donne

---

4. Cfr. Il DSM-IV dà una prevalenza leggermente maggiore, cioè lo 0,5-1% di casi che soddisfano appieno i criteri dell'Anoressia Nervosa, mentre si ritiene che la prevalenza di un disturbo sub-clinico sia di più frequente riscontro.

5. Per gli approfondimenti in materia, si segnalano: Suematsu H., Ishikawa H., Kuboki T., Ito T., *Statistical studies on anorexia in Japan: detailed clinical data on all patients*, "Psychotherapy and Psychosomatic", 43, 1985, pp. 96-103; Nasser M., *Comparative study of the prevalence of abnormal eating attitudes among Arab female students of both London and Cairo Universities*, "Psycological Medicine", 16, 1986, pp. 621-625; Fichter M.M., Elton M., Sourdi L., Weyerer S., Koptagel-Ilal G., *Anorexia nervosa in Greek and Turkish adolescents*, "European Archives of Psychiatry and Clinical Neuroscience", 237, 1988, pp. 200-208; Nielsen S., *The epidemiology of anorexia nervosa in Denmark from 1973 to 1987: a nationwide register study of psychiatric admission*, "Acta Psychiatrica Scandinavica", 81, 1990, pp. 507-514; Hoek H.W., *The incidence and prevalence of anorexia nervosa and bulimia nervosa in primary care*, "Psychological Medicine", 21, 1991, pp. 455-460.

ed allo 0.1 % per i giovani uomini; l'incidenza di anoressia nervosa sarebbe di 8 casi ogni 100000 abitanti per anno, mentre quella della bulimia nervosa sarebbe di 12 casi ogni 100000 abitanti per anno. L'incidenza di anoressia nervosa sarebbe quindi oggettivamente aumentata nel corso del secolo scorso, fino al 1970[6] e i tassi relativi alle forme sub-cliniche sarebbero ancora più elevati rispetto a quanto emerge dalle statistiche[7]; tale incremento sarebbe riconducibile sia ad una maggiore richiesta di trattamento da parte dei soggetti malati, sia all'aumento della conoscenza degli specialisti che ha portato ad un inquadramento diagnostico più rapido.

Attesa dunque una maggior frequenza statistica dei Disturbi Alimentari nei paesi industrializzati, nel sesso femminile (circa il 90 %, dato che la percentuale di maschi anoressici rispetto al totale dei casi è stimata tra il 5 ed il 10 %) e nella prima adolescenza (tra i 13 ed i 18 anni), tali dati evidenziano non solo la frequenza elevata delle forme c.d. sub-cliniche nelle popolazioni a rischio, ma anche l'età maggiormente a rischio, cioè il periodo adolescenziale, nel quale alcuni comportamenti alimentari, pur non essendo considerati di per sé indici di franca psicopatologia, rappresentano l'antecedente sul quale il sintomo alimentare si sviluppa, tenuto altresì conto che, proprio in questa fase, le problematiche di fondo che il soggetto deve affrontare riguardano la costruzione dell'identità, l'immagine del corpo e le dinamiche affettive di definitiva separazione-individuazione[8].

---

6. Hoek H.W., van Hoeken D., *Review of the prevalence and incidence of eating disorders*, "International Journal of Eating Disorder", 34, 4, 2003, pp. 383-396.

7. Hoek H.W., *Review of the Epidemiological studies of eating disorders*, "International Review of Psychiatry", 5, 1993, pp. 61-74; Hoek H.W., *The distribution of eating disorders*, in: Fairburn C.G., Brownell K.D. (Eds.), *Eating Disorders and Obesity: A comprehensive handbook*, "Guilfod Press", New York, 1995, pp. 207-211.

8. Scrosati Crespi L., Speranza A.M., *I gruppi ABA. Interruzioni e conclusioni della cura*, FrancoAngeli, Milano, 1998.

3. *Alcuni dati nazionali*
Le ricerche sulla realtà italiana degli anni Ottanta riscontrarono una prevalenza dei disturbi alimentari pari allo 0.2-0.8 % per l'anoressia, all'1-5% per la bulimia, all'8-15% per le forme subcliniche[9].

Negli anni Novanta, nella popolazione generale, è stata registrata una prevalenza dell'8 % circa di condotte alimentari psicogene abnormi, comprensive di anoressia nervosa, bulimia nervosa e forme atipiche che attualmente risultano fortemente disturbanti le attività lavorative e la vita sociale ed affettiva dell'individuo[10].

Recenti studi epidemiologici hanno inoltre dimostrato che i disturbi alimentari sono altrettanto diffusi al nord, al centro e al sud[11], con un tasso di prevalenza paragonabile a quello dei paesi anglosassoni. È quindi corretto, a fronte di tali dati, riflettere sull'effettiva incidenza di un certo modello culturale nella diffusione di tali disordini[12].

---

9. Cuzzolaro M., Petrilli A., *Validazione della versione italiana dell'EAT-40*, "Psichiatria dell'Infanzia e dell'Adolescenza", 55, 1988, pp. 209-217; Dotti A., *Disturbi della condotta alimentare: primi risultati di una ricerca nelle scuole romane*, "Psichiatria e Psicoterapia Analitica", 10, 4, 1991, pp. 301-312.
10. Lugo F., Clerici M., *La diffusione del fenomeno nel mondo*, in: Clerici M., Lugo F., Papa R., Penati G., *Disturbi alimentari e contesto psicosociale. Bulimia, anoressia e obesità in trattamento ospedaliero*, Franco Angeli, Milano, 1996, pp. 29-47.
11. Santonastaso P., Zanetti T., Sala A., Favaretto G., Vidotto G., Favaro A., *Prevalence of eating disorders in Italy: A survey on a sample of 16-years of female students*, "Psychotherapy and Psychosomatics", 65, 1996, pp. 158-162; Vetrone G., Cuzzolaro M., Antonozzi I., *Clinical and subthreshold eating disorders: Case detection in adolescent schoolgirls*, "Eating and Weight Disorders", 1, 1992, pp. 24-33; Dalle Grave R., De Luca L., Oliosi M., *Eating attitudes and prevalence of eating disorders: A survey in secondary schools in Lecce, southern Italy*, "Eating and Weight Disorders", 1, 1997, pp. 34-37.
12. Per un panorama storico sui disturbi alimentari in Italia, si segnala: Ruggiero G.M., Prandin M., Mantero M., *Eating disorders in Italy: a historical review*, "European Eating Disorders Review", 9, 5, 2001, pp. 292-300.

4. La mortalità

L'epidemiologia dei disturbi alimentari, oltre a fornire i predetti dati sulla diffusione e sull'andamento cronologico del fenomeno nelle diverse aree geografiche e nelle varie epoche di vita, ha dato anche la possibilità di conoscere la mortalità correlata a tali disordini.

In proposito, è stato chiaramente affermato che il suicidio è la principale causa di morte nei pazienti affetti da anoressia nervosa ed è eseguito con un'overdose di droghe ed alcol[13] e che la morte, in questo disturbo, è provocata dal suicidio e dall'abuso di alcol piuttosto che dall'inanizione[14], al punto da sostenere che l'anoressia rappresenta la "prima causa di morte nelle malattie psichiatriche"[15].

Inoltre, tenuto conto di quelle revisioni nelle quali il tasso di mortalità dovuta a tutte le cause di morte nei pazienti anoressici era pari a 5,9 % e nelle quali il 54 % delle morti era stato attribuito a complicanze della patologia, il 27 % a suicidio ed il 19 % a cause sconosciute[16], nonché dei successivi approfondimenti critici in materia[17], è emersa l'importanza della durata del *follow-up* nell'accertare l'*outcome* della patologia e della mortalità ad essa correlata[18].

---

13. Patton G.C., *Mortality in eating disorders*, "Psychological Medecine", 18, 1988, pp. 947-951.
14. Norring C.E.A., Sohlberg S.S., *Outcome, recovery, relapse and mortality across six years in patients with clinical eating disorders*, "Acta Psichiatrica Scandinavica", 87, 1993, pp. 437-444.
15. De Clercq F., *Donne invisibili. L'anoressia, il dolore, la vita*, Bompiani, Milano, 1996.
16. Sullivan F.P., *Mortality in Anorexia Nervosa*, "American Journal of Psychiatry", 152, 7, 1995, pp. 1053-1074.
17. Neumärker K.J., *Mortality and sudden death in anorexia nervosa*, "International Journal of Eating Disorder", 21, 1997, pp. 205-212.
18. Theander S., *Outcome and prognosis in anorexia nervosa and bulimia: some results of previous investigastions, compared with those of a swedish long-term study*, "Journal of Psychiatry Research", 19, 1985, pp. 493-508; Ratnasuriya R., Eisler I., Szmukler G., Russel G., *Anorexia nervosa and prognostic factors after 20 years*, "The British Journal of Psychiatry",158, 1991, pp. 495-502; Eckert E.D., Halmi

Infatti, tenendo presente ulteriori contributi[19], tra i soggetti ricoverati per D.C.A. il grado di suicidalità è maggiore, per cui, al momento del ricovero, vi sarebbe una selezione non solo dei pazienti più gravi, ma anche di quelli più a rischio di morire, o per suicidio, o per complicazione clinico-internistiche della patologia alimentare.

Allo stato attuale, comunque, considerando sia i dati sulla prevalenza e sull'incidenza dei disordini alimentari (per i quali l'anoressia e la bulimia hanno complessivamente una prevalenza tra 0,8 − 2.3 % della popolazione femminile tra i 12 ed i 25 anni, con un rapporto maschi/femmine da 1 a 10 per l'anoressia e di 1 a 20 per la bulimia[20]), sia le più recenti indagini sulle cause di morte nei medesimi[21], è corretto affermare che il tasso mortalità in tali affezioni è comunque molto alto, specialmente a lungo termine e nonostante i trattamenti tentati.

In proposito, richiamando la letteratura più recente[22], si riporta sinteticamente quanto segue:
. la condotta suicidaria tra i pazienti con anoressia nervosa e bulimia nervosa è un fenomeno ancora sottostimato;

K.A., Marchi P., Grove W., Crosby R., *Ten-year follow-up of anorexia nervosa: clinical course and outcome*, "Psychological Medecine", 25, 1995, pp. 143-156.
19. Santonastaso P., Pantano M., Panarotto L., Silvestri A., *Follow-up study on anorexia nervosa: clinical features and diagnostic outcome*, "European Psychiatry", 6, 1991, pp. 177-185; Emborg C., *Mortality and causes of death in eating disorders in Denmark 1970-1993: a case register study*, "International Journal of Eating Disorder", 25, 1999, pp. 243-251.
20. Nizzoli U., Colli C., Covri C., *DCA: disturbi del comportamento alimentare*, Carocci, Firenze, 2007.
21. Hsu L.K.G., *Epidemiology of the eating disorders*, "Psychiatric Clinics of North America", 19, 1996, pp. 681-700; Nielsen S., *Epidemiology and mortality of eating disorders*, "The Psychiatric clinics of North America", 24, 2, 113 ref., 2001, pp. VII-VIII e pp. 201-214.
22. Favaro A., Santonastaso P., *Suicidality in eating disorders: clinical and psychological correlates*, "Acta Psychiatrica Scandinavica", 95, 1997, pp. 508-514; Herzog D.B., Greenwood D.N., Dorer D.J., Flores A.T., Ekeblad E.R., Richards A., Blais M.A., Keller M.B., *Mortality in eating disorders: a descriptive study*, "International

. nell'anoressia, il suicidio è stato considerato come la principale causa di morte, mentre i tentativi di suicidio costituiscono un serio pericolo per la vita di questi pazienti;

. nella bulimia, i dati sul suicidio sono ancora incompleti, anche se sono stati riscontrati molti tentativi, indicativi delle difficoltà dei soggetti di controllo i propri impulsi aggressivi;

. comportamenti parasuicidari e tentativi di suicidio ripetuti espongono i pazienti anoressici e bulimici ad un rischio molto alto di realizzare la morte volontaria;

. fattori di rischio comuni sono: il comportamento purgativo, la cronicizzazione della patologia, l'uso di droghe, la presenza di sintomi ossessivi e di depressione maggiore, nonché, per l'anoressia, un indice di massa corporea molto basso al primo contatto medico;

. ulteriore elemento di rilievo è la comorbidità tra disturbi alimentari e disturbi depressivi;

. anche se il suicidio pare correlabile più alla patologia alimentare che a quella dell'umore, la presenza di episodi depressivi è un fattore di rischio di grande importanza per il verificarsi dell'evento suicidario.

Journal of Eating Disorder", 28, 1, 2000, pp. 20-16; Favaro A., Santonastaso P., *Self-Injurious Behavior in Anorexia Nervosa*, "Journal of Nervous & Mental Disease", 188, 8, 2000, pp. 537-542; Ben-Tovim D.I., Walker K., Gilchrist P., Freeman R., Kalucy R., Esterman A., *Outcome in patients with eating disorders: a 5-year study*, Lancet, 357, 9264, 2001, pp. 1254-1257; Pompili M., Mancinelli I., Girardi P., Accorrà D., Ruberto A., Tatarelli R., *Suicidio e tentato suicidio nell'anoressia nervosa e nella bulimia nervosa*, "Annali dell'Istituto Superiore di Sanità", 39, 2, 2003, pp. 275-281; Birmingham C.L., Su J., Hlynsky J.A., Goldner E.M., Gao M., *The mortality rate from anorexia nervosa*, "International Journal of Eating Disorder", 38, 2, 2005, pp. 143-146; Damsted P., Petersen D.J., Bilenberg N., Hørder K., *Suicidal behaviour in a clinical population of 12- to 17-year-old patients with eating disorders*, Ugeskr Laeger, 168, 44, 2006, pp. 3797-3801; Hoek H.W., *Incidence, prevalence and mortality of anorexia nervosa and other eating disorders*, "Current Opinion in Psychiatry", 19, 4, 2006, pp. 389-394.

CAPITOLO IV

EZIOLOGIA, PATOGENESI E PATOPLASTICA

Cristiano Barbieri, Michele Tronchin

1. *Fattori socio-culturali*

Da tempo si è affermato che i Disturbi del Comportamento Alimentare siano una patologia con una marcata determinante socio-culturale[1], soprattutto perché un contesto come quello occidentale, nel quale il soggetto è continuamente sottoposto a messaggi che esaltano le virtù della magrezza, non aiuta chi, per l'intervento ed il concorso di altri fattori, è così fragile da sviluppare un disordine alimentare. Infatti, seguire una determinata moda o adottare un certo stile di vita rappresentano quegli elementi che, in chiave eziologia, patogenetica e patoplastica, conferiscono al sintomo una struttura attraverso la quale manifestarsi, anche se il significato del sintomo è in realtà assai più complesso, coinvolgendo diverse aree del mondo emotivo e interpersonale del soggetto. In tal senso, lo sviluppo di disturbo di tipo alimentare chiama in causa una fondamentale interrelazione tra aspetti personali, culturali e sociali[2]. Al riguardo, è stato chiaramente sostenuto che la c.d. "idolatria occidentale della magrezza femminile" assume la funzione "di suggerire la forma del sintomo attra-

---

1. Ruggiero G.M. (a cura di), *Anoressia e bulimia nei paesi dell'area mediterranea. Un approccio transculturale di psicologia*, Deleyva Editore, Milano, 2004.
2. Pacifici M.P., *I disturbi del comportamento alimentare*, Giovanni Fioriti Editore, Roma, 2006.

verso il quale un malessere, grave e profondo, si esprime e, insieme, cerca un lenimento"[3].

A riprova di ciò, si è evidenziato che l'incidenza di tali disturbi varia da un'area geografica all'altra, poiché nei Paesi industrializzati i DCA rappresentano attualmente una vera e propria emergenza epidemiologica, mentre nei Paesi arabi i casi descritti sono pochi. Negli stessi Paesi occidentali, peraltro, la diffusione appare variabile (ad es., in Europa, la Grecia ha un'incidenza molto inferiore a quella dell'Inghilterra). Inoltre, quando un soggetto proveniente da un paese a bassa diffusione di DCA si trasferisce in un altro ad alta diffusione, la probabilità di soffrire di questi disturbi sale fino ad eguagliare o superare l'indice della popolazione indigena, di pari età o condizione sociale[4]. Infine, alcuni studi, pur non negando l'importanza della cultura occidentale nel favorire l'esplosione endemica dei disturbi alimentari, sottolineano la transizione della famiglia dal modello patriarcale a quello moderno, come sta avvenendo in molti Paesi in via di sviluppo e in certe aree dei Paesi industrializzati a motivo dell'urbanizzazione in atto[5].

---

3. Cuzzolaro M., *Anoressie e Bulimie*, Il Mulino, Bologna, 2004.

4. Piccini F., *Anoressia, Bulimia, Binge Eating Disorders*, Centro Scientifico Editore, Torino, 2000.

5. Lee S., Ho T.P., Hsu L.K.G., *Fat-phobic and non fat-phobic anorexia nervosa: a comparative study of 70 Chinese patients in Hong Kong*, "Psychological Medecine", 23, 1993, pp. 999-1017; Hoeck H.W., Bartelds A.I.M., Bosveld J.J.F., van der Graaf Y., Limpens V.E., Maiwald M., Spaaij C.J., *The impact of urbanization on the detection rates of eating disorders*, "American Journal of Psychiatry", 152, 1995, pp. 1272-1278; Ruggiero G.M., *One country, two cultures*, in: Gordon R., Katzman M., Nasser M. (Eds.), *Eating Disorders and Cultures in Transition*, Routledge, London, 2001, pp. 127-147; Ruggiero G.M., *Psychological and socio-cultural correlates of eating disorders in the Mediterranean area*, in: Columbus F.(Ed.), *New Advancements in Psychology Research*, Vol. IV, NOVA Publishers, New York, 2001, pp. 199-212; Ruggiero G.M. (Ed.), *Eating Disorders in the Mediterranean Area: An Exploration in Transcultural Psychology*, NOVA Publishers, New York, 2003.

Tutto questo sembra chiamare in causa anche fattori come la differente disponibilità alimentare dal punto di vista qualitativo e quantitativo, l'accezione antinomica dei concetti di obesità e magrezza, nonché la diversità del sistema di valori sociali, culturali e spirituali[6]. Nelle società nelle quali le risorse sono limitate, del resto, la corpulenza, per le donne in modo particolare, è notevolmente preferita alla magrezza, perchè il corpo grasso diventa oggetto di ammirazione in quanto simbolo di ricchezza e di scorte alimentari abbondanti. Un corpo robusto e forte, poi, può svolgere lavori faticosi e, addirittura, combattere: è vincente e potente, in grado di arricchirsi e di arricchire. Infine, nelle società non occidentali, vi è un diverso canone estetico e si dà un valore accentuato alla capacità procreativa[7].

Al contrario, quando una società diventa ricca, le precedenti valutazioni vengono totalmente invertite: la corpulenza diventa simbolo di trascuratezza e scarso autocontrollo, mentre la magrezza risulta immagine di prestigio, di bellezza, di successo e di attrazione, specie femminile, al punto che, quando soggetti provenienti da una cultura non occidentale entrano in contatto con la stessa e con i valori che la connotano, aumenta la vulnerabilità ai DCA; non è certo un caso che l'anoressia negli Stati Uniti e in Sudafrica, prima diffusa solo nella popolazione bianca, si stia diffondendo anche tra la popolazione di colore di livello sociale più elevato[8];

---

6. Ficeto T., *La relazione padre-figlia nell'anoressia mentale*, Magi Edizioni, Roma, 2001.

7. Paradigmatici appaiono i rituali ai quali, in Africa, sono sottoposte le ragazze puberi, fatte letteralmente ingrassare per essere poi mostrate alla comunità durante cerimonie nelle quali ne veniva celebrata la capacità riproduttiva (cfr. Gordon R.A., *Anoressia e bulimia. Anatomia di un'epidemia sociale*, Raffello Cortina Editore, Milano, 1991).

8. Cadwell M.B., Brownell K.D., Wilfey D.E., *Relationship of weight, body dissatisfaction, and self-esteem in African American and white female dieters*, "International Journal of Eating Disorder", 22, 1997, pp. 127-130.

come non è casuale l'aumento concreto di tali disordini nelle città non occidentali (es. Hong Kong, Singapore, in alcune comunità della Nigeria e dell'Egitto) nelle quali però i modelli e gli stili di vita di tipo occidentale vengono accettati ed imitati[9]. In quest'ottica, è stato evidenziato il legame tra il desiderio di conformarsi agli stili di vita occidentali e di inserirsi nella relativa realtà socio-culturale con l'emergere di DCA in soggetti provenienti da altre aree geografiche[10].

Pertanto, anche se le patologie del comportamento alimentare sono state considerate non tanto l'espressione esclusiva dell'influenza della cultura occidentale, quanto piuttosto la manifestazione di un disagio dovuto alla perdita, soprattutto da parte delle donne, del proprio gruppo, o della comunità di appartenenza, con conseguente tentativo di adattamento alla nuova realtà culturale e sociale[11], il "fenomeno anoressico-bulimico" si configura oggi come una patologia tipicamente occidentale, tale da esser definita come una *malattia sociale*[12], dal momento che: il disturbo è maggiormente diffuso nella società occidentale; è prevalente in alcuni contesti tipici di questa (ad es. le scuole di ballo); la cultura promuove la patologia, simbolizzata dalla nozione della magrezza; il soggetto si conforma a stili di comportamento

---

9. Lugo F., Clerici M., *La diffusione del fenomeno nel mondo*, in: Clerici M., Lugo F., Papa R., Penati G., *Disturbi alimentari e contesto psicosociale. Bulimia, anoressia e obesità in trattamento ospedaliero*, Franco Angeli, Milano, 1996, pp. 29-47.

10. Attie I., Brooks-Gunn J., *The development of eating regulation Across the life span*, in: Cicchetti D., Cohen D.J., *Developmental psychopathology: Risk, disorders and adaptation*, Vol. II, John Wiley and Sons, New York. 1995, pp. 338-339; Sanders N. M., Heiss C. J., *Eating attitudes and body image of Asian and Caucasian college women*, "Eating Disorder". The Journal of Treatment & Prevention, 6, 1, 1998, pp. 15-27.

11. Katzman M.A., Lee S., *Beyond body image: the integration of feminist and transcultural theories in the understanding of self starvation*, "International Journal of Eating Disorder", 1, 1997, pp. 386-392.

12. Nasser M., *Culture and weight consciousness*, Routledge, London, 1997.

per lui accettabili indirizzati a dimagrire; il disturbo emerge anche in altre culture in seguito alla loro commistione o identificazione con quella occidentale; ecco perché, "sembra inevitabile che quando gruppi di cultura diversa vengono a contatto in modo particolarmente improvviso con la cultura occidentale, con la sua particolare attenzione per l'individualità, il successo e il consumismo, vi sia un aumento della vulnerabilità a disturbi quali l'anoressia[13].

Preso atto della maggiore diffusione dei DCA tra le ragazze rispetto ai ragazzi[14], un ruolo predisponente verso tali disturbi in quelle cresciute nei paesi occidentali è stato riconosciuto ai seguenti fattori culturali: una forte pressione verso la magrezza femminile; un cambiamento del ruolo sociale della donna con sviluppo di un fisico androgino; una certa mitizzazione dei disordini alimentari, talora elevati a status symbol; un diffuso pregiudizio nei confronti dell'obesità, con stigmatizzazione degli individui in sovrappeso; elevata frequenza delle pratiche dietetiche nella popolazione[15].

Sulla stessa linea, si collocano quei contributi[16] secondo i quali il sintomo anoressico può emergere soltanto al punto di confluenza di un consistente numero di fattori, raggruppabili in due categorie fondamentali: fattori specifici della cultura occidentale e modalità organizzativo-evolutiva delle interazioni nella famiglia occidentale. Il comporta-

---

13. Gordon R.A., *Anoressia e bulimia. Anatomia di un'epidemia sociale*, Raffello Cortina Editore, Milano, 1991.

14. In proposito, è stato registrato per l'anoressia un rapporto maschi / femmine di circa 1:10, mentre per la bulimia la percentuale dei soggetti maschi varia tra il 10 e il 15 % (Cfr. Borri C., Macchi E., Coli E., *Disturbi dell'alimentazione*, in: Cassano G.B., Pancheri P., Pavan L., *Trattato Italiano di Psichiatria*, Elsevier Masson, Milano, 2002, pp. 2505-2569).

15. Piccini F., *Anoressia, Bulimia, Binge Eating Disorders*, Centro Scientifico Editore, Torino, 2000.

16. Selvini Palazzoli M., Cirillo S., Selvini M., Sorrentino A.M., *I giochi psicotici nella famiglia*, Raffaello Cortina Editore, Milano, 1988; Selvini Palazzoli M., *Anoressia: una sofferenza da morire*, "Famiglia Oggi", 15, 1992, pp. 28-34.

mento anoressico, del resto, parrebbe svilupparsi non solo laddove vi sia abbondanza di cibo, offerto a profusione, e laddove la magrezza sia di moda, ma anche laddove, unitamente ai precedenti, il benessere dei figli sia diventato un imperativo centrale della famiglia (i figli cioè sono in posizione di assoluta centralità all'interno della famiglia) e laddove esista un prolungamento della fase di dipendenza dei figli dai genitori, con conseguente dilazionamento della responsabilizzazione di questi ultimi.

In chiave sociologica, quindi, è opportuno approfondire le ragioni dell'influsso di questi fattori culturali e familiari sullo sviluppo del DCA tra le donne.

1.2 Il ruolo sociale della donna

A questo proposito, è stato largamente richiamato il parallelismo tra i disordini alimentari del Novecento e quelli isterici dell'Ottocento ed è stata altresì sottolineata la necessità di approfondire la conoscenza delle condizioni sociali che hanno favorito il prosperare di tali disturbi, dal momento che l'anoressia e la bulimia hanno assunto negli ultimi decenni il ruolo che aveva l'isteria alla fine del XIX secolo, al punto da diventare il "disagio femminile per eccellenza", cioè il modo preferenziale di espressione di un profondo conflitto individuale[17].

L'accostamento dei DCA all'isteria, è stato motivato dal fatto che entrambe queste condizioni psicopatologiche riflettono l'interazione tra processi intrapsichici e modelli socio-culturali, "rifiutando contemporaneamente sia il conformismo del modello sociale, sia la logica di una crisi"[18]. Non a caso, come l'isteria ha manifestato la crisi dell'identità femminile in modo congruo al conte-

---

17. De Clerq F., *Fame d'amore. Donne oltre l'anoressia e la bulimia*, Franco Angeli, Milano, 2002.
18. Caillé P., Il disordine del comportamento alimentare come "doppio messaggio", in: Onnis L. (a cura di), *Famiglia e malattia psicosomatica. L'orientamento sistemico*, La Nuova Italia Scientifica, Roma, 1988, pp.101-109.

sto culturale dell'Ottocento, così i DCA sono stati letti come l'espressione critica di altre problematiche che la donna deve affrontare nell'odierno ambiente sociale[19]. Entrambe le patologie, dunque, rappresentano un tipo di linguaggio utilizzato per manifestare quel disagio dovuto al mondo nel quale vive il soggetto[20].

Il XIX secolo è stato un periodo di grandi trasformazioni per la donna, specie per quella della classe medio-alta: da una parte, sostenere l'uomo ed educare i figli, mentre dall'altra impersonare

---

19. Ficeto T., *La relazione padre-figlia nell'anoressia mentale*, Magi Edizioni, Roma, 2001.
20. Relativamente alla patologia isterica, si precisa che, nella teorizzazione freudiana dell'isteria, la sessualità femminile rappresenta non solo il contenuto del fantasma inconscio, o il movente di una repressione culturale, ma la struttura globale della soggettività della donna, fenomeno assai complesso che manifesta il rifiuto degli stereotipi riguardanti la femminilità e, attraverso gli schemi dell'identità di genere, ne descrive le relative fantasie sessuali (Cfr. Dio Bleichmar E., *Il femminismo dell'isteria. I disturbi narcisistici della femminilità*, Raffaello Cortina Editore, Milano, 1994); in tal senso, l'isteria si prefigura ancora come area elettiva di riflessione per la psicopatologia di tipo clinico - per la quale, in tale condizione, resta fondamentale il binomio corpo-linguaggio (cfr. Pazzagli A. (a cura di), *Isteria corpo e linguaggio* – Atti del XXIII Congresso Nazionale della Società Italiana di Psicoterapia Medica, Torino, 18-19 novembre 1989, Centro Scientifico Editore, Torino, 1995) -, per quella di matrice psicanalitica - per la quale l'isteria si configura sia come "sindrome multiforme" dal punto di vista tanto clinico, quanto psicodinamico (cfr. Scalzone F., Contini G., (a cura di), *Perché l'Isteria? Attualità di una malattia ontologica*, Liguori, Napoli, 1999), sia come "malattia ontologica" che ritorna continuamente, anche se celata da maschere diverse (Cfr. Mattioli G., Scalzone F. (a cura di), *Attualità dell'isteria. Malattia desueta o posizione originaria?*, Franco Angeli, Milano, 2002) - ed anche per quella a fondazione antropo-fenomenologica (per la quale la presenza isterica si riferisce ad "una situazione di vita trascinata attraverso l'oblio di sé, in un momento di sospensione della preoccupazione per il proprio destino", situazione nella quale, dietro all'intensa richiesta emotiva, variamente espressa, si cela sostanzialmente una carenza della realizzazione di un rapporto Io-Tu (cfr. Charbonneau G., *La situazione esistenziale delle persone isteriche. Intensità, centralità e rappresentazioni figurative*, Giovanni Fioriti Editore, Roma, 2007).

gli ideali dell'accondiscendenza e della sensualità. La rivoluzione industriale ha contribuito poi ad emarginare la donna della classe media, escludendola dalla vita sociale. In questo ambito, l'isteria ha espresso il senso di inferiorità e di impotenza, oltre a quello della sensibilità femminile repressa[21]. Fu sorprendente la diffusione di tale condizione, al punto da essere considerata "la malattia del secolo", diffusasi quasi per "contagio sociale", oltre che per fenomeni imitativi. "In un'epoca in cui il gesto drammatico affascinava tanto le città d'Europa, i sintomi isterici diventarono facilmente il modello dominante di disturbo psichico, poiché erano coerenti con un determinato stile culturale"[22].

Il modello culturale attualmente presente nei Paesi più progrediti ha avuto una grande forza di persuasione verso le donne, per cui l'ideale della bellezza incarnata in un corpo magro, nell'ultimo mezzo secolo, è diventato un valore obbligatorio, quasi imposto dalla moda, dai mezzi di comunicazione di massa e da uno stile di vita, talvolta, falsamente salutista. Il concetto di bellezza femminile non si è più incarnato in un vero e proprio corpo "umano", ma piuttosto in un oggetto sul quale applicare modelli senza tener conto delle esigenze concrete del medesimo: "Non più l'abito in funzione della donna e del suo stile, dunque, ma la donna che deve adeguare il suo corpo agli ideali irraggiungibili imposti dalla moda"[23].

Anche i mutamenti culturali che dagli anni Sessanta agli anni Novanta hanno avuto come temi dominanti la liberazione e

---

21. Gordon R.A., *Anoressia e bulimia. Anatomia di un'epidemia sociale*, Raffello Cortina Editore, Milano, 1991.

22. Gordon R.A., *Anoressia e bulimia. Anatomia di un'epidemia sociale*, Raffello Cortina Editore, Milano, 1991.

23. De Clerq F., *Fame d'amore. Donne oltre l'anoressia e la bulimia*, Franco Angeli, Milano. 2002.

l'emancipazione femminile hanno svolto un ruolo importante: inizialmente, si cominciò a rifiutare l'immagine tradizionale della donna dedita alla casa, moglie e madre, per teorizzare, sulla spinta dei movimenti femministi più radicali, lo scontro frontale con coloro che erano considerati la causa della situazione di inferiorità della donna, cioè i maschi; in quest'ottica, per contrastare l'immagine della "donna-oggetto" sfruttata e l'idea stessa di una bellezza femminile concepita unicamente in funzione del piacere maschile, si diffusero sia una moda di vestire trasandato, con abiti che coprissero ogni forma corporea e ne annullassero le differenze somatiche, sia il rifiuto di truccarsi, o di andare dal parrucchiere[24]. Negli anni Ottanta, si visse una situazione di riflusso: le donne cominciarono a ricoprire ruoli e ad accedere a professioni che prima erano loro preclusi, perché di pertinenza esclusivamente maschile. Tuttavia, per competere con gli uomini e raggiungere la dichiarata uguaglianza cominciarono a nutrire l'ideale di un corpo sempre più efficiente, capace di performances, dotato quanto e più di quello maschile, perché per ottenere il potere degli uomini sarebbe stato necessario essere forti, tenaci, resistenti, volitive, come loro; in altri termini, diventare come loro, per cui, alla fine, il desiderio di sottrarsi al potere maschile e di competere con esso finì per portare la donna ad uniformarsi allo stile maschile.

In entrambi i casi, il corpo femminile è divenuto lo strumento per affermare, in contrapposizione o in competizione con quello maschile, una propria identità di genere[25], con tutte le possibili conseguenze anche sulla salute.

---

24. De Clerq F., *Fame d'amore. Donne oltre l'anoressia e la bulimia*, Franco Angeli, Milano, 2002.
25. De Clerq F., *Fame d'amore. Donne oltre l'anoressia e la bulimia*, Franco Angeli, Milano, 2002.

1.3 I mass-media e la pubblicità

Tutto ciò è stato rafforzato anche dai mass-media che hanno esaltato la donna magra e le modelle dal corpo affusolato[26]. Senza un adeguato filtro e la debita riflessione, l'adolescente di oggi rischia di rimanere vittima della logica abnorme di certa pubblicità e dei messaggi pseudo-culturali da questa veicolati in modo anche incongruo: nella società attuale, la *top-model* rappresenta il modello di riferimento per una ragazza ed ha successo proprio perché è magra. Quindi, per avere successo, bisogna essere magre[27]. In tal modo, però, manca (anche perché non ha spazio, né mediatico, né pedagogico) il risvolto della medaglia: cioè la tragica realtà di molte modelle affette da un'anoressia "obbligatoria", pena la perdita del lavoro, con conseguente utilizzo di farmaci stimolanti (come le amfetamine), o di sostanze stupefacenti (come la cocaina), per sopperire alla mancanza di energie perse per i digiuni forzati.

D'altra parte, vi è stato e vi è anche un intenso bombardamento mediatico operato da molti prodotti alimentari[28]. La pubblicità, del resto, si rivela efficace perché agisce sul piano non tanto dell'intelligenza (ad un livello, dunque, critico e deliberativo), quanto delle emozioni e degli impulsi (cioè ad un livello timico-pulsionale). Quindi, passa il messaggio (spes-

---

26. Gordon R.A., *Anoressia e bulimia. Anatomia di un'epidemia sociale*, Raffaello Cortina Editore, Milano, 1991.
27. Per gli approfondimenti del caso, si segnalano: Grimoldi M., Urciuoli F., *Prima del digiuno. Infanzia e cultura delle nuove adolescenti*, Franco Angeli, Milano, 2000; Bonino S., *Il fascino del rischio negli adolescenti*, Giunti, Firenze, 2005; Jeammet Ph., *Anoressia bulimia. I paradossi dell'adolescenza interpretati da un grande psichiatra francese*, Franco Angeli, Milano, 2007.
28. Dogana, F., *Cibo e pubblicità. Quale rapporto?*, "Famiglia Oggi", 15, 1992, pp. 35-38.

so subliminale[29]) che sia possibile rimanere magre e, perciò, affascinanti pur mangiando molto, salvo poi rendersi conto della fallacia di certe affermazioni ed adottare così comportamenti alimentari errati, per ovviare gli errori ed all'allegato senso di colpa; oppure che, per rimanere snelle e, perciò, seducenti, è necessario privarsi del cibo in nome dell'ideale di un corpo perfetto in quanto slanciato, non essendo possibile mangiare molto e, al contempo, non ingrassare.

---

29. Vale la pena di ricordare che, come oggettivamente dimostrato, nella pubblicità di alcuni prodotti alimentari di largo consumo sono stati utilizzati anche i c.d. messaggi sub-liminali. Con tale espressione si indica un'informazione che viene assimilata da alcune aree cerebrali senza che il soggetto ne sia cosciente e che può essere trasmessa mediante scritte, suoni, o immagini che celano al loro interno - come in un codice cifrato - un messaggio che rimarrebbe inconsapevolmente nella memoria di chi lo ha percepito. I primi studi scientifici vengono fatti risalire al testo di Vance Packard intitolato "The Hidden persuaders" e pubblicato nel 1957 (Cfr. Packard V., The Hidden persuaders, David McKay Company Inc., New York, 1957 - Pocket, Updated edition, 1984). Relativamente ai prodotti alimentari, inoltre, si rammenta che James Vicary divulgò i risultati di un suo studio, nel quale documentò che gli spettatori di un film nei fotogrammi del quale erano stati inseriti brevi messaggi subliminali riguardanti certi prodotti alimentari ("bevi Coca-Cola" e "mangia popcorn") aumentavano effettivamente i consumi dei medesimi. Scopo di un messaggio subliminale, dunque, se inserito nei comunicati pubblicitari, è quello di invogliare il consumatore ad acquistare uno specifico prodotto, a prescinderne dal fabbisogno e indipendentemente dagli effetti correlati. Per un adeguato approfondimento bibliografico, si segnalano: Dixon N. F., Subliminal Perception: *The nature of a controversy*, McGraw-Hill, New York, 1971; Key W.B., Ledford B., *The Age of Manipulation: The Con in Confidence, The Sin in Sincere*, Madison books, Boston, 1993; Introvigne M., *Il lavaggio del cervello: realtà o mito?* Elledici, Leumann, Torino, 2002; Sutherland M., Sylvester A.K., *Advertising and the Mind of the Consumer: What Works, What Doesn't, and Why*, Allen & Unwin, St. Leonards, 2000; Corti G., *Occulta sarà tua sorella! Pubblicità, product placement, persuasione: dalla psicologia subliminale ai nuovi media*, Castelvecchi, Roma, 2004; Bullock A., *The Secret Sales Pitch: An Overview of Subliminal Advertising*, "Norwich Publishers", San Josè, CA, 2004.

In ambedue i casi, le ragazze hanno così adottato condotte alimentari incongrue, in apparenza opposte, ma in realtà complementari e sempre marcatamente influenzate dalla pubblicità[30].

1.3. *Ruolo dei fattori socio-culturali*

Sicuramente, la genesi dell'anoressia e della bulimia non può essere riscontrata, *sic et simpliciter*, nella moda, nella pubblicità e in molti messaggi dei mass-media, anche se è stata dimostrata un'oggettiva correlazione ed un reciproco influsso tra mezzi di comunicazione di massa e stili di vita di una società, pur nella difficoltà di stabilire con precisione quali siano le cause e quali gli effetti.

Indubbiamente, non tutte le ragazze, specie adolescenti, sviluppano modalità patologiche di comportamento alimentare in relazione alle richieste ed agli stereotipi culturali della società occidentale, anche se tutte sono esposte alle stesse immagini e ai medesimi ideali di femminilità e di bellezza femminile.

Tuttavia, la cornice culturale e sociale è una condizione necessaria per lo svilupparsi dei disturbi alimentari, anche se, di per sé, non è sufficiente. Infatti, se molte ricerche condotte su studentesse delle scuole medie superiori nei paesi occidentali hanno dimostrato come la grande maggioranza delle ragazze sia insoddisfatta del proprio aspetto fisico e ritenga di essere in sovrappeso (a prescindere dall'effettivo rapporto peso-altezza), altre indagini longitudinali hanno documentato come l'entità di tale insoddisfazione fisico-estetica non sia predittivo di futuri disturbi alimentari[31].

Tutto questo ha confermato che la dimensione socio-culturale funge da "innesco", crea cioè le condizioni di vulnerabilità sogget-

---

30. De Clerq F., *Fame d'amore. Donne oltre l'anoressia e la bulimia*, Franco Angeli, Milano, 2002.
31. Selvini Palazzoli M., *Anoressia: una sofferenza da morire*, "Famiglia Oggi", 15, 1992, pp. 28-34.

tiva; tuttavia, ciò che determina l'estrinsecazione del sintomo psicopatologico dipende dalla personalità individuale e dalla situazione familiare nella quale si forma l'identità femminile.

2. Fattori biologico-individuali

Parlare dei fattori di ordine biologico implicati nell'insorgenza, nello sviluppo e nel mantenimento dei disordini alimentari, significa chiamare in causa il ruolo svolto sia dalla componente genetica individuale, sia da quelle sostanze con funzione neuro-mediatrice, soprattutto a livello cerebrale, e neuro-endocrica.

Relativamente alla dotazione genetica, diverse recenti non solo hanno iniziato ad identificare quei geni potenzialmente implicati nell'anoressia e nella bulimia[32], ma hanno anche cercato di dimostrare che gli stessi fattori genetici che predispongono alla dipendenza da sostanze (alcool, sostanze stupefacenti, etc.) ed ai relativi disturbi psichiatrici rendono vulnerabile il soggetto pure ai disturbi alimentari, perché le abbuffate e il digiuno stimolano particolari centri nel cervello allo stesso modo delle droghe; inoltre, si è visto che, nei casi in cui un gemello presenti un DCA, aumentano la probabilità che anche l'altro ne soffra; infine, esisterebbero tratti di personalità (come, ad es., tendenza a voler assecondare più i bisogni degli altri rispetto ai propri; autostima e fiducia in sé scarse; forte bisogno di ridurre l'ansia; problematico controllo degli impulsi) che aumentano il rischio di sovrappeso e sono in parte ereditari. Questa tematica appare particolarmente complessa, ponendo il problema dei reciproci influssi tra dotazio-

---

32. Hinney A., Friedel S., Remschmidt H., Hebebrand J., *Genetic risk factors in eating disorders*, "American Journal of Pharmacogenomics", 4, 2004, pp. 209-223; Bulik C, Tozzi F., *Genetics in eating disorders: state of the science*, "CNS Spectrums", 9, 2004, pp. 511-515.

ne antropologica ed ambiente sociale[33], al punto che i contributi più recenti hanno sostenuto la necessità centrare l'attenzione sull'interdipendenza tra gli effetti del patrimonio genetico e quelli del contesto sociale, per meglio comprendere quei fattori, rispettivamente, di rischio e di protezione che, variamente combinati, possono esprimersi nelle varie forme dei disturbi alimentari[34].

Circa il ruolo dei vari sistemi di neuro-trasmettitori[35], gli studi condotti su pazienti affetti da anoressia e bulimia hanno rivelato diverse alterazioni dei sistemi cerebrali e dei neuro-mediatori preposti alla regolazione del comportamento alimentare[36], anche se i risul-

---

33. Infatti, dato atto che nella condotta umana si esprimono sempre e comunque componenti genetiche innate, questa risente di una certa cultura, ma contribuisce essa stessa a creare, o a modificare quest'ultima; qui più che mai, dunque, l'attenzione deve porsi sulla dialettica tra "natura" e "cultura". Al proposito, per gli approfondimenti del caso, si rimanda a: de Zwann M., *Basic Neuroscience and Scanning*, in: Treasure J., Schmidt M.H., Van Furth E. (Eds.), *Handbook of Eating Disorders*, Second Edition, John Wiley & Sons, New York, 2003, pp. 89-102; Steiger H., *Eating disorder paradigms for the new millennium: do "attachment" and "culture" appear on brain and genome scans?*, "Canadian Journal of Psychiatry", 52, 4, 2007, pp. 209-211.

34. Bulik C.M., *Exploring the gene-environment nexus in eating disorders*, "Journal of Psychiatry & Neuroscience", 30, 2005, pp. 335-339.

35. Si definisce "neurotrasmettitore" una sostanza che trasporta informazioni fra i neuroni del sistema nervoso, sia centrale, che periferico. In base al tipo di risposta prodotta, si distinguono neurotrasmettitori eccitatori o inibitori, nel senso che possono, rispettivamente, o dare origine ad un impulso nervoso nel neurone ricevente, o inibire tale impulso; quelli più comuni sono: i derivati da amminoacidi (acido aspartico, acido glutammico, acido gamma-amminobutirrico (GABA), glicina), le monoammine (dopamina, norepinefrina o noradrenalina, epinefrina o adrenalina, serotononina o 5-idrossitriptamina; istamina), i polipeptidi o neuropeptidi (neurotensina, galanina), le bombesine, le gastrine, le insuline, le sostanze neuroipofisarie, gli oppioidi, le secretine, le somatostatine, etc. (cfr. Harvey L., Berk A., Kaiser Ch., Krieger M., Scott M. P., Bretscher A., Ploegh H., Matsudaira P., *Molecular Cell Biology*, W. H. Freeman, 6th ed., New York, 2007).

36. Ciocca A., Bruni R., *Fattori biologici nei disturbi del comportamento alimentare*, "Archivio di Psicologia, Neurologia e Psichiatria", LVI, 2-3, 1995, pp. 295-308.

tati ottenuti devono considerarsi tutt'altro che definitivi, non essendo ancora stato dimostrato con certezza se l'alterazione del funzionamento di uno o più meccanismi neuro-chimici possa rappresentare un fattore concausale o una conseguenza del disturbo alimentare.

Certamente, sono state confermate alcune correlazioni positive tra disordini alimentari e sistema serotoninergico, mentre risultati discordanti tra i vari studi sono stati ottenuti nel caso del sistema dopaminergico e di quello endorfinico; inoltre, per il sistema noradrenergico sono stati dimostrati rapporti più con le alterazioni del tono timico presenti in soggetti affetti da eating disorder, che con questi ultimi[37].

---

37. La letteratura sul tema è molto ampia; per adeguati approfondimenti, si segnalano: Umeki S., *Biochemical abnormalities of the serum in anorexia nervosa*, "The Journal of Nervous and Mental Disease", 176, 8, 1988, pp. 503-506; Audí L., Vargas D.M., Gussinyé M., Yeste D., Martí G., Carrascosa A., *Clinical and biochemical determinants of bone metabolism and bone mass in adolescent female patients with anorexia nervosa*, "Pediatric Research", 51, 4, 2002, pp. 497-504; Hainer V., Kabrnova K., Aldhoon B., Kunesova M., Wagenknecht M., *Serotonin and norepinephrine reuptake inhibition and eating behaviour*, "Annals of the New York Academy of Science", 1083, 2006, pp. 252-269; Otagaki Y., Saito H., Yonezawa H., Sawai M., *Biological factors in eating disorders*, Seishin Shinkeigaku Zasshi, 106, 6, 2004 pp. 703-711; Bosanac P., Norman T., Burrows G., Beumont P., *Serotonergic and dopaminergic systems in anorexia nervosa: a role for atypical antipsychotics?*, "Australian and New Zealand Journal of Psychiatry", 39, 3, 2005, pp.146-153; Kaye W.H., Bailer U.F., Frank G.K., Wagner A., Henry S.E., *Brain imaging of serotonin after recovery from anorexia and bulimia nervosa*, "Physiology & Behavior", 86, 1-2, 2005, pp. 15-17; Barbato G., Fichele M., Senatore I., Casiello M., Muscettola G., *Increased dopaminergic activity in restricting-type anorexia nervosa*, "Psychiatry Research", 142, 2-3, 2006, pp. 253-255; Hainer V., Kabrnova K., Aldhoon B., Kunesova M., Wagenknecht M., *Serotonin and norepinephrine reuptake inhibition and eating behaviour*, "Annals of the New York Academy of Sciences", 1083, 2006, pp. 252-269; Meczekalski B., Podfigurna-Stopa A., Warenik-Szymankiewicz A., *Anorexia nervosa: new view on neuroendocrine and genetic determinations*, "Ginekologia Polska", 77, 8, 2006, pp. 634-642; Steiger H., Bruce KR., *Phenotypes, endophenotypes, and genotypes in bulimia spectrum eating disorders*, "Canadian Journal of Psychiatry", 52, 4, 2007, pp. 220-227.

Tuttavia, non sembra possibile scorporare questa mole di dati scientifici dalla più complessa realtà antropologica del paziente, perché egli, pur con una o più alterazioni di un pattern di neurotrasmettitori, vive sempre in un certo contesto storico ed in una determinata organizzazione socio-sanitaria; sembra perciò più corretto integrare tali conoscenze nel c.d. modello bio-psico-sociale, per il quale fattori biologici, psicologici, sociologici e culturali si combinano in uno stile cumulativo che rende ragione dello sviluppo e della diffusione delle patologie alimentari; in tale ottica, un individuo biologicamente predisposto allo sviluppo di un disturbo alimentare si ammala molto più facilmente crescendo in una cultura che attribuisce certi valori alla corporeità e ad un determinato tipo di alimentazione[38].

3. Fattori psicologico-relazionali

Trattare dei fattori di tipo psico-relazionale implica che siano affrontate le molteplici ed intricate problematiche inerenti la formazione dell'identità personale nella sfera delle relazioni intersoggettive, soprattutto in ambito familiare, a partire dall'infanzia e durante l'adolescenza.

3.1 La formazione dell'identità personale

L'identità personale può essere concepita come una realtà polimorfa, ma al tempo stesso indispensabile, perché segna il confine tra la sfera della soggettività e quella dell'oggettività[39], nel senso che definisce il soggetto, cioè ne delimita il mondo interno

---

38. Costin C., *The Eating Disorder Sourcebook: A Comprehensive Guide to the Causes, Treatments, and Prevention of Eating Disorders*, McGraw-Hill, New York, 1999.
39. Oliverio Ferraris A., *La ricerca dell'identità*, Giunti, Firenze, 2007.

rispetto a quello esterno, ma al contempo permette una comunicazione tra i due.

Può essere anche intesa come quella struttura definita dal senso di unicità personale e di continuità storica, mantenute grazie a quelle "modalità basiche di mantenimento delle coerenza interna"[40] denominate "organizzazioni di significato personale"[41]. Non a caso, è stato osservato che l'identità si qualifica per il senso attivo di individualità e di unicità personale, per la consapevolezza di avere una personalità diversa dagli altri, nonché per la capacità dinamica ed equilibrata di contrapporre le tendenze verso il proprio mondo interiore e verso gli altri[42]. In tal senso, si può rimanere sé stessi, pur non essendo sempre gli stessi.

Essa dunque comprende sia la dimensione personale, sia quella relazionale e sociale, al punto da armonizzare ambiguità e paradossi apparenti: "Si è unici, ma ci si specchia negli altri; si è autonomi ma si ricerca la stabilità dell'Io nei riconoscimenti e nelle conferme altrui; si rivendica la propria autenticità, pur recitando ruoli diversi e a volte si indossano a scopo difensivo, dei falsi Sé"[43].

Si può pensare che sinonimo di "identità" sia il costrutto indicato come "Sé", se è vero che questo "denota per le diverse prospettive storico-culturali un artefatto che permette di caratterizzare l'unicità, l'individualità e la specificità dell'essere umano riconosciuto nelle sue componenti biologiche e psicologiche"[44]. Inoltre,

---

40. Nardi B., Costruirsi. *Sviluppo e adattamento del sé nella normalità e nella patologia*, Franco Angeli, Milano, 2007.
41. Guidano V.F., *La complessità del Sé*, Bollati Boringhieri, Torino, 1989; Guidano V.F., *Il Sé nel suo divenire*, Bollati Boringhieri, Torino, 1992.
42. Nardi B., *Processi psichici e psicopatologia nell'approccio cognitivo*, Franco Angeli, Milano, 2001.
43. Oliverio Ferraris A., *La ricerca dell'identità*, Giunti, Firenze, 2007.
44. Matera M., *Bambini perfetti. Una evoluzione del concetto di falso Sé*, Edizioni Psiconline, Francavilla al Mare, 2007.

il Sé viene attualmente concepito come quel termine che "... significa la persona in quanto cosciente dei propri pensieri, sentimenti e azioni", cioè "... la persona in quanto essere riflessivamente cosciente, capace di presentarsi simbolicamente a sé e agli altri e costituire legami intersoggettivi", al punto da rappresentare "la coscienza esperienziale e concettuale della persona in interazione con il mondo" e includere naturalmente "le funzioni dell'Io"[45].

Costruire il proprio Sé equivale quindi collocarsi all'interno di un sistema complesso ed articolato di relazioni, di identificazioni e di appartenenze. Infatti, anche se una delle questioni più dibattute dalle scienze psicologiche verte sulla formazione del Sé (se cioè il Sé si costituisca come nucleo originario affinché possa vivere, fin dalla sua origine, l'esperienza del contatto mentale con l'altro, oppure venga generato e si sviluppi nell'esperienza di rapporto con l'altro), tenuto conto che già a due mesi i lattanti si mostrano capaci di compartecipazione affettiva durante la comunicazione faccia-a-faccia con l'adulto[46], è un dato comunque certo che, nella costruzione dell'identità personale nel contesto delle dinamiche genito-filiali, si realizzi la trasmissione intergenerazionale dei modelli relazionali e di attaccamento da parte dei genitori sulla formazione dei primi nuclei del Sé infantile[47].

Tale processo è destinato a durare fino all'età adulta e, laddove si verifichino gravi carenze nella continuità e nell'equilibrio dell'accudimento, oppure assenza di figure con funzioni e ruoli genitoriali ben precisi, si innescano percorsi evolutivi abnormi, in quanto basati su elaborazioni pregiudiziali delle informazioni e su

---

45. Sciligo P., *La nuova sinfonia dei molti Sé*, LAS, Roma, 2005.
46 Lavelli M., *Intersoggettività. Origini e primi sviluppi*, Raffaello Cortina Editore, Milano, 2007.
47. Riva Prugnola C., *Il Bambino e le sue relazioni. Attaccamento e individualità tra teoria e osservazione*, Raffaello Cortina Editore, Milano, 2007.

anomale modalità di regolazione emotivo-affettiva; in questa prospettiva, le psicopatologie si configurano come l'esito di alterate modalità di funzionamento che possiedono un proprio significato nelle prime fasi dello sviluppo[48].

Tutto ciò sembra trovare una conferma, tanto drammatica quanto palese, nei disturbi alimentari, specialmente nei casi in cui la mancanza del padre nello sviluppo delle giovani donne ha prodotto in esse un'insufficiente autostima nell'affrontare le relazioni con il mondo[49]. Infatti, il senso di inadeguatezza, pressoché fisiologico nell'adolescenza, non viene superato durante la crescita, ma si incarna nel rapporto problematico con il proprio corpo. Se l'ideale è raggiungere la magrezza delle modelle, la stragrande maggioranza delle ragazze si sentirà inadeguata[50]. Di fronte a tale *impasse*, la risposta messa in atto da molte ragazze è la soluzione anoressi-

---

48. Attili G., *Attaccamento e costruzione evoluzionistica della mente. Normalità, patologia, terapia*, Raffaello Cortina Editore, Milano, 2007; Rholes W.S., Simpson J.A. (a cura di), *Teoria e ricerca nell'attaccamento adulto*, Raffaello Cortina Editore, Milano, 2007.

49. Paradigmatica, al riguardo, risulta la seguente riflessione: "Tutta la psicologia clinica dimostra come quest'aspetto, attribuito spesso a una bassa autostima, può manifestarsi in comportamenti rinunciatari o autolesionisti o, come accade spesso oggi, con una competitività esasperata, attraverso la quale la donna cerca di mascherare la propria insicurezza, sostituendo all'approvazione, personale, del padre, quella, impersonale, della società, dell'azienda, del gruppo politico e così via. Anche quando il successo e il riconoscimento pubblico arriva, non riesce tuttavia a sostituire la tranquilla sicurezza data da un positivo rapporto col padre. La donna paga così questa fragilità psicologica, mascherata (e quindi messa ancora più a rischio) dalle forti ambizioni, con patologie anche gravi, la più diffusa delle quali è l'anoressia" (cfr. Risé C., *Il padre. L'assente inaccettabile*, Edizioni San Paolo, Milano, 2003).

50. In proposito, è stato scritto che "il bisogno di essere accettate, apprezzate, amate, si traduce nel bisogno di adeguare il proprio corpo all'ideale della magrezza, accolto senza nessuna riflessione critica" (cfr. De Clerq F., *Fame d'amore. Donne oltre l'anoressia e la bulimia*, Franco Angeli, Milano, 2002).

co-bulimia, manifestazione più eclatante di questo dissidio interiore e insieme tentativo di trovare una soluzione: dimagrire significa accettare il proprio corpo, farsi accettare dagli altri, dimostrando di essere capace di raggiungere gli obbiettivi fissati e di controllarsi. Questo «uso» del corpo, però, non si rivolge ai desideri dell'altro, non rappresenta una risposta alle aspettative dell'altro, ma appare "una modalità autistica che manifesta in realtà l'assenza di una comunicazione profonda con l'altro, e in particolare fra uomini e donne"[51]. La relazione uomo-donna, del resto, è oggi più che mai bloccata dalla paura reciproca di mettersi in gioco, per il timore di mostrare le proprie mancanze e prestare il fianco alla manipolazione da parte dell'altro[52].

Proprio tale aspetto inerente la relazione con l'altro rinvia alla formazione dell'identità personale ed all'utilizzo della corporeità; in proposito, si è affermato che i disturbi alimentari sono "...disturbi in cui la persona, di solito una donna, si concentra ossessivamente sul raggiungimento della magrezza come mezzo per risolvere i problemi legati alla propria identità personale [...]". In entrambi i casi

---

51. De Clerq F., *Fame d'amore. Donne oltre l'anoressia e la bulimia*, Franco Angeli, Milano, 2002.
52. Sul punto, si riportano le seguenti osservazioni: "... per una serie di ragioni, i rapporti personali sono diventati sempre più rischiosi – essenzialmente perché non offrono più garanzia di stabilità. Uomini e donne avanzano reciprocamente richieste esagerate [...] Non è sorprendente dunque, in queste condizioni, che un numero sempre crescente di persone aspiri al distacco emotivo [...] La separatezza sessuale non è che una delle numerose strategie per controllare o sfuggire a un intenso coinvolgimento sentimentale [...] Molti si rifugiano nella droga...Altri decidono di vivere da soli [...] La percentuale crescente di suicidi tra i giovani si può ascrivere in parte alla stessa fuga dalle complicazioni emotive. Il suicidio [...] rappresenta l'"estremo stordimento". La forma più diffusa di evasione dalle complicazioni emotive è la promiscuità; il tentativo di attuare una rigida separazione tra sesso e sentimento". (cfr. Lasch C., *La cultura del narcisismo*, Bompiani, Milano, 1981).

comunque il sintomo principale è identico: un'ossessione per il cibo, il peso e la forma corporea che diviene un modo sostitutivo-difensivo, di affrontare i conflitti associati al raggiungimento dell'identità personale. Il termine "disturbi dell'alimentazione" è perciò un poco improprio sebbene la problematica legata all'alimentazione abbia sicuramente un'influenza sui sintomi. L'essenza dell'anoressia e della bulimia è... la "dismorfofobia", un affannoso tentativo di evitare le sfide della vita mediante la concentrazione sul peso e sulla forma"[53].

Infatti, in coloro soffrono di *eating disorder*, sono stati riscontrati anche problematiche psicologiche riguardanti l'autonomia, l'autostima, il successo e l'auto-controllo, da inquadrarsi nella dimensione psico-sociale dell'identità, dal momento che possono emergere in modo eclatante proprio in occasione di mutamenti socioculturali radicali[54]. Non a caso, è stato osservato che i DCA "costi-

---

53. Gordon R.A., *Anoressia e bulimia. Anatomia di un'epidemia sociale*, Raffaello Cortina Editore, Milano, 1991.
54. Gordon qui richiama Erikson, quando illustra come lo sviluppo dell'identità sia un processo dinamico che si svolge nel corso dell'esistenza, influenzato da numerosi fattori: le condizioni storiche e sociali, la peculiarità delle esperienze familiari, le predisposizioni biologiche e fattori incidentali di sviluppo. L'adolescenza è il periodo più critico nella formazione dell'identità in quanto il giovane deve ricomporre i fondamenti del sé, costituitisi durante l'esperienza infantile, in relazione alle nuove esigenze e alle sfide proposte dalle caratteristiche personali e sociali di questa nuova fase dell'esistenza. Perciò, mutamenti radicali nel ruolo sociale e nelle aspettative possono causare crisi profonde nel processo di formazione dell'identità (cfr. Erikson E.H. (1950), *Infanzia e società*, Armando, Roma, 2001; Erikson E.H. (1968), *Gioventù e crisi di identità*, Armando, Roma, 1999; Erikson E.H. (1982), *I cicli della vita. Continuità e mutamenti*, Armando, Roma, 1999). Per un approfondimento del pensiero di Erikson, si segnalano: Roazen P., *Erik H. Erikson: tra psicoanalisi e sociologia*, Armando, Roma, 1982; Fiorelli F.D.G., *L'identità tra individuo e società. Erik H. Erikson e gli studi sull'io, sé e identità*, Armando, Roma, 2007; Mayer H.E., *L'età infantile. Guida all'uso delle teorie evolutive di E. H. Erikson*, J. Piaget, R. R. Sears *nella pratica psicopedagogica*, Franco Angeli, Milano, 1992.

tuiscono proprio l'espressione estrema del mutamento radicale delle aspettative sociali nei confronti delle donne, che ha avuto luogo su larga scala a partire dalla metà del secolo, ma soprattutto dagli anni Sessanta[55], perchè quelle carenze di autostima, di autonomia, di gratificazione e di autocontrollo, presenti nei soggetti con disturbi dell'alimentazione, possono essere un riflesso amplificato di conflitti molto più pervasivi, che si collocano nel quadro culturale più vasto e che attengono al ruolo psico-sociale della donna. In questa prospettiva, quindi, la giovane malata di DCA esprimerebbe inconsapevolmente una crisi culturale diffusa[56].

D'altra parte, quelle caratteristiche considerate come dominanti nelle anoressiche, quali sentimenti profondi di inadeguatezza ed incapacità di influenzare il proprio ambiente e di determinare il proprio destino[57], sono state pure ricondotte al fatto che le pazienti erano cresciute in un ambiente familiare nel quale, da un lato, i valori dominanti proposti erano il successo e la riuscita, ma, dall'altro, si impediva di sviluppare autonomia ed intraprendenza[58]. In tal modo, le «fisiologiche» difficoltà adolescenziali, che mettono appunto alla prova il sentimento di indipendenza e l'autostima del soggetto, di fatto lo colgono impreparato a fronteggiarle e scatenano crisi di insicurezza, alle quali è possibile rispondere solo con la dieta, il calo ponderale, l'abbuffata e le condotte compensatorie. Tutto ciò, del resto, produce non

---

55. Gordon R.A., *Anoressia e bulimia. Anatomia di un'epidemia sociale*, Raffaello Cortina Editore, Milano, 1991.
56. Vanderlinden J., Norré J., Vandereycken W., Meermann R., *Die Behandlung der Bulimia nervosa. Eine praktische Anleitung, Schattauer*, Stuttgart - New York, 1992; Vanderlinden J., Norré J., Vandereycken W., *Bulimia nervosa. Guida pratica al trattamento*. Astrolabio, Roma, 1995.
57. Bruch H., *Patologia del comportamento alimentare. Obesità, anoressia mentale e personalità*, Feltrinelli, Milano, 2000.
58. Gordon R.A., *Anoressia e bulimia. Anatomia di un'epidemia sociale*, Raffaello Cortina Editore, Milano, 1991.

solo risposte sociali inizialmente positive, ma anche un sentimento di potenza mai provato prima, che con il tempo diventa fonte di orgoglio e, persino, di superiorità. In tale ottica, il profondo sentimento di inadeguatezza e l'attenzione esclusiva alle aspettative dell'ambiente esterno rappresentano la forma estrema di un modello evolutivo comune fra le adolescenti nella società occidentale.

Inoltre, più degli uomini, le donne farebbero dipendere il proprio valore, cioè il valore del proprio Sé, dall'approvazione altrui, in quanto l'essere attraenti e desiderabili rappresentano componenti fondamentali della loro autostima e del loro successo sociale, tenuto conto che l'identità è appunto organizzata come un "Sé-in-relazione"[59] e il valore del Sé è legato allo stabilirsi e al mantenersi di

---

59. In proposito, si precisa come sia stata sollecitata l'esigenza di utilizzare una chiara definizione del termine Sé (cfr. Wolfe B.E., *Knowing the Self: Building a bridge from basic research to clinical practice*, "Journal of Psychotherapy Integration", 13, 2, 2003, pp. 83-95), nella consapevolezza che esso viene spesso usato in modo non univoco, al punto da generare confusione (cfr. Sciligo P., *La nuova sinfonia dei molti Sé*, LAS, Roma, 2005) e da indurre a pensare che la "metafora del Self" può integrare in una teoria unitaria le differenti conoscenze sul Sé che derivano da discipline come la fisiologia, la genetica, la cibernetica, la biologia molecolare, la clinica, la nosologia e la psicosomatica (cfr. Humphreys D., David-Ménard M., *Le Self: question d'immunité ou énigme du corps?*, "L'évolution psychiatrique", 71, 2006, pp. 759-771); nell'economica della presente trattazione, pare comunque opportuno richiamare la teoria del Sé relazionale (cfr. Andersen S.M., Chen S., *The relational self: An interpersonal social-cognitive theory*, "Psychological Review", 109, 2002, pp. 619-645; Andersen S.M., Chen S., Miranda R., *Significant others and the self*, "Self and Identity", 1, 2002, pp. 159-168; Hoyle R.H., Sherrill M.R., *Future orientation in the self-system: possible selves, self-regulation, and behavior*, "Journal of Personality", 74, 6, 2006, pp. 1673-1696); tale costrutto "riflette chi la persona è in relazione al suo significativo altro", dato che il sé relazionale è: "a) conoscenza di sé che è collegata nella memoria alla conoscenza riguardante il significativo altro; b) esiste a livelli multipli di specificità; c) è in grado di essere attivato contestualmente o cronicamente; d) è composto di concezione di sé e un insieme di altri aspetti-sé che caratterizzano il sé quando è in relazione con i significativi altri" (cfr. Sciligo P., *Il sé nelle teorie socio-cognitive*, "Psicologia Psicoterapia e Salute", 12, 3, 2003, pp. 299-328).

relazioni affettivamente connotate, sin dalla prima infanzia[60]. Quindi, se nella nostra cultura l'approvazione sociale dipende, in modo significativo, dall'immagine, le ragazze, almeno in qualche misura, si sentono obbligate a ricercare il modello proposto di magrezza per rafforzare la propria identità, sulla base di una gratificazione proveniente dall'ambiente sociale.

Infine, nei soggetti anoressici, interviene anche un altro fattore, in ambito familiare e sociale, cioè l'intensa pressione al raggiungimento del successo. Questa si esprime all'interno delle famiglie con l'ansia di non riuscire a mantenere il livello sociale ed incide a livello psicologico sul soggetto femminile che, benché raggiunga spesso traguardi scolastici e sportivi, non li vive come una riuscita per sé, ma in funzione degli altri, cioè delle aspettative altrui, al punto che, paradossalmente si sente priva di valore[61].

---

60. Si pensi che, già a 7 anni, le descrizioni di sé delle bambine, a differenza dei maschi di pari età, sono basate sulla percezione altrui; per ulteriori approfondimenti sul tema, cfr. Steiner-Adair C., *The Body Politic: Normal Female Adolescent Development and the Development of Eating Disorders*, in: Gilligan C., Lyons N.P., Hanmer T.J. (Eds.), *Making Connections: The Relational Worlds of Adolescent Girls and Emma Willard School*, Harvard University Press, Cambridge, 1990, pp. 162-181; Ficeto T., *La relazione padre-figlia nell'anoressia mentale*, Magi Edizioni, Roma, 2001; Pederson Mussell D., Binford R.B., Fulkerson J.A., *Eating Disorders. Summary of Risk Factors, Prevention Programming, and Prevention Research*, "The Counseling Psychologist", 28, 6, 2000, pp. 764-796; Murray T., *Wait Not, Want Not: Factors Contributing to the Development of Anorexia Nervosa and Bulimia Nervosa*, "The Family Journal", 11, 3, 2003, pp. 276-280.

61. Al riguardo, è stato scritto: "Questa esperienza è caratteristica comune di molte donne contemporanee, le quali sono continuamente messe sotto esame dall'ideale della «superdonna», della «donna perfetta» e vedono anche l'ideologia femminista come una ulteriore richiesta esterna di perfezione. La società occidentale attuale inoltre, tesa verso la produzione e il lavoro, costringe molte donne a provare il loro valore in questi campi, fino a non molto tempo fa quasi unicamente maschili, dimostrando di essere uguali agli uomini e rinunciando alla propria femminilità, in quanto non accettata dalla società stessa. Il clima cul-

Questa carenza sottende, come si è detto, una scarsa autostima ed una ridotta autonomia, che tendono ad essere superate con il controllo del corpo e del peso, al quale si aggiunge altresì la rimozione del ruolo materno, già peraltro svalutato dalla cultura industriale.

3.2 *Fattori familiari*

I c.d. fattori di rischio familiari indicano quegli aspetti dell'ambiente familiare (quali la struttura e la stabilità della famiglia, la relazione genitori-figli, le patologie psichiatriche dei genitori), che possono influire sullo sviluppo del disturbo alimentare del soggetto.

Si è giunti alla definizione di tali fattori grazie allo studio, iniziato dopo la seconda guerra mondiale, di alcuni gruppi di lavoro che, indipendentemente, ma quasi contemporaneamente, hanno focalizzato l'attenzione sugli scambi che avvengono all'interno della famiglia e che hanno costruito concetti generali (i c.d. interscambi multipli, chiamati poi "sistemi"), utilizzati per confrontare tra loro le diverse famiglie ed applicabili anche ad ambienti socioculturali diversi[62].

Un primo dato da sottolineare riguarda il ruolo svolto dell'alimentazione infantile in determinati contesti familiari. Infatti, il

---

turale riguardo alla sessualità è radicalmente mutato nella direzione della permissività e dello sfruttamento: certamente, non è un fatto positivo lo sfruttamento commerciale della nuova atmosfera di apertura sessuale (sollecitazioni nelle telenovelas; ricorso diffuso a modelle preadolescenti sessualizzate; pornografia). In questa atmosfera, non deve sorprendere che alcune adolescenti vulnerabili manifestino con l'anoressia un sintomo che rappresenta una strategia radicale di rinuncia e di ritiro dalle implicazioni della sessualità" (cfr. Gordon R.A., *Anoressia e bulimia, Anatomia di un'epidemia sociale*, Raffaello Cortina Editore, Milano, 1991).

62. Bruch H., *Patologia del comportamento alimentare. Obesità, anoressia mentale e personalità*, Feltrinelli, Milano, 2000.

disagio psichico che durante l'adolescenza conduce all'anoressia e alla bulimia ha radici profonde, che affondano nell'infanzia. Esso non ha mai trovato una forma di riconoscimento e non è mai stato adeguatamente elaborato, al punto da esprimersi con il linguaggio del corpo e del cibo, perché proprio l'infanzia è il periodo nel quale il cibo è un fondamentale mezzo di comunicazione fra madre e figlio. Il latte materno, del resto, rappresenta non solo l'alimento necessario per la sopravvivenza e la crescita del neonato, ma anche il segno tangibile dell'amore materno, la garanzia (di cui il neonato ha un bisogno vitale) che la madre è pronta ad accoglierlo e a prendersi cura di lui[63]. Si può dire che esista un'oggettiva equivalenza tra il cibo e l'affetto, ben illustrata dal termine tedesco *Kummerspeck*, grasso di afflizione[64]. Il cibo, quindi, è al contempo metafora e contenuto reale della comunicazione materno-infantile e nel corso di tutto lo sviluppo assume un significato che va molto al di là del semplice alimento[65].

---

63. Mangiarotti Frugiuele G. (a cura di), *Affettività e alimentazione nella prima infanzia*, Franco Angeli, Milano, 1997.
64. Jores A., *Trattato di medicina psicosomatica*, Editrice universitaria, Firenze, 1965.
65. Sull'importanza del cibo e della funzione nutritiva, molto importanti risultano i contributi della Bruch, specialmente laddove illustra come, nel corso dello sviluppo infantile, sia appresa la "funzione nutritiva" e come, in caso di apprendimento inadeguato, si possa abusare della medesima nell'affrontare complessi problemi emozionali e interpersonali. Infatti, dal rapporto dei pazienti con i loro genitori nella prima infanzia e nella adolescenza, si evincono due caratteristiche ritenute fattori di fondamentale importanza per l'insorgenza di gravi disturbi alimentari: 1) l'incapacità di riconoscere la fame; 2) la mancata consapevolezza di vivere la propria vita; rispetto a questi, appare necessario verificare se le risposte ai bisogni del bambino siano state appropriate, o se gli è stato imposto ciò che la madre credeva, spesso erroneamente, necessario. Infatti, "Se ai suoi bisogni e impulsi, inizialmente piuttosto indifferenziati, sono mancati conferma e rafforzamento o se le risposte sono state contraddittorie e impreci-

Talora, però, la predetta equivalenza tra cibo ed amore viene portata all'eccesso da molte madri, a discapito di altri "alimenti", cioè di altri fattori di crescita psicologica, morale e spirituale, tanto che, se e quando il cibo diventa l'unica espressione dell'affettività, ne diventa il surrogato, con conseguenze devastanti nella psiche dei figli. Questa attenzione eccessiva dei genitori per l'alimentazione dei figli è stata spiegata reputando il cibo quale mezzo di controllo dei primi sui secondi, per cui, quanto maggiore è il controllo, tanto minore sarà la preoccupazione di non accudire in modo sufficiente la prole[66].

Inoltre, secondo l'approccio sistemico-relazionale, l'osservazione clinica, oltre alla paziente anoressica o bulimica e il suo mondo intrapsichico, è stata ampliata al contesto familiare nella quale vive e rispetto al quale il sintomo può avere un importante significato. In tale prospettiva, del resto, il sintomo non è qualcosa che nasce all'interno del soggetto a causa di un suo disordine intrapsichico, ma rap-

---

se, il bambino crescerà pieno di perplessità ogni qualvolta tenti di distinguere i suoi disturbi nel campo biologico dalle esperienze emotive e interpersonali e tenderà a interpretare erroneamente le deformazioni del suo concetto del proprio corpo come effetto di fattori esterni. Sarà così un individuo privo del senso del suo essere, una creatura a sé, il cui io avrà «confini indistinti» e che si sentirà impotente in balia a forze esterne" (Cfr. Bruch H., *Patologia del comportamento alimentare. Obesità, anoressia mentale e personalità*, Feltrinelli, Milano, 2000).

66. Sul punto specifico è stato osservato che l'occupazione lavorativa delle madri influenza notevolmente lo sviluppo psichico dei figli, dato che il lavoro esterno delle madri, passato dal 15 % di quarant'anni fa all'81 % circa, non solo non diminuisce la loro frustrazione, ma addirittura l'aumenta, così da aumentare, di pari passo, i casi di anoressia e bulimia nei figli. Le pazienti di oggi, del resto, avendo avuto una madre assente per il lavoro, sviluppano con lei un tipo di attaccamento ansioso-evitante. Questo comporta una sofferenza dalla quale si difendono con un atteggiamento di tipo individualistico e narcisistico (del tipo "faccio da sola", "faccio da me"), atteggiamento pressoché inesistente negli anni Cinquanta e Sessanta, per cui incontrano maggiori difficoltà ad entrare in rapporto con il terapeuta e, quindi, a ricevere aiuto (cfr. Selvini Palazzoli M. (1974), *L'anoressia mentale, nuova edizione*, Raffaello Cortina Editore, Milano, 2005).

presenta l'espressione di relazioni interpersonali molto problematiche all'interno del nucleo familiare, concepito come un sistema interpersonale in equilibrio tra tendenze alla stabilità e tendenze al cambiamento. All'interno di questo sistema, l'individuo è un elemento che, interagendo con altri elementi, contribuisce all'andamento globale del tutto. In quest'ottica, il sintomo anoressico-bulimico, come qualsiasi altro sintomo, può essere sia il segnale di un malfunzionamento del sistema-famiglia in una sua fase di vita specifica, sia un tentativo di cambiamento delle sue regole e modalità di funzionamento[67].

Nelle famiglie delle pazienti affette da DCA sono state spesso ravvisati livelli variabili di patologia della comunicazione e/o di espressione delle emozioni. Le persone che sono cresciute in siffatti contesti non riescono ad acquisire né una fiducia di base, né un'autostima adeguata a diventare emotivamente autosufficienti e tendono a presentare livelli variabili di patologia del sentimento di sé[68]. Tuttavia, non esiste accordo tra gli studiosi dei sistemi familiari sul ruolo esatto di questi fattori nello sviluppo specifico di una patologia del com-

---

67. Per gli approfondimenti del caso, si segnalano: Montecchi F., *Anoressia mentale dell'adolescenza - Rilevamento e trattamento medico-psicologico integrato*, Franco Angeli, Milano, 1994; Montecchi F., *Diagnosi precoce e indicatori di rischio nelle anoressie mentali della adolescenza*, "Informazione in psicologia, psicoterapia, psichiatria", 24/25, 1996, pp. 9-14; Micheli M., *La famiglia nell'anoressia mentale: struttura e fattori di rischio*, in: Montecchi F. (a cura di), *Anoressia mentale dell'adolescenza. Modelli teorici, diagnostici e terapeutici*, Franco Angeli, Milano, 1998, pp. 236-250; Furnham A., Husain K., *The role of conflict with parents in disordered eating among British Asian females*, "Social Psychiatry and Psychiatric Epidemiology", 34, 1999, pp. 498-505.

68. Con l'espressione "sentimento di sé" si indica quel parametro psichico fondamentale rappresentato dalla sicurezza incrollabile che i sentimenti ed i desideri provati dall'individuo gli appartengono, cioè sono parte integrante del proprio Sé. Questa certezza è spontanea e in essa il soggetto trova il proprio sostegno e la propria autostima. Jaspers colloca il sentimento di sé nella coscienza dell'esistenza concreta, concetto ripreso da Schneider e collocato entro il primo

portamento alimentare, piuttosto che di un'altra malattia psichiatrica (ad es., una tossicodipendenza, o un disturbo schizofrenico)[69].

In linea di massima, i fattori di rischio familiari, come quelli di altro tipo (es. socio-culturali, psico-relazionali, etc.), sono da ritenersi degli indicatori che, se presi singolarmente, non hanno alcun senso, mentre, se considerati nel loro insieme, assumono il valore di "spie", cioè di "segnali di pericolo"[70], anche se sono stati valutati come chiari fattori di aggravamento[71], pur non essendo direttamente responsabili dello sviluppo di un DCA.

3.2.1. La struttura delle famiglie nell'anoressia

È stato osservato[72] che la maggior parte dei genitori delle anoressiche insisteva nel sottolineare la stabilità, se non la felicità, della loro unione e solo dopo un lungo lavoro terapeutico si venivano a sco-

---

dei quattro caratteri formali della coscienza dell'Io: il sentimento di attività (se io faccio una cosa, sono io a farla), la coscienza dell'unità (io sono uno nello stesso istante), la coscienza dell'identità (io sono lo stesso di prima), la coscienza dell'Io in contrapposizione all'esterno e all'altro (cfr. Jaspers K., *Psicopatologia generale*, Il Pensiero Scientifico Editore, Roma, 1964; Schneider K., *Psicopatologia clinica*, Sansoni, Firenze, 1967).

69. Laliberté M., Boland F.J., Leichner P., *Family Climates: Family Specific to Disturbed Eating and Bulimia Nervosa*, "Journal of Clinical Psychology", 55, 1999, pp. 1021-1040; Piccini F., *Anoressia, Bulimia, Binge Eating Disorders*, Centro Scientifico Editore, Torino, 2000.

70. Montecchi F., I fattori predisponenti e gli indicatori predittivi di rischio dell'anoressia mentale, in: Montecchi, F. (a cura di), *Anoressia mentale dell'adolescenza. Modelli teorici, diagnostici e terapeutici*, Franco Angeli, Milano, 1998, pp. 116-121.

71. Pantano M., Dalle Grave R., Oliosi M., Bartocci C., Todisco P., Marchi S., *Family Backgrounds and Eating Disorders*, "Psychopathology", 30, 1997, pp. 163-169; Laliberté M., Boland F.J., Leichner P., *Family Climates: Family Specific to Disturbed Eating and Bulimia Nervosa*, "Journal of Clinical Psychology", 55, 1999, pp. 1021-1040.

72. Bruch H., *Patologia del comportamento alimentare. Obesità, anoressia mentale e personalità*, Feltrinelli, Milano, 2000.

unione e solo dopo un lungo lavoro terapeutico si venivano a scoprire le tensioni e le storture nascoste sotto questa facciata di normalità. Attribuivano enorme valore alle apparenze esteriori e si aspettavano dai figli un comportamento conveniente e prestazioni valutabili in termini quantitativi. In proposito, si è parlato di un vero e proprio "difetto di comunicazione" tra i genitori e la figlia, per indicare la mancanza di un vero contatto emotivo tra loro, al punto che tali figure genitoriali erano più concentrate ad "usare", almeno in qualche misura, la propria figlia, per confermare i propri bisogni, anziché ascoltare ciò che ella chiedeva e ciò di cui ella aveva bisogno.

La convalida della famiglia, del resto, appare di vitale importanza per tutti i membri della stessa, ma in particolare per i figli, sottoposti a mutevoli processi di formazione dell'identità, per cui "Il modo in cui funziona la famiglia, dunque, ha implicazioni importantissime per lo sviluppo dell'individuo"[73]. In quest'ottica, sono state descritte le caratteristiche disfunzionali delle "famiglie anoressiche", fondamentalmente classificabili in quattro categorie, alle quali corrispondono altrettanti fattori di rischio per lo sviluppo di un disturbo anoressico: invischiamento, iperprotettività, rigidità e mancanza di risoluzione del conflitto[74].

Invischiamento significa che i membri della famiglia sono ipercoinvolti tra loro, con reciproche tendenze intrusive; i confini intergenerazionali sono labili, con conseguente confusione di ruoli.

L'iperprotettività consiste nell'alto grado di preoccupazione e di interesse reciproco dimostrato da tutti i membri della famiglia.

La rigidità coincide con la resistenza al cambiamento della famiglia, che tende a presentarsi unita e armoniosa e nella quale non

---

73. Minuchin S., Rosman B.L., Baker L., *Famiglie psicosomatiche. L'anoressia mentale nel contesto familiare*, Astrolabio, Roma, 1980.
74. *Ibid.*

La mancanza di risoluzione del conflitto corrisponde a una soglia molto bassa di tolleranza del conflitto, che viene tendenzialmente occultato ed evitato.

Queste tipologie familiari sono state definite "famiglie invischiate"[75], perché contraddistinte da una iper-protezione dei figli ad opera dei genitori. Tali coppie genitoriali (padri assenti e madre iperprotettive) hanno dimostrato un'unione solo apparentemente soddisfacente, ma in realtà superficiale, con uno dei due coniugi spesso psichicamente disturbato, manifestando tratti psicotici e depressione. Le interazioni familiari sono di solito molto rigide e necessitano di un approccio terapeutico familiare[76].

In particolare, le madri iper-controllanti hanno imposto alle figlie i propri ritmi di alimentazione e di vita, perchè, avendo percepito l'autonomizzazione e lo svincolo dei figli come rischiosi, hanno posto in atto svariati meccanismi volti ad aumentarne la dipendenza e la vicinanza. All'interno di queste famiglie, anche i padri, pur avendo scarse attenzioni o essendo poco presenti, sono risultati iperprotettivi[77].

---

75. Micheli M., *La famiglia nell'anoressia mentale: struttura e fattori di rischio*, in: Montecchi F. (a cura di), *Anoressia mentale dell'adolescenza. Modelli teorici, diagnostici e terapeutici*, Franco Angeli, Milano, 1998, pp. 236-250;
76. Marcelli D., Braconnier A., *Adolescenza e psicopatologia*, Masson, Milano, 1999.
77. Circa l'assenza della figura paterna nell'anoressia, si rinvia a: Steiger H., Feen J. van der, Goldstein C., Leichner P., *Defense styles and parental bonding in eating-disordered women*, "International Journal of Eating Disorders", 3, 2, 1989, pp. 131-140; Maine M., Father Hunger: Fathers, Daughters and Food, Gürze Books, Carlsbad, 1991; Montecchi F., *I fattori predisponenti e gli indicatori predittivi di rischio dell'anoressia mentale*, in: Montecchi, F. (a cura di), *Anoressia mentale dell'adolescenza. Modelli teorici, diagnostici e terapeutici*, Franco Angeli, Milano, 1998, pp. 116-121; Ficeto T., *La relazione padre-figlia nell'anoressia mentale*, Magi Edizioni, Roma, 2001; Poikolainen K., Kanerva R., Marttunen M., Lönnqvist J., *Defence styles and other risk factors for eating disorders among female adolescents: a case-control study*, "European Eating Disorders Review", 9, 5, 2001, pp. 325-334; Cordes J.P., L'eclissi del padre. Un grido, Marietti, Milano, 2002.

La storia familiare degli stessi genitori delle pazienti ha rivelato l'esistenza di padri, a loro volta, vittime di carenze infantili e precocemente adultizzati, nei quali la sofferenza sarebbe stata o negata, o rimossa. Essi, quindi, avrebbero idealizzato difensivamente sia i propri genitori, che sé stessi; avrebbero misconosciuto le proprie fragilità, evitato il dialogo con la moglie e sviluppato tratti narcisistici di personalità tipici della loro generazione, che avrebbero loro impedito di essere vicini emotivamente e fisicamente ai figli, delegandone l'educazione alle madri e ad eventuali altre figure. Si tratta spesso di uomini che hanno raggiunto il successo professionale, conquistato per soddisfare la madre e per allontanarsi dalle loro nuove famiglie e soprattutto dal rapporto con le loro figlie. Sono padri c.d. periferici, la cui assenza è complementare alla centralità delle madri e la cui debolezza non permette all'anoressica di spezzare il legame fusionale con la madre[78].

Queste, dal canto loro, hanno rivelato una storia costellata di prevaricazioni (familiari e non), che le hanno portate a non rivendicare nulla nel proprio nome, per cui sono state qualificate come donne sacrificali, cioè con la tendenza a farsi carico senza limiti dei compiti altrui ed all'incapacità di fare qualcosa di piacevole per sé; la loro aggressività, sostanzialmente repressa, si è mantenuta sottostante, senza consentire chiarimenti risolutori, neanche con gli interlocutori attuali (coniuge e figli)[79].

Al riguardo, è stata individuata[80] una duplice tipologia materna: quella fusionale e controllante e quella disimpegnata ed espulsiva.

---

78. Montecchi F., *Le origini psicologiche e psicodinamiche dei disturbi alimentari*, in: Montecchi F. (a cura di), *Anoressia mentale dell'adolescenza. Modelli teorici, diagnostici e terapeutici*, Franco Angeli, Milano, 1998, pp. 19-44.
79. Selvini Palazzoli M., Cirillo S., Selvini M., Sorrentino A.M., *Ragazze anoressiche e bulimiche. La terapia familiare*, Raffaello Cortina Editore, Milano, 1998.
80. Montecchi F., *Le origini psicologiche e psicodinamiche dei disturbi alimentari*, in: Montecchi F. (a cura di), *Anoressia mentale dell'adolescenza. Modelli teorici, diagnostici e terapeutici*, Franco Angeli, Milano, 1998, pp. 19-44.

La prima invischia la figlia in un reale rapporto fusionale, all'interno del quale è impossibile la differenziazione. La seconda attiva nella figlia intensi desideri simbiotici sottesi dall'aspirazione a far coincidere la madre reale con una propria immagine materna idealizzata, una madre totalmente buona e sempre presente che si prende cura dei propri bisogni. Nonostante i due atteggiamenti materni siano opposti, in entrambi i casi, la figlia sviluppa una forte inclinazione alla fusione, rimanendo inglobata in un mondo materno che non le permette l'individuazione e l'autonomizzazione.

Se le varie ricerche hanno evidenziato che, nella maggior parte dei casi di anoressia mentale, il modello familiare è di tipo invischiato, sono state anche ravvisate strutture familiari c.d. disimpegnate[81], nelle quali cioè esistono caratteristiche diametralmente opposte.

Oltre a paradigmi familiari disfunzionali, nei nuclei delle anoressiche sono state segnalate anche vere e proprie malattie mentali genitoriali; molto frequenti sono le patologie depressive, soprattutto materne, alle quali seguono disturbi fobici, disturbi ossessivi, personalità borderline, oltre alla presenza di un vero e proprio disturbo alimentare, o di un altro disturbo dell'area della c.d. oralità in almeno un componente della famiglia. Anche in questo caso le madri ad esserne più colpite, manifestando non solo anoressia, ma anche, obesità, alcolismo e abuso di farmaci[82].

---

81. Montecchi F., *I fattori predisponenti e gli indicatori predittivi di rischio dell'anoressia mentale*, in: Montecchi, F. (a cura di), *Anoressia mentale dell'adolescenza. Modelli teorici, diagnostici e terapeutici*, Franco Angeli, Milano, 1998, pp. 116-121;

82. Per un approfondimento dei rapporti tra back-ground familiare e disturbo alimentare, si rinvia ai seguenti contributi: Strober M., Morrell W., Burroughs J., Salkin B., Jacobs C., *A controlled family study of anorexia nervosa*, "Journal of Psychiatric Research", 19, 2-3, 1985, pp. 239-246; Friedlander M.L., Siegel S.M., *Separation-individuation difficulties and cognitive-behavioral indicators of eating disorders among college women*, "Journal of Counseling Psychology", 37, 1990, pp. 74-78;

3.2.3 La struttura delle famiglie nella bulimia

Mentre gli studi specialistici sulla famiglia di pazienti anoressici sono molto numerosi, quelli sui nuclei familiari di soggetti bulimici sono numericamente minori, anche se i risultati ottenuti appaiono di notevole interesse[83]. Questo dato è stato spiegato chiamando in causa diversi fattori, tra i quali: la bulimia è stata posta all'attenzione dei clinici e dei terapeuti solo recentemente; le bulimiche tendono a celare alla famiglia e al mondo esterno il proprio

---

Steiger H., Liquornick K., Chapman J., Hussain N., *Personality and family disturbances in eating disorder patients: Comparison of "restricters" and "bingers" to normal controls*, "International Journal of Eating Disorders", 10, 1991, pp. 501-512; Pantano M., Dalle Grave R., Oliosi M., Bartocci C., Todisco P., Marchi S., *Family Backgrounds and Eating Disorders*, "Psychopathology", 30, 1997, pp. 163-169; Woodside D.B., Field L.L., Garfinkel P.E., Heinmaa M., *Specificity of eating disorders diagnoses in families of probands with anorexia nervosa and bulimia nervosa*, "Comprehensive Psychiatry", 39, 5, 1998, pp. 261-264; Lilenfeld L.R., Kaye W.H., Greeno C.G., Merikangas K.R., Plotnicov K., Pollice C., Rao R., Strober M., Bulik C.M., Nagy L., *A controlled family study of anorexia nervosa and bulimia nervosa: psychiatric disorders in first-degree relatives and effects of proband comorbidity*, "Archive of General Psychiatry", 55, 7, 1998, pp. 603-610; Strober M., Freeman R., Lampert C., Diamond J., Kaye W., *Controlled family study of anorexia nervosa and bulimia nervosa: evidence of shared liability and transmission of partial syndromes*, "The American Journal of Psychiatry", 157, 3, 2000, pp. 393-401.

83. Schawartz R.C., Barrett M.J., Saba G., *Family therapy for bulimia*, in: Garner D.M., Garfinkel P.E. (Eds.), *Handbook for the psychotherapy of Anorexia Nervosa and Bulimia*, "Guilford Press", New York, 1985, pp. 280-310; Root M.P.P., Fallon P., Friedrich W.N., *Bulimia: a systems approach to treatment*, Norton, New York, 1986; Vandereycken W., Kog E., Vanderlinden J., *The Family Approach of Eating Disorders: Assessment and Treatment of Anorexia Nervosa and Bulimia*, Pma Publishing Corporation, New York/Costa Mesa, 1989; Vandereycken W., Vanderlinden J., *The place of family therapy in the treatment of chronic eating disorders*, "Journal of Strategic and Systemic Therapy", 8, 1989, pp. 18-23; Waller G., Calam R., Slade P., *Eating disorders and family interaction*, "British Journal of Clinical Psychology", 28, 3, 1989, pp. 285-286.

comportamento, sebbene sia spesso causa di forti sensi di vergogna e/o di colpa; le pazienti bulimiche hanno un'età media (dai venti ai venticinque anni) superiore rispetto a quella delle anoressiche, per cui molte di loro vivono ormai per proprio conto e sembrano non essere più parte della famiglia d'origine[84].

Datto atto, comunque, che anche l'ambito familiare dei soggetti bulimici è diventato con il tempo oggetto di ricerca[85], esso sembra diverso da quello dei pazienti anoressici. In proposito, infatti, sono stati evidenziati tanto una maggior frequenza di antecedenti psichiatrici familiari (alcolismo, depressione materna, suicidio, tossicodipendenza, etc.), quanto un maggior grado di confusività comunicativa, impulsività ed aperta ostilità. Inoltre, sono stati riconosciuti sia nuclei molto uniti, nei quali la coesione del legame spesso maschera forti tensioni (il profilo è molto simile a quello delle famiglie "invischiate" delle anoressiche), sia assetti familiari connotati da frammentazione, con frequenti manifestazioni di violenta separazione genitoriale e correlati vissuti di natura abbandonica[86]. La maggior parte di queste famiglie sono state definite come "caotiche" e "non strutturate", perché in esse mancano confini, regole e accordi; le tensioni e i conflit-

---

84. Vanderlinden J., Norre J., Vandereycken W., *A practical guide to the treatment of bulimia nervosa*, Brunner, Mazel, New York, 1992.

85. Waller G., *Bulimic women's perceptions of interaction within their families*, "Psychological Reports", 74, 1, 1994, pp. 27-32; Ratti L.A., Humphrey L.L., Lyons J.S., *Structural analysis of families with a polydrug-dependent, bulimic, or normal adolescent daughter*, "Journal of Consulting and Clinical Psychology", 64, 6, 1996, pp. 1255-1262; Stasch M., Reich G., *Interpersonal relation pattern in families with a bulimic member - interaction analysis*, "Praxis der Kinderpsychologie und Kinderpsychiatrie", 49, 3, 2000, pp. 157-175.

86. Vanderlinden J., Norré J., Vandereycken W., *Bulimia nervosa. Guida pratica al trattamento*, Astrolabio, Roma, 1995; Marcelli D., Braconnier A., *Adolescenza e psicopatologia*, Masson, Milano, 1999.

ti non vengono discussi direttamente o apertamente e così rimangono irrisolti. Le storie familiari sono spesso caratterizzate da abuso di sostanze e/o disturbi dell'umore nei genitori e vittimizzazione della paziente (violenza fisica e/o abuso sessuale). Malgrado le tensioni e i conflitti però i membri della famiglia sono spesso legati uno all'altro da forti vincoli di lealtà. Di fronte al caos della famiglia spesso la bulimia sembra assumere il significato di una richiesta di aiuto e di un tentativo di separarsi dal contesto familiare. Al riguardo, in questo ambiente disimpegnato, confusivo, altamente conflittuale e trascurante, sono stati descritti modelli di comunicazione indiretti e contraddittori, nei quali mancano abilità di *problem-solving* ed attività intellettuali-ricreative, nonostante il forte orientamento al successo; caratteristiche queste che provocano generalmente insicurezza ed ansia nei figli[87].

Al fianco di questi nuclei caotici e disorganizzati, è stato descritto anche un piccolo gruppo di famiglie che si presentano come "famiglie modello", cioè "chiuse", in quanto caratterizzate da scarsi contatti con il mondo esterno, da una forte protezione genitoriale (soprattutto della madre) verso la figlia, nonché dall'assenza o dalla posizione periferica del padre. All'interno di questi nuclei esistono regole rigide e l'aspettativa che i figli raggiungano risultati grandiosi, a volte corrispondenti a quelle aspirazioni che il padre non ha potuto realizzare. La tensione è scarsamente tollerata e i conflitti non possono essere affrontati e discussi, ma vengono o negati, o nascosti, per difendere il mito familiare, cioè l'essere una famiglia "ideale", o "modello". La bulimia, in questi casi, appare come una modalità per ribellarsi al sistema familiare, ma non al punto da venirne esclusi.

---

87. Johnson C., Connors M.E., *The Etiology and Treatment of Bulimia Nervosa: Biopsychosocial Perspective*, Basic Books, New York, 1987.

Infine, atteso altresì che i genitori di pazienti bulimici avrebbero a loro volta subito gravi traumi durante l'infanzia o l'adolescenza (es. morti premature, vittimizzazioni da trascuratezza affettiva, incesto, abusi sessuali), in alcuni casi è indagata l'influenza che i rapporti madre-figlia avrebbero sull'insorgere della bulimia: infatti, partendo dal presupposto che la società attuale (specie quella nordamericana) induce psicologicamente la donna a raggiungere un peso ed una dimensione corporea scarsamente realistici e, spesso, patogeni, ci si è chiesti: fino a che punto madre e figlia, entrambe donne, condividano un comune atteggiamento verso il peso e le diete; quanto la madre costituisca per la figlia un modello da imitare; quali pressioni esercitino le madri sulle figlie affinché raggiungano il modello culturale vigente di snellezza e d'attrazione, modello che, magari, a loro è stato negato. Si è giunti alla conclusione che i comportamenti alimentari perturbati sarebbero statisticamente più frequenti tra le madri delle ragazze sofferenti anch'esse di DCA[88].

Pertanto, in base alle attuali conoscenze[89], la presenza di una bulimia in un determinato contesto familiare può assumere diversi significati: agire da "parafulmine" per gravi difficoltà coniugali, o per un dolore inespresso all'interno della famiglia; segnalare che alla paziente è stato attribuito un ruolo genitoriale incongruo, caso frequente nelle famiglie mono-parentali; esprimere il forte desiderio di autonomizzarsi, o, viceversa, la paura di rendersi indipendente dai genitori; segnalare un grave trauma subito all'interno della famiglia (incesto, aggressione, etc.); esprimere la paura dell'intimità e del contatto sessuale.

---

88 Razzoli G., *La bulimia nervosa. Definizione, sintomatologia, trattamento*, Sonzogno, Milano 1995.

89. Vanderlinden J., Norré J., Vandereycken W., *Bulimia nervosa. Guida pratica al trattamento*, Astrolabio, Roma, 1995.

4. Fattori situazionali

Parlare di "fattori situazionali" significa fare riferimento a quegli aspetti inerenti la situazione nella quale un soggetto si trova ad agire, aspetti distinti, ma sempre in rapporto dialettico, con quelli riguardanti la persona stessa, definiti "fattori disposizionali". In altri termini, la "situazione" è costituita da quel "mutevole complesso dei rapporti nei quali l'uomo viene a trovarsi, ad essere situato: in relazione agli altri, alle condizioni ambientali e a se stesso"[90], talchè "essere in situazione" equivale ad "esistere", cioè a vivere un'esistenza orientata ad una progettualità basata sulla possibilità[91]. Un fattore c.d. situazionale, quindi, è ciò che attiene alla sfera delle

---

90. Ballerini A., *Evento, situazione, reazione all'avvenimento, psicopatologia fenomenologia*, Giornale Italiano di Psicopatologia, 9, 2, 2003, pp. 119-124.

91. Relativamente alla dimensione dell'"essere in situazione", si richiama il concetto heideggeriano di *Befindlichkeit* (equivalente all'agostiniana *affectio*), come quel "sentirsi situati", cioè "lo stare in una certa disposizione emotiva" che è "costitutivo dell'esserci", dato che la situazione affettiva (*Befindlichkeit*), l'essere-gettato (*Geworfenheit*), il discorso (*Rede*), la deiezione (*Verfallenheit*), l'essere-per-la-morte (*Sein zum Tode*), la coscienza (*Gewissen*) e la storicità (*Geschichtlichkeit*) sono i modi di essere dell'uomo – che Heidegger chiama "esistenziali" (*Existenzialen*) – (cfr. Heidegger M., Segnavia, Adelphi, Milano, 1987; Heidegger M., *Il concetto di tempo*, Adelphi, Milano, 1998; Heidegger M., *Essere e Tempo*, Mondadori, Milano, 2006); dal punto di vista psicologico, la c.d. psicologica esistenziale-umanistica – quale movimento che comprende tutti quegli indirizzi che si pongono in alternativa alla psicoanalisi classica e al comportamentismo, al punto da essere definito «la Terza Forza» della psicologia - fa coincidere l'esistenza con l'essere-in-situazione, perché l'uomo è un "poter essere", nel senso che l'uomo "esiste" - nel senso di *ex-sistere*, star fuori, oltrepassare incessantemente la realtà – perché è sempre in una situazione che si orienta nella direzione della possibilità; in altre parole, l'essere umano è colui che trascende se stesso in un progetto che si declina in un universo di significati (cfr. Frankl V.E., *Logoterapia e analisi esistenziale*, Morcelliana, Brescia, 1953; May R., *Psicologia esistenziale*, Astrolabio, Roma, 1970; Assagioli R., *Principi e metodi della Psicosintesi Terapeutica*, Astrolabio, Roma, 1973; Boss M., *Von der Psychoanalyse zur Daseinsanalyse. Wege zu einem neuen Selbstverständnis*, Baulino Verlag, Waldshut-Tiengen, 1985; Becker G., *Philosophische Probleme der Daseinsanalyse von Medard Boss*

possibilità che sono alla portata dell'individuo, perché sono parte integrante del contesto nel quale egli si trova, ed è un fattore che si pone dialetticamente in interazione con altri fattori c.d. disposizionali, cioè con le sue inclinazioni[92].
Nel caso dei DCA, è corretto assumere tra i fattori c.d. situazionali le esperienze di abuso sessuale, specialmente se si verificano in età infantile, onde approfondirne l'effetto concausale. Infatti, se il rapporto tra esperienza traumatica e disturbo mentale è stato ampiamente indagato e discusso[93], in tale ottica, sono stati compiu-

---

und ihre praktische Anwendung, Tectum Verlag, Marburg, 1996; Holzhey-Kunz A., *Leiden am Dasein*, Passagen Verlag, Wien, 2001; Urte P., *Medard Boss und die Daseinsanalyse - ein Dialog zwischen Medizin und Philosophie im 20. Jahrhundert. Mit einer Bibliographie der Schriften von Medard Boss von Urte Paulat*, Tectum Verlag, Marburg, 2001; Riedel M., Seubert H., Padrutt H., *Zwischen Philosophie, Medizin und Psychologie. Heidegger im Dialog mit Medard Boss*, Böhlau, Köln, 2003; Fizzotti E., (a cura di), *Nuovi orizzonti di ben-essere esistenziale. Il contributo della logoterapia di V.E.Frankl*, LAS, Roma, 2005; Strasser S., *Clefts in the World: And Other Essays on Levinas, Merleau-Ponty & Buytendijk*, Simon Silverman Phenomenology Center Duquesne - Gumberg Library, Pittsburgh, 2006; Längle A., Holzhey-Kunz A., *Existenzanalyse und Daseinsanalyse. Reihe Psychotherapie: Ansätze und Akzente 3*, UTB, Stuttgart, 2007).
92. In ambito psico-sociale, è stata evidenziata, nel processo di attribuzione sotteso alle spiegazioni causali, la tendenza a sovrastimare il peso di fattori disposizionali e a sottostimare il peso di fattori situazionali (cfr. Zamperini A., Testoni I., *Psicologia sociale*, Einaudi, Torino, 2002; Palmonari A., Cavazza N., Rubini M., *Psicologia sociale*, Il Mulino, Bologna, 2002; Mantovani G. (a cura di), *Manuale di psicologia sociale*, Giunti Editore, Firenze, 2003; Smith E.R., Mackie D.M., *Psicologia sociale*, Zanichelli, Bologna, 2004; Aronson E., Wilson T.D., Akert R.M., *Psicologia sociale*, Il Mulino, Bologna, 2006).
93. La letteratura sull'argomento è vastissima; a scopo esemplificativo, si segnalano: Herman J.L., Russel D., Trocki K., *Long-term effects of incestuous abuse in childhood*, "American Journal of Psychiatry", 143, 1986, pp. 1293-1296; Bryer J.B., Nelson B., Miller J., Krol P., *Childhood sexual and physical abuse as factors in adult psychiatric illness*, "American Journal of Psychiatry", 144, 1987, pp. 1426-1430; Briere J, Zaidi L., *Sexual abuse histories and sequelae in female psychiatric emergency*

ti moltissimi studi anche sui rapporti tra vittimizzazione di natura sessuale e disturbi della condotta alimentare, per evidenziare appunto la valenza comunque patogenetica del trauma di tipo sessuale, in ambito sia intra- che extra-familiare[94].

---

room patients, "American Journal of Psychiatry", 146, 1989, pp. 1602-1606; Pribor E.F., Dinwiddie S.H., *Psychiatric correlates of incest in childhood*, "American Journal of Psychiatry", 149, 1992, pp. 52-56; Petrella F., *Traumi psichici. Il trauma infantile nella prospettiva dell'adulto*, Gli Argonauti, 60, 1994, pp. 31-41; Migone P., *Trauma reale e fantasie: considerazioni su alcuni sviluppi della psicoanalisi contemporanea*, Gli Argonauti, 60, 1994, pp. 61-74; McCauley J., Kern D.E., Kolonder K., Dill L., *Clinical characteristics of women with a history of childhood abuse; unhealed wounds*, "The Journal of the American Medical Association", 277, 1997, pp. 1362-1368; Berti A., Ghio L., Lavagna L., *Sexual abuse syndrome: conseguenze psicopatologiche dell'abuso sessuale*, "Giornale Italiano di Psicopatologia", 5, 2, 1999, pp. 111-122; Bowen K., *Child abuse and domestic violence in families of children seen for suspected sexual abuse*, "Clinical Pediatrics", 39, 2000, pp. 33-40; Molnar B.E., Buka S.L., Lessler R.C., *Child sexual abuse and subsequent psychopathology: results from the National Comorbidity Survey*, "American Journal of Public Health", 91, 2001, pp. 753-760; Leserman J., *Sexual abuse history: prevalence, health effects, mediators, and psychological treatment*, "Psychosomatic Medicine", 67, 6, 2005, pp. 906-915; Maniglio R., *The impact of child sexual abuse on health: a systematic review of reviews*, "Clinical Psychology Review", 29, 7, 2009, pp. 647-657.

94. Kinzl J.F., Traweger C., Guenther V., Biebl W., *Family Background and Sexual Abuse Associated With Eating Disorders*, "American Journal of Psychiatry", 151, 1994, pp. 1127-1131; Striegel-Moore R.H., Dohm F.A., Pike K.M., Wilfley D.E., Fairburn C.G., *Abuse, bullying and discrimination as risk factors for binge eating disorder*, "American Journal of Psychiatry", 159, 11, 2002, pp. 1902-1907; Molinari E., Selvini M., Lenzini F., *Sexual abuse and eating disorders: clinical cases*, "Eating and Weight Disorders", 8, 4, 2003, pp. 253-262; Ackard D.M., Neumark-Sztainer D., *Multiple sexual victimizations among adolescent boys and girls: prevalence and associations with eating behaviors and psychological health*, "Journal of Child Sexual Abuse", 12, 1, 2003, pp. 17-37; Elal G., Sabol E., Slade P., *Abnormal eating attitudes and sexual abuse experiences in Turkish university women*, "Eating and Weight Disorders", 9, 3, 2004, pp. 170-178; Rayworth B.B., Wise L.A, Harlow B.L., *Childhood abuse and risk of eating disorders in women*, "Epidemiology", 15, 3, 2004, pp. 271-278; Rome E.S., *Eating disorders: uncovering a history of childhood*

Sebbene alcuni AA. abbiano affermato, a più riprese, che l'abuso sessuale e, forse, quello fisico, avvenuti nell'infanzia, possano agire come fattori predisponesti dei DCA nelle donne, secondo altri esisterebbero poche dimostrazioni empiriche a sostegno di questa tesi[95]. Infatti, da un lato, una revisione della letteratura relativa alla presenza di un abuso sessuale infantile nelle anamnesi di pazienti con bulimia nervosa, confrontate con donne non affette da DCA, ha permesso di sostenere che non ci sono basi empiriche per asserire che una storia di abuso sessuale costituisca uno specifico fatto-

---

uncovering a history of childhood abuse?, "Epidemiology", 15, 3, 2004, pp. 262-263; van Gerko K., Hughes M.L., Hamill M., Waller G., *Reported childhood sexual abuse and eating-disordered cognitions and behaviors*, "Child Abuse & Neglect", 29, 4, 2005, pp. 375-382; Preti A., Incani E., Camboni M.V., Petretto D.R., Masala C., *Sexual abuse and eating disorder symptoms: the mediator role of bodily dissatisfaction*, "Comprehensive Psychiatry", 47, 6, 2006, pp. 475-481; Fosse G.K., Holen A., *Childhood maltreatment in adult female psychiatric outpatients with eating disorders*, "Eating Behaviors", 7, 4, 2006, pp. 404-409; Hund A.R., Espelage D.L., *Childhood emotional abuse and disordered eating among undergraduate females: mediating influence of alexithymia and distress*, "Child Abuse & Neglect", 30, 4, 2006, pp. 393-407; Carter J.C., Bewell C., Blackmore E., Woodside D.B., *The impact of childhood sexual abuse in anorexia nervosa*, "Child Abuse & Neglect", 30, 3, 2006, pp. 257-269; Brewerton T.D., *Eating disorders, trauma, and comorbidity: focus on PTSD*, "Eating Disorders", 15, 4, 2007, pp. 285-304; Feldman M.B., Meyer I.H., *Childhood abuse and eating disorders in gay and bisexual men*, "International Journal of Eating Disorders", 40, 5, 2007, pp. 418-423; Wonderlich S.A., Rosenfeldt S., Crosby R.D., Mitchell J.E., Engel S.G., Smyth J., Miltenberger R., *The effects of childhood trauma on daily mood lability and comorbid psychopathology in bulimia nervosa*, "Journal of Traumatic Stress", 20, 1, 2007, pp. 77-87; Corstorphine E., Waller G., Lawson R., Ganis C., *Trauma and multi-impulsivity in the eating disorders*, "Eating Behaviors", 8, 1, 2007, pp. 23-30.

95. Goldfarb L.A., *Sexual abuse antecedent to anorexia nervosa, bulimia and compulsive overeating: three case reports*, "International Journal of Eating Disorders", 6, 1987, pp. 675-680; Schmidt U., Humfress H., Treasure J., *The role of general family environment and sexual and physical abuse in the origins of eating disorders*, "European Eating Disorders Review", 5, 3, 1998, pp. 184-207.

re di rischio per lo sviluppo di questo disturbo alimentare, nonché di dare maggiore attenzione ad altre forme di abuso nell'infanzia, quale l'abuso psicologico[96]; dall'altro, però, è stato dimostrato come molte donne interpretino il proprio disturbo alimentare come una risposta che, direttamente o indirettamente, è pur sempre in relazione al trauma di un abuso infantile[97]. Infatti, se l'anoressia nervosa è stata intesa o come un modo per evitare contatti sessuali, o come un metodo per dimostrare il disgusto e la repulsione per il responsabile dell'abuso, la bulimia è stata descritta da chi ne è affetto come un'espressione diretta della rabbia contro l'aggressore, inflitta a se stesse come forma di punizione; in tal modo, i sintomi divengono una strategia mirata a reprimere la colpa, l'odio verso di sé e la sensazione di incapacità, nonché un modo per sentirsi sessualmente non attraenti; in questa prospettiva, anche il *Binge Eating Disorder* rappresenterebbe un mezzo per proteggersi contro possibili nuovi abusi, un'espressione di disgusto per se stesse e una manifestazione dell'ansia associata all'abuso. In tal senso, sia il trauma sessuale, sia le conseguenze negative del medesimo sullo sviluppo psichico del minore sarebbero condizioni predisponenti per la formazione di molte condizioni psicopatologiche, compresi i DCA.

In materia, i risultati delle molteplici ricerche restano comunque discordanti, dato questo che è stato ascritto[98] a diversi fattori di ordine metodologico, quali:

1. *eterogeneità dei disturbi del comportamento alimentare* (i campioni di pazienti possono variare considerevolmente riguardo alle caratte-

---

96. Pope G., Hudson J.I., *Is childood sexual abuse a risk factor for bulimia nervosa?*, "American Journal of Psychiatry", 149, 1992, pp. 455-463.

97. Rorty M., Yager Y., *Speculations on the role of childhood abuse in the development of eating disord among women*, "International Journal of Eating Disorders", 1, 1993, pp. 199-210.

98. Vandereycken W., Vanderlinden J., *Le origini traumatiche dei disturbi alimentari*, Astrolabio, Roma, 1998.

ristiche cliniche, cioè per tipo e gravità del disturbo del comportamento alimentare, età dell'insorgenza e durata del disturbo, comorbilità; i diversi risultati fanno pensare chiaramente che la violenza sessuale possa essere correlata ad alti livelli di comorbilità, in particolare a disturbi dell'umore, dell'ansia, della personalità - specialmente borderline - e a disturbi dissociativi);

2. *definizione del concetto di trauma e / o di violenza sessuale* (alcuni studi riportano solamente quelle esperienze di violenza sessuale cronologicamente antecedenti l'insorgenza del disturbo alimentare e quando l'aggressore era più vecchio della vittima di almeno cinque anni, altri si occupano soltanto della violenza sessuale subita genericamente nell'infanzia, altri ancora contemplano anche esperienze traumatiche più recenti con coetanei durante l'età adolescenziale o adulta);

3. *gravità della violenza* (un fattore molto importante, anche se assai complesso, che non è stato valutato nella maggior parte degli studi, è rappresentato dalla gravità e dalla durata della violenza; alcune ricerche mettono in luce una correlazione tra il grado di psicopatologia sviluppata in età adulta e la gravità della violenza sessuale; per gravità della violenza, si intende, per esempio, i casi in cui questa è iniziata prima dei cinque anni, oppure era combinata con percosse o maltrattamenti fisici, oppure è stata commessa da più persone che erano parenti della vittima; d'altra parte, la valutazione della gravità resta un problema di difficile soluzione, in quanto riguarda principalmente l'esperienza soggettiva della vittima; si deve tener conto anche della risposta che la vittima percepisce quando tenta di rivelare a qualcuno l'evento traumatico, dato che una mancata reazione, o una risposta ostile, possono risultare traumatiche almeno quanto l'evento stesso);

4. *valutazione della violenza sessuale* (le caratteristiche personali del ricercatore – ad es., se è un uomo o una donna, oppure se è coinvolto o meno nella terapia – ed i metodi usati per raccogliere le informazioni possono influenzare i risultati; infatti, allo stato attuale

mancano di dati sufficienti per l'uso di uno specifico ed uniforme metodo di valutazione – ad es., se sia preferibile usare un questionario autodescrittivo, anziché un colloquio standardizzato –; inoltre, permangono sempre i problemi dell'alterazione della memoria e dell'induzione dei c.d. falsi ricordi[99], specialmente in questo tipo di pazienti, facilmente suggestionabili ed emotivamente labili).

---

99. Con la dizione di "sindrome dei falsi ricordi" si fa riferimento ad una condizione nella quale, in particolari situazioni (come, ad es., durante una psicoterapia ipnotica, ma non solo), vengono più o meno involontariamente suggeriti al soggetto ricordi di eventi mai verificatisi, ricordi che entrano a far parte integrante e stabile del bagaglio delle memorie individuali e che sono poi rivissute come eventi realmente accaduti da chi è di per sé già vulnerabile e, perciò, in qualche misura, predisposto a recepirli come tali; la bibliografia, sul punto, è molto estesa; in questa sede, si segnalano i seguenti contributi: Gudjonsson G.H., *Suggestibility, intelligence, memory recall and personality: an experimental study*, "British Journal of Psychiatry", 142, 1983, pp. 35-37; Gudjonsson G.H., *A new scale of interrogative suggestibility scale*, "Personality and Individual Differences", 5, 1984, pp. 303-314; Gudjonsson G.H., *The relationship between memory and suggestibility*, "Social Behavior", 2, 1987, pp. 29-33; Gudjonsson G.H., *The relationship of intelligence and memory to interrogative suggestibility: the importance of range effects*, "British Journal of Clinical Psychology", 27, 1988, pp.185-187; Gudjonsson G.H., *The psychology of false confessions*, "Medico Legal Journal", 57, 1989, pp. 93-110; Goodman G.S., Hirschman J.E., Hepps D., Rudy L., *Children's memory for stressful events*, "Merrill-Palmer Quarterly", 37, 1991, pp. 109-158; Goodman G.S., Bottoms B.L., *Child victims, child witnesses: understanding and improving testimony*, "Guilford Press", New York, 1993; Banks W.P., Pezdek K., *The recovered memory / False memory debate*, "Consciousness and Cognition", 3, 1994, pp. 265-268; Goodman G.S., Quas J., *Trauma and memory: individual differences in children's recounting of a stressful experience*, in: Stein N.L., Brainerd C., Ornstein P.A., Tversky B. (Eds.), *Memory for Everyday and Emotional Events*, Lawrence Erlbaum Associates, Mahwah NJ, 1996, pp. 267-294; Goodman G.S., Quas J.A., Batterman-Faunce J.M., Riddlesberger M.M., Kuhn J., *Predictors of accurate and inaccurate memories of traumatic events experienced in childhood*, in: Pezdek K., Banks W.P. (Eds.), *The recovered memory/false memory debate*, Academic Press, San Diego, 1996, pp. 3-28; Gudjonsson G.H., *The Gudjonsson, Suggestibility Scales Manual*, Psychology Press, Hove, 1997.

In ogni caso, i clinici concordano attualmente sul fatto che un'esperienza d'abuso sessuale patita durante l'infanzia può essere importante per capire, in alcune donne, la complessa genesi dei loro disturbi alimentari[100]. Infatti, anche se è stata chiaramente dichiarata l'impossibilità di rinvenire un nesso causale diretto tra un abuso sessuale infantile e lo sviluppo di un disturbo alimentare psicogeno in età adolescenziale o giovanile-adulta[101], i dati delle ricerche esistenti sembrano avvalorare che la violenza sessuale e/o fisica di tipo grave, subita in epoca pre-evoluta o evolutiva, rappresenta un indicatore di particolare rischio per sviluppare successivi disturbi psichiatrici, compresi i DCA[102]. In quest'ottica, si può sostenere che un grave abuso sessuale e/o fisico nell'infanzia, o nella prima adolescenza, costituisce, quantomeno in certi casi, un serio fattore predisponente rispetto alla comparsa di disturbi psichiatrici, tra i quali è corretto collocare anche gli *eating disorders*.

---

100. Sloan G, Leichner P., *Is there a relationship between sexual abuse or incest and eating disorders?*, "Canadian Journal of Psychiatry", 31, 1986, pp. 656-660; Johnson J.G., Cohen P., Kasen S., Brook J.S., *Childhood Adversities Associated With Risk for Eating Disorders or Weight Problems During Adolescence or Early Adulthood*, "American Journal of Psychiatry", 159, 2002, pp. 394-400.
101. D'Andrea A., Cirillo A., Bollea E., *Abusi ed esperienze sessuali*, "Attualità in Psicologia", 1, 1998, pp. 27-39.
102. Woodside D.B., Shekter-Wolfson L.F., Brandes J.S., Lackstron J.B., *Eating Disorders and Marriage. The Couple in Focus*, Brunner/Mazel, New York, 1993; Vandereycken W., Vanderlinden J., *Le origini traumatiche dei disturbi alimentari*, Astrolabio, Roma, 1998; Pacifici M. P., *I disturbi del comportamento alimentare*, Giovanni Fioriti Editore, Roma, 2006.

Capitolo V

CARATTERISTICHE PERSONOLOGICHE

Cristiano Barbieri

1. *Introduzione*

Le caratteristiche psicologiche di soggetti che presentano un quadro clinico anoressico o bulimico sono ricollegabili alle modalità di funzionamento della loro struttura di personalità [1], osservate dopo l'insorgenza del corteo sintomatologico; il che rende assai difficile stabilire se questi sintomi si configurino come fattori di causazione o con-causazione, o di predisposizione, o di perpetuazione del disordine alimentare, oppure, più semplicemente, la conseguenza del comportamento anoressico o bulimico. Ciononostante, la loro individuazione pare indispensabile ai fini diagnostici, terapeutici e valutativi.

Le caratteristiche cognitive delle pazienti con DCA, sulle quali vi è unanime consenso scientifico, sono: un deteriore concetto di sé; un'incapacità a riconoscere e a distinguere le diverse emozioni; un'eccessiva preoccupazione per il peso e l'aspetto fisico. In dettaglio, si avanzano le seguenti considerazioni.

- *Deteriore concetto di sé*. Consiste in un deficit sia dell'autostima, che della consapevolezza di sé, deficit esplicitato dalle pazienti nei termini di sentirsi inadeguate nella maggior parte delle situazioni, essere estremamente critiche verso sé stesse e avere la tendenza a valutarsi in termini di *performance*. A questo si associa, quasi sempre, una profonda sfiducia nelle proprie esperienze interiori e un vissuto di incapacità a funzionare psichicamente, che portano in certi casi ad episodi di autolesionismo, attraverso comportamenti tra-

sgressivi (abuso di alcool e droghe) e/o di autolesionismo, in particolare attraverso tagli e ferite autoinferte[1].
- *Incapacità a riconoscere e distinguere le diverse emozioni.* Le pazienti non sanno dire "come" si sentono, oppure delegano ad altri – es. la madre, il partner, etc. – la valutazione delle proprie emozioni, o la riferita assenza di emozioni. A tutto questo, quasi sempre, si associa anche una certa difettualità nell'identificare le proprie sensazioni corporee e nel rispondervi, nonché una distorsione dell'immagine corporea, presente in molti soggetti, anche se le ricerche non sembrano confermare che questo dato rappresenti un fattore di rischio nell'insorgenza dei DCA[2]; infatti, la maggior parte delle adolescenti è soggetta ad una distorsione dell'immagine corporea, essendo altamente insoddisfatte del loro aspetto fisico e ritenendosi in sovrappeso. In effetti, le ricerche longitudinali hanno dimostrato che l'entità di tale insoddisfazione fisico-estetica non è, di per sé, un fattore predittivo di futuri disturbi, anche se tale caratteristica, nella fase acuta della malattia, costituisce un indice di prognosi particolarmente valido[3].

---

1. Sul tema, cfr. Davis C., Karvinen K., *Personality Characteristics and Intention to Self-Harm: A Study of Eating Disorders Patients*, "Eating Disorders", 10, 3, 2002, pp. 245-255. Dal confronto tra un gruppo di anoressiche ed uno di bulimiche, non si sono riscontrate significative differenze di frequenza nell'adottare comportamenti autolesionistici e coloro che mostravano intenzioni autolesionistiche avevano altresì tratti ossessivo-compulsivi e caratteristiche di personalità legate all'abuso di sostanze. Sulla relazione tra DCA e autolesionismo, cfr. Dalla Ragione L., *La casa delle bambine che non mangiano. Identità e nuovi disturbi del comportamento alimentare*, Il Pensiero Scientifico Editore, Roma, 2005; Vandereycken W., Vanderlinden J., *Le origini traumatiche dei disturbi alimentari*, Astrolabio, Roma, 1998.
2. Favaro G., Gigli G., Ferrara S., Santonastaso P., *Il disturbo dell'immagine corporea nei disturbi dell'alimentazione. Problemi clinici e metodologici*, Archivio di Psicologia, 57, 5-6, 1996, pp. 567-580.
3. Bruni R., *Body Image e disturbi del comportamento alimentare*, "Archivio di Psicologia Neurologia Psichiatria", LVI, 2-3, 1995, pp. 309-319.

- *Attribuzione di un valore eccessivo al peso e all'aspetto fisico*. Data la totale mancanza di autostima, la magrezza è considerata dalle pazienti come l'unico modo possibile per esercitare il proprio controllo sul mondo e, quindi, come l'unico mezzo per aumentare il proprio valore. Inoltre, le pazienti con DCA spesso reagiscono alla predetta carenza di autostima sviluppando eccessive *tendenze perfezionistiche* nei confronti di se stesse [11]: dato che sentono di non valere nulla, cercano di essere perfette in tutto quello che fanno e sviluppando una modalità di pensiero dicotomica, cioè del tipo «tutto o nulla» (ad esempio: «dato che ho mangiato un biscotto più del dovuto tanto vale che finisca tutta la scatola»)[4].

In ogni caso, tali caratteristiche si correlano ad un anomalo funzionamento cognitivo e precludono la possibilità di mantenere un adeguato senso di realtà, come dimostrato analizzando i tratti delle anoressiche e delle bulimiche.

2. La personalità dell'anoressica

L'anoressica è una ragazza caratterizzata da credenze stereotipate e pensieri convenzionali così accentuati da diventare disfunzionali: ad esempio, ritiene necessario un completo autocontrollo su di sé; crede che, per prendere una decisione, sia necessaria un'assoluta certezza; trae conclusioni basandosi unicamente su dettagli (la cosiddetta *astrazione selettiva*); ragiona per ipergeneralizzazione e usa la personalizzazione (come risulta da frasi tipo: «quando vedo qualcuno in sovrappeso penso di essere come lui»)[5].

Ella, inoltre, nega i propri bisogni fisiologici e le proprie sensazioni perché tale strategia assicura la sua sopravvivenza mentale,

---

4. Piccini F., *Anoressia, Bulimia, Binge Eating Disorders*, Centro Scientifico Editore, Torino, 2000.
5. Ficeto T., *La relazione padre-figlia nell'anoressia mentale*, Ma.Gi., Roma, 2001.

configurandosi come «condizione per la conservazione del proprio valore, della possibilità di essere amata, della propria integrità e identità»[6]. Dentro di sé, del resto, si sente mediocre e disprezzata dagli altri, per cui questo basso livello di autostima, occultato dietro ad una facciata di superiorità, viene compensato dalla sensazione di onnipotenza provocata dalla capacità di digiunare e di controllare la perdurante privazione del cibo[7]. L'anoressica, dunque, si affanna a nascondere la sua dipendenza dal giudizio altrui e, per la paura di perdere l'approvazione degli altri e, quindi, la stima che ha di sé, si limita a conformarsi alle aspettative di chi le è accanto, come i genitori, senza chiedere attenzione per sé e per le proprie opinioni ed i propri problemi.

A ciò si aggiunga il suo desiderio di realizzare mete piuttosto ambiziose nel lavoro e soprattutto nello studio; difatti, è spesso una studentessa modello, capace di raggiungere ottimi risultati scolastici, spinta in questo dal bisogno di essere perfetta ed ammirata, piuttosto che da un'adeguata e critica curiosità intellettuale.

Tuttavia, tale livello di perfezione non viene raggiunto nell'ambito delle relazioni interpersonali, il che la induce a diradare, o addirittura evitare, i rapporti umani[8]. Ambigua e diffidente nelle interazioni sociali e, per quanto desiderosa di fare amicizie, non sopporta le intrusioni nella sua vita privata, perchè teme di essere invasa. In tal modo, assunto un atteggiamento freddo e distaccato, si chiude in un crescente isolamento, che si aggrava man mano la malattia perdura. Non a caso, già nelle prime fasi della dieta, la maggior parte delle pazienti sembra perdere interesse per gli amici;

---

6. Brusset B., *L'anoressia mentale del bambino e dell'adolescente*, Borla, Roma, 1987.
7. Ficeto T., *La relazione padre-figlia nell'anoressia mentale*, Ma.Gi., Roma, 2001.
8. Dalle Grave R., *Anoressia nervosa: I fatti*, Positive press, Verona, 1996.

in alcuni casi, questa chiusura avviene successivamente, con il cronicizzarsi della malattia e l'intensificarsi del coinvolgimento nei rapporti familiari. L'anoressica, perciò, diviene col tempo una persona isolata: non frequenta più la scuola, non ha amici, rimane spesso a casa o, se esce, lo fa per bruciare calorie.

Anche la sua vita sentimentale è altrettanto deficitaria: in genere non ha alcun rapporto affettivo, oppure ha avuto storie brevi e insoddisfacenti. Le poche anoressiche che hanno avuto una relazione affettiva non sembrano molto motivate e coinvolte, per cui, in proposito, è stato osservato che "le relazioni affettive sono caratterizzate da una continua oscillazione tra indifferenza e iperprotettività, confusione e ambiguità, tra attaccamento e distacco affettivo"[9].

Si nota altresì un ritardo notevole rispetto alle fantasie ed alle esperienze sessuali, al punto che, per descrivere tale stato, è stata utilizzata l'espressione di "anestesia sessuale"[10]: l'anoressica è sostanzialmente infastidita dalla sessualità, per cui né è attratta da partner eterosessuali, né manifesta quelle curiosità che possono dirsi pressoché fisiologiche in fase evolutiva. I mutamenti fisici e l'interesse sessuale riconducibili all'avvento dell'adolescenza, rimettendo in discussione la sicurezza, l'autocontrollo e la padronanza delle proprie emozioni, vengono rigidamente controllati ricorrendo a meccanismi difensivi come l'ascetismo e l'intellettualizzazione, perché consentono di negare gli istinti e i desideri legati alla sfera sessuale, cioè quella femminilità legata all'identità di genere. La paura di affrontare la sessualità, del resto, conduce la paziente a non sviluppare tale fondamentale dimensione psichica e

---

9. Ficeto T., *La relazione padre-figlia nell'anoressia mentale*, Ma.Gi., Roma, 2001.
10. Froggio G., *Mangiare. Libertà o schiavitù? I disturbi alimentari psicogeni: anoressia, bulimia, obesità*, Edizioni San Paolo, Cinisello Balsamo, 1997.

a rifiutare appunto gli attributi somatici che contraddistinguono l'identità sessuale sul piano biologico[11].

Infine, anche le modalità di comunicazione appaiono inficiate, in quanto caratterizzate da imprecisione e da vaghezza, perché il soggetto tende a nascondere, o a non definire mai con esattezza, i propri sentimenti e le proprie emozioni. Non a caso, il vuoto interiore, la desolazione affettiva e la solitudine pervadono l'anoressica, mentre ella si ostina ad aggrapparsi alla sua magrezza e a non lasciare emergere i suoi problemi.

D'altra parte, gli studi sulla personalità delle pazienti anoressiche non si sono limitati a descriverne le caratteristiche generali, ma hanno fornito anche delle tassonomie dei diversi tipi personologici.

2.1. *Classificazione dei tratti di personalità secondo Selvini Palazzoli*

È stato osservato[12] che le pazienti anoressiche non hanno un'organizzazione di personalità omogenea, ma presentano diversi tipi di personalità, che si strutturano intorno al nucleo profondo proprio di tutte le anoressiche, costituito dal "sentire un difetto in se stessa"[13]. Tale sentimento provoca un'angoscia di base, alla quale le varie personalità delle anoressiche rispondono attraverso un'analoga profonda, difesa con il digiuno e la dieta.

Facendo riferimento alla classificazione nosografia dei disordini di personalità prevista dal D.S.M., è stato rilevato che alcuni fondamentali tratti delle personalità delle anoressiche sono riconducibili a quattro diversi disturbi: quello dipendente, quello borderline,

---

11. Balakrishna J., Crisp A.H., *A pilot programme of sex education for inpatients with anorexia nervosa*, "European Eating Disorders Revue", 6, 1998, pp. 136-142.

12. Selvini Palazzoli M., Cirillo S.M., Selvini M., Sorrentino A.M., *Ragazze anoressiche e bulimiche. La terapia familiare*, Raffaello Cortina Editore, Milano, 1998.

13. Selvini Palazzoli M., *L'anoressia mentale. Nuova edizione*, Raffaello Cortina Editore, Milano, 2006.

quello ossessivo-compulsivo e quello narcisista; in tal modo, sono state descritte quattro diverse tipologie di personalità[14]:

1. il tipo *dipendente*: riguarda quasi esclusivamente anoressiche restrittive; subordina i propri bisogni a quelli dell'altro; nell'infanzia o nell'adolescenza è prevalso un attaccamento eccessivo alla madre, o ad altre figure di riferimento, tipico della bambina troppo buona; il digiuno e il controllo rappresentano una modalità per affermare la propria indipendenza di giudizio circa se stessa, il proprio corpo e le proprie scelte;

2. il tipo *borderline*: concerne quasi solamente anoressiche bulimiche, le uniche a connotarsi con una certa frequenza per un ruolo sessuale seduttivo, forse ricollegabile alla componente istrionica della patologia marginale; fondano la loro crescita sull'investimento paterno, avendo perso fiducia nella figura materna per il rapporto di attaccamento ambivalente con essa; tra queste, frequenti sono l'abuso di sostanze, la promiscuità, il furto e alcune condotte autolesionistiche, nonché una costante ricerca di eccitazione contro la depressione e la presenza di impulsi autodistruttivi;

---

14. Queste diverse tipologie personologiche rappresentano modalità diversificate di elaborare quei traumi infantili rappresentati da bisogni insoddisfatti e si dispongono lungo un continuum difensivo che va dalla c.d. polarità borderline, definibile anche depressivo-dipendente, nella quale avviene l'interiorizzazione di un atteggiamento negativo verso il Sé (che deriva da un attaccamento ansioso-ambivalente e che spinge ad accattivarsi l'altro), a quella c.d. narcisistica (che raggiunge anche gli estremi della paranoia e dell'autismo), nella quale sono privilegiati la ricerca del successo, del potere, dell'immagine, a scapito degli affetti e dei sentimenti. Tra questi due estremi, esistono molte sfumature e molte posizioni intermedie, che mescolano e alternano le due fondamentali posizioni difensive (cfr. Selvini Palazzoli M., Cirillo S.M., Selvini M., Sorrentino A.M., *Ragazze anoressiche e bulimiche. La terapia familiare*, Raffaello Cortina Editore, Milano, 1998).

3. il tipo *ossessivo-compulsivo*[15]: attiene, per lo più, ad anoressiche di tipo restrittivo, o comunque in grado di controllare notevolmente la propria alimentazione; sono ragazze che hanno ricevuto una cura genitoriale formalmente irreprensibile, che si applicano con dedizione allo studio e al lavoro, ma la cui autostima non viene supportata dai successi, anche se prestigiosi; nel complesso, vivono nella solitudine e nell'isolamento[16];
4. il tipo *narcisista*: comprende sia le anoressiche restrittive, sia quelle bulimiche provenienti da un esordio restrittivo; spesso sono figlie uniche, con un ruolo sessuale improntato a rigidità ed infantilismo ed una vita sociale contrassegnata da isolamento; appaiono egocentriche, megalomani, intolleranti alla critica e all'insuccesso, con grosse difficoltà a riconoscere il disturbo di cui soffrono; talora, manifestano tratti paranoidi che inducono scarsi scambi con il mondo extrafamiliare e chiusura all'intimità nel rapporto con il partner; nei confronti dei genitori assumono spesso atteggiamenti di superiorità fino al disprezzo[17].

---

15. Sebbene tutte le anoressiche presentino tratti ossessivi, in quanto il digiuno genera regolarmente un pensiero fisso e ripetitivo sul tema alimentare, come anche la presenza di temi dismorfobici (es. la paura di ingrassare), questo tipo di personalità manifesta queste caratteristiche in forma più marcata, riproducendo in parte le componenti del disturbo di personalità ossessivo-compulsivo.

16. Cfr. sul tema: The Price Foundation Collaborative Group, *Deriving behavioural phenotypes in an international multi-centre study of eating disorders*, "Psychological Medicine", 31, 2001, pp. 635-645. In questo studio, del resto, si confermano alti livelli di tratti di ansietà, autolesionismo, perfezionismo e comportamenti ossessivo-compulsivi e bassi livelli di autonomia particolarmente nelle pazienti con anoressia di tipo restrittivo.

17. Selvini Palazzoli M., Cirillo S.M., Selvini M., Sorrentino A.M., *Ragazze anoressiche e bulimiche. La terapia familiare*, Raffaello Cortina Editore, Milano, 1998.

2.2. *Classificazione dei tratti di personalità secondo Montecchi*
Gli studi a lungo termine hanno altresì dimostrato come l'anoressia mentale sorta nell'adolescenza evolverebbe spesso verso disturbi quali: disturbi somatoformi, disturbo ossessivo-compulsivo, depressione maggiore, forme schizofreniche, etc.[18]. La valutazione delle caratteristiche psicopatologiche dei pazienti ha permesso di classificare diversi tipi di personalità:
1. il tipo *fobico-ossessivo*, nel quale l'ideazione è incentrata su quanto e cosa mangiare, sul conteggio delle calorie, sul peso e sulla forma corporea, nonché sui rituali che accompagnano tali pensieri; a livello sociale, il tipo fobico-ossessivo è molto isolato, si applica con dedizione allo studio e al lavoro; a livello familiare, il suo attaccamento genitoriale è di tipo evitante, compensato da fasi di attaccamento più sicuro; di solito, conserva una parziale capacità critica verso le figure parentali, oscillando tra accondiscendenza e aggressività, che compare però soltanto se vengono turbati i suoi rituali;
2. il tipo *somatoforme*, nel quale l'esordio della patologia è caratterizzato da episodi di soffocamento nell'ingestione del cibo, che, verso l'ambiente esterno, assumono sia una forte valenza comunicativa, che un pregnante richiamo affettivo;
3. il tipo *depressivo*, il quale prova sentimenti di insicurezza, inefficacia e sensi di colpa, i quali privano il soggetto del piacere del cibo, considerato come modalità collusiva con quegli stimoli corporei responsabili poi di pesanti sensi di colpa;

---

18. Cfr. in proposito: Montecchi F., Tortolani D., *Trattamento combinato di terapia familiare ed individuale con il gioco della sabbia in alcuni casi di anoressia mentale*, in: Montecchi F. (a cura di), *La psicoterapia infantile junghiana*, Il Pensiero Scientifico Editore, Roma, 1984. Montecchi F., *Anoressia mentale dell'adolescenza. Rilevamento e trattamento medico-psicologico integrato*, Franco Angeli, Milano, 1994; Montecchi F. (a cura di), *Anoressia mentale dell'adolescenza. Modelli teorici, diagnostici e terapeutici*, Franco Angeli, Milano, 1998.

4. il tipo *psicotico,* che vive il cibo come oggetto persecutorio trasformante, al punto che l'ideazione di questi soggetti presenta elementi comuni al delirio di influenzamento, o di danneggiamento; inoltre, si sono registrati casi in cui al cibo si correla anche lo sdoppiamento della propria voce, la quale assume connotazioni imperative, perché l'assunzione degli alimenti viene proibita da una sorta di voce interiore.

3. La personalità della bulimica
Gli studi sull'argomento[19] hanno evidenziato due caratteristiche della c.d. personalità bulimica:
– una forte instabilità affettiva (fluttuazioni dell'umore, impulsività, intolleranza alle frustrazioni, forte ansietà);
– una carenza di autostima che genera sensazioni di inadeguatezza, di incapacità, di sfiducia in se stessi, di colpevolezza, di spietata autocritica.
La bulimica ha l'impressione d'essere senza personalità, cioè priva di volontà e di controllo, dunque indifesa; di conseguenza, può perdere gravemente e improvvisamente la capacità di autoregolazione emotiva, se esposta a eventi "disforici", avvenimenti cioè che turbano, negativamente o positivamente, il suo equilibrio

---

[19]. Si fa qui riferimento ai seguenti contributi: Johnson C.L., Larson R., *Bulimia. An analysis of moods and behaviors,* "Psychosomatic Medicine", 44, 4, 1982, pp.341-351; Razzoli G., *La bulimia nervosa. Definizione, sintomatologia, trattamento,* Sonzogno, Milano 1995; Raymond N.C., Neumeyer B., Thuras P., Weller C., Eckert E.D., Crow S.J., Mitchell J.E., *Compulsive and impulsive traits in individuals with obese binge eating disorder and bulimia nervosa,* "Eating Disorders: the Journal of Treatment and Prevention", 7, 1999, 299-317; Claes L., Vandereycken W., Vertommen H., *Impulsive and compulsive traits in eating disordered patients compared with controls,* "Personality and Individual Differences", 32, 4, 2002, pp. 707-714.

emotivo. Tali eventi, quindi, possono essere sia dolorosi, che gioiosi, ma in entrambi i casi i soggetti bulimici possono essere sottoposti a pulsioni alimentari totalmente incontrollabili.

Vi sono tuttavia alcune donne bulimiche che cercano di resistervi e ce la fanno anche per periodi abbastanza lunghi; altre ancora, pur essendo bulimiche, occupano posti di responsabilità in ambito professionale e danno prova di energia e di sicurezza nel loro lavoro, in parziale contrasto con quanto precedentemente affermato. Questo perché esse presentano quella struttura caratteriale bulimica definita «falso-sé» o «personalità pseudo-indipendente»[20]: trattasi, in genere, di una giovane donna, efficiente sul lavoro e spesso fisicamente attraente; come l'anoressica, tende ad avere successo nella scuola e nel lavoro, al punto da apparire come un individuo indipendente e valido. Tuttavia, dietro a questa apparenza, è turbata da sentimenti di bisogno, di dipendenza e di scarsa autostima. Questa dicotomia deriva spesso da esperienze infantili nelle quali, a causa della mancanza di figure parentali adeguate (dovuta a situazioni di depressione o a forme di dipendenza da

---

20. Sul tema della personalità pseudo-indipendente nei DCA, cfr. Johnson C.L., Conners M.E., *The Etiology and Treatment of Bulimia Nervosa*, Basic Books, New York 1987; Gordon R.A., *Anoressia e bulimia. Anatomia di un'epidemia sociale*, Raffaello Cortina Editore, Milano, 1991. Sul concetto di "falso sè", dal punto di vista storico e concettuale, si segnalano: Winnicott D.W., *The use of an object*, "International Journal of Psycho-Analysis", 50, 1969, pp. 711-716, trad. it. di Novelletto A., *L'uso di un oggetto*, "Adolescenza e psicanalisi", I, 1, 2001; Winnicott D.W., *Gioco e realtà*, Armando, Roma, 1974; Winnicott D.W., *Sviluppo affettivo e ambiente. Studi sulla teoria dello sviluppo affettivo*, Amando, Roma, 1974; Winnicott D.W., *Dalla Pediatria alla Psicanalisi. Scritti scelti*, Martinelli, Firenze, 1975. I contributi più attuali sul concetto di "falso sé" possono ravvisarsi in: Matera M., *Bambini perfetti. Un'evoluzione del concetto di falso Sé*, Edizioni Psiconline, Francavilla al Mare, 2007; Oliverio Ferraris A., *La ricerca dell'identità. Come nasce, come cresce, come cambia l'idea di sé*, Giunti Editore, Firenze, 2007.

droghe dei genitori), ci si aspettava dalla medesima un atteggiamento «falsamente maturo», che lasciava poco spazio all'espressione tanto della dipendenza, quanto dell'autonomia. Questi bisogni infantili, proprio perché insoddisfatti, riemergono in età adulta in forma scissa, nel senso che sono occultati abilmente agli altri, ma sottendono e motivano l'orgia alimentare ed il successivo svuotamento gastrico tipico dei bulimici; infatti, è solo nel privato della cucina e del bagno che il soggetto bulimico può abbandonare l'apparenza di perfezione e lasciarsi andare[21].

In realtà, non esistono nella bulimia degli *standards* assolutamente uniformi, perché la manifestazione bulimica è largamente influenzata dalle caratteristiche psichiche del soggetto bulimico, nonchè dalle sue abitudini alimentari e dalla sua educazione, vale a dire dal suo *esser-ci* nel *mondo* al quale appartiene, posto che *mondo* è qui da intendersi nel senso jaspersiano di *Umfassende*, cioè di un "tutto includente... esperito da un soggetto nella sua particolare prospettiva, comunque distorta, ma sempre intesa come modalità esistenziale personale ed irripetibile"[22]. In tale prospettiva, quindi, giova richiamare le caratteristiche psichiche del soggetto bulimico.

3.1. *Le caratteristiche psichiche*

La bulimica conclamata sperimenta un'angosciante sensazione di dissociazione tra volontà e azione: una parte del suo essere non vuole mangiare, cerca disperatamente di resistere e di opporsi in ogni modo, mentre un'altra parte gli impone di ingoiare

---

21. Gordon R.A., *Anoressia e bulimia. Anatomia di un'epidemia sociale*, Raffaello Cortina Editore, Milano, 1991.
22. Callieri B., Saggio introduttivo, in: Di Petta G., *Il mondo vissuto. Clinica dell'esistenza. Fenomenologia della cura*, Edizioni Universitarie Romane, Roma, 2003, pp.19-54.

cibo. A monte vi è una sensazione fisica di "stomaco vuoto", che rappresenta la somatizzazione di un'emozione psichica. In seguito alle orge alimentari, però, la bulimica viene attanagliata da sentimenti di colpa e di vergogna, che la spingono sempre di più verso l'auto-disistima e il disprezzo di sé[23]. In questa prospettiva, si spiegano la difficoltà a controllare gli impulsi, l'umore depresso cronico, l'eccessivo senso di colpevolezza, l'angoscia ricorrente, l'intolleranza delle frustrazioni. La depressione si incentra così su vissuti di inadeguatezza, autocritica, disperazione e pessimismo, con conseguenti incapacità ad esprimere i propri sentimenti, specialmente la rabbia.

In alcuni casi, emerge anche una forte instabilità timico-umorale, caratteristica dei disordini affettivi, al punto che è stata altresì avanza l'ipotesi che la bulimia possa essere una particolare forma di disturbo affettivo[24]. Lo stato psichico della bulimia, del resto, è segnato da una sofferenza che, di solito, ella tende a nascondere, anche se talora può giungere ad atti anticonservativi. I tentativi di suicidio raramente hanno successo e questo perché in realtà rappresentano il tentativo estremo di chiedere aiuto, anche se a volte, purtroppo, giungono a compimento.

In altri casi, si colgono nelle bulimiche dinamiche intrapsichiche di tipo borderline, per cui, per esse, il disordine alimentare è

---

23. Razzoli G., *La bulimia nervosa. Definizione, sintomatologia, trattamento*, Sonzogno, Milano, 1995.
24. Cfr. in proposito: Hudson J.I., Laffer P.S. Pope H.G.Jr., *Bulimia related to affective disorder by family history and response to dexamethasone suppression test*, "American Journal of Psychiatry", 139, 1982, pp. 685-687; Hudson J.I., Pope H.G.Jr.,Yurgelun-Todd D., Jonas J.M., Frankenburg F.R., *A controlled study of lifetime prevalence of affective and other psychiatric disorders in bulimic outpatient*, "American Journal of Psychiatry", 144, 1987, pp. 1283-1287;Vandereycken W., *Are anorexia nervosa and bulimia variants of affective disorder?*, "Acta Psychiatrica Belgica", 87, 3, 1987, pp. 267-280.

un mezzo per allontanare sensazioni inquietanti, quali la frammentazione dell'identità o gli impulsi autodistruttivi connessi all'alcolismo, alla tossicodipendenza ed all'autolesionismo[25]. In questo gruppo, esiste anche una tendenza alla ninfomania, posto che, contrariamente alle anoressiche, le bulimiche tendono ad avere una vita sessualmente attiva e ad intrattenere rapporti interpersonali connotati da un maggior livello di maturità, pur essendo sempre presenti problemi di indipendenza e di auto-affermazione.

Gli elevati livelli di ansia riscontrati in queste pazienti sono da considerarsi, in certi casi, la conseguenza dei disordini alimentari stessi, cioè della preoccupazione per il peso e la forma del proprio corpo; pertanto, l'emotività e le turbe dell'umore sarebbero solo fattori di «rinforzo» della sindrome bulimia; in altri casi, invece, l'ansia farebbe seguito alle orge alimentari ed il vomito autoindotto, o l'assunzione di lassativi, servirebbe proprio ad eliminare tale sensazione. Inoltre, si è anche affermato[26] che lo stato d'ansia non sia un fattore di rinforzo, o un prodotto delle orge alimentari, ma un elemento preesistente nella personalità bulimica, anche se potenzialmente aggravante la situazione.

3.2 *Il mondo del bulimico*

In conclusione, quindi, si può affermare che l'assetto psichico del soggetto bulimico porta a considerare la bulimia stessa come il

---

25. Al riguardo, si rammenta anche una rara forma di autolesionismo segnalata in letteratura, presente in soggetti con bulimia nervosa e disturbo della personalità borderline e consistente in un salasso attuato tramite ago o l'inserzione di cannule intravenose; essa può essere considerata come un indicatore di severità della loro psicopatologia (cfr. Warren F., Dolan B., Norton K., Bloodletting, *Bulimia Nervosa and Borderline Personality Disorder*, "European Eating Disorders Revue", 6, 1998, pp. 277-285).

26. Razzoli G., *La bulimia nervosa. Definizione, sintomatologia, trattamento*, Sonzogno, Milano, 1995.

percorso comune nel quale può essere espressa tutta una varietà di problematiche dello sviluppo psichico stesso. Il senso di tale condizione può realisticamente cogliersi laddove si consideri il corpo come "l'esperienza essenziale della *presenza-al-mondo*"[27], soprattutto laddove il "corpo-alimentare" si declina tra gli estremi del "corpo-nemico" e del "corpo-pattumiera"; infatti, se "l'anoressica vorrebbe essere priva del corpo, assottigliarlo fino a scomparire, forse per essere considerata essenzialmente intelligenza, per essere apprezzata solo per le proprie capacità intellettuali", "… il bulimico tende invece a riempire con il cibo il vuoto di affetti o di autostima che sperimenta"[28]; ecco perché "… nella pulsione a ripetere delle abbuffate bulimiche il soggetto non costruisce nessuna metafora: c'è piuttosto una spinta acefala… ad un godimento in eccesso, distruttivo, che incatena il soggetto in una serie monotona. Non c'è transizione tra il soggetto e l'altro…", al punto che il *mondo-anoressico-bulimico* rappresenta il "palcoscenico" del *mondo-narcisista*[29]; ed ecco perché, il senso dell'assetto psichico del soggetto bulimico, come peraltro di quello anoressico, si estrapola dalla dialettica tra senso e mondo, poiché "senso e mondo non sono più quindi due termini distinti e correlati", ma "il mondo è strutturato come senso e il senso come mondo… il mondo costruisce il senso e il senso fa il mondo… il senso non è altro che il farsi mondo del mondo"[30].

---

27. Callieri B., Corpo Esistenze Mondi. *Per una psicopatologia antropologica*, Edizioni Universitarie Romane, Roma, 2007.
28. Russo M.T.R., *Corpo, salute, cura. Linee di antropologia biomedica*, Rubbettino Editore, Soveria Mannelli (Catanzaro), 2004.
29. Fabbroni B., *Tra le braccia di Narciso*, Edizioni Universitarie Romane, Roma, 2007.
30. Moroncini B., *Mondo e senso, Heidegger e Celan*, Cronopio, Napoli, 1998.

NOTE

[1] Con il termine personalità, si intende oggi una modalità strutturata di pensare, sentire e comportarsi che caratterizza il tipo di adattamento all'ambiente e lo stile di vita di un soggetto, quale risultante di molteplici fattori, come il suo temperamento, il suo sviluppo psicologico e la sua esperienza sociale (cfr. Barbieri C., *Personalità e Diritto Canonico*, in: Barbieri C., Luzzago A., Musselli L., *Psicopatologia Forense e Matrimonio Canonico*, Libreria Editrice Vaticana, Città del Vaticano, 2005, pp.46-72). In ambito medico-psicologico, il concetto di personalità, si riferisce a quel complesso di sistemi che contribuiscono all'unità ed alla continuità della condotta e dell'esperienza individuali, considerate sia dal punto di vista del soggetto, sia da quello dell'ambiente con il quale egli si trova in costante rapporto (cfr. Caprara G.V., Cervone D., *Personalità. Determinanti, dinamiche, potenzialità*, Raffaello Cortina Editore, Milano, 2003). Tale costrutto, quindi, chiama in causa l'organizzazione dinamica degli aspetti individuali di ordine intellettivo, affettivo, volitivo, fisiologico e morfologico, al punto che la nozione di struttura di personalità indica l'assetto psichico profondo e permanente di un soggetto e definisce il nucleo delle differenze individuali nella molteplicità dei contesti nei quali la condotta umana si sviluppa; si pensi, ad es., al fatto che ogni essere umano si distingue dai suoi simili, pur condividendone alcune caratteristiche fondamentali, oppure al fatto che il singolo, nel corso della vita, può mutare il proprio modo di essere e di fare, pur conservando stabilmente alcune sue specifiche qualità (cfr. Barbieri C., *Il c.d. disturbo dipendente di personalità*, in AA.VV., *Dipendenze psicologiche e consenso matrimoniale*, Libreria editrice Vaticana, Città del Vaticano, 2009, pp. 17-36). In tal senso, la personalità può considerarsi come la risultante di una serie di operazioni mentali, volte a costruire un'immagine di sé, dare significato al mondo, relazionarsi con gli altri, trovare soluzioni ai problemi posti dall'ambiente (per ulteriori approfondimenti sul tema, cfr. Maffei C., Battaglia M., Fossati A., *Personalità, sviluppo, psicopatologia*, Editori Laterza, Roma-Bari, 2002; Dimaggio G., Semerari A. (a cura di), *I Disturbi di Personalità. Modelli e trattamento. Stati mentali, metarappresentazioni, cicli interpersonali*, Editori Laterza, Roma-Bari, 2003).

[11] Relativamente alla tematica del perfezionismo nei DCA, cfr. Bigotti F., *Il perfezionismo nei disturbi dell'alimentazione*, A.I.D.A.P. (Associazione Italiana Disturbi dell'Alimentazione e del peso), articolo attualmente disponibile al seguente indirizzo web: http://www.positivepress.net. In proposito, si è rilevato come alti livelli di perfezionismo siano stati dimostrati nei disturbi dell'alimentazione sia da ricerche «caso-controllo», che da studi prospettici, i quali hanno evidenziato la persistenza di questo tratto anche in seguito alla normalizzazione del peso corporeo. Tale dato ha portato ad ipotizzare una certa ereditabilità di tratti temperamentali espressivi di una vulnerabilità genotipica all'anoressia nervosa (cfr. Halmi K., Sunday S., Strober M., Kaplan A., Woodside B., Fichter M., Treasure J., Berrettini W., E Kaye W., *Perfectionism in Anorexia Nervosa: Variation by Clinical Subtype, Obsessionality, and Pathological Eating Behavior*, "American Journal of Psichiatry", 157, 2000, pp. 1799-1805). D'altra parte, nello studio del perfezionismo nei DCA si è dato rilievo sia ad aspetti personali, che al ruolo di diversi fattori sociali. Nella prima prospettiva, sono stati individuati tre aspetti della personalità, che sono strettamente collegati al perfezionismo e, perciò, rappresentano l'area di maggior vulnerabilità ai disturbi dell'alimentazione: la bassa ricerca della novità (il perfezionista si cimenta in poche attività e solo in quelle in cui è sicuro di avere una performance perfetta), l'eccessivo evitamento del danno (il perfezionista sente la necessità di evitare di apparire imperfetto e questo può essere visto come espressione del desiderio di evitare critiche negative da parte di altri), la dipendenza dalle ricompense (a sua volta correlata alla dipendenza dall'approvazione altrui) (cfr. Strober M., *Disorders of self in anorexia nervosa: An organismic-developmental paradigm*, in: Johnson C. (Ed.), *Psychodynamic treatment of anorexia nervosa*, "Guilford Press", New York, 1991, pp. 354-373). Nella seconda prospettiva, è stato preso in considerazione il ruolo assunto dalla società moderna nel provocare la ricerca del corpo perfetto, posto che l'attuale modello estetico è quello improntato a magrezza, per cui tale ideale viene ricercato non solo per i benefici effetti sulla salute, ma soprattutto per ciò che questa idea incarna nella nostra cultura: autocontrollo e rinvio della gratificazione (cfr. Brownell K.D., *Dieting and the search for the perfect body: where physiology and culture collide*, "Behavior Therapy", 22, 1991, pp. 1-12).

CAPITOLO VI

DIAGNOSTICA DEI DISTURBI ALIMENTARI

Cristiano Barbieri

1. *Premesse*

Con il termine di "diagnostica", si indica quella parte della medicina che si occupa di scoprire la presenza delle malattie, cioè di enunciare una corretta diagnosi. Essa consta della metodologia (diagnostica clinica) e della tecnologia (diagnostica strumentale) che consentono la formulazione della diagnosi medica. Questa, infatti, da un lato, è basata sui sintomi (cioè sui fenomeni soggettivi), sui segni (cioè sulle manifestazioni obiettive) e sui reperti strumentali (cioè sugli esiti dell'applicazione standardizzata di strumentazioni tecniche), mentre, dall'altro, è finalizzata a valutare non solo l'entità, il decorso e la prognosi della patologia, ma a impostare una corretta terapia della medesima.

2. *Anoressia*

Non si entra qui nel merito dei parametri utilizzati per stilare una diagnosi clinico-nosografica di anoressia [¹], dal momento che questi già sono stati affrontati in precedenza[1]. In queste sede, richiamando i vari contributi della letteratura in materia[2], si indi-

---

1. Sul tema specifico, si rinvia al Capitolo 1 della presente opera.
2. Sul tema, cfr. Montecchi F. (a cura di), *Anoressia mentale dell'adolescenza. Modelli teorici, diagnostici e terapeutici*, Franco Angeli, Milano, 1998; Cuzzolaro M., *Anoressie e bulimie*, Il Mulino, Bologna, 2004; De Giacomo P., Renna C., Santoni Rugiu A., *Manuale sui disturbi dell'alimentazione. Anoressia, bulimia, disturbo da alimentazione incontrollata*, Franco Angeli, Milano, 2005.

cano sinteticamente i sintomi, i segni, i reperti strumentali, il decorso, la prognosi e la mortalità della patologia anoressica.

2.1 *Principali sintomi e segni clinici*

Molti segni e sintomi dell'AN sono connessi all'estrema denutrizione. Oltre all'amenorrea, i soggetti possono lamentare stipsi, dolori addominali, intolleranza al freddo, letargia o eccesso di energia.

Inoltre, possono essere presenti: marcata ipotensione, ipotermia e secchezza della cute; a tutto ciò possono aggiungersi: bradicardia ed edemi periferici, soprattutto al momento del recupero del peso o alla sospensione dell'assunzione di lassativi e diuretici.

In casi rari, la presenza di petecchie alle estremità può indicare una diatesi emorragica.

Talvolta, sul tronco può comparire una fine e soffice peluria (*lanugo*) e la cute può assumere una colorazione gialla dovuta ad ipercarotenemia.

Si segnalano altresì: ipertrofia delle ghiandole salivari, soprattutto a carico delle parotidi; erosioni dello smalto dentale; cicatrici e callosità sul dorso delle mani, dovute allo sfregamento contro l'arcata dentaria, nei soggetti che si dedicano alla pratica del vomito auto-indotto.

In conseguenza dell'estrema denutrizione e delle frequenti condotte di eliminazione (vomito, diuretici, lassativi, etc.), possono manifestarsi condizioni mediche generali anche abbastanza gravi, quali: anemia, insufficienza renale (secondaria alla cronica disidratazione e all'ipopotassiemia), alterazioni cardiovascolari (grave ipotensione, aritmie), patologie dentali ed osteoporosi di varia gravità, connesse al ridotto apporto ed assorbimento di calcio, alla ridotta produzione di estrogeni e all'aumento di secrezione di cortisolo [11].

2.2 Principali reperti strumentali nell'anoressia nervosa

Al riguardo, si distinguono:
- *alterazioni elettrocardiografiche* (ECG): si osservano bradicardia sinusale e, raramente, aritmie, anche gravi e potenzialmente fatali, legate soprattutto all'ipopotassemia;
- *alterazioni elettroencefalografiche* (EEG): si possono osservare anomalie diffuse, connesse ad un'encefalopatia metabolica, secondaria ai marcati squilibri dei fluidi e degli elettroliti;
- *alterazioni del metabolismo basale* (MB): frequentemente è ridotto, anche in modo significativo;
- *alterazioni della densitometria ossea computerizzata*: nell'AN sia femminile che maschile, le alterazioni ormonali e la malnutrizione provocano una progressiva demineralizzazione delle ossa con una perdita media che va, a seconda dei casi, dal 3,5% al 10% per ogni anno di malattia; in altre parole, dopo cinque anni di AN, è possibile che sia andata perduta la metà della struttura minerale dello scheletro; i quadri più gravi di osteopenia-osteoporosi si possono osservare a livello della colonna vertebrale lombare e delle ossa femorali, sedi anatomiche da esplorare sempre, per una valutazione del rischio di frattura, mediante la densitometria ossea computerizzata; le fratture infatti possono essere traumatiche, per traumi anche lievi, o addirittura spontanee;
- *alterazioni della Tomografia Computerizzata e della Risonanza Magnetica Nucleare* del cervello: tali accertamenti consentono di esaminare i rapporti tra spazi ventricolari e sostanza grigia cerebrale, secondari al digiuno (ad es., atrofia corticale, aumento degli spazi subarcnoidei, dilatazione dei ventricoli cerebrali, etc.); l'esecuzione di tali indagini, nella anoressia nervosa, è motivata da una triplice finalità:
. *a livello somatico*: negli stati di tipica emaciazione di tale malattia, è necessario escludere patologie organiche (ipofisarie in particolare) che potrebbero determinare uno stato cachettico secondario a lesioni del lobo anteriore dell'ipofisi (processi espansivi intra- o

sovra-sellari), ad es. craniofaringioma, o adenomi di tipo non secernente con forme cliniche secondarie (ipopituitarismo tipo «morbo di Simmonds»);

. *a livello cerebrale*: l'entità dell'atrofia cerebrale, conseguente al rifiuto di alimentarsi, viene obiettivata attraverso la TAC o la RMN cerebrali, che documentano anche la reversibilità di questo quadro, una volta migliorato lo stato nutrizionale;

. *a livello psicologico*: in una patologia fortemente centrata sulle prestazioni intellettive, prospettare alla paziente un coinvolgimento del suo parenchima cerebrale è fortemente sentito e facilita la costruzione di un'alleanza, per così dire, di lavoro.

2.3 *Decorso dell'anoressia nervosa*

L'età media di insorgenza è di 17 anni, con dati che suggeriscono una distribuzione bimodale, con due picchi, a 14 e a 18 anni. Il disturbo si presenta raramente in donne oltre i 40 anni. Spesso un evento stressante della vita costituisce il fattore scatenante (es. lutto, allontanamento dalla famiglia, passaggio ad altra scuola, etc.).

Il decorso è molto variabile, chiamando necessariamente in causa una distinzione fondamentale, tra risoluzione dei sintomi e risoluzione delle cause a questi sottesi. Infatti, è stato chiaramente evidenziato che la scomparsa dei sintomi e dei segni specifici non significa al contempo un miglioramento del nucleo psicopatologico sottostante, o un'adeguata maturazione sessuale, o una ripresa di una vita soddisfacente in ambito relazionale e lavorativo; lo stesso dicasi per un soggetto che, pur dimostrando un miglioramento sul piano psichico, con funzionalità sociale, lavorativa, sessuale più equilibrate, può ugualmente presentare alterazioni a livello del comportamento alimentare, o del ciclo mestruale.

2.4 Evoluzione e prognosi

I primi studi sull'anoressia nervosa consideravano fattori prognostici fondamentali l'aumento del peso corporeo, il miglioramento degli aspetti psicopatologici nei confronti del cibo e la ripresa del ciclo mestruale.

Più recentemente, sono stati presi in considerazione altri aspetti, ugualmente importanti, quali la struttura di personalità, le relazioni familiari ed extrafamiliari, la vita affettiva, la sessualità, l'inserimento sociale e lavorativo, al punto da utilizzare, per un giudizio di *outcome*, cioè di esito, i seguenti criteri:
1. scomparsa completa della classica triade sintomatica da almeno due anni (aumento ponderale, modificazione delle attitudini psicopatologiche nei confronti del cibo, ripresa del ciclo mestruale);
2. autonomia dalla famiglia e acquisizione di legami affettivi e professionali stabili e nuovi;
3. critica nei confronti della condotta anoressica, percezione più adeguata dell'immagine del corpo, abbandono del desiderio di magrezza, riconoscimento dei bisogni e delle sensazioni provenienti dal corpo;
4. acquisizione di una certa capacità di introspezione e riconoscimento dei conflitti intrapsichici, con possibilità di esprimere la vita fantasmatica e di stabilire relazioni sociali;
5. capacità di confrontarsi, senza rifiuto, o regressione massiva, con situazioni c.d. edipiche ed apertura, nel riconoscimento dell'altro, alla sua differenza sessuale.

Per questo tipo di pazienti, è ritenuta possibile una guarigione completa, stimata in circa un terzo dei casi.

Tuttavia, questi dati non indicano assolutamente la regola, in quanto il comportamento alimentare abnorme difficilmente si regolarizza del tutto; infatti, nella maggior parte dei casi, permangono: le preoccupazioni per il peso e per il cibo, bizzarrie alimentari e riluttanza per certi alimenti; inoltre, vi è la possibilità che spesso si manifesti una situazione di cronicità.

In proposito, quali elementi predittivi, sono stati utilizzati anche l'età d'insorgenza del disturbo (la precoce insorgenza del disturbo è stata ritenuta un elemento favorevole) e l'entità del calo ponderale (maggiore è il calo ponderale, peggiore è la prognosi).

La prognosi sarebbe resa negativa dai seguenti fattori: età di osservazione più elevata; maggior durata della patologia; ricorrenti ospedalizzazioni; ambiente familiare conflittuale, o addirittura psicopatologico; distorsione dell'immagine corporea più accentuata; isolamento sociale; concomitante malattia organica; presenza di altri disturbi psichiatrici come la depressione ed i disturbi di personalità di tipo *borderline* o antisociale; cospicuo numero di tentativi terapeutici falliti; presenza del vomito.

Al contrario, una prognosi migliore sarebbe presente nelle pazienti con: personalità di tipo istrionico, buona attitudine al lavoro ed allo studio, recupero del peso più rapido durante una prima fase di trattamento.

Per i maschi anoressici, però, la prognosi tende ad essere peggiore rispetto a quella delle ragazze.

2.5 *Mortalità*

Negli anni, la mortalità è stata stimata in percentuali diverse e le differenze, anche notevoli tra di esse, potrebbero essere ascritte, oltre che ad un miglioramento delle procedure diagnostiche e terapeutiche, anche al numero di pazienti inclusi negli studi, all'accuratezza della diagnosi effettuata, al tipo di trattamento al quale erano stati sottoposti i soggetti e ad una diversa durata del *follow-up*. Infatti, tra i soggetti ricoverati presso strutture universitarie, la mortalità a lungo termine per anoressia nervosa ha percentuali che, a seconda degli studi effettuati, possono andare dal 2 % al 21%.

Il decesso si verifica in genere per la grave denutrizione, gli squilibri elettrolitici che si determinano per l'azione combinata del vomito e dell'abuso di lassativi e diuretici, con possibilità di arresti cardio-circolatori, nonché per le infezioni ricorrenti, oppure per suicidio. Al riguardo, tenuto conto che l'anoressia è stata considerata come la prima causa di morte tra le malattie psichiatriche[3], si precisa che l'evento suicidario è ritenuto la principale causa di morte tra le anoressiche, come per i soggetti affetti da depressione maggiore, mentre i tentativi di suicidio costituiscono un serio pericolo per la vita di questi pazienti[4].

2.6 Diagnosi differenziale

Nella diagnosi differenziale, l'anoressia mentale deve essere distinta da altre patologie potenzialmente responsabili della marcata perdita di peso, soprattutto in casi che si presentano in modo atipico (ad es. con esordio dopo i quarant'anni) [III]. Inoltre, sono da prendere in considerazione anche altri disturbi psichiatrici, in quanto alcune caratteristiche dell'anoressia nervosa possono soddisfare parte dei criteri diagnostici, ad es., per la fobia sociale, il disturbo ossessivo-compulsivo, il disturbo di dismorfismo corporeo [IV].

In altri termini, la diagnosi differenziale implica necessariamente il riconoscimento di altri disturbi mentali, di natura sia organica, che psichica, più o meno potenzialmente associati all'anoressia, ma intrinsecamente diversi dalla medesima sul piano nosologico, oltre che nosografico.

---

3. De Clerq F., *Donne invisibili. L'anoressia, il dolore, la vita*, Bompiani, Milano, 1995.
4. Sul tema del suicidio nell'anoressia mentale, si rimanda a: Patton G.C., *Mortality in eating disorders*, "Psychological Medecine", 18, 1988, pp. 947-951; Favaro A., Santonastaso P., *Suicidality in eating disorders: clinical and pscyhological correlates*, "Acta Psychiatrica Scandinavica", 95, 1997, pp. 508-514; Pompili M., Mancinelli I., Girardi P., Accorrà P., Ruberto A., Tatarelli R., *Suicidio e tentato suicidio nell'anoressia nervosa e nella bulimia nervosa*, "Annali dell'Istituto Superiore di Sanità", 39, 2, 3004, pp. 275-281.

2.6.1 Diagnosi differenziale tra disturbo alimentare anoressico ed altre patologie organiche

Secondo Déjerine e Glauckler, la diagnosi di anoressia sarebbe molto semplice, al punto tale da affermare, già nel 1911, che "Basta pensarci!"[5]. In verità, sono state più volte segnalate[6] difficoltà diagnostiche superabili soltanto con l'osservazione del decorso; questo accadrebbe soprattutto nelle fasi iniziali della malattia, quando le manifestazioni sono ancora sfumate o parziali, ma, in certi casi, anche negli stadi più avanzati. La diagnosi differenziale si deve porre con: tutte le altre cause di magrezze e deperimento organico; emaciazione secondaria a diabete mellito giovanile; affezioni neoplastiche; insufficienza cortico-surrenalica; tutte le situazioni di ipopituitarismo, eventualmente secondarie a tumori, sarcoidosi, traumi cranici, etc.

A questo specifico proposito, giova rammentare che, mentre, nell'insufficienza ipofisaria organica (ipopituitarismo), i soggetti sono apatici, abulici, con cute pastosa per il mixedema di solito concomitante, senza peli pubici e ascellari e, solitamente, con mammelle atrofiche, nell'anoressia mentale, si rilevano, per contro: fobia di ingrassare, spinta psicologica all'emaciazione, iperattività fisica, l'indifferenza per il proprio decadimento fisico e comparsa del quadro anoressico in assenza di qualsiasi altro disturbo fisico [v].

---

5. Déjerine J., Glauckler E., *Les manifestations fonctionnelles des psychonévroses. Leur traitement par la psychothérapie*, Masson, Paris, 1911.
6. Sul tema, si rinvia a: Seidensticker J.F., Tzagournis M., *Anorexia nervosa - clinical features and long-term follow-up*, "The Journal of Chronic Diseases", 21, 1968, pp. 361-367; Borghi A., Salvestroni R., Fusi S., *L'anoressia "nervosa"*, S.E.U., Roma, 1975

2.6.2 Diagnosi differenziale tra disturbo alimentare anoressico ed altre patologie mentali

Richiamando la letteratura[7], si deve distinguere il quadro tipico della anoressia nervosa con altre patologie psichiatriche che possono ugualmente contemplare un certo grado di emaciazione. Tra queste si ricordano:

. *i disturbi di somatizzazione*, che possono riguardare l'esofago o il piloro, con relativa disfagia;

. *i disturbi di conversione*, tipo il globo isterico, che impediscono la deglutizione;

. *i disturbi deliranti, schizofrenici e non*, nei quali il rifiuto del cibo può essere dovuto, ad esempio, alla presenza di una tematica di veneficio;

. *le depressioni nevrotiche o psicotiche*, che molto spesso portano soggetti a ridurre la loro alimentazione;

. *le forme anoressiche di natura nevrotica*, che possono insorgere a qualsiasi età e sono in rapporto con un trauma emotivo;

. *le anoressie croniche con esordio in età pediatrica*, che migliorano solo transitoriamente e che persistono per tutta la vita accompagnate da altri disturbi ipocondriaci e psicoastenia.

Inoltre, sul piano comprensivo, giova richiamare il significato del rifiuto di alimentarsi nelle varie condizioni psicopatologiche. In particolare:

- *nella depressione, delirante o meno*, l'astensione dal cibo può essere in rapporto con idee deliranti, collegate a loro volta a tematiche di colpevolezza, d'indegnità, di rovina; il malato non può pagare quello che mangia, per cui deve espiare i suoi errori con mortificazioni e digiuni;

---

7. In proposito, si segnalano: Bernard P., Trouvé S., *Semiologia psichiatrica*, Masson, Milano, 1979; Manara F., *L'anoressia nervosa. Tra psichiatria, psicologia e medicina*, Franco Angeli, Milano, 1991; De Giacomo P., Renna C., Santoni Rugiu A., *Anoressia e bulimia*, Piccin Editore, Padova, 1992; Brusset B., *Psicopatologia dell'anoressia mentale*, Borla, Roma, 2002.

- *nella melanconia*, il soggetto può obbedire ad una proibizione allucinatoria di mangiare; assai spesso, vi possono essere poi disturbi epato-digestivi e costipazione e, in tal caso, il rifiuto degli alimenti è nello stesso tempo una mancanza d'appetito e un disinteresse verso la vita e il suo sostentamento;
- *nella sindrome di Cotard*, dove esistono idee deliranti di negazione, il malato nega i suoi organi ed il suo corpo, per cui non può più mangiare;
- *nelle forme ansioso-depressive con idee di suicidio*, il rifiuto del cibo è sovente un equivalente suicidario;
- *nelle forme depressive c.d. stuporose*, domina l'inibizione generale, la quale sospende non solo la condotta alimentare, ma anche altre attività vitali (ad es., le cure del corpo, la pulizia, etc.);
- *nelle forme schizofreniche stuporose e catatoniche*, l'astensione dagli alimenti era più frequente in passato, mentre è divenuta rarissima dopo l'avvento della farmacoterapia e della formazione dell'équipe addetta alle cure del malato ad un rapporto medico-paziente di tipo empatico;
- *nei deliranti cronici*, il rifiuto del cibo sistematico non si realizzerebbe praticamente più; un tempo, si osservava nei soggetti che, credendosi perseguitati, temevano un avvelenamento; oppure negli allucinati, che dichiaravano di ricevere l'ordine di non mangiare; oppure nei paranoici che, evitando di mangiare, agivano una condotta di abnorme protesta contro il loro ricovero, comportamento questo da non confondersi con il progetto razionale e lucido di chi, in carcere, fa lo sciopero della fame onde tentare di manipolare l'ambiente;
- *nei soggetti mentalmente confusi o nei dementi*, il disorientamento spaziale-temporale-oggettuale e l'incoerenza di tutto il comportamento, oppure la profonda inerzia sono responsabili del rifiuto del cibo;
- in ultima analisi, *nelle persone anziane*, comportamenti anoressici possono essere sovente associati a stati depressivi dei quali l'asten-

sione dagli alimenti sarebbe l'unico manifestazione; tale comportamento, però, si assocerebbe a mancanza d'attività e di interesse, a sentimenti di noia e di solitudine, con una mancanza d'appetito aggravata dalla monotonia del modo di cucinare, o della qualità dei cibi a assumere per ragioni dietetico-metaboliche; inoltre, il processo di invecchiamento potrebbe comportare insufficienze digestive, carenze di aminoacidi e di vitamine, nonché una certa ottusità del gusto e della sensazione di fame.

3. Bulimia

I sintomi che identificano la bulimia nervosa come un'entità nosologica a sé stante sono stati suddivisi in due gruppi: sintomi fondamentali e sintomi accessori[8].

3.1 Sintomi fondamentali

I *sintomi fondamentali* comprendono: le «pulsioni alimentari», chiamate anche «abbuffate», che devono manifestarsi in assenza di fame «vera» ed essere vissute come azioni obbligate; la scelta preferenziale di alimenti particolari; l'estrema facilità di digestione; il vivo desiderio e i tentativi, anche se non riusciti, di espellere il cibo ingerito; i tentativi di controllo del peso; uno stato psichico specifico; particolari alterazioni ormonali, neurochimiche e metaboliche.

Il comportamento alimentare del bulimico è quindi caratterizzato da crisi (o pulsioni alimentari, o abbuffate) che rappresentano il sintomo più importante della patologia; nel corso di queste si manifesta la necessità incoercibile di ingoiare molto rapidamente quanto più cibo possibile; durante l'abbuffata, infatti, il soggetto

---

8. Razzoli G., *La bulimia nervosa. Definizione, sintomatologia, trattamento*, Sonzogno, Milano, 1995.

prova l'assoluta necessità di riempire un vuoto che sente dentro di sé e l'impossibilità di farlo gli procura una sofferenza non molto diversa dalle crisi di astinenza degli alcolisti o dei tossicodipendenti, crisi che spesso si manifesta con violente crisi d'ira.

La pulsione alimentare può comparire in qualsiasi momento della giornata, ma è più frequente nella tarda mattinata e soprattutto nel tardo pomeriggio, oppure alla sera. Può essere presente quotidianamente, oppure persistere in forma lieve (quindi abbastanza dominabile), o manifestarsi saltuariamente, intervallata da periodi, a volte anche relativamente lunghi, di indifferenza verso il cibo.

Essa, inoltre, si manifesta senza lo stimolo della fame, o addirittura quando si è appena terminato di mangiare e perciò si è sazi; è sempre mossa dalla sensazione che sia assolutamente necessario terminare tutto il cibo che si ha davanti, anche se continuare a mangiarlo provoca nausea e questo non ha nulla a che vedere con l'educazione ricevuta.

Tale crisi si configura come una risposta maladattiva a situazioni di instabilità affettiva, o a marcati disagi psicologici; in questa prospettiva, la pulsione e l'eventuale successiva espulsione rappresentano un sistema apparentemente efficiente, per quanto anomalo, per liberarsi da sentimenti aggressivi che il bulimico ha difficoltà ad esprimere direttamente, o per dominare altre situazioni disforiche, come la noia, la solitudine o l'ansia; in proposito, si può notare che:

. per il soggetto che sperimenta uno stato di confusione dovuto a stimoli esterni vaghi e caotici, la crisi può avere un valore di integrazione, in quanto l'abbuffata è un modo di controllare i propri pensieri e i propri comportamenti, anche per la natura fortemente rituale e ripetitiva dell'atto;

. per le persone ossessive, le pulsioni rappresentano momenti di perdita di controllo, perché viene dato al cibo il potere di sopraffarli e di renderli impulsivi, senza assumersene la responsabilità;

. per i soggetti fortemente altruisti, con una scarsa autostima e un profondo senso di colpa, le pulsioni fanno da meccanismo per alimentarsi in modo avido ed egoistico, a scopo auto-punitivo;

. per coloro che si ribellano ad un'autorità esterna, la pulsione diventa un atto di disobbedienza e di sfida che non riescono ad esprimere diversamente (ad es., può accadere nei confronti dei genitori, dei superiori - in risposta alla richiesta ossessiva del successo - o del partner – in risposta all'eccessiva gelosia -);

. per gli adolescenti e i giovani, l'abbuffata può essere il modo di combattere una minaccia al senso d'identità personale rappresentato dall'ingresso nel mondo degli adulti, o dalla separazione dalla famiglia, o dall'assunzione di precise responsabilità[9].

D'altro canto, qualunque sia la causa della pulsione, i bulimici dopo la crisi alimentare si sentono in colpa, si vergognano, sono disgustati e timorosi di essere scoperti. A questi sentimenti si aggiunge il timore di aumentare di peso, tanto per l'enfasi data alla forma ed al peso corporeo nella valutazione di sé, con conseguenti riverberi sull'autostima, quanto per il valore di indizio della perdita di autocontrollo assunto dall'abbuffata. Il terrore di ingrassare, il desiderio di perdere peso, il livello di insoddisfazione per il proprio aspetto fisico sono sovrapponibili a quelli dei soggetti con anoressia nervosa.

A queste caratteristiche, è stato aggiunto anche il frequente ricorso ad inadeguati comportamenti compensatori, finalizzati a prevenire l'aumento di peso, come l'autoinduzione del vomito dopo l'abbuffata, condotta questa adottata da circa l'80-90% dei soggetti con bulimia nervosa. Altre condotte compensatorie pos-

---

9. Cfr. Johnson C.L., Stuckey M.K., Lewis L.D., Schwartz D.M., *Bulimia: a descriptive survey of 316 cases*, "International Journal of Eating Disorders", 11, 1982, pp. 403-420; Johnson C.L., Conners M.E., *The Etiology and Treatment of Bulimia Nervosa*, Basic Books, New York 1987.

sono essere rappresentate dall'uso inappropriato di lassativi e di diuretici, presente in un terzo dei bulimici, oppure l'uso di enteroclismi associati al digiuno nei giorni successivi all'abbuffata, o all'esercizio fisico intenso (considerato eccessivo quando interferisce con altre importanti attività, oppure quando avviene ad orari o in luoghi inusuali, oppure quando viene praticato nonostante le precarie condizioni fisiche).

In tale ottica, si tende a differenziare dai bulimici il gruppo di coloro che non utilizzano comportamenti compensatori, ai quali si applica la diagnosi di Binge Eating Disorder (disordine da alimentazione compulsiva o incontrollata), anche se è stato sostenuto che la distinzione del BED dalla bulimia nervosa è artificiosa, perché non è raro che alcune patologie non presentino certi sintomi, ma, non per questo, sono classificate diversamente[10].

3.2 Sintomi accessori
Tra i *sintomi accessori* sono compresi: la manifestazione delle pulsioni a determinate ore; la presenza di pulsioni notturne; l'espulsione

---

10. Esemplificativa, al riguardo, risulta la seguente riflessione: "... non è indispensabile, perché si possa definirla tale, che la bulimica riesca a eliminare in qualche modo ciò che ha mangiato: tra le nostre pazienti, abbiamo avuto non poche persone che avevano più volte tentato di stimolarsi il vomito, senza riuscirvi; altre che avevano rinunciato ai lassativi perché questi risvegliavano forti dolori di ventre, o avevano rinunciato ai diuretici perché il loro uso provocava pericolose vertigini; e così via. Non ci pare ragionevole asserire che queste persone non sono bulimiche e coniare per loro nuove definizioni, le quali non fanno che creare confusione quando si entra nella parte più interessante (per le pazienti) della clinica: la terapia" (cfr. Razzoli G., *La bulimia nervosa. Definizione, sintomatologia, trattamento*, Sonzogno, Milano, 1995). Sul tema, si segnala anche la proposta di revisione dei criteri diagnostici per ridurre al minimo questi problemi (cfr. Cooper W.J., Fairburn C.G., *Refining the definition of binge eating disorder and nonpurging bulimia nervosa*, "International Journal of Eating Disorders", 34, 2003, S 89-95).

o comunque l'eliminazione del cibo ingerito; l'amenorrea per un periodo di tempo superiore a 3 mesi.

È necessario, del resto, tener presente che la bulimia è spesso una malattia evolutiva, ad insorgenza più o meno lenta; quindi, determinati sintomi possono comparire, o aggravarsi, progressivamente. Inoltre, è una malattia «personale», cioè vi sono sintomi che possono rimanere nascosti o latenti, se vi si oppongono situazioni ambientali, o sociali, oppure intolleranze individuali; in altri termini la bulimia, anche se presenta aspetti caratteristici, è comunque un disturbo modellato sulla personalità (nel senso più ampio del termine) di chi ne soffre ed è quindi dotata di una precisa individualità.

3.3 *Segni clinici*

Richiamando la letteratura[11], il tipico bulimico che si presenta all'osservazione clinico-internistica è una donna in normo-peso, di circa 20 anni, che riferisce episodi di iper-alimentazione e comportamenti compulsivi ed eliminatori da 5 a 10 volte la settimana, da 5 a 10 anni.

Il disturbo di solito comincia nella tarda adolescenza o in età giovane-adulta, durante o dopo aver seguito una dieta ipocalorica; la restrizione calorica auto-imposta porta ad avere maggior fame e, quindi, a mangiare di più; per contrastare l'aumento di peso, allora, il paziente si induce il vomito, assume lassativi o diuretici, o presenta altri comportamenti compensatori.

Inizialmente, i soggetti possono provare un senso di soddisfazione nel poter mangiare senza aumentare di peso, ma, con il progredire della malattia, percepiscono una diminuita capacità di control-

---

11. Kasper D.L., Braunwald E., Fauci A.S., Hauser S.L., Longo D.L., Jameson J.L., *Harrison - Principi di medicina interna*, 16 a. edizione, Voll. 1,2,3, McGraw-Hill, Milano, 2007.

lo sull'alimentazione, per il manifestarsi di episodi compulsivi. Questi aumentano in quantità e frequenza e sono scatenati da vari fattori, come transitoria depressione e ansia. Nell'intervallo fra i vari episodi di iperalimentazione, i pazienti tentano di ridurre l'introito calorico, cosa che fa aumentare la fame e li prepara per l'abbuffata successiva.

Sebbene il vomito sia inizialmente provocato previa stimolazione manuale del riflesso faringeo, molti bulimici sviluppano la capacità di indursi il vomito spontaneamente. Essi, del resto, raramente riferiscono l'uso di sciroppi emetici. Lassativi e diuretici, al contrario, sono di solito assunti in grandi quantità (fino a 30 o 60 pillole di lassativi in un'unica occasione). La conseguente perdita di liquidi provoca disidratazione e una sensazione di svuotamento, ma incide relativamente poco sul bilancio calorico.

I reliquati organici della BN dipendono dai comportamenti eliminatori: si può avere un'ipertrofia non dolente delle ghiandole salivari bilaterali, oppure può formarsi una cicatrice, o una callosità, sul dorso della mano, provocate dal continuo sfregamento contro l'arcata dentaria nei pazienti che si inducono manualmente il vomito.

Inoltre, la continua esposizione ai succhi gastrici contenuti nel vomito della superficie interna dei denti incisivi porta ad una perdita dello smalto dentale ed eventualmente a frammentazione ed erosione degli elementi anteriori, con aumento della frequenza dei processi cariosi.

Negli individui che ricorrono frequentemente allo sciroppo di ipecacuana come emetico, sono state anche descritte gravi miopatie a carico del muscolo cardiaco e della muscolatura scheletrica.

Nelle bulimiche sono talvolta presenti dismenorrea, o amenorrea, potendo tali alterazioni essere in rapporto o all'instabilità del peso corporeo, o a carenze nutrizionali, o allo *stress* emotivo.

Il vomito ripetuto può portare all'alcalosi, mentre l'abuso di lassativi può provocare una moderata acidosi metabolica.

Le gravi complicanze fisiche sono rare nella BN, anche se l'oligomenorrea e l'amenorrea sono più diffuse tra le bulimiche che tra le donne senza DCA.

Le aritmie cardiache occasionalmente sono conseguenti agli squilibri idroelettrolitici.

Sono state segnalate anche la lacerazione dell'esofago e la rottura dello stomaco, in conseguenza dello sforzo prodotto durante il vomito.

Alcuni pazienti che hanno abusato cronicamente di lassativi o diuretici possono presentare, quando interrompono questo comportamento, edemi periferici, presumibilmente dovuti all'elevato livello di aldosterone conseguente alla perdita persistente di liquidi ed elettroliti [VI].

3.4. *Reperti strumentali*

Al riguardo, si segnala quanto segue:
- all'esame indiretto delle corde vocali, alterazioni laringee in soggetti con concomitanti modificazioni del timbro della voce, come conseguenza di "laringiti acide";
- all'esofago-gastro-duodenoscopia (EGDS), lesioni di tipo erosivo a livello esofageo (esofagiti), con alterata motilità del viscere con fenomeni di spasmo, ritardo nello svuotamento gastrico, eventuale gastrectasia; le alterazioni della motilità gastrica, confermate anche da un'indagine manometrica, rappresentano un preciso e preoccupante segnale di allarme sul piano prognostico;
- all'esame endoscopico, o anche radiologico, del primo tratto del tubo digerente, dopo pasto radio-opaco, corpi estranei accidentalmente deglutiti, utilizzati per stimolare la glottide ed indurre così il vomito (es., bastoncini, abbassalingua, etc.);
- all'esame colonscopico, alterazioni della motilità intestinale, specialmente in chi abusa di lassativi.

Vengono altresì riportate:
- alterazioni elettrocardiografiche, come bradicardia ed aritmie,

dovute sia a danno del miocardio, che ad alterazioni elettrolitiche (ipopotassiemia, ipomagnesiemia, ipocalcemia);
- alterazioni elettroencefalografiche, espressione di latenti stati convulsivi provocati dall'uso di farmaci antiepilettici;
- alterazioni della densitometria ossea computerizzata, con quadri di osteoporosi di vario tipo e gravità, in relazione sia alle carenze vitaminiche (vitamina D), sia alle carenze minerali (calcio e fosforo), sia alle carenze proteiche e a quelle ormonali, anche se in minore misura rispetto alla AN.

3.5 *Decorso*

La BN di solito esordisce nella tarda adolescenza, o nella prima età adulta. Le abbuffate iniziano in genere durante, o dopo, un periodo di restrizioni dietetiche. Una condotta alimentare disturbata persiste per parecchi anni in un'elevata percentuale di pazienti, anche se non vi sono dati certi sull'evoluzione a lungo termine circa la BN. Il decorso può essere cronico od intermittente, con fasi di remissione alternate a fasi di ricomparsa delle abbuffate, al punto che il circa 25% dei pazienti continua ad avere per molti anni sintomi di bulimia.

3.6 *Prognosi e mortalità*

Rispetto all'AN, la prognosi della BN è più favorevole: la mortalità è bassa e la completa guarigione si può avere in circa il 50-60% dei pazienti in circa dieci anni.

Le percentuali di mortalità sono stimate tra il 15 % e il 22 % per fenomeni acuti, quali turbe idroelettrolitiche provocate dal vomito frequente e dall'abuso di lassativi e/o diuretici. Rispetto alle pazienti con anoressia nervosa, la morte avverrebbe più frequentemente per suicidio[12]. Attesa la possibilità di guarigione, tut-

---

12. Cuzzolaro M., *Anoressie e bulimie*, Il Mulino, Bologna, 2004.

tavia nel 30-40% dei soggetti guariti possono verificarsi nuovi episodi in occasione di eventi psico-stressanti.

I fattori prognostici negativi sono: la gravità della sintomatologia (intesa come frequenza degli episodi); l'età più avanzata; la cronicità; l'anoressia pregressa, o concomitante; l'abuso di alcol e/o droghe. La prognosi sarebbe altresì peggiore per i soggetti che presentano un Disturbo Borderline di Personalità[13].

3.7 *Diagnosi differenziale*

Come per l'anoressia, anche nel caso della bulimia il problema della diagnosi differenziale comporta che quello bulimico sia distinto da altri concomitanti disturbi, specialmente di natura psichica.

In proposito, si rammenta che, nei bulimici, vi è un'aumentata incidenza di sintomi depressivi (es. ridotta autostima), o addirittura esiste un vero e proprio disturbo dell'umore (in particolare, Distimia e Depressione Maggiore); questo, nella maggior parte dei casi, è concomitante con lo sviluppo della bulimia, ma può anche manifestarsi subito dopo la comparsa del disturbo alimentare. In tal caso, i pazienti ascrivono il disturbo timico alla bulimia nervosa, anche se, in alcuni casi, la precede chiaramente.

Inoltre, vi è un'aumentata frequenza di sintomi ansiosi (es. paura nelle situazioni sociali), o addirittura di veri e propri Disturbi d'Ansia, che, come quelli dell'umore, recedono frequentemente dopo un adeguato trattamento della bulimia.

Infine, richiamando l'impostazione nosografica del D.S.M. dell'A.P.A., è corretto avanzare le seguenti precisazioni in chiave

---

13. Per ulteriori approfondimenti sul tema, si segnalano: Vanderlinden W., Norrè J., Vandereycken W.: La Bulimia Nervosa. *Guida pratica al trattamento*, Astrolabio, Roma, 1995; De Giacomo P., Renna C., Santoni Rugiu A., *Manuale sui disturbi dell'alimentazione. Anoressia, bulimia, disturbo da alimentazione incontrollata*, Franco Angeli, Milano, 2005.

diagnostica differenziale:
- nel Disturbo Depressivo Maggiore Con Manifestazioni Atipiche secondo D.S.M., è presente una certa iperfagìa, senza però condotte compensatorie inappropriate ed eccessiva preoccupazione sulla forma e sul peso corporeo; se il soggetto soddisfa i criteri di entrambi i disturbi, è giustificata la doppia diagnosi di Bulimia Nervosa e di Disturbo Depressivo Maggiore Con Manifestazioni Atipiche;
- nel Disturbo Borderline di Personalità, le abbuffate rappresentano una delle manifestazioni del comportamento impulsivo; anche in questo caso, se risultano completamente soddisfatti i criteri dei due disturbi dovrebbero essere formulate entrambe le diagnosi;
- nel caso in cui le abbuffate si manifestino solo durante episodi di anoressia nervosa, è giustificata la diagnosi di "Anoressia Nervosa sottotipo Con Abbuffate / Condotte di Eliminazione" e non dovrebbe essere fatta la diagnosi aggiuntiva di BN;
- nel caso in cui siano presenti abbuffate, ma il soggetto non soddisfi più tutti i criteri per l'Anoressia Nervosa sottotipo Con Abbuffate / Condotte di Eliminazione (ad es. quando il peso è adeguato, o quando il ciclo mestruale è tornato regolare), viene lasciata alla discrezione del clinico la possibilità di valutare quale sia la diagnosi più appropriata: quella di Anoressia Nervosa sottotipo Con Abbuffate / Con Condotte di Eliminazione in Remissione Parziale, oppure di quella di Bulimia Nervosa.

DIAGNOSTICA DEI DISTURBI ALIMENTARI

NOTE

[1] Si riportano i criteri diagnostici per l'Anoressia Nervosa secondo il DSM-IV-TR (cfr. American Psychiatric Association (2000). *DSM-IV-TR Diagnostic and Statistical Manual of Mental Disorders*, Fourth Edition, Text Revision. Edizione Italiana: Masson, Milano, 2002):
A. Rifiuto di mantenere il peso corporeo al di sopra o al peso minimo normale per l'età e la statura (per es. perdita di peso che porta a mantenere il peso corporeo al di sotto dell'85% rispetto a quanto previsto, oppure incapacità di raggiungere il peso previsto durante il periodo della crescita in altezza, con la conseguenza che il peso rimane al di sotto dell'85% rispetto a quanto previsto).
B. Intensa paura di acquistare peso o di diventare grassi, anche quando si è sottopeso.
C. Alterazione del modo in cui il soggetto vive il peso o la forma del corpo, o eccessiva influenza del peso e della forma del corpo sui livelli di autostima, o rifiuto di ammettere la gravità dell'attuale condizione di sottopeso.
D. Nelle femmine dopo il menarca, amenorrea, cioè assenza di almeno 3 cicli mestruali consecutivi (una donna viene considerata amenorroica se i suoi cicli si manifestano solo a seguito di somministrazione di ormoni, per es. estrogeni).

Specificare il sottotipo:
- Con Restrizioni: nell'episodio attuale di Anoressia Nervosa il soggetto non ha presentato regolarmente abbuffate o condotte di eliminazione (per es. vomito autoindotto, uso inappropriato di lassativi, diuretici o enteroclismi).
- Con Abbuffate / Condotte di Eliminazione: nell'episodio attuale di Anoressia Nervosa il soggetto ha presentato regolarmente abbuffate o condotte di eliminazione (per es. vomito autoindotto, uso inappropriato di lassativi, diuretici o enteroclismi).

[II] Sebbene alcuni soggetti possano non presentare anomalie significative, la denutrizione, caratteristica di questo disturbo, può indurre numerose alterazioni a carico di vari organi e apparati. Inoltre, anche gli squilibri indotti dalla pratica del vomito, dall'abuso di lassativi, diuretici e clisteri, possono determinare anormalità nei reperti di laboratorio. In proposito, si distinguono:

- *alterazioni ematologiche*: anemia normocromica-normocitica e successivamente ipocromica-microcitica, leucopenia e trombocitopenia (cioè diminuzione rilevante delle piastrine) sono un reperto frequente;

- *alterazioni chimico-cliniche*: aumento della azotemia (cioè dell'azoto ureico) e della creatininemia, secondari alla disidratazione e all'eccessivo catabolismo; aumento degli indici di funzionalità epatica; frequente ipercolesterolemia.

- *alterazioni biochimico-ormonali*: riduzione della concentrazione di estrogeni nelle donne e di testosterone nei maschi. In entrambi i sessi inoltre vi è una regressione dell'asse Ipotalamo-Ipofisi-Gonadi, con un quadro di secrezione dell'LH (ormone luteinizzante) e dell'FSH (ormone follicolo-stimolante), cioè delle gonadotropine, sovrapponibili a quelli tipici degli individui in fase puberale o pre-pubere (cfr. DSM-IV).

[III] Tali patologie, secondo il D.S.M. (cfr. American Psychiatric Association (2000). *DSM-IV-TR Diagnostic and Statistical Manual of Mental Disorders*, Fourth Edition, Text Revision. Edizione Italiana: Masson, Milano, 2002) sono principalmente rappresentate da:

- *condizioni mediche generali*: malattie gastroenteriche, neoplasie cerebrali, carcinomi occulti, sindrome da immunodeficienza acquisita (AIDS), etc.;

- *sindrome dell'arteria mesenterica superiore,* caratterizzata da vomito post-prandiale e dovuta ad una ostruzione intermittente allo svuotamento gastrico;

- *disturbo depressivo maggiore*, che può dar luogo ad un marcato decremento ponderale, che, a differenza di quello dell'AN, non è però intenzionale;

- *alcune forme schizofreniche*, nelle quali possono ravvisarsi modalità bizzarre di alimentazione e, talora, grave dimagrimento, senza tuttavia, nella maggioranza dei casi, presentare la distorsione dell'immagine corporea e la paura di acquistare peso, necessarie per la diagnosi di anoressia nervosa.

[IV] In proposito, si segnala la possibilità di avere: imbarazzo o disagio nel mangiare in pubblico, come nella fobia sociale; ossessioni e compulsioni correlate al cibo, come nel disturbo ossessivo-compulsivo; preoccupazioni riguardanti un difetto immaginario nell'aspetto fisico, come nel disturbo di dismorfismo corporeo. Tuttavia, se l'individuo con AN presenta fobie sociali che sono però limitate al solo comportamento alimentare, la diagnosi di Fobia Sociale non dovrebbe essere fatta, anche se la presenza di paure non correlate al comportamento alimentare (es. eccessiva paura di parlare in pubblico) possono giustificare una diagnosi aggiuntiva di Fobia Sociale. Lo stesso dicasi per una diagnosi aggiuntiva di Disturbo Ossessivo-Compulsivo, che può essere fatta se sono presenti ossessioni e compulsioni che esulano dal tema alimentare specifico (es. ossessioni di contaminazione). Per la diagnosi addizionale di Disturbo di Dismorfismo Corporeo deve essere presente una tematica dismorfofobica non limitata ad un'erronea percezione del corpo nella sua totalità o al peso (es. presenza di timore di avere un organo troppo grosso) (cfr. American Psychiatric Association (2000). *DSM-IV-TR Diagnostic and Statistical Manual of Mental Disorders*, Fourth Edition, Text Revision. Edizione Italiana: Masson, Milano, 2002).

[v] Sul tema precipuo, si riportano i diversi contributi che, sul piano storico, sono stati forniti e che vengono qui esemplificati nelle seguenti tabelle.

Diagnosi differenziale	Ipopituitarismo	Anoressia psicogena
Insorgenza nel post-partum	Frequente	assenza di casi segnalati
Alterazioni della Sella Turcica	43 % di casi accertati	non riferite
Scarsità dei peli pubici	frequente (83 %)	infrequente (15 %)
Atrofia mammaria	frequente	rara
Presenza di 17 chetosteroidi nelle urine	molto bassi	bassi, ma non come nell'ipopituitarismo

Tale tabella è stata tratta da:

- Escamilla R.F., Lisser H., *Simmonds' disease: a clinical study with review of the literature: differentiation from anorexia nervosa by statistical analysis of 595 cases, 101 witch were proved pathologically*, "Journal of Clinical Endocrinology", 2, 1942, pp. 65-96

- Riley G.M., *Gynecologic Endocronology*, P.B.Hoeber Inc., New York, 1959.

Diagnosi differenziale	Ipopituitarismo	Anoressia psicogena
Eta media (anni)	40	22
Dimagrimento	assente o scarso	grave o gravissimo
Pelosità sessuale	assente	normale o accentuata
Ipogonadismo	presente	presente
Ipotiroidismo	presente	assente
Iposurrenalismo	presente	assente
Psiche	torpida	sveglia
Risultati della psicoterapia	nulli	positivi

Tale tabella è stata tratta da: Kellner K., Ley H., *Das Problem der Anorexia mentalis in internisticher Sicht*, "Münch Med Wochenschr", 4, 102, 1960, pp. 2233-2238.

[VI] Per quanto riguarda i *reperti di laboratorio*, il frequente ricorso a condotte di eliminazione può produrre alterazioni dell'equilibrio elettrolitico e dei fluidi, tra cui i più frequenti sono l'ipopotassiemia, l'ipocloremia e l'iponatriemia Le alterazioni dell'esame emocromocitometrico evidenziano possibili quadri di anemia sia macrocitica (per carenza di acido folico e vitamina B12), sia ipocromica microcitica (per carenza di ferro e diminuzione della transferrina). Inoltre, è significativo il calo dei linfociti, mentre la leucopenia e la piastrinopenia sono evidenti negli stati più avanzati. In caso di vomito protratto, si può riscontrare nel sangue aumento del bicarbonato sierico (*alcalosi metabolica*), mentre a seguito di diarrea da abuso di lassativi può riscontrarsi un aumento degli ioni idrogeno, definito *acidosi metabolica*.

CAPITOLO VII

PSICOTERAPIE DEI DISTURBI ALIMENTARI

Pierluigi Roncaroli, Cristiano Barbieri

1. *Clinica dei disturbi del comportamento alimentare*
Nonostante gli sforzi che da decenni vengono compiuti per la comprensione della natura dei Disturbi della Condotta Alimentare nelle sue innumerevoli forme, non è ancora possibile tracciare un quadro nel quale si possano riconoscere, con costante precisione, le basi psichiche o le strutture personologiche che danno vita ad una patologia attualmente così diffusa, così importante ed in continua evoluzione.

L'approfondimento del tema ha messo in luce anche forme meno parossistiche, ma altrettanto ossessive, rispetto a quelle maggiori. Un elenco che cerchi di presentare tali forme contiene:
- l'anoressia
- la bulimia
- l'obesità
- il binge eating disorder (o disturbo da alimentazione incontrollata)
- il nibbling (sgranocchiare continuamente, senza mai saziarsi e senza fare un pasto regolare e completo)
- la night eating syndrome (o sindrome da alimentazione notturna)
- il masticare e sputare senza deglutire
- altre forme miste.

Le caratteristiche che si osservano in queste forme sono l'ossessività della condotta, l'inafferrabilità difensiva (nel senso di cercare continuamente alibi al proprio modo di essere), la suggestionabilità emotiva, la dipendenza affettiva mascherata da pseudo-autonomia dei soggetti che ne sono affetti. Naturalmente, le prime tre sono quelle che, per la pericolosità degli esiti e per i riverberi pregiudizievoli a livello familiare e sociale, dove il proselitismo è tutt'altro che una mera eventualità, sono state prese maggiormente in considerazione.

La letteratura psicologica e psichiatrica offre una quantità straordinaria di notizie e di studi sull'eziologia, anche se, finora, non si è purtroppo arrivati a determinare, con certezza, le strutture di personalità sulle quali si incrementa e si intensifica la patologia oro-alimentare.

La ricerca di una singola causa per i disordini alimentari è stata abbandonata da molto tempo e gli studi tendono a valutare una varietà di fattori interagenti - fisici, psicologici, familiari, socio-culturali - le componenti dei quali o il modo con il quale essi sono vissuti permette di affrontare con competenza i fattori di rischio, di evoluzione, di continuità per poter intervenire con metodi di cura validi e di superamento del rischio nel tempo.

Data la complessità dell'argomento, dei fattori scatenanti e le molte impostazioni teoriche, l'approccio terapeutico si è ampliato a dismisura. Anche all'interno di una singola scuola si sono evidenziate parecchie variabili.

Queste si sono rese necessarie in quanto non è possibile generalizzare questa patologia. Non esiste l'anoressia, bensì l'anoressica, non l'obesità, ma l'obesa e così via per tutte le altre forme, perché quello che conta è il vissuto, del tutto individuale, dei fattori componenti il mondo di appartenenza, sia esso interiore, che esteriore.

L'individualizzazione del trattamento ha fatto proliferare metodiche valide al momento e all'individuo al quale si riferisce, ma, purtroppo, non sempre estendibili direttamente ad altri individui, salvo ulteriori adattamenti.

Dal punto di vista clinico, in questi casi la difficoltà maggiore sta nel primo incontro, cioè nell'impostazione del setting terapeutico, sia che si tratti di terapia individuale, che di gruppo o della famiglia, oppure con ricovero in ospedale.

Anche durante il trattamento possono avvenire delle modificazioni che richiedono particolare attenzione per poter adattare le modalità di rapporto più idonee al momento ed allo scopo prefissato.

Uno sguardo alle modalità di intervento terapeutico di tipo psicologico chiarisce come sia impossibile avere un criterio unico per affrontare i disturbi oro-alimentari.

Si tratta di una patologia corporea, per cui la condizione favorente l'eziologia affonda le sue origini nell'esperienza primaria della vita, in quanto il corpo è la prima esperienza che l'organismo, attraverso la sensorialità tattile ed uditiva, fa di se stesso, sul quale fonda l'edificio che lo accompagnerà nella vita e che, per primo, viene riconosciuto dal mondo circostante. In altri termini, si esiste, cioè "si è" nel mondo, perché "si è" e "si ha" al contempo un corpo; il corpo è "tutto", cioè è la condizione di possibilità affinché si possa vivere [1].

Il peso e l'alimentazione sono le esperienze fondamentali che accompagnano il corpo, anzi che ne sono parte integrante e costante. Il neonato vive totalmente il proprio corpo e, se si pensa ai disturbi oro-alimentari, la stessa esperienza corpo-bocca, nell'adulto, è esattamente quella del bambino: cioè attraverso la bocca e l'ingestione, o la non-ingestione, si definisce il corpo e la propria esistenza; l'incorporazione, o la non-incorporazione, diventa quindi l'esperienza costitutiva di sé e del mondo.

Gli interventi terapeutici, e qui psicoterapeutici, sono perciò molteplici e, con il loro ampio spettro, testimoniano la notevole difficoltà di intervento nel settore oro-alimentare, difficoltà che dà la sensazione di "smarrimento".

Le psicoterapie, fondate sull'esame approfondito della condizione psicologica di malaggiustamento, possono essere suddivise in tre grandi gruppi: quelle individuali, quelle di gruppo, quelle della famiglia. Ogni tipologia di intervento terapeutico fa riferimento al fondamento teorico che ispira l'approccio terapeutico stesso (terapia analitica, terapia comportamentale, terapia della gestalt, etc.)[1].

2. Psicoterapie individuali

Tipo cognitivo-comportamentale – in questo approccio il programma prevede, inizialmente, un rinforzo negativo, come imposizione; cioè, per ottenere un risultato, il / la paziente dovrà impegnarsi a far aumentare il proprio peso, naturalmente incrementando l'apporto alimentare, al quale fanno seguito sia un condizionamento operante in base al quale le ricompense sono rapportate ai risultati che egli / ella ottiene giornalmente, sia dei rin-

---

1. Cfr. La bibliografia sul tema risulta immensa; in proposito, comunque, si segnalano: Bion W.R., *Esperienze nei gruppi*, Armando, Roma, 1971; Foulkes S.H., *La psicoterapia gruppo analitica. Metodo e principi*, Astrolabio, Roma, 1976; Semi A.A. (a cura di), *Trattato di psicoanalisi. Vol. I. Teoria e tecnica*, Raffaello Cortina Editore, Milano, 1988; Bemporad J.R., Herzog D.B., *Psychoanalysis and Eating Disorders*, "The Guilford Press", New York, 1989; Semi A.A. (a cura di), *Trattato di psicoanalisi. Vol. II. Clinica*, Raffaello Cortina Editore, Milano, 1989; MacKenzie K., *Introduction To Time-limited Group Psychotherapy*, "American Psychiatric Press", Washington DC, 1990; Anzieu D., Martin J-Y., *La dinamica dei piccoli gruppi*, Borla, Roma, 1990; Haley J., *Problem-Solving Therapy*, Second Edition, Jossey-Bass Inc., San Francisco, 1991; Di Maria F., Lo Verso G. (a cura di), *La psicodinamica dei gruppi. Teorie e tecniche*, Raffaello Cortina Editore, Milano, 1995; Weber P.R. *Fondamenti di analisi del contenuto*, Sigma Edizioni, Palermo, 1995; Farrell E., *Lost for Words: The Psychoanalysis of Anorexia and Bulimia*, Other Press, New York, 2000; Ott M., *First Steps in the Clinical Practice of Psychotherapy: A Practice-Oriented Psychodynamic Approach*, Jason Aronson, Washington DC, 2001; Aposhyan S., *Body-Mind Psychotherapy: Principles, Techniques, and Practical Applications*, Norton & Company, New York, 2004; Woldt A.L., Toman S.M., *Gestalt Therapy: History, Theory and Practice*, Sage Publications, London, 2005; Ginger S., *Gestalt Therapy: The Art of Contact*, Karnac Books, London, 2007.

forzi positivi, con la partecipazione del soggetto a programmi di attività in misura progressiva.

Tipo analitica o analisi strictu senso, di ispirazione freudiana, junghiana, o di altra natura - si basa sul lavoro di preparazione all'abreazione di stadi emotivi [11] e di esperienze che, per la loro natura, avevano costretto il paziente ad una lettura errata della propria vita, con conseguente gioco difensivo esasperato. La modalità di esplicazione avviene attraverso l'associazione libera, i sogni, le interpretazioni in un'area terapeutica particolare. Questo approccio presenta parecchie difficoltà sia per la tecnica, che per il tipo di paziente. Il portatore di patologia oro-alimentare difficilmente si lascia andare al mondo dei propri sentimenti e li filtra prevalentemente con la propria razionalità che è la sua difesa più agguerrita.

Psicoterapia psicoanalitica – questa modalità pur essendo basata sulla concezione teorica di Freud, ne differisce per la posizione del paziente, il quale anziché essere sdraiato sul lettino, si pone *vis à vis* rispetto al terapeuta e collabora direttamente con lui nella elaborazione degli stati d'animo che si manifestano durante i colloqui. L'intervento dello psicoterapeuta è più diretto a distinguere e precisare i fenomeni di natura affettiva e intellettiva, sostituendo questa modalità all'interpretazione classica della tecnica analitica.

Psicoterapia ad orientamento psicodinamico – in questo approccio, l'obiettivo è quello di orientare e incoraggiare il soggetto allo studio della propria identità e della propria collocazione nel mondo, nonché a riflettere sui confini del proprio Io e sugli spazi degli altri. Il rapporto diretto terapeuta-paziente tiene conto principalmente della realtà obiettiva nella quale il soggetto è calato, realtà che viene posta in discussione in ogni momento dell'incontro. Ogni incontro, cioè, ha un punto di partenza nella realtà oggettiva e contingente.

Psicoterapia supportiva - nella psicoterapia che ha come scopo di sostenere un organismo che si presenta non fragile ma con una struttura difettosa, riconoscibile da poca tolleranza alle frustrazioni, scarso senso della realtà, scarso controllo degli impulsi, scarsa o nulla capacità di auto-osservazione, severa difficoltà di relazione oggettuale, scarsa capacità di creare alleanze o amicizie, l'intervento deve essere effettuato in modo flessibile, faccia a faccia col terapeuta, con formazione di un'alleanza terapeutica, focus su oggetti esterni, non regressione di stato. Finalità, studio dell'equilibrio preesistente alla patologia, accettazione della patologia e convivenza coi sintomi i quali non dovendo difendere si adattano alla nuova situazione allentando la stretta difensiva.

Psicoterapia espressiva o orientata all'insight - Il trattamento della patologia oro-alimentare con questo trattamento è alquanto difficile per la difficoltà di insight [III] che caratterizza i pazienti, ma nei rari casi in cui è possibile operare in quel senso i risultati sono a breve tempo possibili. Prevede parziale analisi delle difese e delle dinamiche focalizzate su eventi interpersonali correnti e superficiale analisi del transfert [IV]; un terapeuta poco presente, ma incoraggiante a far focalizzare oggetti positivi; stimoli verso eventi interpersonali e miglioramento delle relazioni.

Psicoterapia Trasformazionale con o senza supporto ipnotico - Il principio strutturale è la flessibilità. Questo aspetto fornisce il terapeuta delle necessarie risorse per affrontare le molteplici particolarità che potrà incontrare nel corso del lavoro terapeutico. Altro principio è lavorare con collaborazione, nel senso di superare la fase asimmetrica per attuare la "collaborazione terapeutica" più completa. Il linguaggio deve essere molto preciso sia nell'approccio vis a vis, sia in quello ipnotico. Tratto dai principi della neurolinguistica, il linguaggio deve essere scelto per far scaturire il maggior numero di significati possibili dall'inconscio (ad es., dire: "lei sente certe sensazioni..." e non: "... lei sente il peso", o altro, in modo diretto e chiaro). Procedendo a piccoli passi ben coordinati dal linguaggio è possibile aprire molte brecce nelle difese del paziente.

Psicoterapie cosiddette brevi – questo gruppo di terapie dovuto allo studio di Alexander e French[2] viene descritto come un'esperienza terapeutica flessibile, non manipolativa, diretta alla correzione dell'esperienza emozionale e capace di riparare i danni provocati da drammatici eventi interiori del passato fino ad ottenere dal paziente la capacità di guardare a nuove vie, soluzioni, pensieri e comportamenti.

Nel seguente elenco, si richiamano i principali modelli terapeutici che si rifanno a siffatta impostazione.

- *Terapia breve focale* – si indaga la relazione esistente tra il paziente e il proprio ambiente interpretando il relativo transfert, a sua volta interpretato nella relazione tra il terapeuta ed il paziente stesso. La tensione che ne deriva è vissuta direttamente nella dinamica tra i due interlocutori e a questo punto si circoscrive il *focus* (cioè il nucleo centrale del problema) e si dirige ogni sforzo terapeutico alla soluzione del conflitto.

- *Psicoterapia con tempo limitato* – il tempo della terapia è prestabilito (cioè il numero di incontri è fissato all'inizio); l'opera del terapeuta si concentra sulla cattiva immagine che il paziente ha di se stesso e sul dolore inerente allo stato psichico attuale; il terapeuta

---

2. A proposito delle c.d. psicoterapie brevi, si segnalano: Alexander F., French T.M., *Psychoanalytic Therapy: Principles and Applications*, Ronald Press, New York, 1946; Davanloo H., *Psicoterapia dinamica a breve termine*, Armando, Roma, 1980; Migone P., *Le terapie brevi ad orientamento psicoanalitico: origini storiche, principali tecniche attuali, discussione teorico-critica, ricerche sull'efficacia, formazione*, "Psicoterapia e Scienze Umane", XXII, 3, 1988, pp. 41-67; Grasso M., Cordella B., *Psicoterapie psicodinamiche brevi*, La Nuova Italia Scientifica, Roma, 1989; Gillieron E., *Psicoterapie brevi e d'urgenza. Applicazioni in psichiatria e psicosomatica*, Edizioni Universitarie Romane, Roma, 1991; Alexander F., French T.M., *L'esperienza emozionale correttiva*, Psicoterapia e Scienze Umane, XXVII, 2, 1993, pp. 85-101; Migone P., *Terapia psicoanalitica*, Franco Angeli, Milano, 1995; Gillieron E., Trattato di psicoterapie brevi, Borla, Roma, 1997.

cerca infatti di riconoscere immediatamente il *clue*, cioè l'indizio centrale, vale a dire il segnale più importante che rimanda al problema di fondo.

- *Psicoterapia breve con ansia provocata* - trattamento diviso in quattro sessioni: alleanza tra terapeuta e paziente; studio del trasfert espresso con chiarezza sia da parte del terapeuta che del paziente (questa fase si concentra sul conflitto edipico che è stato scelto come focus terapeutico, sulla ripetizione di situazioni ansiogene e sullo studio delle manovre di evitamento che il paziente mette in gioco, nonché sul costo in chiave di energia); concentrazione sul carico ansioso fino a quando le difese non siano state chiaramente identificate e interpretate; ripetute dimostrazioni dei legami parentali, incoraggiamento e chiarimento del conflitto, nuova lettura delle dinamiche e dei meccanismi usati dalla psiche del paziente, dimostrazione finale dei risultati tangibili ottenuti.

A questo punto, meritano un accenno anche la *psicoterapia interpersonale*, utile qualora durante un trattamento insorga una fase depressiva. Si basa sullo studio dei meccanismi che regolano la relazione con il mondo e approfondisce il significato della stessa; fornisce altresì consigli e aiuto per superare le resistenze. Si tratta di una terapia vera e propria di tipo globale, molto più ampia e prolungata lunga rispetto a quelle c.d. brevi

3. *Terapie di gruppo*

La psicoterapia di gruppo è un trattamento che, con un'accurata selezione e con la guida di uno o più terapeuti, permette incontri attraverso i quali la relazione interpersonale viene favorita grazie allo scambio delle esperienze di ciascun membro. Il gruppo contiene un ampio spettro di tecniche psicoterapiche quali la supportiva, la cognitiva-comportamentale, la strutturata, la terapia limitata nel tempo, l'interpersonale, la familiare e la terapia orientata analiticamente.

L'analisi di gruppo, sviluppatasi successivamente in psicoterapia di gruppo, discende dalla concezione psicoanalitica classica, così come presente nell'opera di Sigmund Freud "Psicologia delle masse ed analisi dell' Io", edito nel 1921 e successivamente nel 1927, dalla Psychoanalytical Review; su di essa, a cura di Trigant Borrow, apparve anche un articolo dal titolo "The Group Method of Analysis", nel quale si dimostrava la necessità di sviluppare un rapporto terapeutico più dinamico ed adeguato alle necessità di una società in evoluzione come quella degli Stati Uniti.

Ad un certo punto, però, si è avvertita l'esigenza di evidenziare la differenza tra la dinamica o le tecniche di gruppo, dall'analisi o psicoterapia di gruppo. Alcuni AA. (come Foulkes S.H. e Durkin H.)[3], hanno ritenuto che si potesse fare un discorso unitario sulla sintesi dei principi psicoanalitici ed i concetti Lewiniani di campo e di dinamica di gruppo.

Da allora ad oggi, la letteratura sull'argomento è diventata ricchissima; il che testimonia l'importanza dell'intuizione iniziale di Freud e del successivo smisurato sviluppo delle dinamiche sociali dal 1921 ad oggi in tutti i paesi.

---

3. Cfr. Foulkes S.H. (1948), *Introduction to Group Analytic Psychotherapy*, Heinemann, London, trad. it. *Analisi terapeutica di gruppo*, Boringhieri, Torino, 1967; Foulkes S.H. (1964), *Therapeutic Group Analysis*, International Universities Press, New York, trad. it. *Psicoterapia e analisi di gruppo*, Boringhieri, Torino, 1967; Foulkes S.H. (1975), *Group-Analytic Psychotherapy - Methods and Principles*, Gordon and Breach, London, trad. it. *La psicoterapia gruppoanalitica. Metodo e principi*, Astrolabio, Roma, 1976; Durkin E., *Living groups: group psychotherapy and general system theory*, Brunnel/Mazel, New York, 1981; Durkin E. (1982), *Change in Group Psychotherapy: Therapy and Practice: A Systems Perspective*, "International Journal of Group Psychotherapy", 32, 4, 1982, pp. 431-439, Kaës R., *Le teorie psicoanalitiche del gruppo*, Borla, Roma, 1999.

Le tecniche terapeutiche usate sono ormai molteplici, ma un dato rimane costante in ogni gruppo. L'essere umano possiede la duplice condizione di essere individuo e contemporaneamente gruppo. La mente umana si sviluppa essenzialmente nella relazione col mondo, fin dalle sue origini e conserva perennemente un contatto psicologico col gruppo di appartenenza e con gli altri gruppi in un dialogo interiore continuo. Si pensi oggi alla presenza della multimedialità. Le sue polarità si intersecano continuamente e, nell'elaborazione terapeutica del gruppo, bisogna evitare che l'individualità prevalga sul gruppo, oppure che il gruppo soffochi l'individualità.

Ogni gruppo ha una propria realtà psichica, che si forma in rapporto alla coesione del gruppo ed al rispetto che nel gruppo hanno componenti per se stessi e per gli altri presenti.

I criteri generali adeguati alla terapia di gruppo sono: 1) la capacità di lavorare secondo i criteri stabiliti. 2) compatibilità delle aree problematiche con gli obiettivi del gruppo. 3) motivazione al cambiamento.

Per quanto si riferisce al gruppo in ipnoanalisi, i punti essenziali sono:

a) frequenza: una seduta la settimana
b) durata: da 1 a 3 anni
c) disordini oro-alimentari
d) gruppo omogeneo diagnosticato con strumenti psicometrici
e) presenza transferale
f) analisi dei sogni
g) evitamento della leadership manifesta od occulta e delle alleanze
h) conduttori non in evidenza
i) interpretazione dei conflitti inconsci
I) scoraggiare la dipendenza dal gruppo
m) ricostruzione dinamica della personalità
n) oggettivazione continua delle problematiche personali
o) uso dell'ipnosi per superare le difese rigide
p) visualizzazioni (uso delle immagini).

Due dei principali punti di forza rispetto alle psicoterapie individuali sono: la possibilità o l'opportunità di un immediato *feedback* proveniente dalla percezione dei pazienti stessi e l'occasione di osservare con il terapeuta le risposte comportamentali, psicologiche ed emozionali dei componenti del gruppo, i quali esprimono una "quantità" di transfert.

Al presente, la psicoterapia di gruppo ha molti approcci.

Alcuni clinici preferiscono organizzare il gruppo secondo i *principi psicoanalitici*, altri usano tecniche di *terapia transazionale*, enfatizzando l'interazione qui e ora tra i membri del gruppo.

Il *gruppo behavioristico* usa tecniche di condizionamento basate sulla teoria dell'apprendimento.

Il *gruppo gestaltico* prepara i componenti ad abreare[4] ed esprimere pienamente se stessi.

Il gruppo di terapia centrata sui clienti è basata sulla "terapia non giudicante" delle espressioni dei sentimenti personali ed intimi.

Nel gruppo behavioristico ed in quello gestaltico avviene un'interpretazione delle dinamiche affettive che si instaurano tra i vari membri e tra questi ed il conduttore-terapeuta del gruppo, mentre nel gruppo organizzato secondo la c.d. terapia centrata sul cliente[v] non si ha alcuna interpretazione sia del transfert e del contro-transfert, sia dei dinamismi emotivi che si instaurano all'interno del gruppo stesso (es. antipatia-simpatia tra i soggetti).

Nel *gruppo di supporto a socializzazione incoraggiata,* vi è un transfert positivo per promuovere l'aumento delle potenzialità dei singoli all'interno del gruppo stesso, senza interpretare i conflitti inconsci e senza analizzare i sogni dei soggetti, ma analizzando i fattori ambientali (analisi primaria).

---

4. Il termine "abreare" equivale qui a "liberare le emozioni" - Cfr. Nota II del presente capitolo.

Nel *gruppo analiticamente orientato,* vi è invece un'analisi puntuale del passato e del presente dei soggetti, nonché delle loro relazioni intra- ed extra-psichiche; vi è un transfert evocato ed analizzato, con frequente analisi dei sogni, interpretazioni dei conflitti inconsci; la socializzazione non viene presa in considerazione.

Nel *gruppo psicoanalitico,* vengono analizzate l'esperienza di vita passata, la relazione intra-gruppo di origine (microcosmo familiare), la nevrosi da transfert nel gruppo terapeutico[5], i sogni incoraggiati; viene però scoraggiata la dipendenza nel gruppo, in cui il leader è occasionale (può variare cioè di volta in volta); sono interpretati i conflitti inconsci e sono favorite l'abreazione e la catarsi, mentre la socializzazione fra i membri del gruppo non è ammessa.

Nel *gruppo transazionale,* vi è analisi primaria della relazione intra-gruppo, sono incoraggiate i rapporti tra i membri del gruppo, sono analizzati i vissuti negativi, si interpretano le difese-resistenze ed i modelli di comportamento nel qui ed ora, sono accettate le abreazioni.

Nel *gruppo behavioristico,* si discutono i sintomi specifici, senza però cercarne la causalità; si incrementa la relazione nel gruppo senza esaminarne i transfert; non si fa riferimento ai sogni; si incentiva la fiducia nel gruppo e nella leadership; viene stimolata la creazione di nuove difese; non vi sono interpretazioni di tipo analitico.

Le finalità sono diverse:
- nel 1° gruppo (quello di supporto e socializzazione incoraggiata), è l'aumento dell'adattamento all'ambiente;

---

5. Con il termine di nevrosi da transfert si intende un disturbo d'ansia provocato appositamente all'interno del gruppo, con il quale si manifesta un conflitto tra il desiderio di esprimersi e la difesa dal farlo, la soluzione del quale, in questo caso, viene rimandata all'intervento del gruppo; per ulteriori precisazioni sul concetto di *transfert,* si rimanda a: Parin P., *Il contro-transfert rispetto ai diversi meccanismi di difesa,* "Rivista di Psicoanalisi", 8, 1962, pp. 143-159.

- nel 2° gruppo (quello analiticamente orientato), è la moderata ricostruzione delle modalità di funzionamento della personalità;
- nel 3° gruppo (quello psicanalitico), è la complessiva ricostruzione della psiche e della personalità;
- nel 4° gruppo (quello transazionale), è la modificazione del comportamento attraverso meccanismi di controllo cosciente;
- nel 5° gruppo (quello behavioristico), sono il rilievo e il superamento dei sintomi specifici.

La diagnosi e lo studio del tipo di paziente è indispensabile per una corretta determinazione del tipo di terapia da proporre, specialmente se si tratta di inserimento nei gruppi. La somministrazione di batterie di test adatti allo scopo permette di evitare sofferenze e frustrazioni pericolose. Al riguardo, si segnalano i seguenti reattivi mentali:
- colloquio e test: S.C.I.D. (etero-somministrata)
- M.M.P.I.-2
- Zung (ansia + depressione)
- E.A.T.
- B.E.D.
- B.I.T.E.
- B.A.Q.
- E.D.I.-2.

Se il paziente ha meno di 19 anni non si somministrano M.M.P.I. e S.C.I.D, ma si utlilizza l'O.S.I.Q.

La S.C.I.D. valuta i disturbi sia dell'Asse I, che dell'Asse II del D.S.M.

L' M.M.P.I.-2 valuta il profilo di personalità globale.

Lo Zung valuta gli stati d'ansia e di depressione.

L' E.A.T valuta l'alterato atteggiamento alimentare: Controllo Orale, Dieting, Bulimia.

Il B.E.D. e il B.I.T.E. valutano la presenza o l'assenza di Binge Eating con o senza condotte di eliminazione.

Il B.A.Q. valuta la percezione dell'immagine corporea.
L'E.D.I.-2 valuta la relazione tra l'Io e gli Altri.
La creazione di gruppi cosidetti misti, cioè di varia patologia, a volte, ma non sempre, riesce a attuare un trattamento adeguato[VI].

4. *Terapie familiari*
Possiamo definire "Terapia Familiare" una modalità di incontri con tutto il nucleo familiare, oppure con la coppia genitoriale, oppure con quella genito-filiale, oppure con il singolo individuo, al fine di riproporre il ed intervenire sul tessuto profondo che ha permesso la creazione della struttura familiare originaria, in modo tale da permettere una nuova interpretazione dei legami affettivi per un nuovo utilizzo delle risorse, superando le *impasse* determinate da errori di giudizio che bloccano la comunicazione.

La "Terapia della Famiglia" è una terapia "con" e non "sulla" famiglia, perché mira ad assolvere il compito di far funzionare le qualità intrinseche al nucleo familiare, onde ridurne, o eliminare lo stato di sofferenza generale.

Questa tipologia di trattamento si interessa dei rapporti, dei sistemi e delle alleanze che si sono formati e consolidati nella famiglia, considerando le dinamiche presenti in molteplici aree, come: la disabilità psico-fisica; l'adolescenza; la socializzazione; il rapporto intergenerazionale; la psicosomatica; le moteplici problematiche della coppia genitoriale.

Come tecnica terapeutica per la cura dei DCA, è stato utilizzato dagli anni Sessanta, a Filadelfia e a Milano, da due diverse scuole, rispettivamente guidate da Salvador Minuchin e da Mara Selvini Palazzoli, ciascuno dei quali, l'uno indipendentemente dall'altro, ha poi proposto un proprio modello teorico, con il relativo approccio terapeutico[6]. Nel tempo, sono stati dati anche altri contributi, come quelli di Loriedo e di Onnis.

4.1 - Partendo da un approccio di tipo sistemico-relazionale - che, al primo posto, colloca quelle dinamiche giudicate all'origine del disturbo - si è passati alla osservazione dei *pattern* di rapporti disfunzionali di tutto il contesto nel quale il sintomo anoressico compare. In quest'ottica, il compito del terapeuta è quello di promuovere un cambiamento di tutto il sistema familiare, tale per cui ciascun membro può scegliere modalità comunicative più adeguate e il soggetto affetto dal predetto sintomo può abbandonare il suo comportamento disturbato.

Il primo passo, comunque, per Minuchin, è rappresentato da una valutazione degli aspetti organici del soggetto anoressico da parte di un pediatra, il quale può, se necessario, deciderne l'ospedalizzazione.

---

6. Per gli approfondimenti sul tema, si segnalano: Minuchin S., *Families and Family Therapy*, Harvard University Press, Cambridge, Massachusetts, 1974; Minuchin S., Rosman B.L., Baker L., *Psychosomatic families. Anorexia Nervosa in Context*, Harvard University Press, Cambridge, Massachusetts, 1978; Minuchin S., *Where is the family in narrative family therapy?*, "Journal of Marital Family Therapy", 24, 4, 1998, pp. 397-403; Pedrini E., Casati C., *Trattamento psicoterapico diretto dell'anoressia mentale*, "Rassegna di studi psichiatrici", 76, 3, 1987, pp. 471-477; Selvini Palazzoli M. (1985), *Anoressia Mentale: una sindrome della società dei consumi*: in Onnis L. (a cura di), *Famiglia e malattia psicosomatica*, La Nuova Italia Scientifica, Firenze, 1988; Selvini Palazzoli M., Viaro M., *The anorectic process in the family: A six stage model as a guide for individual therapy*, "Family Process", 27, 1988, pp. 129-148, trad. it. *Il processo anoressico della famiglia: un modello a sei stadi a guida del trattamento individuale*, "Terapia familiare", 30, 1989; Meeda M., Feldman R.B., Sigal J.J., *The Unraveling of a Treatment Paradigm: A Followup Study of the Milan Approach to Family Therapy*, "Family Process", 28, 4, 1989, pp. 457–470; 1989; Casati C., *Valutazione di una modalità di approccio al disturbo "anoressia mentale"*, "Psychopatologia", VII, 6, 1989, pp. 355-360; Selvini M., Selvini Palazzoli M., Allegra G., Babando R., Basile P., Bedarida L., Gogliani A., Mancini A., Panico D., Pasin E., Serra T., *Come stanno le anoressiche trattate da Mara Palazzoli e dalla sua équipe dal 1971 al 1987?*, "Psicobiettivo", 1, 1996, pp. 51-69; Selvini Palazzoli M., Cirillo S.M., Selvini M., Sorrentino A.M., *Ragazze anoressiche e bulimiche. La terapia familiare*, Raffaello Cortina Editore, Milano, 1998; Selvini Palazzoli M., *L'anoressia mentale. Nuova edizione*, Raffaello Cortina Editore, Milano, 2006.

L'obiettivo del ricovero è di riequilibrare il peso grazie a tecniche comportamentali basate sul c.d. condizionamento operante, cioè su una serie di condotte apprese e ripetute attraverso una serie di rinforzi positivi e retroattivi (come nel c.d. comportamentismo[7]). Contestualmente, si inizia ad intraprendere con la famiglia un progetto terapeutico che la coinvolga al completo, dal momento che l'intervento su di essa comincia già durante il ricovero; in particolare, si ha una "lunch session": la famiglia cioè viene invitata a consumare un pasto nella stanza della terapia, per far emergere i problemi, piuttosto che discutere su essi, e per ridefinire il significato del comportamento alimentare anomalo di uno dei membri, concepito come un problema relazionale.

Tale "lunch session", spesso, diventa un evento drammatico (di solito, la figlia non mangia, per cui si chiede prima alla madre, poi al padre e infine ad entrambi, insieme, di fare di tutto per farla mangiare, senza per questo ottenere a volte alcun risultato); questo fa mutare il ruolo del soggetto anoressico nella famiglia, per cui la coppia genitoriale smette di strumentalizzarlo, cioè di "usarlo" per evitare l'insorgenza del conflitto, il c.d. triangolo trans-generazionale disfunzionale si interrompe[8].

Nelle sedute successive, proseguite anche dopo le dimissioni della paziente, il terapeuta si confronterà per far modificare dall'in-

---

7. Sul tema, cfr.: Skinner B.F., Werner C. (1974), *Pensare ed apprendere*, Armando, Roma, 1992; Skinner B.F., Werner C. (1974), *Scienza e comportamento*, Franco Angeli, Milano, 1992; Castiglioni M., Corradini A., *Modelli epistemologici in psicologia*, Carocci, Roma, 2003.

8. Con tale espressione, si indica il comportamento che i membri di una coppia attuano per evitare di confrontarsi direttamente; essi, infatti, comunicano indirettamente tramite la figlia; oppure utilizzano la stessa per sostenere ciascuno le proprie posizioni; oppure uno dei due stabilisce con lei un'alleanza fissa in modo da rendere periferico l'altro membro della coppia; oppure i due genitori possono mostrarsi uniti contro la figlia, che qualificano come l'unico problema per la famiglia.

terno le caratteristiche disfunzionali di queste famiglie: l'invischiamento, la iperprotettività, l'evitamento del conflitto, la rigidità. A questo scopo, deve entrare a far parte del campo delle interazioni familiari, cioè costruire un sistema di relazioni del quale, secondo Minuchin, deve restare comunque il leader, per poter interagire con i modelli stereotipati della famiglia. In altri termini, egli deve sostenere a turno i vari membri del sistema, stabilire dei confini tra gli stessi, soprattutto quelli tra genitori e figli, in modo da impedire le interferenze reciproche che danneggiano la ricerca dell'autonomia e dell'individuazione. Ciascuno dei membri è invitato a parlare per sé e ad esprimere la propria opinione sugli eventi, oppure a mantenere dei segreti, per consentirne la differenziazione. Le capacità di ogni membro devono essere rinforzate per ridurre la tendenza alla iperprotettività nei suoi confronti da parte degli altri. Il terapeuta inoltre deve opporsi ai tentativi della famiglia di evitare il conflitto, per cui invita i vari membri a discutere tutti i problemi; in questo modo, egli evita sia di coalizzarsi con uno o con l'altro, sia di restare intrappolato nei meccanismi di delega dei membri che gli chiedono di diventare arbitro o giudice delle varie situazioni.

4.2 - Il gruppo di studi e ricerche che in Italia faceva capo a Mara Selvini Palazzoli, sulla base di un approccio sistemico-relazionale al fenomeno, ha proposto, nel tempo, diversi modelli di interpretazione e differenti tecniche di trattamento del sintomo anoressico.

Inizialmente, il presupposto era che nella famiglia dell'anoressica vi fossero le seguenti caratteristiche: comunicazione contraddistinta dal rifiuto dei messaggi provenienti dagli altri membri della famiglia; difficoltà da parte dei genitori ad assumere il ruolo di leadership nei confronti dei figli; anomalo gioco di alleanze tra i membri della famiglia. Il gruppo di terapeuti era formato da quattro persone, due delle quali osservavano le sedute stando dietro uno specchio unidirezionale e discutevano con gli altri due terapeuti (generalmente di sesso diverso), presenti nella stanza con la famiglia, sulle strategie da adottare. I terapeuti spesso indicavano alla famiglia un comportamento più funzionale. Il sintomo anoressico veniva connotato positivamente, in base alla c.d. tecnica del paradosso: infatti, si diceva alla famiglia che la paziente si stava sacrificando per preservare tutti da un certo pericolo; questo fatto portava, in qualche misura, ad una sorta di prescrizione del sintomo (ad es., si consigliava alla paziente cautela nell' aumentare di peso, perché la sua malattia serviva alla famiglia come difesa rispetto ad una serie di pericoli); in tal modo, si stabiliva un particolare tipo di rapporto terapeutico (il c.d. doppio legame terapeutico) dal quale la paziente poteva uscire solo ribellandosi ai terapeuti e quindi abbandonando il sintomo; ella, infatti, non volendo assumersi il ruolo di "martire sacrificale", era portata a non manifestare più il sintomo.

Successivamente, invece, è stato proposto un modello a sei stadi sui giochi familiari, nel quale veniva subito detto ai genitori che l'anoressia della figlia dipendeva dalla disfunzionalità del loro rapporto, senza che ciò dovesse farli sentire in colpa. Se i genitori avessero accettato tale connessione, avrebbero compiuto il primo passo del lavoro terapeutico. Inoltre, già all'atto del primo contatto telefonico, erano raccolte molte informazioni per elaborare preventivamente delle ipotesi sul modo in cui sviluppare nella famiglia i vari stadi del modello, ipotesi da confermarsi in seduta. In tale ottica, il sintomo viene connotato negativamente, per cui l'équipe terapeutica disapprova chiaramente l'anoressia della figlia, perché ella, con tale condotta, non avrebbe fatto altro che intromettersi in un ambito che non la riguardava, cioè nel cattivo funzionamento del rapporto tra i genitori.

Un'ulteriore tecnica di intervento, proposta nei casi c.d. cronici (cioè in quelli che datano da più di cinque anni), nei quali spesso i membri della famiglia non eseguono correttamente le prescrizioni ricevute, è quella dell'indirizzare queste pazienti ad un trattamento individuale. Il principale presupposto di partenza del terapeuta rimane comunque l'esistenza di una connessione eziologicamente significativa tra il disturbo alimentare della paziente e la condizione di disagio presente nelle sue relazioni con i familiari. In tal caso, il terapeuta non interpreta le dinamiche intrapersonali sottese al sintomo, ma spiega alla paziente la sua situazione familiare, utilizzando le informazioni ricevute dalla stessa. Essendo tali spiegazioni in contrasto con quelle date dalla paziente, ella viene invitata a modificare il proprio comportamento in famiglia per verificare le ipotesi proposte dal terapeuta. Il rapporto terapeutico si esaurirà quando l'adattamento del caso specifico al modello, sarà ultimato.

Sulla base di siffatti apporti teorici e pratici, sono stati messi a punto altri modelli sistemici che prevedono interventi sulla struttura, sul tipo di comunicazione e sui giochi delle famiglie con membro anoressico, che attualmente possono considerarsi modelli terapeutici in evoluzione. In proposito, è opportuno richiamare i contributi di Onnis e di Loriedo.

4.3 - Onnis e la sua scuola, ad esempio, hanno adottato un approccio terapeutico che prevede l'uso delle sculture, introdotte nella terapia familiare da Peggy Papp; questa tecnica consiste nel richiedere alla famiglia di rappresentare, a livello visivo e spaziale, sia la propria immagine, sia il proprio modo di essere, sia il modo in cui pensa di essere in futuro. Questo permette di constatare che, in genere, l'immagine che la famiglia ha di sé nel presente non è diversa da quella che pensa di avere in futuro; il che depone per l'assenza di un "futuro" diverso, o anche di un vero e proprio "futuro", in tali costellazioni familiari, come se la temporalità si declinasse in senso depressivo: non esiste futuro, perché esso è sempre uguale al presente, di per sé fermo e cristallizzato; in altri termini, la possibilità evolutiva della famiglia nel tempo sembra percepita più come minaccia, che come esperienza di crescita.

L'efficacia di questo metodo consiste nella possibilità di rappresentare un dramma, quello anoressico, attraverso l'immagine del corpo della paziente e del corpo della sua famiglia, che viene a manifestarsi ad uno sguardo esterno alla famiglia, sguardo appunto che cura; infatti, il confronto con le immagini che gli altri hanno della paziente e della sua famiglia prende il posto di quelle che la paziente e la sua famiglia hanno di loro stesse, al punto da produrre una modificazione in senso migliorativo[9].

4.4 - Un altro modello di intervento sull'anoressia nervosa è quello proposto da Casati[10], definito "intervento psicoterapico diretto"; questo, pur non essendo strettamente familiare, presenta alcuni punti in comune con l'ottica relazionale, dal momento che viene spesso svolto in presenza della famiglia.

Dopo aver raccolto l'anamnesi, il disturbo anoressico viene qualificato come immodificabile da parte del paziente, il quale

---

9. Sul tema, cfr. Onnis L., *Famiglia e malattia psicosomatica: l'orientamento sistemico*, N.I.S., Roma, 1988; Onnis L., *Il modello sistemico e l'anoressia mentale: proposte interpretative e prospettive terapeutiche*, in: Frighi L., Cuzzolaro M., Caputo G. (a cura di), *Atti del Simposio Internazionale "Anoressia, Bulimia, Obesità. Disturbi del comportamento alimentare"*, Roma, 22-23 ottobre 1988, Press Time, Roma, 1988; Onnis L., *Thérapie familiale de l'anorexie mentale. Un modèle d'intervention basé sur les sculptures familiales*, "Thérapie familiale", 12, 3, 1991, pp. 225-235; Onnis L., *L'anoressia mentale nell'ottica della complessità: aspetti socio-culturali, psicodinamici, familiari*, "Attualità in psicologia", 9, 2, 1994, pp. 17-29; Onnis L., *Il tempo sospeso. Anoressia e bulimia tra individuo, famiglia e società*, Franco Angeli, Milano, 2004.

10. Al riguardo, si segnalano: Pedrini E., Casati C., *Trattamento 'psicoterapico' diretto dell'anoressia mentale*, "Rassegna di studi psichiatrici", 76, 3, 1987, pp.471-477; Casati C., *La valutazione di una modalità di approccio al disturbo "anoressia mentale"*, "Psychopathologia", VII, 6, 1989, pp.355-260; Casati C., Pedrini E., *14 casi di anoressia mentale trattati con intervento psicoterapico diretto*, in: *Atti del IV incontro degli operatori dei servizi pubblici, sulla applicazione delle tecniche relazionali - 'Anoressia Mentale'* - Firenze, 9 aprile 1988.

viene dichiarato "matto" e, per tale ragione, incapace di migliorare la sua situazione. Questo induce il soggetto a sfidare i terapeuti e a dimostrare loro esattamente il contrario di quanto essi pensano di lui, cioè di essere lui a stabilire se alimentarsi o meno. L'arbitro della sfida sarà quindi la bilancia.

Così facendo, dopo alcuni giorni, egli dimostra concretamente di aver riacquistato peso, perché su di lui ha agito un meccanismo in grado di trasformare la sfida da "fatemi mangiare", in "mangia se ci riesci".

4.5 - Loriedo[11] considera che la caratteristica fondamentale delle famiglie con soggetto anoressico o bulimico sia la negazione della complessità che il sistema familiare realizza assumendo posizioni di aut / aut, cioè una visione della realtà fondata su posizioni estreme del tipo "tutto o niente". Il trattamento, quindi, implica che i terapeuti siano in grado di dare sostegno senza eccedere nell'intromettersi e nel controllare, nonché di consentire l'individuazione senza l'abbandono della famiglia.

Il tutto ha lo scopo di trasmettere a queste famiglie il concetto della "complessità", vale a dire la possibile coesistenza degli opposti e della loro integrazione ed articolazione. Per realizzare questo obiettivo, sono perciò necessari:

---

11. In proposito, si segnalano: Loriedo C., *La terapia relazionale*, Astrolabio, Roma, 1978; Loriedo C., Malagoli Togliatti M., Micheli M. (a cura di), *Famiglia: continuità, affetti, trasformazioni*, Franco Angeli, Milano, 1995; Loriedo C., *Il sistema familiare e gli interventi relazionali nell'anoressia mentale*, in: Bassoli F., Mariotti M. (a cura di), *I disturbi del comportamento alimentare. Tecniche di intervento e studi catamnestici. Il modello sistemico a confronto*, Edizioni AGER, Modena, 1992, pp.131-142; Loriedo C., Bianchi G., Perrella C., *Binge eating disorder: aspetti clinici, nosografici e terapeutici*, "Giornale Italiano di Psicopatologia", 8,1, 2002, pp.92-99; Costa E., Loriedo C. (a cura di), *Disturbi della Condotta Alimentare*, Franco Angeli, Milano, 2007.

- un intervento sui genitori che, con il terapeuta, formeranno un team che opera congiuntamente, per dimostrare che diversi modi di pensare e di agire possono integrarsi a vicenda;
- un rispetto delle differenze individuali;
- l'accettazione del c.d. capovolgimento della dipendenza, nel senso che il terapeuta può ricevere l'aiuto della famiglia quando ne ha veramente bisogno;
- la disponibilità ad accettare gli insuccessi (ad es., il terapeuta dichiarandosi sconfitto può smentire l'idea del successo a tutti i costi che queste famiglie in genere coltivano).

5. *Conclusioni*

Altri modelli terapeutici sono stati proposti e l'efficacia di questi sarà certamente oggetto di indagini ulteriori e di adeguati approfondimenti critici.

Si sottolinea, tuttavia, che il successo di un trattamento, a prescindere dal modello, dipende dal consenso alla cura, nonché dalla professionalità degli operatori.

Infatti, attesa tale professionalità, la consensualità alla terapia non può prescindere sia dalla coscienza di malattia, che dal grado e dal tipo di adesione al percorso di cura, non solo del singolo, ma anche del nucleo familiare di appartenenza.

NOTE

[1] Al riguardo, si rinvia ai contributi di matrice antropo-fenomenologica circa la dialettica tra corpo-che-sono (*Leib*), cioè la corporeità vissuta, e corpo-che-ho (*Korper*), cioè la corporeità anatomica, in quanto il corpo rappresenta il luogo di mediazione e di comunicazione tra il mondo esterno ed il mondo interno dell'individuo; infatti, l'esperienza vissuta del "corpo proprio" rappresenta l'interfaccia del "corpo oggetto", nel senso che "si è" e "si ha" un corpo per *essere-nel-mondo* ed *essere-con-sé-stessi*. Soltanto partendo da tale presupposto, è possibile "abitare" lo spazio della nostra esistenza corporea, come dimora temporalizzata e spazializzata. In tal senso, il corpo permette l'incontro e la relazione con sé e con gli altri (cfr. in proposito: Callieri B., *Dimensioni antropologiche della psicopatologia della corporeità*, "Informazione Psicologia Psicoterapia Psichiatria", 17, 1992, pp. 3-8; Callieri B., *Psicopatologia antropologica del vissuto corporeo*, "Attualità in Psicologia", 10, 1995, pp. 167-176; Callieri B., *Corpo Esistenze Mondi*. Edizioni Universitarie Romane, Roma, 2007).

A ciò si aggiungano i contributi psicodinamici relativi alla costituzione dell'Io partendo dalla corporeità e dallo schema corporeo. Infatti, se il corpo è strumento di relazione con il mondo e con gli altri, esso è pensabile come organizzatore della mente, in quanto "guscio", cioè struttura protettiva, contenitiva e delimitante la mente stessa. È qui obbligatorio il richiamo al costrutto di "pelle psichica", cioè a quella condizione che rende possibile al neonato di passare dalla percezione arcaica dell'essere frammentato a quella più evoluta ed integrata di un "involucro", sia fisico che psichico, fino a consentire al soggetto di auto-rappresentarsi in modo unitario. L'"Io-pelle", del resto, si costituisce a partire da stimolazioni tattili e pre-verbali nell'interazione corporea madre-bambino, in una dinamica che è, allo stesso contempo, cognitiva ed affettiva; questa permette di delimitare una certa qual soggettività già a livello somato-psichico e, in tal modo, concorre a dare al neonato una rappresentazione di sé sufficientemente coesa (cfr. in proposito: Bick E.

(1968), *L'esperienza della pelle nelle prime relazioni oggettuali*, in: Isaacs S., Freud A., Winnicot D.W., Bick E., Boston M., Freud W.E., Bratman A.H., *L'osservazione diretta del bambino*, a cura di Bonaminio V., Iaccarino B., Bollati Boringhieri, Torino, 1985; Anzieu D. (1985), *L'Io-pelle*, Borla, Roma, 1994; Anzieu D. (1994), *Dall'Io-pelle all' Io-pensante*, Borla, Roma, 1996; Anzieu D. (1996), *Gli involucri psichici*, Dunod-Masson, Milano, 1997; Roncaroli P., *I gruppi oro-alimentari*, Workshop al 16th. International Congress on Hypnosis and Hypnotherapy - Singapore International Convention & Exhibition Centre, Singapore, 17-22 October 2004).

[II] Con il termine di "abreazione" si intende quella reazione mediante la quale il soggetto esteriorizza, cioè si libera, di un'emozione, più o meno antica, rimasta celata nel proprio inconscio e produttiva di una sofferenza mentale. Secondo la teoria psicanalitica ortodossa, il disturbo mentale traeva origine da un trauma psichico, ossia da una "carica emotiva" pregressa e molto violenta, alla quale non aveva corrisposto una "scarica emotiva" sufficientemente forte da estinguerne gli effetti. Questa "scarica emotiva" è stata definita come "abreazione", come sinonimo di catarsi. Di per sé, il termine rappresenta un neologismo (*ab-reagieren*) coniato da Josef Breuer e Sigmund Freud (il prefisso *ab* comporta vari significati: distanza nel tempo, separazione, diminuzione); non a caso, in un primo periodo, la tecnica terapeutica "attiva" consisteva nel suggerire al paziente di inibire alcuni atteggiamenti corporei o movimenti, per far emergere e "smascherare" i vissuti sottesi; successivamente, grazie anche ai contributi di Sandor Ferenczi, nel soggetto erano provocati prolungati e intensi stati corporei regressivi, nei quali, in una specie di "ripetizione dell'esperienza traumatica", il soggetto poteva ri-vivere l'esperienza traumatica e questo aveva una funzione catartica, cioè liberatoria (cfr. Racker H., *Studi sulla tecnica psicoanalitica*, Armando, Roma, 1976; Freud S., *Studi sull'Isteria e altri scritti*, Opere, Vol. 1, Bollati Boringhieri Editore, Torino, 1980; Semi A.A. (a cura di), *Trattato di psicoanalisi. Vol. I Teoria e tecnica*, Raffaello Cortina Editore, Milano, 1988; Semi A.A. (a cura di), *Trattato di psicoanalisi. Vol. II Clinica*, Raffaello Cortina Editore, Milano, 1989; Fanti S., *Dizionario di psicoanalisi e micropsicoanalisi*, Borla, Roma, 1989; Godfryd M., *Dizionario di Psicologia e Psichiatria*, Tascabili Economici Newton, Roma, 1994; Modell A., *Per una teoria del trattamento psicoanalitico*, Raffaello Cortina Editore, Milano, 1994; Vegetti Finzi S., *Storia della psicoanalisi. Autori opere teorie 1895-1990*, Mondadori, Milano, 1995; Cavallo M., *Emozione, catarsi, sur-limazione*, "Informazione Psicoterapia Counselling Fenomenologia", 6, 2005, pp. 52-65).

[III] Il concetto di "insight" è di complessa definizione. Il termine inglese fa riferimento ad una "intuizione" immediata, improvvisa e di carattere e globale, tanto da ristrutturare l'insieme dell'esperienza. In ambito psicoanalitico, l'*insight* rappresenta quell'input che genera il cambiamento nel paziente (per un adeguato approccio a tale costrutto, si rinvia a Laplanche J., Pontalis J.B., *Enciclopedia della psicoanalisi*, Laterza, Roma-Bari, 2000). In tale ottica, è anche corretto parlare di "dinamica dell'insight", quale strumento fondamentale perché i pazienti possano elaborare le proprie ansie latenti e raggiungere così un'evoluzione psichica (cfr. Ahumada J.L., *Scoperte e confutazioni. La logica dell'indagine psicoanalitica*, Franco Angeli, Milano, 2004). Anche nella c.d. psicologia della Gestalt, questa parola indica una ridefinizione del sistema da parte del soggetto, ridefinizione che gli permette così di risolvere il "problema" postogli. In altri termini, l'*insight* descrive quel processo di apprendimento che si realizza per la riconfigurazione dello spazio del problema ed il conseguente salto verso la sua soluzione.

Esistono poi diverse teorie che cercano di spiegare la presenza o l'assenza di tale fenomeno nelle psicosi: *insight* come meccanismo di difesa (Johnson S., Orrell M., *Insight and psychosis: a social perspective*, "Psychological Medicine", 25, 1995, pp. 515-520; Startup M., *Insight and cognitive deficits in schizophrenia: evidence for a curvilinear relationship*, "Psychological Medicine", 26, 1996, pp. 1277-1281; Williams C., Collins A., *Factor associated with insight among outpatients with serious mental illness*, "Psychiatric Services", 53, 1, 2002, pp. 96-98); *insight* come deficit, secondo il modello neuropsicologico (cfr. Duffy J. D., Campbell J., *The regional prefrontal syndromes: a theoretical and clinical overview*, "Journal of Neuropsychiatry and Clinical Neuroscience", 6, 1994, pp. 379-387; Pantelis C., Brewer W., *Neuropsychological and oldfactory function in schizophrenia: relationship of frontal syndromes to schizophrenia syndromes*, "Schizophrenia Research", 17, 1995, pp. 35-45; Lysaker P.H., Lancaster R.S., Davis L.W., Clements C.A., *Patterns of neurocognitive deficits and unawareness of illness in schizophrenia*, "Journal of Nervous and Mental Disease", 191, 1, 2003, pp. 38-44); *insight* come uno stato o tratto di personalità (cfr. Amador X.F., *Insight and psychosis: state or trait?* (replies) Letter, "American Journal of Psychiatry", 151, 5 may 1994, p. 789; Lysaker P.H., Bell M.D., Bryson G., *Personality as a predictor of the variability of insight in schizophrenia*, "Journal of Nervous and Mental Disease", 187, 1990, pp. 119-122), *insight* come attribuzione di credenze, secondo il modello cognitivo (cfr. Chadwick P., Lowe C., *Measurement and modification of delusional beliefs*, "Journal of Consulting and Clinical Psychology", 58, 2, 1990, pp. 225-232; Birchwood M., Smith J., Drury V., Healy J. McMillan F., Slade M., *A self-report insight scale for psychosis: realiability, validity and sensitivity to change*, "Acta Psychiatrica Scandinavica", 89, 1994, pp. 62-67).

[IV] Il *transfert* o traslazione consiste in un meccanismo in base al quale ciascun individuo tende a trasferire schemi di sentimenti e di pensieri inerenti un pregresso rapporto dotato di significato su di una persona coinvolta in una relazione interpersonale attuale. Esso, quindi, può intendersi come una variazione del meccanismo della proiezione, anche se molto più ampia, perché si riferisce allo spostamento di contenuti mentali del paziente sul suo terapeuta e compare sempre durante un percorso psicologico. Il *transfert* può essere "positivo" (laddove si connota per stima, affetto, amore verso il partner della relazione), oppure "negativo" (quando le emozioni messe in gioco sono, per lo più, di competitività, invidia, gelosia, aggressività). D'altro canto, ogni l'interlocutore e, dunque, anche lo psicoterapeuta ha il suo transfert, cioè le sue proiezioni sul soggetto, anche a prescindere dalle proiezioni che riceve dal paziente. Si parla qui di contro-transfert, termine convenzionalmente riservato alle proiezioni dello psicoterapeuta sul paziente, nel senso che il contro-transfert rappresenta anche una risposta implicita del terapeuta all'atteggiamento conscio ed inconscio che si ha verso di lui. In realtà, il fattore che distingue il *contro-transfert* dal *transfert* è la consapevolezza, da parte del terapeuta, delle implicazioni soggettive, proiettive, dei sentimenti attivati nei confronti del paziente nella particolare situazione del rapporto psicoterapeutico. La coscienza del *contro-transfert* rende il terapeuta in grado di vedere dove l'altro non vede e sostenerlo dove vacilla. In ogni tipo di relazione "significativa", colui che rappresenta il polo più forte (genitore, docente, sacerdote, terapeuta, etc.) deve essere consapevole dell'importanza e dell'effetto che la sua stessa persona produce nell'altro che a lui si affida e con il quale interagisce a livello emotivo, oltre che cognitivo.

In ambito psicoanalitico, ogni scuola ha il proprio punto di vista, peraltro più o meno simile, sul *transfert* e sulle conseguenze pratiche della gestione del medesimo; in linea di massima, comunque, tale meccanismo viene utilizzato e deve essere utilizzato da chi nella relazione riveste il ruolo e la funzione di analista a fini terapeutici, ovvero per far procedere e, infine, portare a compimento il processo psicoanalitico stesso (La bibliografia sul *transfert* può dirsi immensa; al riguardo, si segnalano: Searles H., *Le contre-transfert*, Gallimard, Paris, 1981; Gill M., *Analysis of Transference*, International University Press, New York, 1985; Racker H., *Transfert et contre-transfert. Études sur la technique psychanalytique*, Ed. Césura, Lyon, 2000 ; Neyraut M., *Le transfert, Étude psychanalytique*, PUF, Paris, 2004; Chemla P. (ed.), *Résistances et transferts*, Érès, Ramonville, 2004; Assoun P-L., *Leçons psychanalytiques sur le transfert*, Anthropos, Paris, 2006). Per una chiarificazione del concetto di *transfert* in chiave non solo psico(pato)logica, ma anche antropologica, si rimanda a: Callieri B., *La coppia come incontro: transito fra intersoggettività e interpersonalità*, in: Barbieri C. (a cura di), *La coppia coniugale: attualità e prospettive in medicina canonistica*, Libreria Editrice Vaticana, Città del Vaticano, 2007, pp. 47-62).

[V] La c.d. terapia centrata sul cliente fa riferimento ai contributi di Carl Rogers, la cui opera mira alla crescita e alla maturazione del singolo e dei gruppi attraverso una modificazione costruttiva e profonda dei rapporti interpersonali, basata sulla partecipazione affettiva (empatia), sull'abbandono dei ruoli stereotipati e sulla responsabilizzazione di ciascuno. La terapia si basa su tre elementi.

Il primo elemento è quello dell'autenticità e della trasparenza del terapeuta (momento della genuinità). Quanto più il terapeuta evita di nascondersi dietro il ruolo professionale o personale, tanto più il cliente è in grado di esprimere sé stesso ed iniziare il processo di modificazione e crescita costruttiva della sua personalità.

Il secondo elemento essenziale per la creazione di un clima facilitante è l'accettazione positiva ed incondizionata del cliente (momento dell'accoglimento). In questo modo, infatti, il cliente non avvertirà il disagio e la sofferenza per la maschera e il falso ideale dietro il quale si nasconde per essere facilmente accettato, ma saprà, invece, essere più disponibile al cambiamento e saprà farlo affiorare.

Il terzo elemento è la comprensione empatica (momento dell'ascolto). Questo significa che il terapeuta sa cogliere e sentire le emozioni vissute e percepite dal paziente e sa fargli capire che lo percepisce e gli è vicino. Questo particolare modo di porsi in ascolto è, secondo Rogers, «...una delle forze più potenti che io conosca per il cambiamento».

Per ulteriori approfondimenti bibliografici, si rimanda a: Rogers C., Kinget G.M., *Psicoterapia e relazioni Umane*, Bollati Boringhieri, Torino, 1970; Rogers C., *Libertà nell'apprendimento*, Giunti Barbera, Firenze, 1973; Rogers C., *I gruppi di incontro*, Astrolabio, Roma, 1976; Rogers C., *La terapia centrata sul cliente*, La Nuova Italia, Firenze 1977; Rogers C., *Un modo di essere*, Martinelli, Firenze, 1983; Rogers C., *Da persona a persona. Il problema di essere umani*, Astrolabio, Roma, 1987; Bruzzone D., Carl Rogers, *La relazione efficace nella psicoterapia e nel lavoro educativo*, Carocci, Firenze, 2007.

[VI] Si riporta il seguente schema, nel quale vengono illustrate, in un gruppo di tipo ipno-analitico, le posizioni dei terapeuti (T), quella dei soggetti (S) e la disposizione spaziale delle persone durante la seduta, nella quale al centro (cerchio) vengono posti ed oggettivati i problemi personali. I soggetti non parlano tra loro, o con il terapeuta, ma comunicano "al gruppo". Il cerchio centrale indica lo spazio di oggettivazione dei dati. I terapeuti conducono il gruppo in modo non direttivo, cioè lasciano spazio alle iniziative individuali ed intervengono per interpretare le dinamiche createsi. Le frecce indicano che ogni componente del gruppo ha una propria vita personale che non entra nel gruppo stesso.

Il seguente schema è stato realizzato e presentato da Pierluigi Roncaroli al Congresso Internazionale "Ipnosi e salute nel terzo millennio. Campi di applicazione e interazione tra le varie discipline", organizzato dall'Istituto Italiano Studi di Ipnosi Clinica e Psicoterapia "H. Bernheim", a Verona, il 2-3 Marzo 2002 - © Pierluigi Roncaroli, 2002.

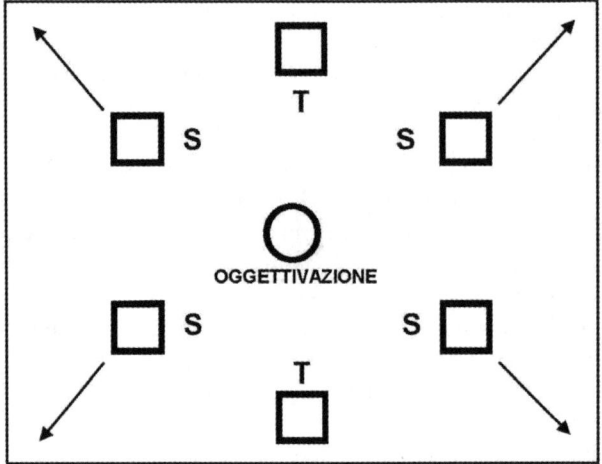

Capitolo VIII

FARMACOTERAPIE DEI DISTURBI ALIMENTARI

Pietro Taverna, Cristiano Barbieri

1. *Premesse*

La farmacoterapia delle malattie mentali ha conosciuto negli ultimi decenni un enorme sviluppo, al punto da diventare una forma di sapere sempre più consolidata, la quale, se da un lato risulta in costante evoluzione, dall'altro rappresenta ormai uno strumento imprescindibile nel trattamento dei vari disturbi psichici[1].

Anche per i disordini della condotta alimentare, sono state effettuate nel tempo moltissime ricerche, finalizzate a trovare molecole dotate di una qualche efficacia terapeutica, sia perché si è pensato che alcune alterazioni di tipo neuro-chimico a livello del sistema nervoso centrale avrebbero avuto un ruolo nell'insorgenza e nel mantenimento dei disturbi dell'alimentazione, sia perché i soggetti affetti da tali disturbi hanno spesso manife-

---

1. Cfr. Per approfondimenti, si rimanda a: Bellantuono C., Imperatore G., *Guida alla terapia farmacologica dei disturbi psichici in medicina generale*, Il Pensiero Scientifico Editore, Roma, 2001; Bellantuono C., Balestrieri M., *Trattato di psicofarmacologia clinica*, Il Pensiero Scientifico Editore, Roma, 2003; Pancheri P., *Farmacoterapia psichiatrica*, Elsevier Masson, Milano, 2003; Schatzberg A.F., Nemeroff Ch.B., *Psicofarmacologia clinica*, Elsevier Masson, Milano, 2003; Schatzberg A.F., Nemeroff Ch.B., *Psicofarmacologia*, Voll. 1-2-3, Centro Scientifico Editore, Torino, 2006.

stato altri sintomi psichiatrici, suscettibili di un trattamento farmacologico[2].

In realtà, nonostante gli studi sperimentali siano stati molteplici e nonostante tutte le conoscenze acquisite siano state integrate in specifiche linee guida per il trattamento farmacologico e non[3], i dati sperimentali, a tutt'oggi, non hanno ancora dimostrato che "...i farmaci possano svolgere un ruolo abituale nel trattamento dell'anoressia, della bulimia e del *binge eating disorder* e, per quanto riguarda l'obesità, è noto fino a questo momento che il peso perso con l'aiuto dei medicamenti è in genere ricuperato appena le terapie sono interrotte"[4].

---

2. Cfr. Sul punto, si rinvia a: De Giacomo P., Renna C., Santoni Rugiu A., *Anoressia e bulimia*, Piccin, Padova, 1992; Mauri M.C., Leva P., Budelli R., Lugo F., Clerici M., Papa R., *Basi neurobiologiche e terapie psicofarmacologiche dei disturbi dell'alimentazione*, in: Clerici M., Lugo F., Papa R., Penati G., *Disturbi alimentari e contesto psicosociale*, Franco Angeli, Milano, 1996, pp. 147-166.

3. Cfr. American Psychiatric Association, *Practice Guideline for eating disorders*, "American Journal of Psychiatry", 150, 2, 1993, pp. 207-228; American Psychiatric Association, *Practice Guideline for Eating Disorders*, The American Psychiatric Association, Washington DC, 1993; National Collaborating Centre For Mental Health, *Eating Disorders: Core interventions in the treatment and management of anorexia nervosa, bulimia nervosa, and related eating disorders*, "National Clinical Practice Guideline" Number CG9, British Psychological Society and Gaskell, London, 2004; National Institute For Clinical Excellence, *Eating disorders: anorexia nervosa, bulimia nervosa and related eating disorders. Understanding NICE guidance: a guide for people with eating disorders, their advocates and carers, and the public*, National Institute For Clinical Excellence, London, 2004; National Institute For Clinical Excellence, *Quick reference guide Eating disorders: Core interventions in the treatment and management of anorexia nervosa, bulimia nervosa and related eating disorders*, National Institute For Clinical Excellence, London, 2004; Royal College of Psychiatrists, *Guidelines for the nutritional mana-gement of anorexia nervosa*, Royal College of Psychiatrists, London, 2004; Wilson G., Shafran R., *Eating disorders guidelines from NICE (The National Institute for Health and Clinical Excellence)*, The Lancet, 365, 9453, 2005, pp. 79-81.

4. Cuzzolaro M., La terapia farmacologica dei disturbi del comportamento alimentare, Noos – Aggiornamenti in psichiatria, 9, 1, 2003, pp.49-66

Sulla base di tali premesse, risulta comunque opportuno segnalare sinteticamente le principali categorie di farmaci sperimentati nella cura dei DCA.

2. *Tipologia di farmaci*

Tutte le principali categorie di psicofarmaci sono state testate nella terapia dei disturbi alimentari, ottenendo risultati sovente assai diversi da quelli attesi. Tuttora, il loro utilizzo si realizza nei trattamenti di tipo sintomatico, posto che "gli psicofarmaci non curano la malattia, ma inducono una riduzione della sintomatologia"[5]. Premesso, quindi, che la farmacoterapia agisce a livello sintomatico e non eziopatogenetico, esaminiamo le differenti tipologie di farmaci.

2.1 *Farmaci antidepressivi*

Nella cura dell'AN, sono stati usati farmaci antidepressivi triciclici (amitriptilina, clomipramina, desipramina, imipramina, nortriptilina), farmaci antidepressivi anti-MAO[6] (fenelzina, isocarbos-

---

5. Mauri M.C., Leva P., Budelli R., Lugo F., Clerici M., Papa R., *Basi neurobiologiche e terapie psicofarmacologiche dei disturbi dell'alimentazione*, in: Clerici M., Lugo F., Papa R., Penati G., *Disturbi alimentari e contesto psicosociale*, Franco Angeli, Milano, 1996, pp. 147-166.

6. MAO è una sigla che indica la monoaminossidasi. Si tratta di un enzima, o meglio di un gruppo di enzimi, contenuto nella parte centrale dei neuroni. Grazie a ricerche psicofarmacologiche, si è dimostrato che per opera delle MAO sono metabolizzate e distrutte la serotonina e le catecolamine (dopamina e noradrenalina), nonché gli adrenotriptaminergici, che sono i principali mediatori chimici del sistema nervoso centrale. Gli «anti-MAO», cioè gli inibitori di MAO (per es. l'iproniazide, l'imipramina) sono molecole che impediscono il metabolismo delle amine sinaptiche, che fungono da neurotrasmettitori, aumentandone la disponibilità a livello delle sinapsi, cioè delle terminazioni nervose, con conseguente effetto stimolante sul tono dell'umore (cfr. De Caro D., *Trattato di psichiatria*, Minerva Medica, Torino, 1979).

sazide, tranilcipromina) e farmaci antidepressivi atipici (amoxapina, trazodone). Tali farmaci sono stati utilizzati a basse o medie dosi, da soli o in associazione con triptofano, generalmente in pazienti ospedalizzati, in alcuni casi associati a diversi tipi di psicoterapie. Più recentemente si è ricorso anche ad antidepressivi SSRI (Specific Serotonin Reuptake Inhibitors), in particolare la fluoxetina, con esiti in genere positivi sul complesso psicofisico della malattia. Anche i sali di litio sono stati utilizzati nel trattamento della AN in pazienti ospedalizzati ed in genere in associazione con psicoterapie di vario tipo.

Anche in corso di BN, sono stati somministrati farmaci antidepressivi triciclici (amitriptilina, clomipramina, desipramina, imipramina), antidepressivi anti-MAO (fenelzina, isocarbossazide, tranilcipromina), antidepressivi c.d. atipici (bupropione, nomifensina, mianserina, trazodone), a dosaggi simili a quelli usati per la depressione. I risultati, nella maggior parte dei casi, sono stati positivi, con riduzione degli episodi di abbuffate e vomito, della depressione, dell'ansia e dell'impulsività[7].

---

7. I migliori risultati sono stati ottenuti con farmaci a prevalente effetto stimolante del sistema serotoninergico (clomipramina), o a effetto stimolante misto serotoninergico-noradrenergico (imipramina), mentre sono stati più modesti gli effetti avuti con altri farmaci ad azione più mirata alla stimolazione del sistema noradrenergico o dopaminergico (desipramina, mianserina). Tuttavia, in una certa percentuale di pazienti si è assistito ad una ripresa della malattia poco dopo l'interruzione della terapia farmacologica e, talvolta, anche nel corso della medesima. I farmaci antidepressivi SSRI (fluoxetina, fluvoxamina) hanno rivelato notevole efficacia per un rapido e duraturo miglioramento (riduzione degli episodi di abbuffata-vomito, della patologia ossessivo-compulsiva, impulsiva e depressiva). I sali di litio in soggetti bulimici, spesso in associazione con psicoterapie, non hanno dato risultati (cfr. Brambilla F., *Il trattamento psicofarmacologico di Anoressia Nervosa, Bulimia Nervosa e Binge-Eating Disorder*, in: Piccini F. (a cura di), *Anoressia, Bulimia, Binge-Eating Disorder*, Centro Scientifico

2.2 Farmaci neurolettici

Nell'AN, i farmaci neurolettici sono stati utilizzati in seguito all'osservazione clinica che, in soggetti psicotici trattati con tali sostanze, vi era un marcato effetto stimolante della fame e un netto aumento del peso[8]. Tentativi terapeutici con cloropromazina (da sola o associata a insulina), con aloperidolo, pimozide e sulpiride, sono stati condotti in pazienti ospedalizzati ed allettati, spesso sottoposti contemporaneamente a psicoterapia: i risultati immediati sono stati molto positivi in relazione alla ripresa dell'alimentazione e del peso, ma assolutamente negativi riguardo alla psicopatologia anoressica vera e propria, con rapide ricadute per il permanere delle turbe psichiche.

Nella BN non sono mai stati utilizzati neurolettici, mentre nella BED è stata utilizzata, senza risultati, la fenitoina.

Editore, Torino, 2000, pp. 135-153). Rimangono prudenti sulla prescrizione di antidepressivi AA. che raccomandano la terapia farmacologica ai pazienti bulimici in associazione a concomitante psicoterapia, solo in caso di: 1. pazienti in cui si mostra un disturbo dell'umore non avente chiara connessione con il comportamento alimentare disturbato; 2. pazienti che a causa della depressione sono impediti nella psicoterapia; 3. pazienti in cui, nonostante ogni sforzo, la psicoterapia abbia fallito (cfr. Vanderlinden W., Norrè J., Vandereycken W., *La Bulimia Nervosa. Guida pratica al trattamento*, Astrolabio, Roma, 1995).

8. Il fenomeno, probabilmente legato all'azione antagonista che i neurolettici esercitano sulla funzione dopaminergica cerebrale, sembra confermare l'ipotesi di alcuni ricercatori che nella AN vi fosse un aumentato tono dopaminergico cerebrale, responsabile sia della ridotta alimentazione, sia della iperattività dei pazienti (cfr. Barry V.C., Klawans H.L., *On the role of dopamine in the pathophysiology of anorexia nervosa*, "Journal of Neural Transmission", 38, 2, 1976, pp.107-122; Johnson C., Stuckey M., Mitchell J., *Psychopharmacological treatment of anorexia nervosa and bulimia. Review and synthesis*, "The Journal of Nervous and Mental Disease", 171, 9, 1983, pp.524-534; Brambilla F., *Il trattamento psicofarmacologico di Anoressia Nervosa, Bulimia Nervosa e Binge-Eating Disorder*, in: Piccini F. (a cura di), *Anoressia, Bulimia, Binge-Eating Disorder*, Centro Scientifico Editore, Torino, 2000, pp. 135-153).

2.3 Farmaci antiepilettici

L'uso di farmaci antiepilettici nell'AN e nella BN è stato suggerito dalla presenza di anomalie elettroencefalografiche, espressione di latenti stati convulsivi. Il trattamento con fenitoina è sembrato efficace in tali circostanze.

2.4 Farmaci regolatori del senso della fame e della sazietà

Nell'AN, la ciproeptadina (farmaco antagonista del sistema serotoninergico) è stata utilizzata per ridurre il senso di sazietà serotonino-indotto, con risultati contrastanti sull'alimentazione e nulli sulla psicopatologia specifica della malattia[9].

Nella BN, la metilanfetamina (stimolatore del sistema dopaminergico e pertanto inibitore del senso della fame) ha determinato effetti positivi sugli episodi di abbuffata-vomito in un piccolo gruppo di pazienti ed effetti collaterali indesiderati di tipo eccitatorio[10].

Nel BED è stata utilizzata d-fenfluramina con risultati positivi[11].

---

9. Altri farmaci quali la fenossibenzamina e la clonidina (antagonisti del sistema noradrenergico e stimolanti l'appetito), la L-DOPA, il tetraidrocannabinolo, l'ACTH, gli steroidi anabolizzanti, il cortisone, gli estrogeni e l'insulina sono stati utilizzati in piccoli gruppi di pazienti anoressici con risultati contrastanti sull'alimentazione e la ripresa del peso, ma nulli sulla psicopatologia specifica (cfr. Brambilla F., *Il trattamento psicofarmacologico di Anoressia Nervosa, Bulimia Nervosa e Binge-Eating Disorder*, in: Piccini F. (a cura di), *Anoressia, Bulimia, Binge-Eating Disorder*, Centro Scientifico Editore, Torino, 2000, pp. 135-153).

10. La d-fenfluramina e la colecistochinina (stimolatore del sistema serotoninergico e quindi del senso di sazietà) ha determinato riduzione degli episodi di abbuffata-vomito, ma nessun effetto sugli elementi psicopatologici tipici della malattia (cfr. Brambilla F., *Il trattamento psicofarmacologico di Anoressia Nervosa, Bulimia Nervosa e Binge-Eating Disorder*, in: Piccini F. (a cura di), *Anoressia, Bulimia, Binge-Eating Disorder*, Centro Scientifico Editore, Torino, 2000, pp. 135-153).

11. Spitzer R.L., Yanovski S., Wadden T., Wing R., Marcus M.D., Stunkard A., Devlin M., Mitchell J., Hasin D., Horne R.L., *Binge eating disorders: its further validation in a multisided study*, "International Journal Eating Disorder", 13, 1993, pp. 137-153.

2.5 Farmaci oppioido-antagonisti

Un piccolo gruppo di pazienti anoressici è stato trattato con narco-antagonisti (naloxone e naltrexone), con buon aumento del peso, ma senza significative variazioni della sintomatologia tipica dell'anoressia.

Il Naltrexone somministrato in basse dosi a pazienti bulimici ha ridotto gli episodi di abbuffata-vomito, con una netta tendenza però a ricadute precoci.

Nel BED, naltrexone in associazione a psicoterapia ha mostrato risultati altamente positivi, anche se di breve durata[12].

2.6 Farmaci attivi sul tubo digerente (procinetici o properistaltogeni)

Nei DCA le turbe della funzionalità dell'apparato digerente, di tipo motorio e secretorio, possono essere corrette con farmaci somministrati in associazione a terapie più specifiche per le due psicopatologie.

Metoclopramide, domperidone (farmaci dopamino-antagonisti), betanecolo, cisapride (farmaci stimolanti il sistema colinergico) hanno esercitato effetti positivi sulle turbe dell'apparato digestivo[13].

---

12. In proposito, cfr. Marrazzi M.A., Bacon J.P., Kinzie J., Luby E.D., *Naltrexone use in the treatment of anorexia nervosa and bulimia nervosa*, "International clinical psychopharmacology", 10, 1995, pp. 163-172; Brambilla F., *Il trattamento psicofarmacologico di Anoressia Nervosa, Bulimia Nervosa e Binge-Eating Disorder*, in: Piccini F. (a cura di), *Anoressia, Bulimia, Binge-Eating Disorder*, Centro Scientifico Editore, Torino, 2000, pp. 135-153.

13. Brambilla F., *Il trattamento psicofarmacologico di Anoressia Nervosa, Bulimia Nervosa e Binge-Eating Disorder*, in: Piccini F. (a cura di), *Anoressia, Bulimia, Binge-Eating Disorder*, Centro Scientifico Editore, Torino, 2000, pp. 135-153.

2.7 *Farmaci correttivi delle alterazioni cliniche fisiche*
Le turbe dei vari organi ed apparati in corso di AN, BN e BED devono essere sempre monitorate e trattate al bisogno con farmaci specifici. In proposito, del resto, si rammenta che:
- le alterazioni degli elettroliti, di sodio, potassio, magnesio e calcio, talora responsabili degli esiti mortali, vanno corrette di volta in volta grazie a somministrazioni degli stessi per via orale o endovenosa;
- anche le alterazioni cardiache, epatiche, renali, cerebrali, cutanee, etc., eventualmente concomitanti, devono essere trattate di volta in volta con gli schemi terapeutici appropriati[14].
- la cura dell'osteoporosi è molto complessa poiché la sua genesi è multifattoriale[15];
- il deficit della secrezione ipofiso-gonadica, responsabile dell'amenorrea, rappresenta una alterazione che può avere esiti molto dannosi su altri organi ed apparati, ma non deve essere trattata fino a quando non vi sia stato un sostanziale miglioramento nell'assunzione di cibo e nel peso.

---

14. Brambilla F., *Il trattamento psicofarmacologico di Anoressia Nervosa, Bulimia Nervosa e Binge-Eating Disorder*, in: Piccini F. (a cura di), *Anoressia, Bulimia, Binge-Eating Disorder*, Centro Scientifico Editore, Torino, 2000, pp. 135-153.

15. È indispensabile una sua correzione nutrizionale, sia con carne, sia con latticini. Solo nel caso che questa sia accettata dal paziente e solo dopo un buon aumento di peso, si possono aggiungere dosi di estrogeni molto basse per un paio di mesi, ai quali far seguire cicli di un estroprogestinico fino a risoluzione della patologia. A questa terapia si possono aggiungere i preparati calcio-fissatori (cfr. Brambilla F., *Il trattamento psicofarmacologico di Anoressia Nervosa, Bulimia Nervosa e Binge-Eating Disorder*, in: Piccini F. (a cura di), *Anoressia, Bulimia, Binge-Eating Disorder*, Centro Scientifico Editore, Torino, 2000, pp. 135-153).

3. *Alcune osservazioni sulla farmacoterapia dei disturbi della condotta alimentare*

Richiamando la letteratura sul tema[16], è corretto affermare che nessun farmaco ha dimostrato capacità terapeutiche risolutive, o quantomeno specifiche, per l'AN, dato questo già da tempo segnalato in sede specialistica[17]; inoltre, non esiste farmaco alcuno che annoveri l'anoressia nervosa tra le sue indicazioni ufficiali, anche se gli psicofarmaci sono largamente usati nella cura di questa condizione, con funzione ancillare, effetti modesti e incerte basi razionali. Addirittura, negli ultimi anni, varie molecole, soprattutto quelle anoressizzanti ad azione centrale, largamente utilizzate in precedenza per tentare di curare situazioni di obesità e di sovrappeso, sono state riconosciute pericolose e inefficaci, al punto da essere ufficialmente vietate in alcuni paesi.

Relativamente alla BN, negli ultimi venti anni, gli studi farmacologici controllati dedicati alla stessa sono stati molto più numerosi di quelli rivolti all'AN, a dimostrazione che le varie molecole disponibili hanno finora dimostrato una maggiore capacità terapeutica in caso di alimentazione compulsiva (binge eating), rispetto a casi di restrizione anoressica, anche se non si dispone ancora di una molecola che, di per sé, sia in grado di correggere il sovrappeso; anzi, è un dato ampiamente acclarato che il peso

---

16. Al riguardo, si segnalano: Cuzzolaro M., *Terapia farmacologica dei disturbi del comportamento alimentare*, Kurtis, Milano, 2000; Cuzzolaro M., *La terapia farmacologica dei disturbi del comportamento alimentare*, "Noos – Aggiornamenti in psichiatria", 9, 1, 2003, pp.49-66.

17. Walsh B.T., Devlin M.J., *Psychofarmacology of Anorexia Nervosa, Bulimia Nervosa, and Binge Eating*, in: Bloom F.E., Kupfer D.J., (Eds.), *Psychofarmacology. The Fourth Generation of Progress, An Official Pubblication of the American College of Neuropsychophamacology*, Raven Press, New York, 1995, pp.1581-1590.

perduto con l'aiuto di farmaci è in genere recuperato rapidamente appena i farmaci sono interrotti[18].

Tra le diverse classi di farmaci finora sperimentate, soltanto gli antidepressivi hanno dimostrato di possedere, come classe, alcuni effetti antibulimici, specialmente la riduzione della crisi di *bingeing* and *purging*; tali effetti si manifestano a prescindere dalla coesistenza di uno stato depressivo e dal suo miglioramento, ma il numero dei *drop-out*[19] è elevato e la *compliance*[20] a lungo termine è scarsa.

Nel caso dei BED, il discorso diventa più complesso; infatti, se da un lato la proposta di una questa nuova categoria nosografia, da inserire fra i DCA, rappresenta il principale collegamento fra clinica medica dell'obesità e psicopatologia dell'alimentazione, dal-

---

18. Stunkard A.J. Foreword, in: Goldstein D.J. (Ed.), *The management of eating disorders and obesity*, Humann Press, Totowa, 1999, pp. VIII–VIII.

19. Il termine *drop-out* (letteralmente "goccia che va fuori") sta qui ad indicare l'abbandono della terapia che spesso si verifica nel corso del trattamento; per approfondimenti, si segnalano: Clinton D.N., *Why do eating disorder patients drop out?*, "Psychotherapy and Psychosomatic", 65, 1, 1996, pp. 29-35; Fassino S., Daga G.A., Pierò A., Rovera G.G., *Dropout from brief psychotherapy in anorexia nervosa*, "Psychotherapy and Psychosomatic", 71, 4, 2002, pp. 200-206; Fassino S., Abbate-Daga G., Pierò A., Leombruni P., Rovera G.G., *Dropout from Brief Psychotherapy within a Combination Treatment in Bulimia nervosa: Role of Personality and Anger*, "Psychotherapy and Psychosomatic", 72, 4, 2003, pp. 203-210.

20. Il termine *compliance* fa riferimento alla collaborazione del soggetto con il medico nel seguire una cura; in linea generale, quindi, indica l'aderenza al trattamento farmacologico o psicologico da parte del paziente; per approfondimenti, si indicano: Baekeland F., Lundwall L., *Dropping out of treatment: a critical review*, "Psychological Bulletin", 82, 5, 1975, pp. 738-783; Vandereycken W., Pierloot R., *Drop-out during in-patient treatment of anorexia nervosa: a clinical study of 133 patients*, "The British Journal of Medical Psychology", 56, 1983, pp. 145-156; Steiner H., Mazer C., Litt I.F., *Compliance and outcome in anorexia nervosa*, "The Western Journal of Medicine", 153, 2, 1990, pp. 133-139; Sonawalla S.B., Farabaugh A.H., Leslie V.M., Pava J.A., Matthews J.D., Fava M., *Early drop-outs, late drop-outs and completers: differences in the continuation phase of a clinical trial*,

l'altro però i farmaci capaci di ridurre la frequenza e l'intensità del *binge-eating* negli obesi non provocano alcun significativo calo ponderale nei pazienti affetti da BED[21].

In sintesi, dunque, nonostante i notevoli ed indiscussi progressi della psico-farmacologia, i medicamenti riconosciuti utili nel trattamento dell'anoressia nervosa, della bulimia nervosa e dell'obesità, con e senza abbuffate compulsive, sono assai pochi e nessuno, finora, ha presentato caratteri di *wonder drug*, cioè di molecola di nuova e stupefacente efficacia[22].

D'altra parte, non si deve mai dimenticare che, "a monte di ogni trattazione psicofarmacologica sta sempre il problema di come una molecola introdotta nell'organismo possa modificare non solo i parametri biologici e il comportamento osservabile, ma anche i vissuti. Vissuti che si offrono a forme di conoscenza psicologica, tanto da presentarsi come qualcosa di «altro» rispetto alla scienza farmacologica"[23]. Ne consegue, che ogni discorso inerente l'eventuale specificità e la maggiore o minore efficacia della farmacoterapia dei disturbi alimentari non possa prescindere da un approccio terapeutico più generale, di tipo bio-psico-sociale, sia perché i

---

"Progress in Neuro-psychopharmacology & Biological Psychiatry", 26, 3, 2002, pp. 415-419 – Corrected and republished in: "Progress in Neuro-psychopharmacology & Biological Psychiatry", 26, 7-8, 2002, pp.1415-1419; Sala P., Gajowy M, Marchewka D., Simon W., Wójtowicz S., *Motivational factors in psychotherapy of eating disorders*, "Psychiatria Polska", 39, 4, 2005, pp.731-740; Zeeck A., Hartmann A., Buchholz C., Herzog T., *Drop outs from in-patient treatment of anorexia nervosa*, "Acta Psychiatrica Scandinavica", 111, 1, 2005, pp. 29-37.

21. Cuzzolaro M., *Terapia farmacologica dei disturbi del comportamento alimentare*, Kurtis, Milano, 2000.
22. Cuzzolaro M., *Terapia farmacologica dei disturbi del comportamento alimentare*, Kurtis, Milano, 2000.
23. Balestrieri A., *Prologo: dalle molecole ai vissuti*, in: Bellantuono C., Balestrieri M., *Gli psicofarmaci. Farmacologia e terapia*, Il Pensiero Scientifico Editore, Roma, 1997, pp.XVII-XX.

concetti stessi di salute e di malattia si articolano a questo livello[24], sia perché la farmacoterapia può rivelarsi vantaggiosa, anche solo a livello sintomatico, laddove risulta integrata in un approccio interdisciplinare e multisciplinare[25].

---

24. In proposito, si rinvia al Capitolo II della presente opera, laddove si affrontano, tra le problematiche classificatorie e definitorie, anche quelle inerenti i costrutti di salute e di malattia.
25. Sulla necessità di un approccio terapeutico di tipo bio-psico-sociale, si rimanda a: Clerici M., Lugo F., Papa R., Penati G., *L'approccio psicosociale nel trattamento ospedaliero dei disturbi dell'alimentazione: presupposti e significato clinico*, in: Clerici M., Lugo F., Papa R., Penati G., *Disturbi alimentari e contesto psicosociale*, Franco Angeli, Milano, 1996, pp.13-26; Wilson G.T., *Psychological treatment of eating disorders*, "Annual Review of Clinical Psychology", 1, 2005, pp.439-465; Wilson G.T., Grilo C.M., Vitousek K.M., *Psychological treatment of eating disorders*, "The American Psychologist", 62, 3, 2007, pp.199-216.

Capitolo IX

ANORESSIA E BULIMIA NEL MATRIMONIO CANONICO

Michele Tronchin

1. Premessa

Al termine della prima parte di questo lavoro, che ha voluto approfondire la realtà dei DCA sotto vari aspetti, vogliamo riportare quanto le scienze umane hanno recentemente indagato rispetto all'incidenza di anoressia e bulimia nella vita di coppia[1], con riferimento particolare alla relazione interpersonale, alla sessualità e alla cura della prole, al fine di evidenziare sia i comportamenti disfunzionali della donna affetta da tali disturbi, sia la gravità dei medesimi[2].

Il matrimonio appare a volte come la causa scatenante l'anoressia o la bulimia, che si manifestano come reazione al disagio coniu-

---

1. Gli studi effettuati su donne con DCA nel mondo occidentale mostrano che la percentuale delle pazienti sposate oscilla, a seconda delle ricerche, dal 12 % al 21% (cfr. Kiriike N., Nagata T., Matsunaga H., Tobitani W., Nishiura T., *Married patients with eating disorders in Japan*, "Acta Psychiatrica Scandinavica", 94, 6, 1996, pp. 428-432).

2. La nostra ricerca si restringe ad anoressia e bulimia, essendo (finora) gli unici due DCA inquadrati come entità nosografiche autonome nel DSM-IV e nel DSM-IV-TR ed essendo di gran lunga i disturbi più trattati dalle scienze psicologiche e psichiatriche in rapporto al matrimonio e non solo. Anche lo studio sistematico più recente in questa ambito (cfr. Van den Broucke S., Vandereycken W., Norré J., *Eating disorders and Marital Relationships*, Routledge, New York, 1997), al quale faremo sovente riferimento, adotta tale limitazione. D'ora in avanti nella trattazione dunque per DCA si intenderà esclusivamente AN e BN, a meno di un'esplicita specificazione.

gale, alla gravidanza, o a problemi di autonomia irrisolti, o legati alla propria famiglia di origine, oppure si sviluppano come tentativo di stabilizzare il matrimonio. Spesso comunque la relazione coniugale contribuisce allo sviluppo di anoressia e bulimia[3]. Dally in un suo studio su 50 donne anoressiche che hanno sviluppato l'anoressia appena prima o subito dopo il matrimonio ha notato come nella maggior parte dei casi si trattasse di conflitti irrisolti con la famiglia di origine, nella metà dei casi di reazione alla disillusione circa la vita matrimoniale (scelta spesso per sostituire un rapporto insoddisfacente con i genitori) e ad un crescente "sentirsi in trappola", per cui anoressia e bulimia fungono da via di fuga da una situazione di disagio intollerabile. Dally conclude che, nella maggioranza dei casi, chi sviluppa un'AN all'interno del matrimonio si trova in una crisi matrimoniale dovuta a conflitti irrisolti nelle aree della formazione dell'identità e della separazione: mancando un'identità sicura queste donne si trovano impreparate nel realizzare il matrimonio[4].

2. Le relazioni interpersonali

2.1 Introduzione

In generale l'atteggiamento di coloro che soffrono di anoressia e bulimia, pur con distinzioni che in parte già sono state evidenziate, è improntato a chiusura, ritiro, rifiuto di mettersi in rappor-

---

3. Woodside D.B., Shekter-Wolfson L.F., Brandes J.S., Lackstrom J.B., *Eating Disorders and Marriage. The Couple in Focus*, Brunner/Mazel, New York 1993.
4. Cfr. Dally P., *Anorexia tardive-late onset marital anorexia nervosa*, "Journal of Psychosomatic Research", 28, 5, 1984, pp. 423-428; Woodside D.B., Shekter-Wolfson L.F., Brandes J.S., Lackstrom J.B., *Eating Disorders and Marriage. The Couple in Focus*, Brunner/Mazel, New York 1993.

to con il mondo circostante. Tale atteggiamento porta con sé quale conseguenza una serie di difficoltà nello stabilire relazioni significative, cioè relazioni interpersonali di una certa intensità, durata e stabilità[5], anche se non poche persone con AN e BN giungono a contrarre matrimonio.

Chi sono coloro che si sposano (o intraprendono una relazione affettiva stabile[6]) con donne già anoressiche o bulimiche o che dopo il matrimonio si ammalano di anoressia o bulimia? Da ricerche e studi di questi anni[7] sulle coppie in cui la moglie soffriva di AN o BN, sono emerse diverse tipologie di mariti: spesso sono mariti passivi sia emozionalmente, che sessualmente; altre volte mariti che, dopo aver cercato di aiutare le proprie mogli, si rifugiavano nel lavoro o in relazioni extraconiugali; altre volte ancora si tratta di mariti che aspettavano che la moglie subordinasse la vita a loro[8].

---

5. Manara F., *La diagnosi della relazione di coppia*, in: Caruso R., Manara F. (a cura di), *I disturbi del comportamento alimentare. Proposte attuali per la pratica clinica*, Franco Angeli, Milano, 1997, pp. 114-123.

6. Per semplicità assimileremo tutti i rapporti di coppia stabili al matrimonio, anche per quanto riguarda la terminologia usata, seguendo in ciò lo stile evidenziatosi nelle ricerche cliniche e nelle pubblicazioni consultate, ben consci tuttavia delle differenze sostanziali esistenti tra matrimonio ed ogni altra relazione affettiva. Sarà nostra cura sottolineare e tener conto di eventuali ulteriori specificazioni quando ciò si renderà necessario.

7. Cfr. Dally P., *Anorexia tardive-late onset marital anorexia nervosa*, "Journal of Psychosomatic Research", 28, 5, 1984, pp. 423-428; Foster S.W., *Marital treatment of eating disorders*, in: Jacobson N.S., Gurman S. (Eds.), *Clinical Handbook of Marital Therapy*, The Guilford Press, New York, 1986, pp. 575-593; Van den Broucke S., Vandereycken W., Norré J., *Eating disorders and Marital Relationships*, Routledge, New York, 1997.

8. Woodside D.B., Shekter-Wolfson L.F., Brandes J.S., Lackstrom J.B., *Eating Disorders and Marriage. The Couple in Focus*, Brunner/Mazel, New York 1993.

Uno studio completo[9], a questo riguardo, ha comunque escluso che tali mariti presentino livelli di «disagio psicologico» (*psychological distress*) più alti rispetto alla norma ed ha altresì escluso che si possa stabilire una significativa corrispondenza tra il disturbo della moglie e quello dei loro mariti, come se questo dipendesse da quello o, al contrario, ne fosse causa di sviluppo o di perpetuazione. È giunto invece alla conclusione che eventuali problemi psicologici dei mariti possono influenzarne la capacità di relazionarsi in modo costruttivo con la moglie[10].

Normalmente la presenza di un disturbo come l'AN o la BN nel matrimonio porta o ad evitare i conflitti di coppia, specie nel caso dell'anoressia, o ad un clima di relazioni caotiche e ostili, nel caso della bulimia[11]. A loro volta, i problemi di relazione coniugale incidono significativamente sullo sviluppo e sul mantenimento dei DCA nelle donne sposate[12].

2.2 Intimità coniugale

All'interno della relazione coniugale assume un significato particolare il livello e la qualità della relazione di intimità tra i coniugi, rappresentando un importante indicatore, nelle attuali teorie psico-

---

9. Van den Broucke S., Vandereycken W., Norré J., *Eating disorders and Marital Relationships*, Routledge, New York, 1997.
10. *Ibid*.
11. Cfr. Woodside D.B., Shekter-Wolfson L.F., Brandes J.S., Lackstrom J.B., *Eating Disorders and Marriage. The Couple in Focus*, Brunner/Mazel, New York 1993; Manara F., *La diagnosi della relazione di coppia*, in: Caruso R., Manara F. (a cura di), *I disturbi del comportamento alimentare. Proposte attuali per la pratica clinica*, Franco Angeli, Milano 1997, 114-123.
12. Kiriike N., Nagata T., Matsunaga H., Tobitani W., Nishiura T., *Married patients with eating disorders in Japan*, "Acta Psychiatrica Scandinavica", 94, 6, 1996, pp. 428-432.

logiche, del benessere dei coniugi stessi e della loro relazione[13].

Il concetto di intimità è stato sempre più utilizzato, in particolare dagli studiosi di psicologia sociale, come attributo qualitativo delle relazioni interpersonali e la sua importanza in ambito scientifico si evince dal gran numero di pubblicazioni recenti che lo riguardano[14]. Il suo significato si è andato esplicitando e definendo in particolare nel corso degli ultimi vent'anni. Attualmente, l'intimità coniugale viene considerata come un aspetto della relazione interpersonale che presenta varie componenti, come la manifestazione di sentimenti e fatti personali significativi, la comprensione reciproca, l'affetto e il prendersi cura dell'altro.

Un modello proposto da Van den Broucke e collaboratori per spiegare il concetto di intimità distingue diverse dimensioni su distinti livelli: a livello di relazione coniugale, l'intimità comprende l'*interdipendenza* affettiva, cognitiva e di comportamento; a livello individuale, è data dall'*autenticità*, come capacità di essere sé stessi, e dall'*apertura* nei confronti del coniuge, come capacità di condividere idee e sentimenti; a livello di gruppo, sociale comporta l'*esclusività*, cioè la capacità di mantenere, nella relazione con persone al di fuori della coppia, espressioni e termini che si riferiscono, in maniera esclusiva, alla loro relazione[15].

Vi è un generale consenso tra i clinici circa il fatto che nei matrimoni in cui vi è un'anoressica o una bulimica manca lo svi-

---

13. Van den Broucke S., Vandereycken W., Norré J., *Eating disorders and Marital Relationships*, Routledge, New York, 1997.

14. Pruitt J.A., Kappius R.E., Gorman P.W., *Bulimia and fear of intimacy*, "Journal of Clinical Psychology", 48 1992, pp. 472-476; Van den Broucke S., Vandereycken W., Vertommen H., *Marital intimacy in patients with an eating disorder: a controlled observational study*, "British Journal of Clinical Psychology", 34, 1995, pp. 67-78.

15. Van den Broucke S., Vandereycken W., Norré J., *Eating disorders and Marital Relationships*, Routledge, New York, 1997.

luppo di una genuina intimità nella relazione coniugale e vi sono piuttosto l'incapacità a comunicare all'altro i propri sentimenti più profondi, la mancanza di comprensione, la carenza di onestà e di reciproco rispetto, l'incapacità ad avere una relazione sessuale soddisfacente ed un aperto confronto[16]. Anche i risultati empirici, dati da studi su coppie «anoressiche» e «bulimiche» a confronto con coppie «di controllo» e coppie disturbate[17], hanno messo in evidenza generalmente un basso livello di intimità coniugale nei matrimoni in esame. Woodside e i suoi collaboratori hanno sottolineato in particolare che le donne che ne soffrono hanno un bassissimo grado di dimostrazione di affetto vicendevole e di coesione, intesa come impegno per il matrimonio, e una bassa autostima[18].

In generale, si concorda che la carenza di intimità ed, in particolare, la mancanza di apertura vicendevole siano la caratteristiche fondamentali dei matrimoni con tali pazienti[19].

Anche gli studi empirici confermano che le coppie con pazienti anoressiche e bulimiche differiscono dalle coppie di controllo non solo per il livello di intimità coniugale, ma anche per la natura, cioè la qualità, di tale intimità. Alla luce di tali risultati, possiamo quindi dire che la mancanza di apertura e di comunicazione nelle coppie anoressiche o bulimiche è una seria carenza relazionale che può rappresentare un ostacolo alla crescita e al migliora-

---

16. Van den Broucke S., Vandereycken W., Norré J., *Eating disorders and Marital Relationships*, Routledge, New York, 1997.

17. Per coppie «anoressiche» e coppie «bulimiche» intendiamo quelle coppie in cui la moglie è anoressica o bulimica (cfr. Van den Broucke S., Vandereycken W., Norré J., *Eating disorders and Marital Relationships*, Routledge, New York, 1997).

18. Woodside D.B., Shekter-Wolfson L.F., Brandes J.S., Lackstrom J.B., *Eating Disorders and Marriage. The Couple in Focus*, Brunner/Mazel, New York 1993.

19. Van den Broucke S., Vandereycken W., Norré J., *Eating disorders and Marital Relationships*, Routledge, New York, 1997.

mento dell'intimità coniugale e diventare un'ulteriore fonte di sofferenza[20].

2.3 Comunicazione coniugale

La comunicazione coniugale è definibile come quel processo di interazione, verbale e non, attraverso il quale la relazione tra gli sposi viene stabilita, mantenuta e cambiata. L'idea che la comunicazione fra i coniugi abbia una grande importanza e determini la qualità della loro relazione è supportato da riflessioni teoriche e da risultati di studi empirici[21].

Da un punto di vista teorico, la comunicazione coniugale è ritenuta il mezzo attraverso il quale l'intimità viene acquisita e mantenuta. Di fatto, le interazioni di una coppia coniugale in difficoltà sono caratterizzate da modelli di comunicazione disturbati, come ad esempio da negativismo, rigidità, attribuzioni negative e presenza di uno stato latente di conflitto. Tali carenze nella comunicazione tra i *partners* sono spesso alla base della manifestazione e dell'instaurarsi di problemi psichiatrici, tra i quali anche AN e BN[22].

Seguendo Van den Broucke e collaboratori, possiamo dire che le coppie anoressiche e bulimiche mostrano una mancanza di capacità di comunicazione effettiva con il coniuge. In particolare, comparate ad un gruppo di coppie non disturbate (*nondistressed*), mostrano di usare meno la metacomunicazione (cioè la proposta o

---

20. Van den Broucke S., Vandereycken W., Norré J., *Eating disorders and Marital Relationships*, Routledge, New York, 1997.
21. Van den Broucke S., Vandereycken W., Vertommen H., *Marital communication in eating disorder patients: a controlled observational study*, "International Journal of Eating Disorders", 17, 1995, pp. 1-21, Van den Broucke S., Vandereycken W., Norré J., *Eating disorders and Marital Relationships*, Routledge, New York, 1997.
22. Van den Broucke S., Vandereycken W., Norré J., *Eating disorders and Marital Relationships*, Routledge, New York, 1997.

l'osservazione circa un argomento e la richiesta di chiarimento[23]) e la descrizione neutrale di un problema; inoltre, sono propense a chiudere un cambiamento unilaterale al coniuge come strada per risolvere i problemi della coppia, anche se manifestano una maggiore capacità di rivelare i propri problemi.

Certamente, però, non si può dire che le carenze di comunicazione coniugale siano la causa dei DCA nella donna, ma piuttosto che vi è un'interconnessione fra questi e quelle, cioè che la comunicazione coniugale è influenzata dalla presenza di un tale disturbo e a sua volta lo influenza[24].

2.4 Conflitti coniugali

Anche i conflitti coniugali giocano un ruolo importante nelle coppie anoressiche e bulimiche nello sviluppo e nel mantenimento del DCA[25].

In particolare, sono significativi alcuni dati: il primo è che tali

---

23. Van den Broucke S., Vandereycken W., Norré J., *Eating disorders and Marital Relationships*, Routledge, New York, 1997.
24. *Ibid.*
25. Nel caso di inizio del DCA dopo o contemporaneamente al matrimonio, si è visto che nel 70% delle donne la malattia si manifestava per conflitti coniugali, separazioni o divorzi. Sembra che l'inizio del DCA dopo il matrimonio sia riconducibile al riemergere di conflitti adolescenziali di dipendenza-indipendenza rimasti irrisolti e riapparsi con i problemi coniugali, oppure alla difficoltà di fronte ad una crescente crisi coniugale, oppure siano una risposta a situazioni di vita stressanti, come i problemi con il coniuge. Si suggerisce inoltre che, anche nei casi di inizio post-matrimoniale, vi siano state abitudini di dieta o di restrizioni alimentari durante l'adolescenza o la prima fase adulta. Ciò fa supporre una tendenza all'aumento di casi di sviluppo di DCA dopo il matrimonio (cfr. Kiriike N., Nagata T., Matsunaga H., Tobitani W., Nishiura T., *Married patients with eating disorders in Japan*, "Acta Psychiatrica Scandinavica", 94, 6, 1996, pp. 428-432).

coppie, rispetto a quelle «non disturbate», presentano molte più situazioni conflittuali e con un maggiore carico affettivo-emozionale. Questo alto coinvolgimento emozionale, a sua volta, produce o maggiori conflitti, o l'evitamento del conflitto stesso. Il secondo dato, che riguarda i processi di interazione del conflitto di coppia, mostra che l'evitamento del conflitto è utilizzato, in numerose coppie con DCA, come una tattica stessa di conflitto. Infine, il terzo dato, inerente il livello di struttura del conflitto, è che la caratteristica strutturale principale dei conflitti tra queste coppie è data da una mancanza di intimità e da una nascosta lotta per il potere che nell'anoressica o nella bulimica si evidenzia nei sintomi del disturbo[26].

L'evitamento del conflitto suggerisce la presenza di un'incapacità di queste coppie a risolvere i conflitti coniugali, incapacità che non è causa del DCA, come sostengono alcuni autori[27], ma che sicuramente accresce in maniera considerevole le loro difficoltà relazionali e personali[28].

3. La sessualità

3.1 Introduzione

La sessualità rappresenta un aspetto fondamentale della relazione coniugale. Essa, infatti, è intrinsecamente legata sia alla soddisfazione dei coniugi nella loro relazione, sia al soggettivo senso di

---

26. Van den Broucke S., Vandereycken W., Norré J., *Eating disorders and Marital Relationships*, Routledge, New York, 1997.
27. Fishman H.C., *Family considerations in liaison psychiatry: a structural approach to anorexia nervosa in adults*, Psychiatric Clinics of North America, 2, 1979, pp. 249-263.
28. Van den Broucke S., Vandereycken W., Norré J., *Eating disorders and Marital Relationships*, Routledge, New York, 1997.

benessere, ritenuto da più parti[29] centrale nella definizione di intimità coniugale.

Anche se specifici studi empirici[30] indicano che la sessualità e l'intimità coniugale sono concetti differenti, è comunemente accettato e riconosciuto che il rapporto sessuale è fortemente influenzato dalla qualità della relazione coniugale nella sua interezza e che, viceversa, il rapporto sessuale influenza la qualità della relazione coniugale[31].

L'intima connessione fra la qualità della relazione coniugale e quella della relazione sessuale si evidenzia anche nei soggetti con DCA, anche se in questo caso l'interazione è probabilmente più complessa. Infatti, AN e BN frequentemente inducono a disfunzioni sessuali e a loro volta sono talora causati da problemi sessuali spesso radicati in una storia di abusi di questo tipo[32]. In questo caso, i problemi di natura sessuale sono ancora più evidenti.

3.2 Intimità sessuale

L'ambito della sessualità è vissuto generalmente da chi è malato di anoressia e bulimia all'interno di un quadro di sofferenza, di disagio, di rifiuto, di ambivalenza, che limita in modo serio tale importante dimensione della persona nel suo carattere relazionale

---

29. Waring E.M., McElrath D., Mitchell P., Derry M,E., *Intimacy and emotional illness in the general population*, "Canadian Journal of Psychiatry", 26, 3, 1981, pp.167-172.

30. Cfr. Patton D., Waring E.M., *Sex and marital intimacy*, "Journal of Sex and Marital Therapy", 11, 1985, pp. 176-184; Monsour M., *Meanings of intimacy in cross and same-sex friendships*, "Journal of Social and Personal Relationships", 9, 2, 1992, pp. 277-295

31. Van den Broucke S., Vandereycken W., Norré J., *Eating disorders and Marital Relationships*, Routledge, New York, 1997.

32. *Ibid.*

e, a volte, procreativo. Lo sviluppo stesso di disturbi alimentari è visto in connessione a conflitti circa la maturità psico-sessuale, i quali a loro volta evidenziano difficoltà legate al processo di separazione ed individuazione[33].

L'evitamento delle relazioni intime è più frequente nelle anoressiche, ma si può trovare anche nelle bulimiche, pur con caratteristiche di comportamento differenti[34]. In queste, infatti, si tratta maggiormente di un evitamento che coinvolge la dimensione emozionale del rapporto, la volontà di un non-coinvolgimento affettivo. In generale, inoltre, è comune la strategia, per avere un minor rischio di coinvolgimento ed un maggiore controllo, di stabilire relazioni affettive con chi a loro non piace affatto, o abbastanza[35].

Nella letteratura sui DCA, la sessualità viene considerata spesso sotto una prospettiva psicodinamica, che valuta il rapporto fra la natura conflittuale della sessualità in queste donne e la funzione simbolica del cibo e del peso corporeo[36]. Tale visione ha suggerito ad esempio che vi sia per la donna una speciale relazione fra il cibo e la sessualità, spiegabile dal fatto che le donne sono più inclini ai

---

33. Woodside D.B., Shekter-Wolfson L.F., Brandes J.S., Lackstrom J.B., *Eating Disorders and Marriage. The Couple in Focus*, Brunner/Mazel, New York 1993.

34. Cfr. Woodside D.B., Shekter-Wolfson L.F., Brandes J.S., Lackstrom J.B., *Eating Disorders and Marriage. The Couple in Focus*, Brunner/Mazel, New York 1993; Manara F., *La diagnosi della relazione di coppia*, in: Caruso R., Manara F. (a cura di), *I disturbi del comportamento alimentare. Proposte attuali per la pratica clinica*, Franco Angeli, Milano 1997, 114-123.

35. de Pascale A., *Disturbi alimentari psicogeni. L'interazione dei processi sistemici cognitivi e relazionali*, Bios, Cosenza, 1992.

36. Cfr. Kaplan J.R., *A Woman's Conflict: The Special Relationship between Women and Food*, Prentice Hall Trade, Englewood Cliffs NJ, 1980; Meadow R.M., Weiss L., *Women's Conflicts about Eating and Sexuality: The Relationship between Food and Sex*, Routledge, New York, 1992; Pasini W., *Nourriture et Amour. Deux passions Dévorantes*, Payot, Paris, 1995.

«disturbi del desiderio»[37]. Rispetto all'AN, in questa visione, è accertato che le pazienti siano sessualmente inibite per una supposta loro paura di crescere: i sintomi anoressici sembrano finalizzati ad evitare le sensazioni sessuali, avvertite come una minaccia, e l'arresto dello sviluppo psicosessuale nelle anoressiche, come conseguenza, porta il soggetto adulto ad essere privo di reazioni e ciò si manifesta nell'evitamento dell'intimità e della sessualità: «Ogni aspetto della vita sessuale ne é toccato, inclusi la libido, l'esecuzione e la capacità di riproduzione. In generale i pazienti anoressici sono sessualmente inibiti e hanno difficoltà a sperimentare piacere»[38].

Una visione simile si trova anche nella letteratura che riguarda le donne bulimiche: più specificatamente si ritiene che le medesime siano sessualmente più attive, ma, anzichè raggiungere la maturità sessuale, tendono ad una vita sessuale alquanto promiscua, alla ricerca di soddisfazione della loro «fame» di riconoscimento e di amore[39]. Anche Andersen nota che le pazienti bulimiche, soprattutto quelle che mostrano generalizzati problemi nel controllare gli impulsi, pos-

---

37. Liss-Levinson N., *Disorders of desire: women, sex and food*, in: Cole E., Rothblum E.D. (Eds.), *Women and Sex Therapy*, Routledge, New York, 1989, pp.121-129.

38. Esemplificativa, in proposito, è la seguente affermazione: «Every aspect of sexual life is affected, including libido, perfomance, and capacity for reproduction. In general, anorectic patients are sexually inhibited and have difficulty experiencing pleasure» (cfr. Andersen, A.E., *Practical Comprehensive Treatment of Anorexia Nervosa and Bulimia*, Johns Hopkins University, Baltimore, 1985).

39. Così anche de Pascale:"Infatti, se l'anoressica evita categoricamente il coinvolgimento in situazioni sentimentali e mostra disinteresse evidente verso la sessualità e l'erotismo, la bulimica può presentare invece un comportamento sessuale promiscuo, una ricerca esagerata di rapporti sessuali, rapporti che si rivelano tutti di poco significato, non coinvolgenti e appaganti, ma piuttosto legati ad una costante verifica della propria identità, ad una ricerca e riconferma dell'accettazione di sé che dipende da come risultino gradite agli altri» (cfr. de Pascale A., *Disturbi alimentari psicogeni. L'interazione dei processi sistemici cognitivi e relazionali*, Bios, Cosenza, 1992).

sono manifestare un'attività sessuale inadeguata[40]. In tale prospettiva, si sottolinea l'immagine *standard* dell'anoressica super-controllata, a fronte del minor controllo della bulimica[41].

Le conclusioni sopra riportate, pur essendo clinicamente accattivanti, sono eccessivamente generiche per altri studiosi[42] e, in ogni caso, non rispondono alla questione sulla causalità tra DCA e problemi sessuali. Le interpretazioni su questo punto sono abbastanza diverse[43], anche se vi è accordo sul fatto che il calo di interesse sessuale mostrato dalle anoressiche sia dovuto all'ipogonadismo causato dall'emaciazione[44].

D'altra parte, la maggior parte dei dati sono riferiti a pazienti più giovani, prive di *partner* sessuale. Solo pochi studi hanno prestato attenzione alle pazienti più adulte che hanno avuto una relazione eterosessuale. I risultati di questi studi hanno mostrato un quadro variegato: da uno studio australiano[45], confermato da un

---

40. Andersen, A.E., *Practical Comprehensive Treatment of Anorexia Nervosa and Bulimia*, Johns Hopkins University, Baltimore, 1985.
41. Van den Broucke S., Vandereycken W., Norré J., *Eating disorders and Marital Relationships*, Routledge, New York, 1997.
42. *Ibid.*
43. Cfr. Scott D.W., *The involvement of psychosexual factors in the causation of eating disorders: time for a reappraisal*, "International Journal of Eating Disorders", 6, 1987, pp. 199-213; Coovert D.L., Kinder B.N., Thompson J.K., *The psychosexual aspects of anorexia nervosa and bulimia nervosa: a review of the literature*, "Clinical Psychological Revue", 9, 1989, pp. 169-180.
44. Tuiten A., Panhuysen G., Everard W., Koppeschaar H., Krabbe P., Zelissen P., *The paradoxal nature of sexuality in anorexia nervosa*, "Journal of Sex Marital Therapy", 19, 1993, pp. 259-275.
45. Abraham S., Bendit N., Mason C., Mitchell H., O'Connor N., Ward J., Young S., Llewellyn-Jones D., *The psychosexual histories of young women with bulimia*, "Australian and New Zealand Journal of Psychiatry", 19, 1985, pp.72-76.

altro tedesco[46], le bulimiche sembrano essere simili, in questa sfera, alle donne del gruppo di controllo, mentre in uno studio svizzero[47] le bulimiche evidenziano una minore capacità di soddisfazione sessuale e maggiori difficoltà sessuali. I pochi studi riguardanti donne adulte con AN restrittiva sembrano confermare tali dati[48]. Queste pazienti appaiono generalmente lente nello sviluppo psicosessuale ed hanno più spesso problemi di insoddisfazione sessuale.

Non sembra comunque che si possa giungere a questo riguardo a conclusioni certe, perché gli studi condotti sono in ogni caso contaminati dalla presenza di variabili come l'ambiente familiare, l'educazione sessuale, le esperienze sessuali, lo *status* ormonale, le relazioni con il coniuge, o una storia di abuso sessuale.

Così si dovrebbe essere prudenti nel giungere a conclusioni sul comportamento sessuale in relazione ad un DCA, fermo restando che la sessualità è un aspetto di centrale importanza nello sviluppo, nella comprensione e nella terapia dei DCA, in maniera speciale per le donne sposate. Infatti, la relazione sessuale può esacerbare l'insicurezza sessuale delle donne con DCA e contribuire negativamente al loro disturbo[49].

---

46. Fichter M., Haberger R., *Bulimia nervosa: Psychosexuelle Entwicklungsstörungen*, in: Vogt H.J., Eicher W., Herms W., (Eds.), *Praktische Sexualmedizin, Medical Tribune*, Wiesbaden, 1990, pp. 155-174.

47. Jagstaidt V., Pasini W., *Boulimie et sexualité*, "Médecine et hygiène", 52, 2019, 1994, pp. 701-704.

48. Cfr. Haimes A.L., Katz, J.L., *Sexual and social maturity versus social conformity in restricting anorectic, bulimic, and borderline women*, "International Journal of Eating Disorders", 7, 1988, pp. 331-341; Raboch J., Faltus F., *Sexuality of women with anorexia nervosa*, "Acta Psychiatrica Scandinavica", 84, 1991, pp. 9-11.

49. Van den Broucke S., Vandereycken W., Norré J., *Eating disorders and Marital Relationships*, Routledge, New York, 1997.

3.2 Fertilità

Numerosi studi scientifici hanno posto la loro attenzione sugli effetti di anoressia e bulimia sulla fertilità e sugli esiti di un'eventuale gravidanza, che dipendono in buona misura dalle attività ormonali che, nel caso di chi soffre di tali disturbi, sono compromessi.

Uno dei sintomi più evidenti dell'AN, del resto, è l'interruzione del ciclo mestruale, associata ad una disfunzione dell'ipotalamo. Sono state fatte molte ricerche per spiegare esattamente le cause dell'amenorrea, ma il meccanismo rimane, almeno in parte, ancora da chiarire[50].

Da un punto di vista diagnostico, la valutazione dell'assenza di mestruazioni come criterio non è accettato dalla totalità degli esperti e studi recenti[51] hanno mostrato che l'amenorrea non è un fattore discriminante tra donne con AN e donne aventi tutti i sintomi eccetto l'amenorrea. Tali studi hanno mostrato inoltre che la presenza delle mestruazioni di per sé non indica bassi livelli di DCA, di disturbo dell'immagine corporea o di una psicopatologia. In ogni caso, nelle classificazioni ufficiali, compreso il D.S.M. IV - TR, l'amenorrea è ancora recepita come criterio necessario per diagnosticare l'AN.

---

50. Beumont P.J.V., *Menstrual disorder and other hormonal disturbances*, in: Erzog W., Deter H.C.,Vandereycken W. (Eds.), *The Corse of Eating Disorders*, Springer-Verlag, Berlin, 1992, pp. 257-272; Golden N.H., Shenker I.R., *Amenorrhea in anorexia nervosa. Neuro-endocrine control of hypotalamic dysfunction*, "International Journal of Eating Disorderss", 16, 1994, pp. 53-60.

51. Cfr. Garfinkel P.E., Lin E., Goering P., Spegg C., Goldbloom D., Kennedy S., Kaplan A.S., Woodside D.B., *Should amenorrhea be necessary for the diagnosis for anorexia nervosa? Evidence from a Canadian community sample*, "British Journal of Psychiatry", 168, 1996, pp. 500-506; Cachelin F.M., Mahrer B.A., *Is amenorrhea a critical criterion for anorexia?*, Paper presented at the 7th International Conference on Eating Disorders, New York, 26-28 April 1996, cit. in:Van den Broucke S.,Vandereycken W., Norré J., *Eating disorders and Marital Relationships*, Routledge, New York, 1997.

Da un punto di vista soggettivo, l'amenorrea non è considerata generalmente dalle anoressiche come un problema, ma, al contrario, si sentono liberate da una noiosa condizione. Quando ritornano ad un peso normale (consistente in un indice di massa corporea - BMI - pari a 19), il ciclo mestruale riprende regolarmente, a meno che non persista uno squilibrio nutrizionale dovuto a comportamenti anoressici o dietetici, come le restrizioni alimentari, un'attività lassativa, o un'eccessiva attività fisica.

D'altra parte, anche se vi è un ritorno delle mestruazioni non vi è necessariamente un ritorno dell'ovulazione[52]. Il ritorno al ciclo di mestruazione ovulatoria è comunque l'unico vero segno della capacità riproduttiva della donna con DCA. La sua assenza indica uno stato di diminuzione dell'equilibrio del metabolismo che può avere conseguenze fisiche sia per la madre, che per il nascituro[53].

Seppur in misura molto minore dell'AN, anche la BN può portare a disturbi ormonali e dunque alla presenza di amenorrea, con percentuali che variano dal 25 % al 75 %, a seconda degli studi[54]. Poiché la maggioranza delle donne bulimiche ha un peso entro limiti normali, i loro disturbi ormonali sono connessi ai loro comportamenti di perdita del peso. I pochi studi che hanno posto attenzione alle funzioni mestruali

---

52. Van den Broucke S., Vandereycken W., Norré J., *Eating disorders and Marital Relationships*, Routledge, New York, 1997.
53. Key A., Mason H., Bolton J., *Reproduction and Eating Disorders: A Fruitless Union*, "European Eating Disorders Review", 8, 2000, pp. 98-107.
54. Cfr. Abraham S., Llewellyn-Jones D., *Sexual and reproductive function in eating disorders and obesity*, in: Brownell K.D., Fairburn C.G. (Eds.), *Eating Disorders and Obesity: A comprehensive handbook*, Guilford Press, New York-London, 1995, pp. 281-286; Copeland P.M., Sacks N.R., Herzog D.B., *Longitudinal follow-up of amenorrhea in eating disorders*, "Psychosomatic Medicine", 57, 1995, pp.121-126.

nella BN[55] mostrano che la ripresa delle mestruazioni è legata all'interruzione delle restrizioni alimentari e all'assenza di un disturbo affettivo.

Si sa relativamente poco circa gli effetti che i disturbi ormonali dei pazienti di DCA hanno sul loro comportamento sessuale, sulla loro capacità riproduttiva e sulla gravidanza. Ciò che si sa con certezza è che molte donne con DCA percepiscono la gravidanza come una sfida per la loro immagine corporea, per il controllo del loro peso e per la loro autostima[56]. Mentre un aumento di peso dal concepimento al parto di circa 12-13 chilogrammi è normale per una donna in salute, molte donne credono invece di doverlo evitare per la paura di non riuscire a tornare al loro peso-forma[57].

Nelle donne con DCA, tutto ciò è complicato dai molti conflitti riguardanti la sessualità, l'immagine corporea, l'autonomia e

---

55. Cfr. Fairburn C.G., Kirk J., O'Connor M., Anastasiades P., Cooper P.J., *Prognostic factors in bulimia nervosa*, "The British Journal of Clinical Psychology", 26, 1987, pp. 223-224; Copeland P.M., Sacks N.R., Herzog D.B., *Longitudinal follow-up of amenorrhea in eating disorders*, "Psychosomatic Medicine", 57, 1995, pp.121-126.

56. Cfr. Franko D.L., Walton B.E., *Pregnancy and eating disorders: a review and clinical implications*, "International Journal of Eating Disorders", 13, 1993, pp. 41-48; Stewart D.E., Robinson G.E., *Eating disorders and reproduction*, in: Stewart D.E., Stotland N.L. (Eds.), *Psychological Aspects of Women's Health Care: The Interface between Psychiatry and Obstetrics and Gynecology*, American Psychiatric Publishing, Washington, 1993, pp. 411-424; Abraham S., Llewellyn-Jones D., *Sexual and reproductive function in eating disorders and obesity*, in: Brownell K.D., Fairburn C.G. (Eds.), *Eating Disorders and Obesity: A comprehensive handbook*, "Guilford Press", New York-London, 1995, pp. 281-286.

57. Viene riferito che il 40 % delle donne alla prima gravidanza sono preoccupate di prendere molto peso; il 28 % ha un atteggiamento negativo nei riguardi del cambio della propria forma esteriore, mentre il 72 % teme di non essere capace di ritornare al peso pre-parto (cfr. Fairburn C.G., Welsh S.L., *The impact of pregnancy on eating disorders habits and attitudes to shape and weight*, "International Journal of Eating Disorders", 10, 1990, pp. 153-160).

la relazione con la famiglia di origine, conflitti che si inaspriscono durante la gravidanza[58]. La gravidanza o il periodo *postpartum* è dunque per loro particolarmente stressante e l'infertilità può rappresentare la strada per evitare tale dolorosa esperienza. Può essere anche il riflesso di problemi coniugali e in tale caso l'infertilità starebbe a significare il desiderio inconscio di non avere figli da un tale marito.

Queste conclusioni sono confermate da ricerche sperimentali[59] che indicano nelle bulimiche un tasso doppio di infertilità, nel corso della malattia, rispetto alle donne in genere e nelle anoressiche una quasi totale infertilità durante la fase attiva di AN, dovuta alla mancanza di attività sessuale e/o a disturbi ormonali, anche se come eccezione sono riportate donne rimaste incinte pur senza avere il ciclo mestruale[60]. Molte donne con DCA, avendo problemi di fertilità, ricorrono a cure specialistiche, spesso però senza fornire informazioni della propria attuale o precedente situazione di disturbo alimentare. Dopo la cura per la fertilità, la fecondità delle donne che sono state anoressiche rientra nella normalità, anche se una parte di donne che si riprendono dall'anoressia scelgono comunque di non avere figli[61].

---

58. Strang V.R., Sullivan P.L., *Body image attitudes during pregnancy and the postpartum period*, "Journal of Obstetric Gynaecologic and Neonatal Nursing", 14, 1985, pp. 332-337.

59. Abraham S., Llewellyn-Jones D., *Sexual and reproductive function in eating disorders and obesity*, in: Brownell K.D., Fairburn C.G. (Eds.), *Eating Disorders and Obesity: A comprehensive handbook*, "Guilford Press", New York-London, 1995, pp. 281-286.

60. Van den Broucke S., Vandereycken W., Norré J., *Eating disorders and Marital Relationships*, Routledge, New York, 1997.

61. *Ibid.*

3.3 Gravidanza e parto

Un problema che è strettamente legato alla sessualità riguarda le funzioni riproduttive dei pazienti con DCA e la loro capacità di sostenere il ruolo di genitori. Infatti, per i loro conflitti psicologici con la sessualità, l'immagine distorta del proprio corpo e le loro disturbate relazioni con il marito e con le famiglie di origine, spesso queste donne hanno un'esperienza della gravidanza e della maternità molto problematica.

Nonostante i seri problemi di infertilità, le donne con AN e con BN[62] possono rimanere incinte, anche se la gravidanza e la cura della prole possono essere per loro eventi molto difficili da un punto di vista psicologico.

L'effetto della gravidanza dipende dalla condizione propria di ciascuna donna con tale disturbo. Le anoressiche che rimangono incinte durante una fase attiva della malattia manifestano un aumento dei sintomi psichici, incluse l'ansia e la depressione, depressione che può manifestarsi anche dopo il parto come depressione post-natale. Benché esse abbiano paura che il loro figlio soffra della loro stessa restrizione alimentare, è comunque raro che riducano i comportamenti anoressici. Per la loro bassa autostima e il loro senso di mancanza di controllo, molte hanno sentimenti di inadeguatezza circa il loro compito di madri, che si manifesta nel persistere o nell'incremento di sintomi anoressici o bulimici[63].

---

62. Razzoli G., *La bulimia nervosa. Definizione, sintomatologia, trattamento*, Sonzogno, Milano, 1995.
63. Cfr. Stewart D.E., Raskin J., Garfinkel P.E., MacDonald O.L., Robinson G.E., *Anorexia nervosa, bulimia and pregnancy*, "American Journal of Obstetrics and Gynecology", 163, 1987, pp. 1196-1199; Hall A., *Anorexia nervosa, bulimia and other eating disorders*, in: Göpfert M., Webster J., Seeman M.V., (Eds.), *Parental Psychiatric Disorder*, Cambridge University Press, Cambridge, 1996, pp. 251-256.

Anche lo sviluppo del feto può avere conseguenze: è stato provato che le donne che iniziano la gravidanza molto al di sotto del loro peso ideale, cioè con un BMI inferiore a 19, hanno un rischio maggiore di avere dei neonati con un peso inferiore del 10 % rispetto alla norma. Inoltre, è acquisito che neonati di donne anoressiche abbiano una più alta incidenza di malformazioni congenite, di nascite premature e di mortalità perinatale, cioè tra la ventottesima settimana di gestazione e la prima settimana dopo la nascita[64].

La letteratura rispetto alle gravidanze di donne bulimiche è meno univoca. Tuttavia, le ricerche effettuate indicano una relazione tra i sintomi bulimici e le complicazioni della gravidanza e del parto: come le anoressiche, anche le bulimiche dimostrano paura di perdere il controllo del loro peso e dell'alimentazione, si rendono conto di mettere a rischio la salute e la vita del figlio che deve nascere in seguito ai loro comportamenti alimentari sbagliati e si sentono insicure sulla loro capacità di farcela con il figlio neonato[65]. Nonostante questo, però, non smettono di adottare comportamenti bulimici e tale incapacità aumenta la loro sensazione di paura, colpevolezza e vergogna[66]. La gravità dei sintomi bulimici spesso non si riduce durante la gravidanza

---

64. Cfr. Fahy T.A., Morrison J.J., *The clinical significance of eating disorders in obstetrics*, "British Journal of Obstetrics and Gynaecology", 100, 1993, pp. 708-710; Beumont P.J.V., *Menstrual disorder and other hormonal disturbances*, in: Erzog W., Deter H.C., Vandereycken W. (Eds.), *The Corse of Eating Disorders*, Springer-Verlag, Berlin, 1992, pp. 257-272; Stewart D.E., *Reproductive functions in eating disorders*, "Annals of Medicine", 24, 1992, pp.287-291.

65. Lewis L., Le Grange D., *The experience and impact of pregnancy in bulimia nervosa: A series of case studies*, "European Eating Disorders Review", 2, 1994, pp. 93-105.

66. Franko D.L., Walton B.E., *Pregnancy and eating disorders: a review and clinical implications*, "International Journal of Eating Disorders", 13, 1993, pp. 41-48.

e viene attribuita all'ansia per il peso che viene guadagnato durante la stessa e alla paura di non ritornare al peso pre-gravidanza[67]. In un numero consistente di casi si è riscontrata una depressione *postpartum*[68]. In altri casi, comunque, la gravidanza può avere anche effetti benefici sulla bulimia, con una diminuzione dei sintomi[69].

Come per le donne anoressiche l'incidenza di anormalità fetali, di gravidanze multiple e di complicanze ostetriche sono, nelle donne bulimiche, più alte della norma[70].

Infine, è da notare che la gravidanza sembra influire sulla qualità della relazione coniugale: da uno studio appare che donne bulimiche completamente ristabilite, una volta rimaste incinte, hanno mostrato una relazione stabile e significativa, mentre donne che continuavano a manifestare sintomi bulimici, durante la gravidanza e dopo di essa, tendevano ad avere seri problemi interpersonali e un senso di fallimento. Inoltre, le donne che avevano avuto

---

67. Cfr. Hollifield J., Hobdy J., *The course of pregnancy complicated by bulimia*, "Psychotherapy", 27, 1990, pp. 249-255; Woodside D.B., Shekter-Wolfson L.F., *Parenting by patients with anorexia nervosa and bulimia nervosa*, "International Journal of Eating Disorders", 9, 1990, pp. 303-309.

68. Morgan J.F., Lacey J.H., Sedgwick P.M., *Impact of pregnancy on bulimia nervosa*, "British Journal of Psychiatry", 174, 1999, pp. 135-140.

69. Cfr. Lacey J.H., Smith G., *Bulimia nervosa: the impact of pregnancy*, "British Journal of Psychiatry", 150, 1987, pp. 777-781; Abraham S., Llewellyn-Jones D., *Sexual and reproductive function in eating disorders and obesity*, in: Brownell K.D., Fairburn C.G. (Eds.), *Eating Disorders and Obesity: A comprehensive handbook*, "Guilford Press", New York-London, 1995.

70. Cfr. Lacey J.H., Smith G., *Bulimia nervosa: the impact of pregnancy*, "British Journal of Psychiatry", 150, 1987, pp. 777-781; Franko D.L., Walton B.E., *Pregnancy and eating disorders: a review and clinical implications*, "International Journal of Eating Disorders", 13, 1993, pp. 41-48; Lewis L., Le Grange D., *The experience and impact of pregnancy in bulimia nervosa: A series of case studies*, "European Eating Disorders Review", 2, 1994, pp. 93-105.

un DCA più severo durante la gravidanza sono state quelle che, in seguito, si sono separate o divorziate dai loro mariti[71].

Per alcune donne, la gravidanza stessa, o il periodo *postpartum*, può essere un fattore scatenante il DCA, ma questo dipende dalle caratteristiche fisiche e psicologiche della donna, oltre che dalla sua storia personale[72].

Sebbene i risultati in questo ambito non possano dirsi definitivi, appare con una certa chiarezza che le donne con AN hanno una previsione di gravidanza peggiore di una donna con BN che ha un peso normale[73].

4. *La cura della prole*

Le donne con DCA vivono frequentemente la loro funzione genitoriale in maniera inadeguata, sia perché i sintomi stessi dei DCA spesso impediscono una regolare vita quotidiana, sia perché hanno difficoltà nelle relazioni interpersonali e ciò influenza molto la relazione con i loro figli[74].

Le madri con AN[75] sperimentano che la loro intensa preoccupa-

---

71. Cfr. Lewis L., Le Grange D., *The experience and impact of pregnancy in bulimia nervosa: A series of case studies*, "European Eating Disorders Review", 2, 1994, pp. 93-105; Van den Broucke S., Vandereycken W., Norré J., Eating disorders and Marital Relationships, Routledge, New York, 1997.

72. Tiller J., Treasure J., *Eating Disorders Precipitated by Pregnancy*, "European Eating Disorders Review", 6, 1998, pp. 178-187.

73. Woodside D.B., Shekter-Wolfson L.F., Brandes J.S., Lackstrom J.B., *Eating Disorders and Marriage. The Couple in Focus*, Brunner/Mazel, New York, 1993.

74. Van den Broucke S., Vandereycken W., Norré J., *Eating disorders and Marital Relationships*, Routledge, New York, 1997.

75. Secondo un importante studio, un terzo delle donne anoressiche sposate hanno figli (cfr. Brinch M., Isager T., Tolstrup K., *Anorexia nervosa and motherhood: reproductive pattern and mothering behaviour of 50 women*, "Acta Psychiatrica Scandinavica", 77, 1988, pp. 98-104).

zione per il cibo e la forma confligge con il desiderio di nutrire e allevare il bambino. Inoltre, la maggioranza delle donne con DCA desidera dopo il parto perdere peso rapidamente: tale preoccupazione sul cibo incide negativamente sulla loro capacità di interpretare e di rispondere con adeguatezza ai bisogni del figlio, cosicché i figli possono diventare obesi come possono patire di una privazione nutrizionale o calorica[76]. Generalmente esse sono molto intrusive con i loro figli, cioè il loro livello di controllo su di essi è molto più alto delle altre madri. In particolare, durante i pasti esprimono emozioni molto negative[77]. In tale modo, possono pregiudicare seriamente un sano sviluppo del figlio[78], soprattutto se femmina, fino alla comparsa in lei di una forma anoressica[79]. Infine, l'influenza dell'essere genitore, con le responsabilità che comporta, sul disturbo, è ancora controverso, essendoci su ciò dati favorevoli e sfavorevoli[80].

---

76. Van den Broucke S., Vandereycken W., Norré J., *Eating disorders and Marital Relationships*, Routledge, New York, 1997.

77. Stein A., Wolley H., Cooper S.D., Fairburn C.G., *An observational study of mothers with eating disorders and their infants*, "Journal of Child Psychology and Psychiatry", 35, 1994, pp. 733-748.

78. In uno studio sul tema, si rileva che i 26 figli osservati, provenienti da famiglie con alti livelli di separazione familiare, di conflitti familiari e con una funzione sociale materna povera, sono per la metà affetti da problemi psichiatrici, inclusi l'anoressia nervosa e il disturbo ossessivo-compulsivo e per un terzo hanno un peso o una crescita anormale (questo soprattutto con madri anoressiche) (cfr. Hodes M., Timimi S., Robinson P., *Children of mothers with eating disorders: a preliminary study*, "European Eating Disorders Review", 5, 1997, pp. 11-24).

79. Griffiths A.R., Beumont P.J.V., Beumont D., Touyz S.W., Williams H., Lowinger K., *Anorexia à deux: a ominous sign for recovery*, "European Eating Disorders Review", 3, 1995, pp. 2-14.

80. Cfr. Brinch M., Isager T., Tolstrup K., *Anorexia nervosa and motherhood: reproductional pattern and mothering behaviour of 50 women*, "Acta Psychiatrica Scandinavica", 77, 1988, pp. 98-104; Woodside D.B., Shekter-Wolfson L.F., *Parenting by patients with anorexia nervosa and bulimia nervosa*, "International Journal of Eating Disorders", 9, 1990, pp. 303-309.

Relativamente alla BN, vi sono pochi studi[81] che riguardano la capacità di cura della madre verso il figlio, ma in parte almeno si può giungere alle stesse conclusioni circa le madri anoressiche: poche bulimiche provano felicità con il nuovo ruolo di madri e sperimentano invece il loro disturbo come il maggiore ostacolo ad un efficace cura dei figli. Di fatto, i problemi con l'alimentazione e la forma che le riguardano si riflettono nel rapporto con la prole.

Possiamo dunque concludere che i problemi delle donne con AN e BN sono di norma più complessi, se tali donne sono madri e, nel rapporto con i figli, esse spesso si dimostrano eccessive per tutto ciò che riguarda il peso, al punto che, non di rado, i figli soffrono di una nutrizione inadeguata[82].

---

81. Cfr. Mitchell J.E., Boutcoff L., Wilson D., *Absence of early feeding problems among bulimic women: observations from parental interviews*, "American Journal Ortopsychiatry", 56, 1986, pp. 313-316; Stein A., Fairburn C.G., *Children of mothers with bulimia nervosa*, "British Medical Journal", 299, 1989, pp. 777-778.

82. Van den Broucke S., Vandereycken W., Norré J., *Eating disorders and Marital Relationships*, Routledge, New York, 1997.

Capitolo X

LA DOTTRINA CANONICA
IN MATERIA DI DISTURBI ALIMENTARI

Michele Tronchin

1. *Introduzione*

Essendo anoressia e bulimia, come abbiamo visto, disturbi che toccano non solo il corpo, ma anche le facoltà psichiche e la personalità, essi potrebbero incidere gravemente sul processo di formazione del consenso matrimoniale, provocando l'inefficacia dello stesso consenso.

Tenendo come fondamento i principi stabiliti per le decisioni delle cause di nullità del matrimonio che riguardano i capi sull'incapacità consensuale, secondo il can. 1095, 2°-3° dell'attuale Codice di Diritto Canonico[1] (CIC), vogliamo verificare, attraverso la dottrina canonica (e successivamente attraverso le decisioni della Rota Romana), ciò che si riferisce al requisito di «grave anomalia» come causa di tale incapacità[2], al fine di vedere se e sotto quale aspetto AN e BN, in quanto anomalie, possano influire sul consenso matrimoniale di una persona e in particolare se lo pos-

---

1. Si intende il Codice latino in vigore dal 27 novembre 1983.
2. «Per il canonista deve rimanere chiaro il principio che solo la incapacità, e non già la difficoltà a prestare il consenso e a realizzare una vera comunità di vita e di amore, rende nullo il matrimonio [...] Una vera incapacità è ipotizzabile solo in presenza di una seria forma di anomalia che, comunque si voglia definire, deve intaccare sostanzialmente le capacità di intendere e/o di volere del contraente» (Giovanni Paolo II, *Allocuzione alla Rota Romana*, 5 febbraio 1987, AAS, 79, 1987, 1453-1459).

sano viziare sostanzialmente, limitando in maniera canonicamente significativa la capacità di comprendere e di scegliere il matrimonio, assumendone i relativi oneri essenziali.

2. Il can. 1095

Il sacramento del matrimonio ha un carattere essenzialmente sociale in quanto è stato istituito per il servizio della Chiesa e in particolare per il servizio della chiesa domestica che è la famiglia cristiana, cellula naturale del popolo di Dio.

I coniugi cristiani, come insegna il Concilio Vaticano II, col sacramento del loro matrimonio significano e partecipano il mistero di unità e di amore fecondo che intercorre fra Cristo e la Chiesa (cf. Ef 5,32), e si aiutano vicendevolmente a santificarsi mediante la vita coniugale, l'accettazione e l'educazione dei figli; essi possiedono così, nel loro stato di vita e nel loro ordine, il proprio dono di grazia in mezzo al popolo di Dio. Dalla loro unione infatti, procede la famiglia, nella quale nascono nuovi cittadini per la società umana; per la grazia dello Spirito Santo e mediante il battesimo essi diventeranno i figli di Dio e perpetueranno lungo i secoli il suo popolo[3].

L'efficacia quindi del sacramento del matrimonio si manifesta nell'adempimento della missione dello stato di vita coniugale al quale gli sposi si sentono chiamati e si dispongono con una preparazione personale (can. 1063, 2°).

Tale missione viene assunta sacramentalmente attraverso un atto umano cosciente e libero, che nell'ambito giuridico-canonico è chiamato *consenso matrimoniale* ed esprime l'atto di volontà con cui un uomo e una donna si donano e si accettano reciprocamente in modo irrevocabile per costituire il matrimonio (can. 1057, § 2). Tale patto coniugale non è determinato nel suo conte-

---

3. *Lumen Gentium*, n. 11.

nuto dall'arbitrio umano dei contraenti, ma è da essi accolto e accettato secondo ciò che Dio stesso ha voluto, essendo Egli l'autore del matrimonio[4].

Essendo un sacramento della Chiesa, essa stessa stabilisce anche i requisiti di capacità per porre validamente il patto coniugale. Già San Tommaso sottolineava la necessità che il consenso fosse espresso *inter personas legitimas*, cioè tra persone capaci di contrarre matrimonio[5].

Per il matrimonio sacramentale non è sufficiente la capacità giuridica generale, acquisita con il battesimo (can. 96), ma è necessaria, perché il matrimonio sia valido, anche la capacità di agire specificatamente riguardo al matrimonio, capacità che comprende sia l'abilità giuridica specifica (*habilitas iuridica, iure habile*, can. 1057 § 1), cioè l'assenza degli impedimenti dirimenti che rendono inabile una persona battezzata (can. 1073) ad esercitare lo *ius nubendi* (can. 1058), sia la capacità naturale, psichica o consensuale (*capacitas naturalis*, can. 1095), ossia l'idoneità, l'attitudine, derivante dal substrato naturale, psichico o psico-organico, della persona del contraente, nella proporzione rispondente alle esigenze essenziali dell'unione matrimoniale[6].

L'incapacità naturale comporta un'inettitudine giuridica al matrimonio molto più radicale e profonda che non l'inabilità, la quale, peraltro, presuppone la capacità naturale di porre in atto il patto coniugale, e si fonda soltanto su una legge positiva, divina o ecclesiale (inabilità di diritto divino o ecclesiale), mentre la prima si basa sulla legge naturale.

---

4. *Gaudium et Spes*, n. 48.
5. Thomas de Aquino, In IV Sent., d.28, q.1, a.3, sol.: «ita etiam consensus expressus per verba de praesenti inter personas legitimas ad contrahendum matrimonium facit: quia haec duo sunt de essentia sacramenti».
6. Stankiewicz A., *L'incapacità di assumere e adempiere gli obblighi coniugali essenziali*, in: AA.VV., *L'incapacità di assumere gli oneri essenziali del matrimonio*, Libreria Editrice Vaticana, Città del Vaticano, 1998, pp. 53-67.

Riguardo al can. 1095 è necessario ricordare che, se da un punto di vista formale, nel suo complesso, rappresenta una novità nella legislazione positiva canonica, esso è ritenuto comunemente esprimere un principio direttamente scaturente dalla realtà stessa delle cose. In altre parole, il can. 1095, da un punto di vista sostantivo, non farebbe altro che esplicitare il duplice principio per cui il consenso matrimoniale deve essere in se stesso sufficiente, sia come atto di volontà che si dirige intenzionalmente verso il suo oggetto (cf can. 1095, 1° e 2°), sia come atto di volontà che si dirige verso un oggetto per il contraente davvero possibile (cf can. 1095, 3°). In tale ultimo caso, il consenso – per quanto in se stesso integro in quanto atto di volontà – mancherebbe del suo oggetto, essendo quindi per lo meno inefficace sotto il profilo giuridico[7].

Il can. 1095 considera le condizioni per le quali è assente la capacità naturale di contrarre matrimonio e lo fa presentando una triplice figura di incapacità naturale[8] relativa al consenso, la quale, derivando da difetti della psiche, costituisce motivo di nullità di matrimonio.

---

7. Bianchi P., *Quando il matrimonio è nullo?*, Ancora Editrice, Milano, 1998.

8. Non tutti operano tale distinzione all'interno dell'incapacità naturale, ritenendo vi sia invece nel canone un'unica categoria concettuale generale, identificabile con l'incapacità consensuale, che viene poi declinata in tre modi differenti, secondo tre criteri per misurarla: «In questo canone [1095], dove si tratta delle infermità mentali e dei disturbi psichici, si disciplinano i casi in cui dette fattispecie, così diverse, costituiscono un'incapacità al consenso, che in diritto è causa della nullità del matrimonio. È per questo che il legislatore ha preferito prendere deliberatamente le distanze da una terminologia e da classificazioni d'indole medica e psichiatrica, ed ha delineato un concetto giuridico base – l'incapacità consensuale – e tre tipi giuridici, in cui detta incapacità si manifesta in forme specifiche o in cause di nullità autonome» (cfr. Viladrich P.-J., *Commenti ai cc. 1095-1107*, in: *Codice di Diritto Canonico e Leggi Complementari. Commentato*, Roma, 2004, pp. 724-743).

Da un punto vista formale, si tratta di tre figure distinte, anche tenendo conto della formulazione del Codice. La stessa Commissione per la revisione del Codice distinse le tre fattispecie abbastanza nettamente:
"*distinguuntur: incapacitas totalis eliciendi talem consensum ob mentis morbum vel perturbationem qua usus rationis impeditur; incapacitas proveniens ex gravi defectu discretionis judicii; [...] incapacitas adsumendi obligationes essentiales matrimonii [...] Dum in duobus prioribus casibus ipse actus subiectivus sane psychologicus consensus defectu substantiali laborat, in ultimo casu a parte contrahentis actus ille forte integre elici potest, ipse tamen incapax est obiectum consensus imprendi*"[9].

La distinzione tra le tre fattispecie viene operata, come spiegato dallo stesso testo della Commissione, in base alle distinte nozioni di consenso: in quanto atto posto dal soggetto e in quanto oggetto. Le prime due incapacità infatti si riferiscono a quelli che sono gli elementi intrinseci di ogni atto umano e nello specifico del consenso matrimoniale e cioè l'intelletto e la volontà. La prima (forma di) incapacità si esplicita come mancanza di un adeguato uso di ragione in rapporto alla qualità del consenso da prestare, per cui il soggetto non percepisce la sostanza del matrimonio nemmeno nelle sue note essenziali e necessarie. La seconda (forma di) incapacità si estrinseca nella inadeguata maturazione delle stesse facoltà razionali che può riguardare sia l'atto di percezione, cioè l'intelletto, impedendo, a fronte di una conoscenza teorica dell'oggetto del consenso, una ponderazione concreta e specifica del proprio atto di consenso, cioè un giudizio di valore (si parla in questo caso di *immaturitas iudicii*), sia la mancanza di una sufficiente libertà interiore, proporzionata al consenso matrimoniale da compiere, per condizionamenti psicologici che rendono il soggetto

---

9. *Communicationes*, 3 (1971) 77, n. 1.

incapace di una sufficiente libera scelta (si parla dunque di *immaturitas voluntatis*)[10]. La mancanza di sufficiente libertà interiore è detta anche immaturità affettiva in quanto è proprio l'affettività del soggetto ad essere generalmente intaccata, impedendo un corretto esercizio della volontà.

Il difetto in queste prime due fattispecie sta propriamente in una inadeguatezza delle facoltà razionali a porsi in sintonia con il proprio oggetto, più che in un riferimento al contenuto del patto matrimoniale.

La terza fattispecie invece è più direttamente connessa all'oggetto del consenso, al contenuto del patto, inteso come una realtà da attuare, non più da conoscere e volere, cioè come la sostanza giuridica di un rapporto che implica delle mutue obbligazioni rispetto alle quali valutare la possibilità effettiva del contraente a porle in essere.

Si potrebbe dire in altri termini che le prime due fattispecie di incapacità riguardano il matrimonio *in fieri* e l'ultima il matrimonio *in facto esse*. In questo senso, si può ipotizzare in un contraente la presenza di un sufficiente uso della ragione e della necessaria discrezione di giudizio, ma l'incapacità di assumere la sostanza giuridica del patto nuziale nelle sue obbligazioni, ovverossia l'impossibilità, per una causa di natura psichica, di adempiere tali obbligazioni.

Proprio in questa causa di natura psichica troviamo il legame tra le prime due fattispecie e la terza, in quanto sempre è prescritta la necessità di una causa che derivi dalla psiche del soggetto contraente, la quale, nella terza fattispecie, pur non togliendo la capacità

---

10. Pompedda M.F., *Il canone 1095, nn. 1-2 nell'economia della disciplina canonica del matrimonio*, in: AA.VV., *L'incapacità di intendere e di volere nel diritto matrimoniale canonico* (can. 1095 nn. 1-2), Libreria Editrice Vaticana, Città del Vaticano, 2000, pp. 13-28.

di intendere e la libertà di volere il matrimonio, rende tuttavia incapace il nubente ad adempiere gli oneri coniugali[11].

Spesso, specialmente nella dottrina e nella giurisprudenza meno recenti, le due distinte forme di incapacità sono state proposte in stretta connessione fra loro, ma la loro differenziazione si rende necessaria in quanto esprime la verità del dettato codiciale e la realtà del consenso matrimoniale.

In sintesi, si può dunque affermare che
ad foedus matrimoniale seu consensum valide ponendum nupturientes capacitate psichica consensuali praediti sint oportet, quae, perspecto intimo nexu inter sphaeras activitatis intellectivae, volitivae et affectivae in eadem persona occurrentes, trina quoque specie eiusdem capacitatis constat, scilicet: a) perceptiva, realitatis matrimonialis conscientiam subigente; b) discretiva, autonomiae aestimativae et electivae iurium officiorumque essentialium matrimonii moderante; c) assumptiva, potentiam susceptionis et impletionis obligationum essentialium matrimonii sustinente[12].

2.1 Il can. 1095, 2°

La norma espressa con il can. 1095, 2° denomina una fattispecie di incapacità psichica al matrimonio come *gravis defectus discretionis iudicii*. Il termine *defectus* deve essere inteso, secondo le comuni regole ermeneutiche della legge canonica[13], «come indicativo della mancanza *simpliciter* di un consenso che sia naturalmente sufficiente a porre in essere il vincolo matrimoniale e

---

11. Pompedda M.F., *Il canone 1095, nn. 1-2 nell'economia della disciplina canonica del matrimonio*, in: AA.VV., *L'incapacità di intendere e di volere nel diritto matrimoniale canonico* (can. 1095 nn. 1-2), Libreria Editrice Vaticana, Città del Vaticano, 2000, pp. 13-28.

12. Stankiewicz, 21.7.1994, ME 121 (1996) 15-32.

13. La regola principale prescritta dal can. 17 del CIC prescrive di interpretare le parole della legge «secundum propriam verborum significationem in textu et contextu consideratam».

gli obblighi che ne derivano. [...] precisamente perché l'atto posto è intrinsecamente insufficiente in quanto atto psicologico, come atto umano, e – quindi – anche come atto avente rilievo giuridico: per lo meno rilievo pieno, ossia produttivo del suo effetto specifico»[14].

Dunque *defectus* significa, nel contesto del can. 1095, 2°, mancanza involontaria di un atto di volontà consensuale proporzionato al matrimonio, cioè di un atto che possa essere considerato come imputabile alla persona, tale che sia ritenuta obbligata allo stato del matrimonio e agli obblighi da esso derivanti.

Il difetto di consenso riguarda la *discretio iudicii* del contraente. Sul contenuto di tale espressione vi è una pressoché totale unanimità da parte della giurisprudenza: si ritiene che il concetto di discrezione di giudizio rimandi a due realtà che si possono distinguere da un punto di vista teorico e cioè, da una parte, la sufficiente valutazione critica dei diritti e dei doveri matrimoniali essenziali, ossia il giudizio pratico-pratico circa gli stessi, e, dall'altra, la libertà interiore della persona nella decisione di farsi carico di tali diritti e doveri, ovverossia una sufficiente capacità di autodeterminazione nell'esprimere il consenso matrimoniale[15].

---

14. Cfr. Bianchi P., *Il difetto di discrezione di giudizio circa i diritti e doveri essenziali del matrimonio*, in: AA.VV., *L'incapacità di intendere e di volere nel diritto matrimoniale canonico* (can. 1095 nn. 1-2), Libreria Editrice Vaticana, Città del Vaticano, 2000, pp. 119-135: «Il difetto di discrezione di giudizio». Tale defectus dunque non si riferisce alla mancanza della manifestazione esterna dell'atto e della forma giuridica solenne prevista dalla legge (cfr. cann. 1108 ss.), né alla mancanza dell'abilità giuridica delle persone in quanto interessate da un impedimento matrimoniale in senso tecnico (cfr. cann. 1057 § 1 e 1073 ss.).

15. Cfr. Bianchi P., *Il difetto di discrezione di giudizio circa i diritti e doveri essenziali del matrimonio*, in: AA.VV., *L'incapacità di intendere e di volere nel diritto matrimoniale canonico* (can. 1095 nn. 1-2), Libreria Editrice Vaticana, Città del Vaticano, 2000, pp. 119-135: «Il difetto di discrezione di giudizio». Bianchi rileva come non sia specifico della presente fattispecie la mancanza di una sufficien-

Per ciò che riguarda la prima realtà, cioè la sufficiente valutazione critica dei diritti e dei doveri matrimoniali essenziali, possiamo affermare che essa indica con una certa precisione ciò che la fattispecie normativa stabilisce indicare, in quanto si pone al livello della valutazione pratica, che fa parte del processo di emissione della volontà circa il consenso matrimoniale. Il termine *discretio* infatti vuole significare la scelta, il discernimento, la valutazione fra diverse possibilità e alternative, così come il termine *iudicium* fa riferimento, in tale contesto, alla realtà finale dell'operazione intellettuale, cioè il dare valore a quanto sottoposto all'apprezzamento individuale. Questo giudizio critico non è avulso dalla realtà, ma al contrario si inserisce in un processo che è di per sé rivolto verso un'attività, un'operazione, nel nostro caso verso una decisione di emettere il consenso matrimoniale. Perciò è un giudizio avente un carattere sintetico, che apre ad una percezione della realtà futura, cioè dei diritti e degli obblighi essenziali derivanti dal matrimonio.

La seconda realtà della *discretio iudicii* prende in considerazione l'apporto della volontà nell'emissione del consenso matrimoniale. Infatti, intelletto e volontà, sebbene facoltà distinguibili all'interno della psiche umana, non sono tuttavia separabili in quanto funzionano rettamente se vi è tra loro una coordinazione, o, come si usa defi-

---

te cognizione intellettuale dei diritti e dei doveri matrimoniali, in quanto una sufficiente cognizione intellettuale degli obblighi essenziali connessi ad un atto giuridico è cosa ovvia, sia in genere (vedi il can. 126, che dichiara ostativo l'errore sulla sostanza dell'atto giuridico), che in specie per la materia matrimoniale, dal momento che l'ordinamento positivo contiene già altre norme cui la detta mancanza di conoscenza sufficiente potrebbe essere ricondotta (si veda il can. 1096 § 1, che prevede il rilievo invalidante dell'errore di diritto circa la sostanza del patto matrimoniale – la cosiddetta scientia minima necessaria a consentire –, e il can. 1095 § 1, che dichiara invalidante il difetto di un sufficiente uso di ragione).

nirla, una *harmonica coordinatio*[16]. Inoltre il giudizio che si va formando nell'ambito del consenso matrimoniale non è puramente speculativo, ma necessita di un'apertura storica, concreta, che si realizza nella decisione personale verso quell'oggetto che è il patto nuziale[17].

Ma di quale tipo di volontà si tratta nel considerare la *discretio iudicii*? Ragionevolmente possiamo dire che si tratta della volontà dal punto di vista della libertà di elezione, cioè propriamente della libertà di fare la scelta matrimoniale, che consiste in un atto psicologico. È quella libertà che ci consente di scegliere in un certo modo piuttosto che in un altro e differisce dalla libertà di esecuzione, considerata nel can. 1095, 3°, che è la capacità di autodeterminarsi agli obblighi voluti col consenso.

Perché sia rilevante come difetto del consenso, il difetto di discrezione di giudizio dev'essere, secondo la norma del Codice, *gravis*. Tale caratteristica è funzionale all'espressione positiva di una corretta antropologia, in quanto il requisito della gravità sottolinea che non ogni condizionamento psicologico inficia la necessaria libertà e responsabilità della persona[18]. Perciò la qualificazione *gra-*

---

16. Spiega Stankiewicz: «nell'intelletto e nella volontà non possono essere realmente distinte diverse facoltà, ma soltanto diversi aspetti o modi della loro attività. Difatti esiste soltanto la facoltà intellettiva e quella volitiva, anzi addirittura i loro atti non sono due entità separabili e chiuse in se stesse, in quanto un atto umano concreto è nello stesso tempo "giudizio voluto e volere giudicato"» (cfr. *Il contributo della giurisprudenza rotale al "defectus usus rationis et discretionis iudicii": gli ultimi sviluppi e le prospettive nuove*, in: AA.VV., *L'incapacità di intendere e di volere nel diritto matrimoniale canonico* (can. 1095 nn. 1-2), Libreria Editrice Vaticana, Città del Vaticano, 2000, pp. 271-294).

17. Bianchi P., *Il difetto di discrezione di giudizio circa i diritti e doveri essenziali del matrimonio*, in: AA.VV., *L'incapacità di intendere e di volere nel diritto matrimoniale canonico* (can. 1095 nn. 1-2), Libreria Editrice Vaticana, Città del Vaticano, 2000, pp. 119-135.

18. Negli ultimi anni il magistero pontificio ha ribadito i principi in merito ad una corretta visione antropologica circa le cause di nullità «causa naturae psy-

vis va considerata avere un significato di chiarezza normativa, volto ad evitare interpretazioni estensive, oltre che per ribadire che l'incapacità del soggetto deve essere in ogni caso effettiva, pregiudicando l'adeguata prestazione del consenso[19].

Nell'identificare un criterio che ci consenta di individuare l'autentica incapacità dobbiamo dunque riferirci, secondo le indicazioni del Legislatore, ad una sostanziale disfunzionalità delle facoltà naturali dell'intelligenza e/o della volontà nel prendere la decisione matrimoniale. Sotto il profilo dell'accertamento giudiziario la *gravitas* richiesta deve constare da un punto di vista soggettivo (cioè la gravità della situazione clinica del soggetto, ivi compreso il peso che determinate circostanze particolari possono avere sulla capacità discrezionale del soggetto) e da un punto di vista oggettivo (in rapporto alla natura e all'importanza dei diritti e doveri essenziali del matrimonio)[20].

---

chicae»: circa il valore di indirizzo generale dei pronunciamenti pontifici per la giurisprudenza ecclesiale (cfr. Bianchi P., *Le causae naturae psychicae dell'incapacità*, in: AA.VV., *L'incapacità di assumere gli oneri essenziali del matrimonio*, Libreria Editrice Vaticana, Città del Vaticano, 1998, pp.137-157; Viladrich P.J., *Commenti ai cc. 1095-1107*, in: *Codice di Diritto Canonico e Leggi Complementari. Commentato*, Roma, 2004, pp. 724-743).

19. «Si valuta la gravità del difetto alla luce di un criterio oggettivo, cui allude lo stesso canone, parlando di "diritti e doveri matrimoniali essenziali da dare e accettare reciprocamente". Di conseguenza, si ha difetto grave quando si prova che il contraente è privo della maturità intellettiva e volitiva necessaria per discernere, in ordine all'impegno che viene assunto in modo irrevocabile [...] i diritti e i doveri essenziali del matrimonio, che devono essere oggetto di reciproca donazione ed accettazione» (cfr. Viladrich P.J., *Commenti ai cc. 1095-1107*, in: *Codice di Diritto Canonico e Leggi Complementari. Commentato*, Roma, 2004, pp. 724-743).

20. Bianchi P., *Il difetto di discrezione di giudizio circa i diritti e doveri essenziali del matrimonio*, in: AA.VV., *L'incapacità di intendere e di volere nel diritto matrimoniale canonico* (can. 1095 nn. 1-2), Libreria Editrice Vaticana, Città del Vaticano, 2000, pp. 119-135.

Circa la relazione del *defectus discretionis iudicii* con i diritti e i doveri matrimoniali essenziali, non è agevole determinare e fissare con assoluta precisione ed esaustività il contenuto di tali diritti e doveri[21]. Si può affermare sicuramente che la nota sull'essenzialità riferisce all'*esse* del matrimonio e non solo al *bene esse* di esso[22] e ciò offre un principio metodologico non solo pratico (volto cioè a limitare in materia gli evidenti eccessi), ma anche per così dire speculativo, in quanto orienta a desumere i detti diritti e doveri a partire da ciò che può essere considerata l'essenza del matrimonio (naturalmente *in facto esse*, in quanto, essendo l'essenza del matrimonio *in fieri* il consenso, in rapporto ad esso non discende alcuno diritto-dovere, ma solo si richiede la capacità di consentire), nonché a partire dalle cosiddette proprietà essenziali, ossia da quelle caratteristiche che denotano di principio detta essenza[23].

In base a tale principio metodologico, potremmo desumere almeno alcuni diritti-doveri dall'essenza del *matrimonium in facto esse*, cioè il *consortium totius vitae* (secondo il can. 1055 § 1, che riprende la costituzione conciliare *Gaudium et Spes*, 48 e il can. 1096 § 1) ma, da un punto di vista scientifico, ancora non è stata sufficientemente approfondita.

---

21. Alcuni ritengono di poterli enumerare: Ad esempio, «il diritto-dovere agli atti coniugali; il diritto-dovere di non ostacolare la procreazione della prole; il diritto-dovere di instaurare, conservare e ordinare l'intima comunità coniugale ai suoi fini oggettivi; il diritto-dovere di fedeltà; il diritto-dovere di mutuo aiuto in ordine agli atti e ai comportamenti in sé idonei e necessari al conseguimento dei fini essenziali del matrimonio; il diritto-dovere di accogliere e crescere i figli nell'ambito della comunità coniugale, e il diritto-dovere di educarli» (cfr. Viladrich P.-J., *Il consenso matrimoniale. Tecniche di qualificazione e di esegesi delle cause canoniche di nullità* (cc. 1095-1107 CIC), Pontificio Ateneo della Santa Croce, Milano, 2001).
22. Cfr. c. c. Burke, 20.10.1994, RRDec. 86 (1994), 446-456, nel quale viene sviluppato questo aspetto.
23. Bianchi P., *Il difetto di discrezione di giudizio circa i diritti e doveri essenziali del matrimonio*, in: AA.VV., *L'incapacità di intendere e di volere nel diritto matrimoniale canonico* (can. 1095 nn. 1-2), Libreria Editrice Vaticana, Città del Vaticano, 2000, pp. 119-135.

Invece è possibile far discendere dei diritti-doveri dalle caratteristiche del consorzio matrimoniale[24]: dalla nota dell'eterosessualità si può desumere il diritto a contrarre matrimonio solo con una persona determinata dell'altro sesso; dalla specificazione che il matrimonio è consorzio *totius vitae* ne discende l'indissolubilità quale proprietà essenziale, che implica la rinuncia implicita alla facoltà di scioglimento del legame costituito e l'assunzione in perpetuo dei doveri che ne derivano; dalla caratteristica dell'unicità (cfr. can. 1056) discende il diritto-dovere a rispettare l'esclusività del rapporto coniugale, che comporta, secondo la dottrina e giurisprudenza oggi prevalenti, il dono esclusivo della sessualità genitale, da esercitarsi in modo umano (cfr. can. 1061). Da ciò seguono il diritto-dovere della disponibilità all'uso della sessualità genitale secondo natura e morale e il diritto-dovere della fedeltà coniugale, ossia dell'astensione da relazioni sessuali con persone diverse dal proprio coniuge. Inoltre, essendo il matrimonio finalizzato alla procreazione (cfr. cann. 1055 § 1 e 1096), ne consegue il diritto-dovere di ciò che riguarda il *bonum physicum* e *morale* della prole, cioè la conservazione in vita e una almeno minimale educazione dei figli. Infine, vi sono i diritti-doveri inerenti al *bonum coniugum*, essendo il matrimonio finalizzato anche ad esso (cfr. can. 1055 § 1). Riguardo a ciò, la riflessione non si è conclusa e cerca ancora di sviluppare dei contenuti che siano coerenti con l'antropologia cristiana dell'uomo e che siano giuridicamente praticabili, cioè sufficientemente precisi ed esigibili[25].

---

24. Cfr. c. c. Doran, 18 3.1988, *RRDec.* 80 (1988), 172-183.
25. Cfr. c. Funghini 23.10.1991, RRDec. 83 (1991) 599-621; c. Defilippi 27.7.1994, RRDec. 86 (1994) 410-435; Bianchi P., *Il difetto di discrezione di giudizio circa i diritti e doveri essenziali del matrimonio*, in: AA.VV., *L'incapacità di intendere e di volere nel diritto matrimoniale canonico* (can. 1095 nn. 1-2), Libreria Editrice Vaticana, Città del Vaticano, 2000, pp. 119-135; García Faílde J.J., *Nuevo estudio sobre trastornos psíquicos y nulidad del matrimonio*, Publicaciones Universidad Pontificia de Salamanca, Salamanca, 2003.

Nell'*excursus* appena accennato appaiono i diritti e doveri che, allo stato attuale della riflessione scientifica, sembra debbano essere oggetto di valutazione critica e di libera scelta da parte di chi presta il consenso matrimoniale.

Quindi, stando al testo della norma canonica, il termine di riferimento della discrezione di giudizio richiesta sono i diritti e doveri del matrimonio e non previsioni circa le proprie capacità di osservarli o meno: tale autovalutazione critica della propria attitudine al matrimonio sembra essere un dato di fatto non suscettibile di rilievo giuridico. Così come non pare sia oggetto diretto della *discretio iudicii*, come è intesa dal Codice, la conoscenza di sé stessi o la valutazione della persona dell'altro, quasi ad ipotizzare una «relatività» del *defectus discretionis iudicii*. Piuttosto, l'errata valutazione della persona del coniuge sarà debitamente considerata, sul piano dei sintomi, quale indiziaria di una incapacità psichica al matrimonio, non certamente come causa[26].

2.1.1 *Il difetto di libertà interna*

Un aspetto che va maggiormente approfondito, all'interno del *defectus discretionis iudicii*, è quello riguardante la libertà di operare la scelta matrimoniale, cioè quell'aspetto che, nella breve trattazione precedente sul can. 1095, n. 2, veniva indicato come la libertà interiore della persona nella decisione di farsi carico dei diritti e doveri matrimoniali essenziali, ovverossia una sufficiente capacità di autodeterminazione nell'esprimere il consenso matrimoniale.

Tale libertà è una facoltà psicologica che consente di compiere

---

26. Cfr. c. Burke 25.11.1993, *Il diritto ecclesiastico* 106 (1995) II, 11-22; Bianchi P., *Il difetto di discrezione di giudizio circa i diritti e doveri essenziali del matrimonio*, in: AA.VV., *L'incapacità di intendere e di volere nel diritto matrimoniale canonico* (can. 1095 nn. 1-2), Libreria Editrice Vaticana, Città del Vaticano, 2000, pp. 119-135.

l'atto di scelta matrimoniale. La sua mancanza può essere dovuta a cause di natura interna, cioè a fattori psichici interni alla persona (nel qual caso sarà chiamata difetto o mancanza di libertà interna), o a cause di natura esterna, cioè al timore prodotto da fattori esterni rispetto alla persona che subisce il timore (nel qual caso sarà chiamata difetto o mancanza di libertà esterna). Nell'ambito della nostra fattispecie, esamineremo la mancanza di libertà psicologica interna[27].

I fattori psichici interni che causano la mancanza di libertà interna possono essere cause abituali (patologiche[28] o non patologiche) o determinati da circostanze occasionali e passeggere coattive, ma che si differenziano da quelle che qualificano il timore come estrinseco (cfr. can. 1103).

Perché si dia consenso matrimoniale non è richiesta una libertà psicologica interna *piena*, essendo necessario e sufficiente un grado di libertà che sia proporzionato all'oggetto del consenso e dunque perché non si dia tale consenso non è necessaria una *tota-*

---

27. Cfr. García Faílde J.J., *La libertà psicologica e il matrimonio*, in: AA.VV., *L'incapacità di intendere e di volere nel diritto matrimoniale canonico* (can. 1095 nn. 1-2), Libreria Editrice Vaticana, Città del Vaticano, 2000, pp. 41-50; García Faílde J.J., *Nuevo estudio sobre trastornos psíquicos y nulidad del matrimonio*, Publicaciones Universidad Pontificia de Salamanca, Salamanca 2003; Schöch N., *Gli interventi del magistero pontificio in materia di difetto della discrezione di giudizio*, in: AA.VV., *L'incapacità di intendere e di volere nel diritto matrimoniale canonico* (can. 1095 nn. 1-2), Libreria Editrice Vaticana, Città del Vaticano, 2000, 51-79.

28. García Faílde richiama alcuni disturbi psichici che possono provocare tale mancanza di libertà psicologica interna: nevrosi, psicopatie, perturbazioni affettive, pulsioni interne incoercibili, idee ossessive (Cfr. García Faílde J.J., *Nuevo estudio sobre trastornos psíquicos y nulidad del matrimonio*, Publicaciones Universidad Pontificia de Salamanca, Salamanca 2003; Zuanazzi G., *La capacità intellettiva e volitiva in rapporto al matrimonio canonico: aspetti psicologici e psichiatrici*, in: AA.VV., *L'incapacità di intendere e di volere nel diritto matrimoniale canonico* (can. 1095 nn. 1-2), Libreria Editrice Vaticana, Città del Vaticano, 2000, pp. 295-317).

le mancanza di libertà interna, ma quella mancanza che impedisca alla libertà di essere proporzionata all'oggetto del consenso.

Su questo punto, della mancanza di libertà interna, vi è ancora un notevole dibattito e più propriamente se essa debba configurarsi all'interno del *defectus discretionis iudicii*, della *incapacitas assumendi*, oppure se sia da ritenersi un capo autonomo di nullità.

Secondo la dottrina canonica classica, che sottolinea l'importanza della facoltà intellettivo-conoscitiva nella discrezione di giudizio, non è ammissibile «*integro manente intellectu, solo voluntas vi morbi deficiat et impulsi irresistibili vehatur*»[29]. Inoltre, secondo la stessa dottrina, rifacendosi alla filosofia scolastica che afferma «*ubi intellectus ibi voluntas*», solo un problema riguardante l'intelletto può provocare difetto della volontà[30].

Di conseguenza tale dottrina canonistica nega «che vi siano disturbi psicopatologici che colpiscano unicamente la volontà, togliendole la sua capacità di porre l'atto di scelta e lasciando pertanto intatta la capacità dell'intelletto di fare l'atto di deliberazione»[31].

La dottrina più recente, pur mantenendo fermo il principio che non si può parlare di libertà là dove non esiste la sufficiente deliberazione, ammette che la libertà può mancare anche se c'è suffi-

---

29. Michiels G., *De delictis et poenis*. Commentarius Libri V Codicis Iuris Canonici, I-III, Romae, 1961; in questa direzione una sentenza rotale che ebbe molto peso nella giurisprudenza: cfr. c. Wynen, sent. 27.2.1937, SRRDec. 29 (1937), 169-196.

30. Vi è a riguardo una tesi dottorale, difesa nel 1990 presso il Pontificio Ateneo della Santa Croce, che sposa tale interpretazione: cfr. Caiuby Crescenti J.G., *Falta de liberdade interna e nulidade de consentimento matrimonial: reflexoes sobre o principio "ubi intellectus, ibi voluntas" nas decisoes da Rota romana (1977-1986)*, Centro Accademico Romano della Santa Croce, Roma, 1990.

31. García Faílde J.J. *La libertà psicologica e il matrimonio*, in: AA.VV., *L'incapacità di intendere e di volere nel diritto matrimoniale canonico* (can. 1095 nn. 1-2), Libreria Editrice Vaticana, Città del Vaticano, 2000, pp.41-50.

ciente deliberazione quando, per altre cause, cioè per alcune anomalie psichiche, viene intaccata solo la facoltà volitiva, lasciando intatte le facoltà intellettive[32].

---

32. Cfr. in merito Fumagalli Carulli, O., *Intelletto e volontà nel consenso matrimoniale in diritto canonico,* Vita e Pensiero, Milano, 1974. Su tale linea si pone significativamente anche Pompedda: «Si giunge così ad affermare che una distorsione della affettività può lasciare intatta la funzione intellettiva ed intaccare invece la volizione, e quindi si sostiene non potersi escludere necessariamente che vi siano processi patologici della volontà indipendenti dal grado di maturità di giudizio [...] ci sembra di poter affermare che non vi sono ostacoli, tanto sotto il profilo filosofico quanto sotto quello psicologico, per ammettere dei disturbi, quale per esempio la immaturità affettiva, che intaccano direttamente la sfera volitiva.

Si osserva, proprio da parte dei cultori della psicologia, che la dottrina tradizionale rigettava la possibilità di un turbamento della volontà, senza iattura dell'intelletto, fondandosi sulla inscindibile unità delle due facoltà, ma trascurando un elemento della massima importanza: l'elemento cioè del subconscio; si conserverebbe cioè l'unità intelletto e volontà, ma le funzioni critiche e volitive sarebbero precedute da una valutazione intuitiva e da movimenti volitivi che, pur non costituendo una vera patologia, hanno influsso sull'intelletto e sulla volontà, tanto più pericoloso quanto maggiormente ignorato.

Comunque, pur asserendo essere condizione assolutamente necessaria per un libero consenso un intelletto che funzioni normalmente, dobbiamo riconoscere che esso non è il solo fattore che influenza l'attività di decisione e di volizione, non potendosi trascurare neppure l'intervento di fattori affettivi sulla volontà. Lo stesso San Tommaso, mentre considera l'azione della passione sulla ragione, intende però questa come interazione tra intelletto e volontà.

Così è consentito ritenere che disturbi emozionali possano distruggere la libertà, non solo accecando l'intelletto in anticipo, ma anche durante l'atto formalmente volitivo, impedendo l'esecuzione dei comandi della libera volontà. Anche quando il tono affettivo opera direttamente sopra l'attività intellettiva, colorando e vivificando le rappresentazioni e le idee del soggetto, esso, dal punto di vista giuridico, assume rilievo poiché incide sulla condotta volontaria.

Ciò che interessa giuridicamente infatti è non tanto la composizione psicologica del tono affettivo, bensì il suo effetto e le sue conseguenze sopra la condotta volontaria. Del resto, anche da parte di chi sostiene come inammissibile la distinzione fra difetto dell'intelletto e difetto della volontà, si riconosce tuttavia

Una parte della più recente giurisprudenza rotale colloca dunque il capitolo della mancanza di libertà interna (senza distinguere tra quelle che proviene dalla mancanza di deliberazione e quella che proviene da anomalie psichiche che colpiscono solo la volontà) dentro il capo del grave difetto di discrezione di giudizio[33]. Per altri, invece, andrebbe fondato all'interno dell'incapacità di assumere gli oneri essenziali del matrimonio (can. 1095, 3°)[34], interpretando tale capo come difetto della facoltà elettivo-esecutiva.

Per altri ancora, le ipotesi di «mancanza di libertà interna» dovute a condizioni morbose che colpiscono solamente la volontà non si dovrebbero includere né nel can. 1095, 2°, né nel can. 1095, 3°, ma, quale capitolo autonomo, sarebbero da fondare nel can. 1057, considerando la «mancanza di libertà interna» quale mancanza degli aspetti volitivi di quell'atto di volontà che è il consenso matrimoniale, indipendentemente dagli aspetti intellettivi[35].

---

che si può avere una prevalenza del disturbo volitivo su quello mentale, nelle forme maniacali, per esempio. E senza voler indebitamente forzare il significato della espressione, ci sembra di poter cogliere una distinzione fra le due facoltà anche in un passo di una Allocuzione del regnante Sommo Pontefice, ove parla di anomalia che intacca sostanzialmente la capacità di intendere o di volere del contraente» (cfr. Pompedda F.M., «*L'incapacità consensuale*», 469-470; cfr. anche García Faílde J.J., *Nuevo estudio*, 584-585).

33. Cfr. sul punto c. Stankiewicz, sent. 23.12.1995, ME 122 (1997) 161-175.

34. Panizo Orallo S., *La falta de libertad interna en el consentimiento matrimonial*, in: *Curso de derecho matrimonial y procesal canónico para profesionales del foro* (VII), Universidad Pontificia de Salamanca, Salamanca, 1986, pp. 266-267.

35. Cfr. García Faílde J.J., *La libertà psicologica e il matrimonio*, in: AA.VV., *L'incapacità di intendere e di volere nel diritto matrimoniale canonico* (can. 1095 nn. 1-2), Libreria Editrice Vaticana, Città del Vaticano, 2000, pp.41-50; García Faílde J.J., *Nuevo estudio sobre trastornos psíquicos y nulidad del matrimonio*, Publicaciones Universidad Pontificia de Salamanca, Salamanca, 2003.

2.2 Il can. 1095, 3°

La norma alla quale si riferisce il can. 1095, 3° stabilisce un principio logicamente e formalmente chiaro e cioè che sono incapaci di contrarre matrimonio coloro che non possono assumersene gli obblighi essenziali e che tale incapacità deve essere originata da una causa di natura psichica.

Mentre il can. 1095, 1°-2°, come abbiamo visto, si riferiva all'insufficienza del consenso matrimoniale quale atto psicologico, nel suo aspetto soggettivo, questa terza fattispecie si riferisce all'inefficacia del consenso per la mancanza del suo oggetto, in quanto non è possibile per il contraente l'adempimento di quegli obblighi che purtuttavia intenderebbe assumere[36].

Tale norma si fonda innanzitutto su un principio logico-giuridico: chi è incapace di effettuare una determinata prestazione è incapace anche di contrarla sotto forma di obbligo giuridico: *ad impossibilia nemo tenetur*[37].

Inoltre, coerentemente con i principi del sistema matrimoniale canonico, che stabilisce quale oggetto del patto matrimoniale canonico il dono di sé stessi in vista della costituzione del matrimonio (cfr. 1057 § 2), che trova la sua concretizzazione giuridica nel farsi carico dei diritti e doveri coniugali nei confronti della comparte, il can. 1095, 3° stabilisce l'incapacità a costituire validamente il vincolo giuridico coniugale di coloro che non sono in grado di osservare, in parte o *in toto*, tali diritti e doveri essenziali del matrimonio[38].

È questa una fattispecie distinta di incapacità rispetto ai primi due numeri del canone in quanto esprime l'impossibilità di porre

---

36. Bianchi P., *Quando il matrimonio è nullo?*, Ancora Editrice, Milano, 1998.
37. Stankiewicz A., *De accomodatione regulae "impossibilium nulla obligatio est" ad incapacitatem adimplendi matriimonii obligationes»*, "Periodica de re morali, canonica, liturgica", 68, 1979, pp. 649-672.
38. Bianchi P., *Quando il matrimonio è nullo?*, Ancora Editrice, Milano, 1998.

a effetto l'oggetto di ciò che dovrebbe rappresentare il contenuto obbligatorio essenziale del patto matrimoniale. Si potrebbe dire che, rispetto alle due prime fattispecie, questa tiene conto in un certo senso anche del *matrimonium in facto esse*, cioè del matrimonio come stato di vita[39]. Il Legislatore ha però utilizzato una terminologia, *incapacitas assumendi*, che di per sé non si riferisce al *matrimonium in facto esse*. Tale scelta, del termine *assumendi* al posto di *adimplendi*, vuole indicare che non si tratta di un semplice adempimento di fatto di un obbligo, ma dei presupposti stessi del suo sorgere e che la prospettiva di valutazione della capacità del soggetto al matrimonio si pone a livello dell'emissione del consenso,

---

39. Per alcuni l'incapacità di assumere riguarda congiuntamente il matrimonio *in fieri* e il matrimonio *in facto esse*: cfr. Pavanello P., *Il requisito della perpetuità nell'incapacità di assumere le obbligazioni essenziali del matrimonio* (can. 1095, 3°), Pontificia Università Gregoriana, Roma, 1994. Anche Viladrich considera questa fattispecie di incapacità nella sua specificità di aprirsi alla «dinamica di sviluppo del vincolo coniugale»: «benché il matrimonio si fonda in un momento, non finisce in questo stesso momento, ma anzi da quell'istante specifico in cui si costituisce comincia a dispiegarsi come progetto comune di vita. Sotto questa prospettiva, il matrimonio è una dinamica co-biografica che si realizza lungo la vita in comune degli sposi, benché abbia un momento iniziale fondazionale o costitutivo. Ebbene, il paragrafo 3 del can. 1095 si concentra su questa dinamica di sviluppo del vincolo coniugale (unico e indissolubile) che deve ordinarsi al raggiungimento dei fini del matrimonio, e la prende in considerazione in quanto questa specifica dinamica de futuro viene assunta già nel momento fondazionale come dovere giuridico, ossia come impegno futuro dovuto in giustizia tra gli sposi. Questo futuro coniugale, in quanto dinamica vitale che i nubenti si impegnano a vivere in modo essenzialmente idoneo al conseguimento dei fini del matrimonio, a titolo di obbligazione giuridica congiunta e reciproca, è l'oggetto specifico della capacità consensuale che il legislatore si propone di disciplinare nel paragrafo 3 del can. 1095» (cfr. Viladrich P.-J., *Il consenso matrimoniale. Tecniche di qualificazione e di esegesi delle cause canoniche di nullità* (cc. 1095-1107 CIC), Pontificio Ateneo della Santa Croce, Milano, 2001). Stankiewicz sottolinea il rischio di un'accentuazione esclusiva o prevalente del-

che è il momento in cui può o meno nascere quel singolare rapporto giuridico che è il patto coniugale[40].
L'incapacità di cui al can. 1095, 3° si riferisce agli «obblighi essenziali del matrimonio», cioè a quei comportamenti, attivi od omissivi, che possono essere esigiti in quanto obbligo giuridico e che sono relativi all'*esse* del matrimonio (e non semplicemente al *bene esse*). Tali obblighi, come già considerato a riguardo del can. 1095, 2°, si possono far discendere dalla realtà del matrimonio *in facto esse*, dalle proprietà essenziali e dalle finalità del matrimonio (cfr. can. 1056; can. 1055 § 1)[41]. Essi costituiscono il criterio per misurare l'impossibilità di assumere e ne configurano la gravità.

---

l'incapacità di adempiere a scapito dell'incapacità di assumere le obbligazioni matrimoniali che porterebbe ad una dissociazione dell'incapacitas adimplendi dal momento costitutivo del matrimonio che è l'emissione del consenso e di conseguenza alla relativizzazione della prova dell'incapacità, per cui la rottura della relazione matrimoniale diventerebbe equivalente alla sua originaria inesistenza. In realtà, come precisa il Magistero, l'inadempimento delle obbligazioni può derivare anche semplicemente dal fatto che il contraente ha trascurato i mezzi naturali e soprannaturali a sua disposizione (cfr. Stankiewicz A., *L'incapacità di assumere e adempiere gli obblighi coniugali essenziali*, in: AA.VV., Libreria Editrice Vaticana, Città del Vaticano 1998, pp. 53-67; Giovanni Paolo II, *Allocuzione alla Rota Romana*, 5 febbraio 1987, AAS 79, 1987, 1453-1459).

40. Stankiewicz A., *L'incapacità di assumere e adempiere gli obblighi coniugali essenziali*, in: AA.VV., *L'incapacità di assumere gli oneri essenziali del matrimonio*, Libreria Editrice Vaticana, Città del Vaticano, 1998, pp. 53-67.

41. Sulle differenti posizioni circa la determinazione giuridica degli onera coniugalia cfr. ad esempio Pompedda M.F., *Annotazioni circa la "incapacitas adsumendi onera coniugalia"*, in: Pompedda M.F., *Studi di diritto matrimoniale canonico*, Giuffré, Milano, 1993, pp.110-114 e Viladrich P.-J., *Il consenso matrimoniale. Tecniche di qualificazione e di esegesi delle cause canoniche di nullità (cc. 1095-1107 CIC)*, Pontificio Ateneo della Santa Croce, Milano 2001. Passibile di un particolare approfondimento sembra essere la finalità del bonum coniugum: «l'ordinazione alle finalità naturali del matrimonio – il bene dei coniugi e la procreazione ed educazione della prole – è intrinsecamente presente nella mascolinità

Con ciò si evidenziano due aspetti decisivi per la corretta interpretazione di questa causa di nullità: in primo luogo, il criterio di riferimento per misurare l'impossibilità di assumere non deve essere mai la personalità psicologica dell'altro coniuge; di conseguenza la «relatività» dell'incapacità è tale in riferimento ad una misura oggettiva, cioè i doveri essenziali, che sono gli stessi in ogni matrimonio valido, e non ad una circostanza soggettiva e variabile, come ad esempio la «personalità psicologica del coniuge»; in secondo luogo, la gravità di tale incapacità è propriamente giuridica e consiste nel considerare l'impossibilità di assumere come una situazione oggettivamente anomala, in relazione alla capacità naturale del soggetto, il cui stato normale è di poter assumere i doveri coniugali[42].

Rispetto all'espressione *ob causas naturae psychicae*, di cui alcuni studiosi hanno giudicato poco opportuna la presenza nella norma,

---

e nella femminilità. Quest'indole teleologica è decisiva per comprendere la dimensione naturale dell'unione. In questo senso, l'indole naturale del matrimonio si comprende meglio quando non la si separa dalla famiglia. Matrimonio e famiglia sono inseparabili, perché la mascolinità e la femminilità delle persone sposate sono costitutivamente aperte al dono dei figli. Senza tale apertura nemmeno ci potrebbe essere un bene dei coniugi degno di tale nome» (Giovanni Paolo II, *Allocuzione*, 1° febbraio 2001, n. 5, 361). È da precisare che l'ordinamento matrimoniale canonico, nel prendere in considerazione il «bene dei coniugi», non si riferisce propriamente al raggiungimento di fatto di tale «bene», ma alla capacità in linea di principio che un determinato soggetto possiede in ordine al tendere del proprio matrimonio verso quel «bene» (cfr. Bianchi P., *Quando il matrimonio è nullo?*, Ancora Editrice, Milano, 1998).

42. Cfr. Sul punto, Viladrich P.-J., *Il consenso matrimoniale. Tecniche di qualificazione e di esegesi delle cause canoniche di nullità* (cc. 1095-1107 CIC), Pontificio Ateneo della Santa Croce, Milano 2001; Navarrete U., *"Incapacitas assumendi onera" uti caput autonomum nullitatis matrimonii*, "Periodica de re morali, canonica, liturgica", 61, 1972, pp. 47-80.

ritenendola superflua e indebitamente restrittiva[43], si può comprendere la scelta del Legislatore nell'introdurla considerando la storia della redazione del testo normativo[44].

Di fatto, il significato della suddetta espressione, per sé abbastanza generica, si ricava innanzitutto dal contesto prossimo in cui è inserita che è quello della incapacità matrimoniale.

Pertanto, dovranno in questo contesto intendersi per «causa di natura psichica» quegli aspetti della dinamica spirituale della persona che la rendono appunto incapace a porre quello specifico atto che è il consenso matrimoniale e per la specifica ragione di non potersene assumere qualcuno degli obblighi essenziali. In questi termini, appare chiaro che viene qui in considerazione solo quello «psichico» che corrisponde al genuino criterio della incapacità[45].

È necessario dunque comprendere quella che possiamo chiamare la causa «formale» dell'incapacità, cioè il criterio identifica-

---

43. Cfr. Sul punto, Pompedda M.F., *Annotazioni sul diritto matrimoniale nel nuovo Codice canonico*, in: Grocholewsky Z., Pompedda M.F., Zaggia C., *Il matrimonio nel nuovo Codice di Diritto Canonico. Annotazioni di diritto sostanziale e processuale*, Padova 1984, pp. 15-265; Pompedda M.F., *Studi di diritto matrimoniale canonico*, Milano, 1993, pp. 161-356; Navarrete U., *Problemi sull'autonomia dei capi di nullità del matrimonio per difetto del consenso causato da perturbazioni della personalità*, in: AA.VV., *Perturbazioni psichiche e consenso matrimoniale*, Officium Libri Catholici, Roma, 1976.

44. Cfr. In particolare, sulla storia redazionale della norma, cfr. Bianchi P., *Incapacitas assumendi obligationes essentiales matrimonii. Analisi della giurisprudenza rotale, particolarmente degli anni 1970-1982*, Pubblicazioni del Pontificio Seminario Lombardo di Roma, Milano, 1992. Per le ragioni che indussero ad utilizzare tale espressione, cfr. Bianchi P., *Le causae naturae psychicae dell'incapacità*, in: AA.VV., *L'incapacità di assumere gli oneri essenziali del matrimonio*, Libreria Editrice Vaticana, Città del Vaticano, 1998, 137-157.

45. Bianchi P., *Le causae naturae psychicae dell'incapacità*, in: AA.VV., *L'incapacità di assumere gli oneri essenziali del matrimonio*, Libreria Editrice Vaticana, Città del Vaticano, 1998, 137-157.

tivo proprio del concetto di incapacità, di modo che si possa distinguere la causa propria di tale incapacità, separandola da altre situazioni a base psichica che in qualche modo anch'esse turbano la vita coniugale.

A tal proposito, sono di valido aiuto le Allocuzioni del Sommo Pontefice alla Rota Romana degli anni 1987 e 1988[46], che contengono alcuni principi di merito molto importanti per definire tale criterio giuridico di valutazione dell'incapacità matrimoniale canonica.

Innanzitutto, il Papa invita a distinguere fra la difficoltà e l'autentica incapacità, in quanto «solo l'incapacità e non già la difficoltà a prestare il consenso o a realizzare una vera comunione di vita e di amore rende nullo il matrimonio»[47]. Inoltre, come criterio per distinguere incapacità da difficoltà, spiega che «una vera incapacità è ipotizzabile solo in presenza di una seria forma di anomalia che, comunque si voglia definire, deve intaccare sostanzialmente le capacità di intendere e/o di volere del contraente»[48]. Quindi, solo una sostanziale disfunzionalità delle facoltà connaturali alla persona – l'intelligenza e la volontà – potrà produrre l'incapacità della persona stessa all'esercizio del suo diritto «naturale» al matrimonio.

La *ratio* intrinseca di tale criterio sta nella visione cristiana della persona, che è chiamata a realizzare i propri ideali vocazionali anche in mezzo a difficoltà e resistenze di diversa natura, pure psicologica e inconscia, ma non necessariamente condizionanti in senso sostan-

---

46. Giovanni Paolo II, *Allocuzione alla Rota Romana*, 5 febbraio 1987, AAS 79, 1987, 1453-1459; Giovanni Paolo II, *Allocuzione alla Rota Romana*, 25 gennaio 1988, AAS 80, 1988, 1178-1185.

47. Giovanni Paolo II, *Allocuzione alla Rota Romana*, 5 febbraio 1987, AAS 79, 1987, 1453-1459.

48. *Ibid.*

ziale la libertà del soggetto[49]. Quindi il criterio di determinazione dell'incapacità psichica al matrimonio viene dalla visione antropologica cristiana ed è funzionale alla salvaguardia della libertà e della dignità della persona, in contrasto con impostazioni deterministiche e, dunque, deresponsabilizzanti la persona sotto il profilo giuridico e morale[50]. Si può parlare allora di incapacità in senso proprio solo in presenza di una seria forma di «anomalia», da individuare in una condizione «patologica» (anche se non in senso strettamente clinico) del soggetto e non semplicemente per circostanze, seppur importanti (una minore preparazione, un'abitudine sbagliata, il dato caratteriale, la poca prudenza e diligenza nel prendere decisioni, un'educazione o formazione umana carenti), ma che non incidono sostanzialmente sulla libertà della persona[51].

L'impostazione fin qui assunta porta a concludere che l'incapacità va ravvisata in una condizione di carattere individuale, escludendo la possibilità che, ad esempio, la persona del coniuge del presunto incapace sia considerato quale causa dell'incapacità, anche se la relazione con lo stesso coniuge può essere quella circostanza che fa emergere a livello sintomatologico la condizione di incapacità del soggetto[52].

---

49. Bianchi P., *Le causae naturae psychicae dell'incapacità*, in: AA.VV., *L'incapacità di assumere gli oneri essenziali del matrimonio*, Libreria Editrice Vaticana, Città del Vaticano, 1998, 137-157.

50. Giovanni Paolo II, *Allocuzione alla Rota Romana*, 25 gennaio 1988, AAS 80, 1988, 1178-1185.

51. Bianchi P., *Le causae naturae psychicae dell'incapacità*, in: AA.VV., *L'incapacità di assumere gli oneri essenziali del matrimonio*, Libreria Editrice Vaticana, Città del Vaticano, 1998, 137-157.

52. Sulla questione dell'incapacità relativa, cfr. Franceschi H., *L'incapacità relativa: status quaestionis e prospettiva antropologico-giuridica*, in: AA.V., *L'incapacità di assumere gli oneri essenziali del matrimonio*, Libreria Editrice Vaticana, Città del Vaticano, 1998, pp. 101-135. A favore di un riconoscimento da parte dalla giu-

Infine, è da specificare che non tutti gli obblighi che ineriscono allo stato matrimoniale vincolano i coniugi allo stesso modo. Occorre infatti distinguere – quanto alla continuità dell'obbligo – il caso di quegli obblighi che, come suol dirsi, *urgent semper et pro semper* da quelli che *urgent semper sed non pro semper*. I primi sono quelli di carattere per così dire negativo e si concretano nel non mettere in atto comportamenti lesivi di doveri giuridici assunti, quale ad esempio quello di rispettare la fedeltà coniugale; i secondi sono invece quelli di carattere per così dire positivo e si riferiscono a quelle prestazioni che i coniugi sono tenuti a recarsi vicendevolmente in conseguenza della comunione di vita coniugale tra di loro insturatasi, come ad esempio il dono di sé stessi attraverso una sessualità ordinata al fine intrinseco della sessualità medesima e dell'istituto matrimoniale[53].

Oltre alla causa «formale» di incapacità, vi sono quelle che possiamo definire cause «materiali» di incapacità, cioè le fattispecie nosografiche che sono state, di fatto, riconosciute o almeno indagate in sede giurisprudenziale canonica come possibile causa di incapacità ai sensi del can. 1095. Infatti, se l'incapacità di cui parla tale canone è una realtà essenzialmente di natura giuridica, è tuttavia naturale che, alla base di essa, vi siano delle situazioni psichiche dei soggetti interessati che hanno un rilievo clinico e che pos-

---

risprudenza rotale dell'incapacità relativa, cfr. Canale G., *L'incapacità ex can. 1095, 3°: necessaria assolutezza o possibile relatività alla persona dell'altro coniuge?*, in: AA.VV., *L'incapacità di assumere gli oneri essenziali del matrimonio*, Libreria Editrice Vaticana, Città del Vaticano, 1998, pp. 69-99 e García Faílde J.J., *Nuevo estudio sobre trastornos psíquicos y nulidad del matrimonio*, Publicaciones Universidad Pontificia de Salamanca, Salamanca, 2003, in cui si sostiene l'incapacità relativa, anche proveniente da incompatibilità di carattere.

53. Bianchi P., *Le causae naturae psychicae dell'incapacità*, in: AA.VV., *L'incapacità di assumere gli oneri essenziali del matrimonio*, Libreria Editrice Vaticana, Città del Vaticano, 1998, 137-157.

sono avere per conseguenza un relativo inquadramento clinico. Tali fattispecie nosografiche sono molto numerose e non è semplice distinguerne la valenza specifica riguardo ogni fattispecie normativa, in quanto una singola realtà nosografica può dar vita anche a più di una delle tre forme di incapacità previste dalla legge. Quindi, non ha senso effettuare una rigida distinzione delle fattispecie normative in base a categorie nosografiche, né stabilire una scala di gradazione di gravità clinica, anche se da un punto di vista sistematico può sicuramente essere utile[54].

3. *Il ruolo della psichiatria e della psicologia nelle cause di nullità*
Psichiatria e psicologia sono scienze umane che aiutano grandemente la riflessione giuridica circa la natura del matrimonio e dello stesso consenso matrimoniale[55]. Esse permettono di indagare i processi psichici che conducono alla decisione matrimoniale e di valutare in particolare il funzionamento delle facoltà intellettive

---

54. Sulle fattispecie nosografiche, cfr. in particolare García Faílde J.J., *Nuevo estudio sobre trastornos psíquicos y nulidad del matrimonio*, Publicaciones Universidad Pontificia de Salamanca, Salamanca, 2003; sull'eventuale rilevanza dei vari disturbi mentali distinti secondo le tre fattispecie normative del can. 1095, cfr. anche Barbieri C., Luzzago A., Musselli L., *Psicopatologia forense e matrimonio canonico*, Libreria Editrice Vaticana, Città del Vaticano, 2005.

55. La *Dignitas Connubii*, condensando a riguardo l'insegnamento dei Pontefici a partire da Pio XII, afferma proprio nell'introduzione: «Al progresso dottrinale nella comprensione dell'istituto del matrimonio e della famiglia, si accompagna in questo nostro tempo il progresso nelle scienze umane, soprattutto psicologiche e psichiatriche; che offrendo una più profonda conoscenza dell'essere umano, possono contribuire con molto giovamento alla cognizione di ciò che è richiesto nell'uomo per essere capace di contrarre il vincolo coniugale. I Romani Pontefici, fin da Pio XII, mentre mettono in guardia sui pericoli cui si va incontro se, in questa materia, si assumono come

e volitive in rapporto alla capacità o meno di porre validamente l'atto del consenso[56].

Anche il Santo Padre ha riconosciuto nel 1987 – sulla scia dell'insegnamento del Concilio Vaticano II, che esprimeva una valutazione nettamente positiva delle scienze umane e riconosceva esplicitamente la loro autonomia e i loro principi e metodi[57] – i grandi progressi fatti dalla psichiatria e psicologia contemporanea, apprezzando in modo particolare quanto tali scienze moderne hanno fatto e fanno per chiarire i processi psichici, consci e inconsci, della persona, oltre all'aiuto che danno a molte persone in difficoltà. In particolare viene riconosciuta l'utilità dei risultati raggiunti in tali scienze nel valutare la risposta umana alla vocazione al matrimonio, in un modo più preciso e differenziato di quanto lo permetterebbero la sola filosofia e la sola teologia. In modo particolare, Giovanni Paolo II ha indicato la necessità dell'aiuto di esperti in psichiatria e psicologia per valutare «secondo la propria competenza, la natura e il grado dei processi psichici che riguardano il consenso matrimoniale e la capacità della persona ad assumere gli obblighi essenziali

---

dati scientifici certi mere ipotesi scientificamente non confermate, hanno sempre incoraggiato ed esortato gli studiosi del diritto matrimoniale canonico e i giudici ecclesiastici a non esitare nel fare proprie, a vantaggio della loro disciplina, le conclusioni certe, fondate sulla sana filosofia e sull'antropologia cristiana, che quelle scienze sono state in grado di offrire loro col procedere del tempo», (cfr. Pontificio Consiglio per i testi legislativi, *Istruzione «Dignitas Connubii»*, da osservarsi nei tribunali diocesani e interdiocesani nella trattazione delle cause di nullità del matrimonio, 25 gennaio 2005, Libreria Editrice Vaticana, Città del Vaticano 2005).

56. Sull'applicazione della scienza psichiatrica e psicologica nelle cause di nullità matrimoniale per incapacità psichica, cfr. Stankiewicz A., *Breve nota sulla legittimità dell'applicazione della scienza psichiatrica e psicologica nelle cause di nullità matrimoniale per incapacità psichica nell'accezione giurisprudenziale*, "Periodica", 85, 1996, pp. 67-81.

57. Cfr. *Gaudium et Spes*, n. 59.

del matrimonio»[58]. Viene invece messa in discussione dal Papa la capacità delle scienze psichiatriche e psicologiche di offrire una visione veramente integrale della persona, cioè di rispondere alle questioni fondamentali sulla vita e sulla vocazione dell'uomo[59].

3.1. *Il necessario riferimento all'antropologia cristiana*

Come richiamato dal Santo Padre nell'Allocuzione alla Rota Romana del 1987, perché siano di vero aiuto nelle cause di nullità matrimoniale, le perizie provenienti dagli studiosi di tali scienze devono essere compenetrate da presupposti antropologici che non siano in contrasto, ma in accordo con l'antropologia cristiana[60].

Vengono ritenuti inconciliabili con l'antropologia cristiana i concetti di numerose correnti delle scienze psicologiche, in quanto «chiusi ai valori e significati che trascendono il dato immanente e che permettono all'uomo di orientarsi verso l'amore di Dio e del prossimo come sua ultima vocazione»[61].

Più specificatamente, rispetto al matrimonio, tali correnti sono inconciliabili con la dottrina cristiana in quanto riducono «il significato dell'unione coniugale a semplice mezzo di gratificazione o di auto-realizzazione o di decompressione psicologica»[62], non con-

---

58. Giovanni Paolo II, *Allocuzione alla Rota Romana*, 5 febbraio 1987, AAS 79, 1987, 1453-1459. Per un commento al discorso di Giovanni Paolo II alla Rota Romana del 1987, cfr. Versaldi G., *Momentum et consectaria allocutionis Ioannis Pauli II ad auditores Romanae Rotae diei 5 februarii 1987*, "Periodica de re morali, canonica, liturgica", 77, 1988, pp. 109-148.
59. Giovanni Paolo II, *Allocuzione alla Rota Romana*, 5 febbraio 1987, AAS 79, 1987, 1453-1459.
60. Grocholewski Z., *Il giudice ecclesiastico di fronte alle perizie neuropsichiatriche e psicologiche*, "Apollinaris", 60, 1987, pp. 183-203.
61. Giovanni Paolo II, *Allocuzione alla Rota Romana*, 5 febbraio 1987, AAS 79, 1987, 1453-1459.
62. *Ibid.*

siderando il dovere di un cosciente impegno da parte degli sposi a superare, anche a costo di sacrifici e rinunce, gli ostacoli che si frappongono alla realizzazione del matrimonio e valutando ogni tensione come segno negativo ed indice di debolezza ed incapacità a vivere il matrimonio[63].

Il Pontefice richiama gli esperti, chiamati a pronunciarsi sulla realtà psichica delle persone, alla visione cristiana dell'uomo, quale essere creato ad immagine di Dio, capace di conoscerlo ed amarlo, chiamato a trovare in Lui la propria realizzazione in una vocazione di dimensione eterna, pur se ostacolato dalle resistenze proprie della sua concupiscenza e quindi diviso in se stesso, ma salvato dalle sue debolezze mediante lo Spirito di Cristo[64].

Rispetto al matrimonio vengono messi in luce gli elementi antropologici cristiani, quale realtà voluta da Dio, a cui l'uomo aderisce nella libertà per una vocazione divina e che viene realizzato nel suo significato di intima comunità di vita e di amore coniugale attraverso il dono reciproco degli sposi, che include anche rinuncia e sacrificio[65].

Poiché molte correnti psicologiche del tempo moderno muovono da un orizzonte opposto o chiuso rispetto a quello del canonista, il Santo Padre avverte che il dialogo e la comunicazione fra il giudice e il perito possono diventare fonte di fraintendimenti e di confusione e che, se non viene scorta dal giudice l'errata antropologia da cui si muove la perizia, vi è il pericolo che le conclusioni siano false e dannose per il vero bene della Chiesa e delle persone[66].

---

63. Giovanni Paolo II, *Allocuzione alla Rota Romana*, 5 febbraio 1987, AAS 79, 1987, 1453-1459.

64. Grocholewski Z., *Il giudice ecclesiastico di fronte alle perizie neuropsichiatriche e psicologiche,* "Apollinaris", 60, 1987, pp. 183-203.

65. Giovanni Paolo II, *Allocuzione alla Rota Romana*, 5 febbraio 1987, AAS 79, 1987, 1453-1459.

66. *Ibid.*

Tale errata antropologia infatti porta spesso il perito a considerare la maturità psichica come punto d'arrivo dello sviluppo umano, mentre il giudice la intende come maturità canonica, quale punto minimo di partenza per la validità del matrimonio. In altre parole, il perito, parlando dell'incapacità psichica, prende sovente in considerazione la persona tale quale realmente è, con i propri vizi, difetti, debolezze, mentre «per il giudice si deve trattare della incapacità a realizzare la propria vocazione, e cioè a realizzare il matrimonio adoperando gli sforzi dovuti, le proprie potenzialità, intraprendendo anche i sacrifici e accettando il peso e le difficoltà che il matrimonio comporta»[67]. Ugualmente, il perito sottintende al concetto di matrimonio invalido la realtà di un matrimonio infelice, mentre il giudice deve considerare unicamente la validità o meno del consenso coniugale e non la felicità o meno del connubio, pur se dipendesse da radici psicologiche, oltre che da quelle morali[68].

3.2 Il valore delle perizie

La perizia propriamente detta – la cui normativa nel Codice attuale si sviluppa nei canoni 1574-1581 e nell'Istruzione *Dignitas Connubii* agli articoli 203-213 – è quell'indagine effettuata, su incarico del Tribunale ecclesiastico, da un perito psichiatra o psicologo, per stabilire con metodo scientifico la realtà e la consistenza di una realtà avente conseguenze giuridiche quale, nel nostro caso, una perturbazione mentale in rapporto al consenso matrimoniale effettuato[69].

---

67. Grocholewski Z., *Il giudice ecclesiastico di fronte alle perizie neuropsichiatriche e psicologiche*, "Apollinaris", 60, 1987, pp. 183-203.
68. *Ibid.*
69. Per uno studio completo sulla perizia nelle cause di nullità matrimoniale cfr. García Faílde J.J., *Nuevo estudio sobre trastornos psíquicos y nulidad del matrimonio*, Publicaciones Universidad Pontificia de Salamanca, Salamanca, 2003.

Tale lavoro scientifico viene presentato in forma normalmente scritta al giudice tramite la cosiddetta relazione peritale, che si ritiene generalmente composta di cinque parti:
1. una premessa indicante il nome e il titolo posseduto dal perito, il nome del giudice che ha effettuato la nomina, la determinazione dell'oggetto della perizia, la data e la menzione del giuramento[70];
2. l'esame della documentazione prodotta, comprendente tutti gli atti utili ad espletare il mandato (normalmente gli atti della causa, cioè le deposizioni delle parti e dei testi ed eventuale documentazione medica) e l'esposizione completa dei fatti, con indicazione del metodo e del procedimento seguiti;
3. l'esame clinico effettuato sul periziando (comprendente l'anamnesi personale e familiare e gli accertamenti tecnico-strumentali[71] – reattivi mentali, diagnostica strumentale, etc. – eventualmente condotti);
4. l'epicrisi medico-legale, cioè una valutazione, nel corso della quale articolare la discussione in base a tutte le informazioni, certe e provate, che sono state acquisite. Tale valutazione dovrà eviden-

---

70. La DC precisa che i requisiti richiesti al perito: non solo che possieda un'abilitazione professionale, ma anche che sia ben qualificato per la sua scienza ed esperienza e che goda di buona reputazione per onestà e religiosità, oltre che, nelle cause concernenti l'incapacità di cui al can. 1095, aderisca pienamente ai principi dell'antropologia cristiana (cfr. Pontificio Consiglio per i testi legislativi, *Istruzione «Dignitas Connubii»*, da osservarsi nei tribunali diocesani e interdiocesani nella trattazione delle cause di nullità del matrimonio, 25 gennaio 2005, Libreria Editrice Vaticana, Città del Vaticano, 2005, art. 205).

71. Circa i reattivi mentali e l'esame psicodiagnostico, il loro inquadramento generale e il loro uso nel contesto delle perizie in campo matrimoniale canonico e gli ulteriori accertamenti strumentali, cfr. Barbieri C., Luzzago A., Musselli L., *Psicopatologia forense e matrimonio canonico*, Libreria Editrice Vaticana, Città del Vaticano, 2005. Ulteriori contributi, sono rappresentati da: Zuanazzi G., *Psicologia e psichiatria nella cause matrimoniali canoniche*, Libreria Editrice Vaticana, Città del Vaticano, 2006; Ferracuti S., *I tests mentali in psicologia giuridica e forense*, Centro Scientifico Editore, Torino, 2008.

ziare l'esistenza o meno di una perturbazione mentale, chiarirne la natura, la specie e il grado, investigarne il momento iniziale e lo stadio evolutivo, che è spesso latente. Inoltre, sarà compito di tale momento periziale determinarne l'eventuale influsso sulle capacità decisorie del nubente e il rapporto esistente con il consenso matrimoniale, al fine di rilevare scientificamente lo spazio concesso al soggetto per una libera determinazione[72];

5. le conclusioni, con la risposta ai quesiti[73], che deve essere articolata in modo da permettere al giudice di seguire il percorso fatto dal perito e di valutare e soppesare gli argomenti che fondano il parere, come prescrive il can. 1578 § 2[74]. Tali conclusioni saranno

---

72. Gianesin B., *Perizia e capacità consensuale nel matrimonio canonico*, Gregoriana Libreria Editrice, Padova, 1989.

73. La *Dignitas Connubii* si sofferma in modo particolare sui quesiti da porre al perito nelle cause per incapacità. Stabilisce che il giudice deve sempre chiedere al perito: 1. se al tempo delle nozze la parte di cui si accusa l'incapacità era affetta da un'anomalia; 2. se tale anomalia era abituale o transitoria; 3. la gravità di detta anomalia; 4. le cause da cui ha tratto origine; 5. l'intensità e i sintomi con cui si è manifestata (cfr. DC, art. 209 § 1). Inoltre, all'art. 209 § 2 la DC offre le indicazioni necessarie per formulare quesiti specifici per ciascuna delle fattispecie previste dal can. 1095. Sapientemente la *Dignitas Connubii* sottolinea inoltre che il perito nel suo voto deve rispondere secondo i dettami delle propria tecnica e della propria scienza ai singoli quesiti posti nel decreto del giudice, evitando di dare giudizi che eccedono i limiti del proprio incarico e che spettano invece al giudice (cfr. DC, art. 209 § 3). Per ulteriori approfondimenti, cfr. Pavanello, P., *Il can. 1095 nell'istruzione "Dignitas Connubii"*, in: Arrieta J.I. (Ed.), *L'Istruzione «Dignitas Connubii» nella dinamica delle cause matrimoniali*, Marcianum Press, Venezia, 2006, pp. 59-69; Stankiewicz A., *Valutazione delle prove secondo l'istruzione*, in: Arrieta J.I. (Ed.), *L'Istruzione «Dignitas Connubii» nella dinamica delle cause matrimoniali*, Marcianum Press, Venezia, 2006, pp. 71-81.

74. Cfr. Gianesin B., *Perizia e capacità consensuale nel matrimonio canonico*, Gregoriana Libreria Editrice, Padova, 1989; Barbieri C., Luzzago A., Musselli L., *Psicopatologia forense e matrimonio canonico*, Libreria Editrice Vaticana, Città del Vaticano, 2005.

qualificate secondo la loro forza: concludenti, probabili, possibili, ipotetiche, verosimili.

In particolare, attraverso la perizia psichiatrica o psicologica, si tratta di accertare e valutare direttamente, non l'incapacità consensuale del soggetto secondo le fattispecie normative, e nemmeno se un certo dato psichico rientra in tali ipotesi legali, quanto piuttosto il disturbo o anomalia psichica che ne sarebbe l'origine, poiché l'esistenza e la portata di tale anomalia potrà essere giuridicamente acquisita solo tramite l'indagine e la spiegazione di esperti[75].

Giovanni Paolo II ha riaffermato in modo esplicito la legittimità applicativa nelle cause matrimoniali delle perizie psicologiche, accanto a quelle psichiatriche, menzionandole assieme nell'Allocuzione al Tribunale della Rota Romana del 25 gennaio 1988, nella quale ha però messo in guardia il giudice ecclesiastico contro l'«uso scorretto delle perizie psichiatriche e psicologiche»[76] che porta il rischio di cadere nella prospettiva deterministica ed immanentistica.

Come mezzo di prova le relazioni peritali, entro i limiti della propria metodologia e certezza[77], apportano motivi per il convin-

---

75. Cfr. de Agar J.T., *Giudice e perito a colloquio*, in: AA.VV., *L'incapacità di assumere gli oneri essenziali del matrimonio*, Libreria Editrice Vaticana, Città del Vaticano, 1998, pp.197-201: «Secondo la dottrina, in conclusione, sono due le cose che il giudice chiede al perito: in primo luogo la diagnosi della perturbazione mentale e dello stato psichico dell'individuo e in secondo luogo l'influsso di tutto questo sulla attività mentale della parte in causa e le ragioni che sostengono le sue dichiarazioni» (cfr. Gianesin B., *Perizia e capacità consensuale nel matrimonio canonico*, Gregoriana Libreria Editrice, Padova, 1989).

76. Giovanni Paolo II, *Allocuzione*, 25 gennaio 1988, AAS 80, 1988, 1178-1185. Per un commento al discorso di Giovanni Paolo II alla Rota Romana del 1988, cfr. Versaldi G., *Animadversiones quaedam relate ad allocutionem Ioannis Pauli II ad Romanam Rotam diei 25 ianuarii 1988*, "Periodica de re morali, canonica, liturgica", 78, 1989, pp. 243-260.

77. Versaldi G., *L'oggettività delle prove in campo psichico*, Morcelliana, Brescia, 1981.

cimento del giudice riguardo all'accertamento e alla valutazione dell'eventuale psicopatologia incapacitante il soggetto ad emettere un valido consenso matrimoniale.

Tuttavia, nel sistema processuale canonico non compete *ipso facto* alle conclusioni peritali il valore di una prova legale con efficacia di *plena probatio*, poiché la forza probatoria delle perizie dipende dal libero e discrezionale apprezzamento del giudice: «l'apprezzamento effettuato dal perito nei limiti della sua competenza tecnico-scientifica è sottoposto all'apprezzamento discrezionale sovrano del giudice, il quale, secondo il principio del libero convincimento, per sé non è tenuto necessariamente ad aderire al giudizio peritale»[78]. È il giudice dunque a cui compete vagliare le conclusioni peritali *ex sua conscientia*[79], attribuendo ad esse valore probatorio in base al convincimento personale fondato sulla certezza morale circa la verità del fatto dell'incapacità psichica.

L'attribuzione alla perizia dell'efficacia probatoria non si effettua però attraverso un giudizio arbitrario del giudice, essendo questi tenuto a valutare tutte le circostanze della causa e di altre risultanze processuali[80] e ad esporre nella sentenza le motivazioni per le quali abbia ammesso o meno le conclusioni del perito[81].

---

78. Stankiewicz A., *La convertibilità delle conclusioni peritali nelle categorie canoniche*, Monitor Ecclesiasticus, 119, 1994, pp. 378.

79. «Il giudice deve – senza pregiudizio delle menzionate prescrizioni processuali – decidere secondo la sua propria scienza e coscienza se le prove addotte e la inchiesta ordinata sono o no sufficienti (cfr. can. 1869 § 3), bastevoli cioè alla necessaria certezza morale circa la verità e la realtà del caso da giudicare» (cfr. Pio XII, *Allocuzione alla Rota Romana*, 1° ottobre 1942, AAS 34, 1942, 338-343).

80. Cfr. can. 1579 § 1: «Iudex non peritorum tantum conclusiones, etsi concordes, sed cetera quoque causae adiuncta attente perpendat». Cfr. DC, art. 212 § 1.

81. Cfr. can. 1579 § 2: «Cum reddit rationes decidendi, exprimere debet quibus motus argumentis peritorum conlusiones aut admiserit aut reiecerit». Cfr. DC, art. 212 § 2.

Inoltre, il giudice è vincolato dai risultati degli accertamenti e delle valutazioni tecnico-scientifiche circa i fatti e le situazioni rilevanti, per cui ogni diretto intervento di verifica da parte del giudice nel campo tecnico-scientifico costituirebbe sconfinamento dei limiti della sua specifica competenza canonico-giudiziale. Entro tali limiti, vale dunque il principio «*peritis in arte credendum est*», alla luce del quale l'efficacia probatoria delle perizie viene rafforzata quando si tratta di conclusioni concordi dei periti. Di fronte a eventuali difficoltà del giudice nell'intendere o nell'accettare le conclusioni peritali per ciò che riguarda la competenza tecnico-scientifica, egli può soltanto chiedere ulteriori spiegazioni e chiarimenti allo stesso perito e, di fronte a esiti peritali discordi, ricorrere ad una nuova ulteriore perizia[82].

Nell'attribuzione dell'efficacia probatoria alla perizia, il giudice deve verificare l'attendibilità dei fatti evidenziati in essa e l'oggettività dei dati raccolti nella medesima (ad esempio cartelle cliniche, dichiarazioni giudiziali delle parti, ecc…), poiché fatti inattendibili sminuiscono il valore delle deduzioni peritali.

Infine, il giudice è chiamato a verificare che le valutazioni conclusive alle quali il perito perviene siano dotate di rigore logico nella consequenzialità tra premesse e conclusioni. Nell'incertezza di un'effettiva imparzialità della perizia, si può ricorrere alla valutazione di elementi soggettivi riguardanti la persona stessa del perito, quali la sua competenza scientifica, la probità morale e la sua adesione ai principi della dottrina cristiana.

Tutti questi elementi, uniti a quelli oggettivi della perizia, possono concorrere all'attribuzione, da parte del giudice, della *vis plenae probationis* alle conclusioni peritali[83].

---

82. Stankiewicz A., *La convertibilità delle conclusioni peritali nelle categorie canoniche*, "Monitor Ecclesiasticus", 119, 1994, pp. 380-382.

83. Stankiewicz A., *La convertibilità delle conclusioni peritali nelle categorie canoniche*, "Monitor Ecclesiasticus", 119, 1994, pp. 382-384.

4. Anoressia e bulimia nel contesto del can. 1095, nn. 2-3

Risulta evidente, alla luce degli aspetti clinici di anoressia nervosa e bulimia nervosa e delle loro conseguenze nel rapporto interpersonale coniugale e nella cura della prole e alla luce altresì del dettato normativo del can. 1095, 2° e 3°, che tali disturbi possono avere forti ripercussioni sulla validità del consenso matrimoniale. I dati clinici suggeriscono che tali disordini turbano i processi di pensiero e di comportamento, danneggiano la capacità decisionale e possono perciò esercitare un notevole influsso sulla capacità di valutare e scegliere il matrimonio con la dovuta discrezione di giudizio, influendo inoltre sulla capacità di assumerne responsabilmente gli obblighi.

Appare però molto azzardato impostare un'equivalenza del tipo «anoressia (o bulimia) uguale nullità di matrimonio» poiché non vi può mai essere una correlazione automatica fra diagnosi di disturbo mentale e sue conseguenze sul piano giuridico. Nel caso specifico, in particolare, differenti casi di anoressia o bulimia, mentre da un punto di vista sintomatologico presentano molte analogie fra loro, da un punto di vista della struttura, dell'organizzazione complessiva della malattia, possono manifestare notevoli differenze[84] e ciò dipende dalla gravità dei conflitti intrapsichici che le hanno originate, conflitti che sono la realtà più profonda e nascosta che è necessario indagare in relazione alla validità dell'emissione del consenso matrimoniale. Ciò non significa affatto sminuire l'importanza dei sintomi della patologia e delle sue conseguenze in ambito coniugale, ma

---

84. Esemplificativo risulta il seguente monito: «non è solo dai sintomi che si valuta la malattia, bensì dall'organizzazione complessiva, dalla forma che essi assumono» (cfr. Zuanazzi G., *La capacità intellettiva e volitiva in rapporto al matrimonio canonico: aspetti psicologici e psichiatrici*, in: AA.VV., *L'incapacità di intendere e di volere nel diritto matrimoniale canonico* (can. 1095 nn. 1-2), Libreria Editrice Vaticana, Città del Vaticano, 2000, pp. 295-317).

comprendere che essi sono di varia entità e consistenza e che i parametri per valutarne l'entità invalidante o meno sono dati, a livello giuridico, dai diritti e doveri coniugali previsti nel dettato codiciale. È necessario quindi valutare caso per caso l'influenza di tali disturbi sul consenso matrimoniale, sapendo che si è di fronte a gravi disturbi di ordine psicologico, ma anche che la gravità dal punto di vista canonico non coincide con quella psicologica o psichica.

È bene ricordare infatti che non la *causa natura psychicae* è di per sé invalidante, ma l'incapacità che da essa, eventualmente, ne deriva. «Un disturbo mentale, con qualunque denominazione clinica lo si voglia individuare, per se stesso non costituisce un capo giuridico di nullità di matrimonio»[85]. Quindi, non sono invalidanti l'anoressia o la bulimia di per sé, ma l'incapacità eventuale che da esse può derivare e che è necessario dimostrare.

Una particolare importanza è stata data, in uno studio sugli effetti di anoressia e bulimia sul consenso coniugale che riprende la visione del Viladrich sul can. 1095[86], all'effettiva capacità psichica al matrimonio da parte del contraente anoressico o bulimico, con riguardo al diritto-dovere a instaurare, conservare e sviluppare quella intima comunione di vita con la quale si esprime e si realizza il vincolo coniugale nell'ordine della vita e dell'amore umani, tendente al bene dei coniugi[87]. L'oggetto di tale diritto-dovere è dato «da quegli atti e prestazioni personali di solidarietà e compartecipazione, adatti e necessari per l'instaurazione, la conservazione e lo sviluppo della comune

---

85. Mendonça A., Sangal N., *Effetti dell'anoressia e della bulimia nervosa sul consenso matrimoniale*, "Monitor Ecclesiasticus", 121, 1996, pp. 611-654.

86. Camarero Suárez V., *Incidencia de la anorexia nerviosa y bulimia nerviosa en la capacidad consensual*, in: *Estudios jurídicos en homenaje al profesor Vidal Guitarte*, Fs. Vidal Guitarte, I, Valencia, 1999, pp. 151-157.

87. Camarero Suárez V., *Incidencia de la anorexia nerviosa y bulimia nerviosa en la capacidad consensual*, in: *Estudios jurídicos en homenaje al profesor Vidal Guitarte*, Fs. Vidal Guitarte, I, Valencia, 1999, pp. 151-157.

biografia coniugale e suscettibile di formalizzazione giuridica»[88]. Una dimensione fondamentale è la convivenza fisica idonea e necessaria per una reale ed effettiva ordinazione ai fini del matrimonio e il diritto-dovere alla dignità coniugale della comunità di vita, oltre a quello di compartecipare alle decisioni che riguardano il matrimonio.

L'autrice di tale studio ritiene che questo diritto-dovere rimane gravemente danneggiato da diversi fattori – psico-biologici individuali, familiari, socioculturali – che interagiscono tra loro scatenando l'anoressia e la bulimia nervose. Gli effetti di questi disturbi sulla capacità della persona nel consenso matrimoniale sono evidenti nel manifestare l'insufficiente capacità intrapersonale e interpersonale di coloro che ne sono stati toccati, conseguentemente al turbamento dei processi di pensiero e di comportamento provocati in coloro che ne soffrono e che associati con altri disturbi di personalità, producono l'incapacità psichica della persona al matrimonio, per mezzo di una limitazione del giudizio critico e delle funzioni volitive e rendendola incapace ad assumere gli obblighi essenziali del matrimonio[89].

---

88. Camarero Suárez V., *Incidencia de la anorexia nerviosa y bulimia nerviosa en la capacidad consensual*, in: *Estudios jurídicos en homenaje al profesor Vidal Guitarte*, Fs. Vidal Guitarte, I, Valencia, 1999, pp. 151-157: «da aquellos actos y prestaciones personales de solidaridad y copartición, aptos y necesarios para la instauración conservación y desarrollo de la comun biografia conyugal y suceptibles de formalización jurídica».
89. Camarero Suárez V., *Incidencia de la anorexia nerviosa y bulimia nerviosa en la capacidad consensual*, in: *Estudios jurídicos en homenaje al profesor Vidal Guitarte*, Fs. Vidal Guitarte, I, Valencia, 1999, pp. 151-157: «este derecho-deber queda gravemente afectado por distintos factores – psico-biológicos individuales, familiares, socioculturales – que interactúan entre sí desencadenando la anorexia y la bulimia nerviosa. Los efectos de estos trastornos sobre la capacidad de la persona en el consentimiento matrimonial son evidentes al manifestar la deficiente capacidad intrapersonal e interpersonal de los afectados, como consecuencia de haber turbado los procesos de pensamiento y de comportamiento de quien los sufre, y que asociados con otros disturbios de la personalidad, producen la incapacitación psíquica de la persona para el matrimonio, a través de una limitación de su juicio crítico y de sus funciones volitivas e incapacitandola para asumir las obligaciones esenciales del matrimonio».

Anche García Faílde ritiene che anoressia e bulimia possano portare ad un'incapacità per grave difetto di discrezione di giudizio e ad un'incapacità ad assumere gli oneri coniugali[90]. Per quanto riguarda il 1095, 2° scrive che l'anoressia può portare ad un'incapacità consensuale in due momenti distinti:
1. nelle crisi acute: la perturbazione ossessivo-compulsiva, che accompagna queste crisi, può assorbire il paziente, in ragione della sua forte carica affettiva di carattere angoscioso, senza lasciargli spazio per pensare sufficientemente a qualcosa che esca dal contenuto della stessa, come le ragioni pro e contro per accettare il matrimonio, senza le quali non si può dare un'autentica deliberazione, non permettendogli di desiderare altra cosa che non sia soddisfare la sua preoccupazione per il volume e la figura del suo corpo, la sua preoccupazione di ingrassare, etc.
2. fuori delle crisi acute: in uno stato avanzato del processo insidioso, che durante mesi e anche anni conduce lentamente al quadro anoressico, non si tralascia la possibilità che la condizione prima della malattia sia così aggravata da produrre gli effetti già esposti delle crisi acute[91].

Viene considerata valida anche la possibilità che gli effetti dell'anoressia sulle facoltà psichiche portino ad un'incapacità ad assu-

---

90. García Faílde J.J., *Nuevo estudio sobre trastornos psíquicos y nulidad del matrimonio*, Publicaciones Universidad Pontificia de Salamanca, Salamanca, 2003.
91. García Faílde J.J., *Nuevo estudio sobre trastornos psíquicos y nulidad del matrimonio*, Publicaciones Universidad Pontificia de Salamanca, Salamanca, 2003: «1. En las crisis agudas: La perturbación obsesivo-compulsiva, que acompaña estas crisis, puede absorber al paciente, por razón de su fuerte carga afectiva de colorido angustioso, sin dejarle espacio para pensar suficientemente en algo que salga fuera del contenido de la misma, como son los motivos y los contramotivos de aceptar el matrimonio, sin los que no cabe una auténtica deliberación, o que no le permita querer otra cosa que no sea satisfacer su preocupación por el volumen y figura de su cuerpo, su preocupación de no engordar, etc. ....2. Fuera de las crisis agudas: En un estado avanzado del proceso insidioso, que durante meses y aun años conduce lentamente al cuadro anoréxico, no se descarta la posibilidad de que la condición premórbida esté tan agravada que llegue a producir los expuestos resultados de las crisis agudas».

mere gli oneri coniugali.

1. Negli anoressici si danno sintomi depressivi (è qui indifferente la questione se sono sintomi di un vero quadro di depressione maggiore o se sono sintomi depressivi indipendenti di questo quadro di depressione maggiore), come sentimenti di esaurimento, di vuoto, di incapacità a provare emozioni e di relazionarsi, difficoltà di adattamento, introversione, tendenza alla solitudine, abolizione dei contatti interpersonali con persone conosciute e ricerca di amicizie nuove; in queste circostanze non può non alterarsi nella stessa misura la convivenza dell'anoressico con quelli che lo circondano, non possono non essere carenti le relazioni amorose dell'anoressico con altri e, quando vi sono, non possono non essere, in generale, inadeguate e/o deformate; l'esperienza insegna che nelle unioni coniugali degli anoressici si dà solo una comunicazione superficiale, quando non si dà, come frequentemente capita, una totale separazione delle vite.

2. Chi ha un grande disinteresse e, a volte, un rifiuto totale delle relazioni sessuali e un terrore a rimanere contaminato da tutto quello che lo circonda non usa la sessualità, o ha una sessualità molto povera, e quindi, come non sarà incapace di compiere qualcuno dei compiti fondamentali del matrimonio nella previsione, non sempre ammissibile, che la sua perturbazione in materia sessuale non lo impedisca nel valutare debitamente i diritti e le obbligazioni che in questa materia si devono concedere e offrire mutuamente quelli che si sposano?

3. Chi vive così proccupato di se stesso (del suo peso, della sua immagine corporea, di non ingrassare, ecc.) difficilmente starà nelle condizioni di preoccuparsi di altri, di preoccuparsi degli obblighi che lo legano all'altro[92].

---

92. García Faílde J.J., *Nuevo estudio sobre trastornos psíquicos y nulidad del matrimonio*, Publicaciones Universidad Pontificia de Salamanca, Salamanca, 2003: «1. En los anoréxicos se dan síntomas depresivos (es aquí indiferente la cuestión de si son síntomas de un verdadero cuadro de depresión mayor o son síntomas depresivos independientes de ese cuadro de depresión mayor), como sentimien-

Per ciò che riguarda la bulimia, García Faílde ritiene che siano in particolare i disturbi psicopatologici che accompagnano la bulimia a poter provocare sia il grave difetto di discrezione di giudizio, che l'incapacità ad assumere gli obblighi coniugali.
1. I disturbi psicopatologici che accompagnano la bulimia nervosa (ossessioni-compulsioni, depressioni) possono, come l'anoressia nervosa, produrre nei bulimici nervosi il grave difetto di discrezione di giudizio, perturbando gravemente il processo del pensiero e della volontà e produrre l'incapacità per la convivenza coniugale che il matrimonio esige.

---

tos de agotamiento, de vacío, de incapacidad para sentir y para relacionarse; inadaptación, introversión, tendencia a la soledad, abolición de contactos interpersonales con personas conocidas y de búsqueda de amistades nuevas; en estas circunstancias no puede menos de alterarse la convivencia del anoréxico con los que lo rodean, no pueden menos de ser escasas las relaciones amorosas del anoréxico con otros y, cuando existen, no pueden menos de ser, por lo general, inadecuadas y/o deformadas; la experiencia enseña que en las uniones conyugales de los anoréxicos se da sólo comunicación superficial cuando no se da, como ocurre con frecuencia, una total separación de vidas.
2. Quien tiene un gran desinterés y a veces un rechazo total de las relaciones sexuales y un terror a quedar contaminado con todo lo que le rodea no hace uso de la sexualidad o tiene una sexualidad muy pobre, y entonces, ¿cómo no va a ser incapaz de cumplir una de la cargas fundamentales del matrimonio en el supuesto, no siempre admisible, de que su perturbación en materia sexual no le impida valorar debidamente los derechos y obligaciones que en esta materia tienen que concederse y entregarse mutuamente los que se casan?
3. Quien vive tan pendiente de sí mismo (de su peso, de su figura corporal, de no engordar, etc.) difícilmente estará en condiciones de preocuparse de otros, de preocuparse de obligaciones que le aten a otro».

2. A queste due conclusioni arriviamo partendo dai disturbi di personalità menzionati[93] che accompagnano la bulimia nervosa e che per sé solamente possono produrre il grave difetto di discrezione di giudizio e, soprattutto, l'incapacità per la relazione interpersonale matrimoniale, come già esposto[94].

Recentemente è stato sostenuto che "le sindromi bulimiche, al pari di quelle anoressiche, di regola non compromettono i processi di scelta; determinano invece problemi più o meno gravi, nello svolgersi della vita coniugale e familiare"[95]. In proposito, però, altri contributi dottrinari hanno precisato le ragioni per cui anoressia nervosa e bulimia nervosa, nelle forme più pronunciate, sono condizioni psicopatologiche che possono alterare significativamente le facoltà psichiche sottese sia alla discrezione di giudizio circa i dirit-

---

93. I disturbi di personalità menzionati dall'autore sono quello borderline (chiamato anche, con un termine spagnolo, límite), quello narcisista e quello antisociale (cfr. García Faílde J.J., *Nuevo estudio sobre trastornos psíquicos y nulidad del matrimonio*, Publicaciones Universidad Pontificia de Salamanca, Salamanca, 2003).

94. García Faílde J.J., *Nuevo estudio sobre trastornos psíquicos y nulidad del matrimonio*, Publicaciones Universidad Pontificia de Salamanca, Salamanca, 2003: «1. Los trastornos psicopatológicos que acompañan a la bulimia nerviosa (obsesiones-compulsiones, depresiones) pueden, al igual que en la anorexia nerviosa, producir en los bulímicos nerviosos el grave defecto de discreción de juicio, perturbando gravemente el proceso del pensamiento y de la voluntad y producir la incapacidad para la convivencia conyugal que el matrimonio exige.
2. A estas dos conclusiones llegamos partiendo de los trastornos de personalidad mencionados que acompañan a la bulimia nerviosa y que por sí solos pueden producir el grave defecto de discreción de juicio y, sobre todo, la incapacidad para (la relacion) interpersonal matrimonial como en su lugar se expone».

95. Zuanazzi G., *Psicologia e psichiatria nella cause matrimoniali canoniche*, Libreria Editrice Vaticana, Città del Vaticano, 2006.

ti e i doveri coniugali essenziali[96], che all'assunzione ed al mantenimento dei medesimi oneri coniugali[97].

---

96. «....i disturbi alimentari, come l'anoressia mentale o la bulimia nervosa nelle forme più pronunciate, laddove cioè l'intelligenza e la volontà sufficienti a formulare un consenso sul piano psicologico completo ed autonomo siano oggettivamente inficiate da fobie, o ossessioni che sottendono la condotta di tipo anoressico o bulimico, nonché da una percezione derealistica della propria immagine corporea, soprattutto in rapporto a quella del partner» (cfr. Barbieri C., Luzzago A., Musselli L., *Psicopatologia forense e matrimonio canonico*, Libreria Editrice Vaticana, Città del Vaticano, 2005).

97. «...i disturbi alimentari, in cui l'articolazione della vita di coppia può essere pregiudicata sia dal rifiuto del rapporto sessuale al coniuge e/o dall'impossibilità di modulare una comunicazione adeguata sul piano emotivo (come nel caso del paziente anoressico), sia dall'incapacità di avere rapporti autenticamente partecipati tra coniugi o tra genitori e figli (come nel paziente bulimico)» (cfr. Barbieri C., Luzzago A., Musselli L., *Psicopatologia forense e matrimonio canonico*, Libreria Editrice Vaticana, Città del Vaticano, 2005). È significativo che, sebbene vi sia il riferimento principale ad «anoressia» e «bulimia», gli autori abbiano comunque usato il termine più generale di «disturbi alimentari», allargando il campo ad ulteriori patologie aventi caratteristiche simili.

CAPITOLO XI

LA GIURISPRUDENZA ROTALE IN MATERIA DI DISTURBI ALIMENTARI

Michele Tronchin

1. *Introduzione*

Dopo aver illustrato brevemente il contenuto del can. 1095, 2° e 3°, al fine di avere un quadro significativo della dottrina relativa, e dopo aver riportato gli studi e le ricerche circa gli effetti di AN e BN sul consenso matrimoniale alla luce di tali canoni, riteniamo necessario analizzare le decisioni della Rota Romana[1] che ci possono riguardare.

Tale indagine si rende necessaria per comprendere con maggiore chiarezza in che modo tali disturbi vadano ad inficiare la capacità naturale della persona ad emettere il consenso matrimoniale ed a viverlo quotidianamente.

---

1. Limiteremo il nostro campo di indagine alle sole decisioni della Rota Romana, avendo tale Apostolico Tribunale il compito di provvedere all'unitarietà della giurisprudenza canonica (cfr. Giovanni Paolo II, *Costituzione Apostolica Pastor Bonus*, AAS 80, 1988, 841-930, art. 126) e di contribuire, attraverso le sentenze, ad intendere correttamente ed approfondire il diritto matrimoniale (Giovanni Paolo II, *Allocuzione*, 17 gennaio 1998, AAS 90, 1998, 781-785, n. 4), consci tuttavia che vi sono numerose sentenze di Tribunali inferiori che hanno trattato cause riguardanti tali disturbi. In particolare segnaliamo una sentenza del Tribunale di Prima Istanza del Vicariato di Roma coram Colantonio, già pubblicata nella rivista Il Diritto Ecclesiastico e successivamente in una raccolta di sentenze significative dei Tribunali ecclesiastici italiani [c. Colantonio, Romana, sent. 16.7.1983, Il Diritto Ecclesiastico, 95, 1984, II, pp. 48-59].

L'esame della giurisprudenza rotale riguarda gli anni che vanno dal 1982 al 2004, cioè più di vent'anni, anche se lo spoglio ha considerato le decisioni a partire dal 1966, senza però evidenziare dati di nostro interesse.

Vi è da rilevare, innanzitutto, che nessuna decisione rotale riguarda la bulimia e che anche per quanto concerne l'anoressia il numero non è molto elevato: per quanto ci risulta, le sentenze che la trattano come *causa naturae psychicae* sono sei, delle quali cinque pubblicate e una non pubblicata. Di queste cinque sentenze pubblicate, però, ve ne sono tre che riguardano la stessa causa. Inoltre vi è un decreto rotale non pubblicato. Il numero totale quindi delle decisioni rotali a riguardo, in quarant'anni, è sette.

L'analisi delle decisioni rotali vuole svilupparsi partendo dalla descrizione delle fattispecie per proseguire con il commento critico delle parti *In iure* ed *In facto*, al fine di comprendere con sufficiente chiarezza il percorso giuridico delineato dal Ponente ed in particolare sotto quali aspetti viene o meno riconosciuta rilevanza all'anoressia nel giungere alle conclusioni.

2. Analisi delle sentenze della Rota Romana pubblicate

2.1 c. Stankiewicz, sent. 16.12.1982[2]

G., di nazionalità italiana, all'età di 15 anni, nel 1951, in concomitanza con il menarca, cominciò a presentare alcuni problemi, non meglio specificati, che portarono i medici in un primo momento a parlare di «scompenso endocrino» e che la costrinsero a ben due ricoveri in poco tempo. Dal punto di vista comportamentale, l'unica nota rilevata dai familiari e dai conoscenti era

---

2. c. Stankiewicz, sent. 16.12.1982, *Il diritto di famiglia e delle persone*, 12, 1983, pp. 536-560, cfr. anche *Ephemerides Juris Canonici*, 39, 1983, pp. 255-265.

un'eccessiva attenzione per la pulizia[3].

Con il tempo, la giovane fu nuovamente ricoverata per il suo rifiuto a mangiare e bere. La situazione divenne talmente grave, che le furono prescritti ben cinque elettroshock e «insulina fino al precoma».

Dopo un breve periodo di stasi, la situazione si aggravò ulteriormente e la giovane dovette essere di nuovo ricoverata per amenorrea. Qui i medici diagnosticarono una «anoressia mentale grave con tecniche di espulsione». Nonostante una lunga cura, di tipo farmacologico (anche con innesti di ipofisi bovina) e psicologico, la giovane non ebbe apprezzabili miglioramenti; ciononostante, essendo dichiarata fuori pericolo di vita, fu dimessa con la raccomandazione di proseguire con una terapia di supporto, meglio se fuori dal contesto familiare.

Stante il netto rifiuto della ragazza e l'incapacità dei genitori ad imporsi, la situazione si trascinò altalenante per alcuni anni fin quando fu apparentemente e spontaneamente risolta con l'entrata in scena di un fidanzato.

Il fidanzamento, iniziato nel 1963, fu caratterizzato da poche manifestazioni d'affetto, dall'assenza di rapporti intimi completi, dall'eccessiva attenzione della donna per la pulizia e dal rifiuto della compagnia. L'uomo, convinto che tali difficoltà fossero da ascriversi all'ambiente familiare della giovane, ben presto propose il matrimonio, che fu celebrato nel 1965.

La convivenza matrimoniale si rivelò subito un disastro, tanto che la donna tra il settembre del 1966 ed il settembre del 1970 subì ben sei ricoveri ospedalieri, con diagnosi successive di ipertiroidismo, psicoastenia, neurosi fobica, psicosi ossessiva e pensieri suicidiari. In tutti i ricoveri fu diagnosticata, in via principale o subordinata, una grave forma di anoressia.

La malattia incise gravemente sulla vita coniugale, perchè la donna si rifiutava pervicacemente di avere rapporti intimi comple-

---

3. c. Stankiewicz, sent. 16.12.1982, 555-556, n. 16.

ti e i dottori ritenevano la situazione irreversibile e la paziente non guaribile. Le parti giunsero così alla separazione, ratificata nel 1969, e poi al divorzio.

Il marito, introducendo la causa, accusò di nullità il suo matrimonio per due capi, cioè mancanza di discrezione di giudizio e, se negativo, per incapacità di assumere gli oneri essenziali del matrimonio, entrambi chiaramente da parte della donna. L'avvocato dell'attore, inoltre, chiese immediatamente al tribunale di costituire, almeno *ad cautelam*, il curatore per la parte convenuta, a motivo della sua condizione psichica, ma il Tribunale ne rigettò le reiterate istanze poiché la donna si dichiarò «capace di autodeterminazione» e «perfettamente capace di poter difendere i suoi diritti», accompagnando tali affermazioni da un certificato medico.

La sentenza del Tribunale di prima istanza fu negativa per entrambi i capi addotti e si decise di interporre appello direttamente alla Rota, unitamente ad una querela di nullità della sentenza per violazione del diritto di difesa, o per mancanza di nomina del curatore per la convenuta. Il Tribunale rotale dichiarò tale istanza destituita di fondamento, costituendo comunque, *ad cautelam*, un curatore per la convenuta.

Nella parte *In iure*,[4] Stankiewicz esamina i capi addotti nei loro

---

4. Cfr. c. Stankiewicz, sent. 16.12.1982, 544-553, nn. 6-14. Gullo rileva che si tratta qui della prima sentenza che tenta di dare un'impostazione sistematica al nuovo can. 1095 (considerato già vigente in quanto derivante dal diritto naturale, sebbene il Codice del 1983 abbia iniziato formalmente ad essere valido dall'avvento dello stesso 1983), anche se a noi interessa maggiormente la rilevanza giuridica che viene riconosciuta al disturbo dell'anoressia (cfr. Gullo C., *Osservazioni a Sacra Romana Rota Mutinen. seu Placentina 16 dicembre 1982, Il diritto di famiglia e delle persone*, 12, 1983, pp. 536-542). Nel commento a questa sentenza, seguiremo in parte le ampie considerazioni presenti in Mendonça e Sangal (cfr. Mendonça A., Sangal N., *Effetti dell'anoressia e della bulimia nervosa sul consenso matrimoniale*, "Monitor Ecclesiasticus", 121, 1996, pp. 611-654; Mendonça A., Sangal N., *Effects of Anorexia nervosa and Bulimia nervosa on Marital Consent*, "Jurist", 56, 1996, pp. 805-831).

principi giuridici. Dopo aver affermato che lo stesso atto del consenso matrimoniale tra due persone battezzate è un atto ecclesiale e, in quanto atto umano, è atto della volontà, il Ponente passa a spiegare la natura dell'incapacità ad assumere gli oneri coniugali.

L'incapacità ad assumere riguarda, a suo giudizio, non gli elementi formali del consenso (conoscenza estimativa e volontà), ma piuttosto l'oggetto del consenso. Consiste cioè nel difetto dell'oggetto del consenso matrimoniale, in quanto il contraente è incapace di dare e ricevere lo *ius in corpus* previsto dalla legge naturale[5]. Tale incapacità si fonda sulla impossibilità di adempiere, cioè di attualizzare, gli obblighi della vita coniugale e ciò rende nullo il consenso, poiché non può essere assunto un obbligo da una persona incapace di adempierlo, a meno che l'onere al quale ci si obbliga non possa essere compiuto da un'altra persona, cosa impossibile nel matrimonio. Infatti, per diritto naturale, *nemo potest ad impossibile obligari*[6], per cui, in altre parole, «*incapax assumendi obligationes matrimonii essentiales id habetur, qui elementa essentialia obiecti formalis consensus tradere non valet*»[7].

Il Ponente chiarisce inoltre il rapporto tra incapacità di assumere ed incapacità di adempiere: questa può dipendere da cause estrinseche, che possono rendere impossibile l'adempimento, mentre quella di assumere si riferisce unicamente alle cause di natura psichica. Inoltre, continua Stankiewicz, l'adempimento degli obblighi matrimoniali non è intrinseco al consenso, ma è relativo piuttosto allo stato matrimoniale, per cui l'incapacità di adempiere non produce la nullità del matrimonio, se non quando, sorta per una causa di natura psichica, abbia coinciso, nel momento del consenso, con l'incapacità di assumere. Infatti, secondo il principio di San

---

5. c. Stankiewicz, sent. 16.12.1982, 545-546, n. 7.
6. c. Stankiewicz, sent. 16.12.1982, 545, n. 7.
7. *Ibid.*

Tommaso, «*esse rei non dependet ab usu suo*»[8]. L'incapacità di assumere gli obblighi essenziali del matrimonio causa la nullità dello stesso in quanto inficia la volontà nell'atto di elezione, poiché la scelta (*electio*) di un obbligo impossibile è inesistente ed inefficace, pertanto per sua stessa natura non può produrre effetti giuridici[9].

Quindi, «...*dicendum est hac incapacitate eum laborare qui, ob causas naturae psychicae, impar evadit mutuae traditioni et acceptationi ad constituendum totius vitae consortium, id est perpetuum et exclusivum, indole sua naturali ad bonum coniugum atque prolis generationem et educationem ordinatum [...] Aliis verbis: incapax is habetur, qui non valet se obligare ad totius vitae consortium* «*deficientibus bonis vel prolis vel fidei vel sacramenti vel coniugum*»[10].

Per quanto riguarda gli obblighi essenziali del matrimonio, il Ponente propone di considerarli secondo quanto discende dalla definizione di *Gaudium et Spes*, n. 48 («intima communitas vitae et amoris coniugalis»)[11], alla luce dei due aspetti spiegati da Giovanni Paolo II nella *Familiaris Consortio*, n. 11[12]:

"*a) Obligatio ad donum amoris coniugalis, destinati ad prolem procreandam et educandam, cum comparte modo humano perpetue et exclusive communicandum. [...]*

b) Obligatio ad coniugalem communionem unitate et indissolubilitate insignem instaurandam conservandamque"[13].

Stankiewicz analizza poi la relazione tra l'incapacità di assumere gli oneri coniugali essenziali e il grave difetto di discrezione di giudizio.

---

8. c. Stankiewicz, sent. 16.12.1982, 546, n. 8.
9. c. Stankiewicz, sent. 16.12.1982, 546-547, n. 8.
10. c. Stankiewicz, sent. 16.12.1982, 547, n. 9.
11. Concilio Ecumenico Vaticano II, *Costituzione pastorale sulla chiesa nel mondo contemporaneo Gaudium et Spes*, AAS 58, 1966, pp. 1025-1115.
12. Giovanni Paolo II, *Esortazione Apostolica Familiaris Consortio*, 22 novembre 1981, AAS 74, 1982, pp.81-191.
13. c. Stankiewicz, sent. 16.12.1982, 547-548, n. 9.

Innanzitutto dichiara che può constare un'incapacità di assumere nonostante vi sia la capacità di emettere un atto di consenso sufficiente nei suoi elementi psicologici, dunque «si può essere coscienti dell'atto, si può anche volerlo, ma non per questo si è sempre in grado di assumersi le responsabilità che ne derivano»[14]. Di contro, l'ammissione di un grave difetto di giudizio non rende necessaria la considerazione della capacità di assumere gli obblighi del matrimonio:
«*Si enim probetur nupturientem ob causas pathologicas facultate intellectiva sufficienter percipere non potuisse iura et officia matrimonii essentialia eaque aestimare, nisi aestimatione intuitiva ex motivatione praevalenter pathologica, aut facultate volitiva eademque iura et officia tradere et acceptare non valuisse cum necessario gradu libertatis electionis, tunc non videtur quaestionis fieri posse, saltem in ordine pronuntiationis iudicialis, de electione effectiva obiecti formalis essentialis consensus, id est de capacitate vel minus eiusdem subiecti assumendi obligationes matrimonii essentiales. Merito igitur affirmatum est inutile esse "in causa nullitatis matrimonii investigare incapacitatem assumendi onera coniugalia (quibuscumque verbis haec onera exprimuntur)" in eo "qui certo inhabilis erat ad ipsum actum consensus coniugio parem ponendum" (decr. coram Egan, d. 2 aprilis a. 1981, n. 10, in una Meliten*»[15].

Stankiewicz, dopo aver esposto questi principi giuridici, li confronta con gli effetti della anoressia nervosa sul consenso matrimoniale[16]. La descrizione della patologia si basa su fonti di

---

14. c. Stankiewicz, sent. 16.12.1982, 548, n. 10.
15. c. Stankiewicz, sent. 16.12.1982, 548-549, n. 10.
16. «Cum vero eadem "pathologia psichica"reddere possit vel "impossibilem ipsum actum consensum" vel "impossibile ipsum obiectum essentiale consensus" (cfr Versaldi G., *Elementa psychologica matrimonialis consensus*, "Periodica", 71, 1982, p. 206), nunc his sub aspectibus, prout casus postulat, breviter perstringimus queaestionem de anorexia mentali seu nervosa deque eius implicatione cum syndrome phobica et obsessiva», c. Stankiewicz, sent. 16.12.1982, 549, n. 11.

informazione clinica quali il *DSM-III* e testi psichiatrici di autori di varie nazionalità. Enumerati i sintomi principali, vengono brevemente riportate le classificazioni delle varie forme di anoressia considerate allora tra gli studiosi ed il loro decorso, oltre che gli effetti dell'anoressia sulla personalità della malata, anche passata la crisi acuta[17]. Si fa altresì notare come spesso all'anoressia nervosa si associ una nevrosi fobico-ossessiva quale la *rupofobia*, che è il terrore di venire a contatto con lo sporco[18].

L'anoressia, perturbando la dimensione sessuale della persona, viene considerata facilmente capace di impedire una valutazione, esente da motivazione patologica, con giudizio pratico dell'intelletto, dei diritti e doveri coniugali da dare e accettare reciprocamente, in quanto, conformemente ai dati della scienza medica, «soggetti in questa condizione non possono neppure figurarsi il problema erotico sessuale com'è realmente, nel senso di un impegno e di una scelta autocosciente»[19].

A ciò si aggiungono le implicazioni dovute alle sindromi fobiche e ossessive, che inficiano radicalmente la volontà, e la libertà è tanto più diminuita quanto più grave e profonda è la deviazione psicologica, al punto da produrre inoltre, in alcuni casi, nelle nevrosi ossessive, un'incapacità ad assumere gli oneri coniugali[20].

Per ciò che riguarda il contributo dei periti nella valutazione giudiziale della capacità psichica di compiere l'atto del consenso e di assumere gli oneri matrimoniali, Stankiewicz ricorda che i periti devono, secondo la loro scienza, discernere la vera natura della perturbazione e le sue conseguenze sulla capacità del soggetto a porre atti umani anche della più grande importanza, come il con-

---

17. c. Stankiewicz, sent. 16.12.1982, 549-550, n. 11.
18. c. Stankiewicz, sent. 16.12.1982, 550-552, nn. 12-13.
19. c. Stankiewicz, 16.12.1982, 552, n. 14.
20. c. Stankiewicz, sent. 16.12.1982, 552-553, n. 14.

senso matrimoniale[21]. Spetta poi al giudice valutare attentamente le conclusioni dei periti, unitamente a tutte le circostanze della causa, «*tamen a concordibus eorum suffragiis discedere plerumque non convenit, nisi constiterit factum, quo iidem nituntur haud certo esse probatum aut principia, ad quae in suis conclusionibus recurrunt, sanae doctrinae aperte esse contraria*»[22].

Nella parte *In facto*, si rileva che uno dei periti consultati in questa causa abbia affermato che la convenuta fin dal tempo della pubertà presentava continue e ricorrenti manifestazioni di tipo fobico e psiconevrotico, che resero necessarie numerose ospedalizzazioni. Tale perito affermò che la convenuta soffriva, anche *tempore celebrationis nuptiarum*, di un disturbo di personalità di tipo fobico-ossessivo, in ciò confermato dal *peritior*, che ne indicò una base ereditaria e un radicamento in due episodi di grave violenza, subìti durante la fanciullezza.

Ricordando che la sentenza di primo grado era stata decisa negativamente, in quanto vi era stato un periodo di almeno dieci anni, tra l'ultima degenza in ospedale per anoressia e il tempo post-nuziale, in cui non vi furono manifestazioni di tipo psicotico o psiconevrotico, il Ponente afferma però, in base alle certe conclusioni del *peritior*, che si trattò di una evoluzione della malattia che passò da un quadro di anoressia nella pubertà ad un quadro rupofobico, mantenendo sempre la convenuta, anche nel periodo intermedio, note di personalità ossessivo-fobica[23]. Stankiewicz annota che i periti concordemente conclusero, sulla base delle sindromi fobiche e ossessive, sull'incapacità della parte convenuta ad emettere il consenso matrimoniale:

---

21. Mendonça A., Sangal N., *Effetti dell'anoressia e della bulimia nervosa sul consenso matrimoniale*, "Monitor Ecclesiasticus", 121, 1996, pp. 611-654.
22. c. Stankiewicz, sent. 16.12.1982, 553, n. 14.
23. c. Stankiewicz, sent. 16.12.1982, 557-559, nn. 19-20.

«*Peritus enim [...] in iudiciali recognitione peritiae iterum comprobat coartationem voluntatis et iudicii critici in parte conventa pro tempore contractus. Praefatae conclusioni plenam fidem facit peritior, doct. Georgius Periti, ratus nempe partem conventam tempore celebrationis nuptiarum non fuisse* «in grado di intendere sufficientemente, liberamente volere, adeguatamente valutare la portata del passo che stava per compiere, né di far fronte ai relativi conseguenti impegni»[24].

Sulla base di tali conclusioni peritali il Tribunale della Rota accettò il fatto della presenza di una condizione patologica nella convenuta al tempo delle nozze e che tale condizione patologica fosse grave al punto da impedirle di emettere un valido consenso per grave difetto di discrezione di giudizio circa i diritti e i doveri matrimoniali essenziali da dare e accettare reciprocamente, secondo il can. 1095, 2°[25].

Pur considerando superfluo investigare sul can. 1095, 3° – in base alle motivazioni precedentemente addotte – essendo l'altro capo provato con morale certezza, i giudici tuttavia, *in ordine disceptationis iudicialis*, ritennero opportuno chiarire che non furono riscontrati validi argomenti per sostenere l'incapacità di assumere, in quanto i medici curanti avevano tutti escluso tale incapacità, così come il *peritior* non l'aveva confermata: "infine non risulta con certezza che la parte convenuta, al momento delle nozze, non potesse assumere un obbligo essenziale, secondo la richiesta del patrono dell'attore, quale la *vitae sexualis communionem*, in quanto «*ut tempore celebrationis nuptiarum capacitatem eius assumendi illud onus evertere adhuc non potuerit*»[26].

Si può obiettare a questo riguardo che, sebbene nella parte *In iure* della sentenza il Ponente abbia chiarito esaurientemente il

---

24. c. Stankiewicz, sent. 16.12.1982, 559, n. 21.
25. c. Stankiewicz, sent. 16.12.1982, 559-560, n. 22.
26. c. Stankiewicz, sent. 16.12.1982, 560, n. 23.

contenuto del can. 1095, 3°, si sia poi focalizzato verso un solo *onus* e cioè la comunione sessuale, tralasciando altre obbligazioni ugualmente rilevanti in ordine alla capacità di assumere. Tale sottolineatura si può ben comprendere, considerando la rilevanza data allo *ius in corpus* nella visione del matrimonio secondo il Codice piobenedettino.

L'obiezione appare comunque fondata, anche alla luce delle successive sentenze[27] sulla medesima causa, che hanno dichiarato la nullità del matrimonio proprio per il capo di nullità previsto nel predetto canone.

Appare anche rilevante che la Rota abbia confermato l'incidenza dell'anoressia nel consenso matrimoniale, pur se in periodo di latente evoluzione, conformemente a quanto sostenuto da García Faílde sull'incidenza della malattia fuori delle crisi acute[28].

Un concetto ugualmente importante della sentenza in esame è la conclusione secondo la quale l'anoressia, nel perturbare la dimensione sessuale della persona, può facilmente impedire di valutare correttamente i diritti e i doveri coniugali, poiché chi ne soffre non è in grado normalmente di considerare con la dovuta consapevolezza la realtà erotico-sessuale nella sua complessità di scelta autocosciente e di impegno responsabile. In questa fattispecie tale difficoltà è accresciuta dalle violenze – si presume di carattere sessuale – subite nella fanciullezza.

In sostanza, Stankiewicz ritiene in questa causa l'anoressia responsabile della mancata corretta valutazione critica, da parte della donna, dei diritti e doveri coniugali essenziali ed anche, unitamente alle sindromi fobiche e ossessive, del difetto di volontà

---

27. c. Funghini, sent. 18.7.1990, RRDec. 83, 1991, pp. 599-621; c. Ragni, 23.3.1993, RRDec. 85, 1993, pp. 170-191.

28. García Faílde J.J., *Nuevo estudio sobre trastornos psíquicos y nulidad del matrimonio*, Publicaciones Universidad Pontificia de Salamanca, Salamanca, 2003.

nell'atto di elezione, cioè ritiene che il disturbo, complessivamente considerato, abbia inficiato i due elementi – conoscenza estimativa e volontà – che costituiscono l'atto formale del consenso, ritenendo inoltre possibile (anche se in questa causa risulta non provato) che possa impedire anche la capacità di assumere gli oneri coniugali.

2.2 c. Funghini, sent. 18.7.1990[29]

La fattispecie di questa c. Funghini, come anche quella della seguente, c. Ragni, è la stessa della c. Stankiewicz che abbiamo appena trattato, essendo la stessa causa che per tre volte è stata considerata dallo stesso Apostolico Tribunale, in quanto la c. Stankiewicz è stata dichiarata nulla dal Supremo Tribunale della Segnatura Apostolica per violazione del diritto di difesa[30].

La causa è stata quindi nuovamente ammessa all'esame ordinario di secondo grado e, nel luglio 1990, è stata pronunciata sentenza affermativa, dichiarando la nullità del matrimonio per incapacità della parte convenuta ad assumere gli oneri coniugali essenziali e facendo divieto alla stessa parte di contrarre nuovo matrimonio, senza aver prima ottenuto l'approvazione dal Tribunale Apostolico.

---

29. c. Funghini, sent. 18.7.1990, 636-657.

30. «Sententia rite notificata fuit actori et curatori ad cautelam conventae, qui, intra tempus utile, una cum appellatione querelam nullitatis interposuit ob violatum ius defensionis penes Rotam eamque prosecutus est. Cum autem significatum fuisset ad mentem can. 1603, § 1, 3° videre de querela nullitatis contra sententiam Rotalem proprium esse Signatura Apostolicae, idem apud illud Supremum Tribunal querelam nullitatis proposuit, quod in Congressu diei 8 maii 1984, statuit "recursum admittendum esse ad disceptationem coram Patribus Cardinalibus" et die 30 maii e.a. concordatum est dubium: "An constet vel minus de nullitate sententiae coram Stankiewicz diei 16 decembris 1982". Die 17 ianuarii 1987 prodiit decisio affirmativa, nullitatem scilicet sententiae Rotalis coram Stankiewicz sanciens» [c. Funghini, sent. 18.7.1990, 638].

Nella parte *In iure* della sentenza, Funghini ha trattato di entrambi i capi concordati, cioè il can. 1095, 2° e il can. 1095, 3°, ma ha ritenuto di non dover rispondere che ad un solo capo, il secondo, cioè quello riguardante l'incapacità di assumere gli oneri coniugali[31], presumibilmente perché l'unico di cui si era giunti ad una certezza morale. La sentenza identifica la nozione di discrezione di giudizio con la facoltà critica adeguata al contratto matrimoniale:

«*Ad validum matrimonialem consensum emittendum ambo contrahentes necesse est ut facultate aestimativa gaudeant negotio proportionata. Praeter minimam cognitionem, de qua loquitur can. 1092, § 1, 2°, quae post pubertatem praesumitur, i.e. matrimonium esse societatem permanentem inter virum et mulierem ad filios procreandos, cooperatione aliqua sexuali (can. 1096 CIC/1983), requiritur ut uterque bene intelligat se contrahendo alteri tradere parti ius et ab illa acceptare in corpus perpetuum et exclusivum ad finem matrimonii proprium et ut id, nedum scienter, sed et libere velit*»[32].

All'interno della discrezione di giudizio vengono dunque distinti due aspetti, quello cognitivo, relativo alla comprensione del significato in sé del matrimonio, secondo il can. 1096 del nuovo Codice, e quello estimativo, attraverso il quale i contraenti comprendono che sono essi stessi chiamati nel matrimonio a dare e ricevere lo *ius in corpus* secondo le proprietà e i fini del matrimonio e liberamente vogliono tale realtà. Questa capacità è necessaria affinché il consenso, causa efficiente del matrimonio, sia veramente un atto umano, un atto cioè «*qui a deliberata voluntate procedat cum cognitione intellectuali finis*»[33].

---

31. Mendonça A., Sangal N., *Effetti dell'anoressia e della bulimia nervosa sul consenso matrimoniale*, "Monitor Ecclesiasticus", 121, 1996, pp. 611-654.
32. c. Funghini, sent. 18.7.1990, 639, n. 2.
33. *Ibid.*

Funghini aggiunge che la sola discrezione di giudizio è sì necessaria, ma non sufficiente per emettere un valido consenso matrimoniale, in quanto «*vero necesse est capacitas idem obiectum formaliter tradendi ut obligationes necessario dimanantes suscipi possint et susceptas adimplere*»[34]. È dunque necessario che i contraenti siano capaci di assumere gli obblighi coniugali essenziali e che quindi, in quanto assunti, li possano adempiere. Di tali obblighi essenziali la sentenza ne parla poco oltre, affermando:
«*Difficile est definite circumscribere et determinare essentiales matrimonii obligationes. Procul dubio hae implicant illas ex proprietatibus constitutivis ipsius instituti matrimonialis atque ex naturali ordinatione profluentes ita ut incapacitate assumendi onera coniugalia laborare dicendus sit qui ob gravem anomaliam psychicam sese obligare non valet ad constituendum totius vitae consortium ex natura sua ad bonum coniugum, ad generationem et educationem prolis ordinatum*»[35].

Sebbene ritenga difficile circoscriverle e determinarle con precisione, la sentenza fa discendere tali obbligazioni dalla natura stessa del matrimonio quale *totius vitae consortium* ordinato *ex natura sua* al bene dei coniugi ed alla generazione ed educazione della prole.

Rispetto alle stesse obbligazioni, il Ponente chiarisce che, mentre il loro adempimento riguarda il *matrimonium in facto esse*, la loro assunzione appartiene al *matrimonium in fieri* e dunque la capacità di assumerle richiesta è assolutamente necessaria per l'emissione di un valido consenso: «*Nec dicatur id consensum vitiare non posse cum obligationes ad matrimonium in facto esse pertineant. Sane enim obligationis adimpletio est matrimonii in suo esse constituti, capacitas autem, praevie manifestationi consensus requisita, matrimonium in fieri attingit*»[36].

---

34. c. Funghini, sent. 18.7.1990, 639, n. 3.
35. c. Funghini, sent. 18.7.1990, 640, n. 3
36. c. Funghini, sent. 18.7.1990, 639-640, n. 3.

L'incapacità può dipendere – spiega il Funghini – da una grave malattia mentale, come da una grave anomalia psicopatica e nevrotica, anche transeunti, in quanto esse impediscono o limitano gravemente la possibilità di esercitare un atto umano e nel caso in questione tale grave malattia è l'anoressia[37]. Segue nella sentenza una lunga trattazione sull'anoressia detta secondaria o mentale o nervosa, definita come *"un disturbo psichico esprimentesi in un ostinato rifiuto ad alimentarsi... Apparentemente il disturbo è riassumibile in un modo esclusivo nell'impegno a rifiutare il cibo e a dimagrire: per il resto la malata è lucida, attiva, disinvolta e non presenta sintomi evidenti di disturbo mentale. Anche i rapporti interpersonali nella famiglia appaiono a prima vista normali. L'anoressica, oltre a mangiare il meno possibile e per lo più cibi non nutrienti, spesso assume purganti per diminuire l'assorbimento alimentare: o si procura il vomito tutte le volte che le sembra di aver mangiato troppo. Quasi sempre vi è amenorrea con assenza di ovulazione. Alla base della condizione psicologica dell'anoressica c'è sempre una situazione conflittuale che ha origine soprattutto in un grave turbamento delle relazioni affettive, in particolare in un atteggiamento ambivalente verso la madre, con il timore di identificarsi con la sua immagine: un rifiuto conflittuale della femminilità con fobia della gravidanza; una difficoltà nell'assumere autonomia e ruoli di persona adulta"* (Enciclopedia Europea, sub voce, vol. I, 1976, p. 476)[38].

L'anoressia appare spesso accompagnata da nevrosi fobico-ossessiva cosicché le idee ossessive, per la loro forte carica affettiva a colorito angoscioso, polarizzano ogni attenzione del malato e talvolta ne guidano la condotta, contro la sua stessa volontà. Tale disturbo fobico-ossessivo si può manifestare come rupofobia, cioè il timore patologico di contaminarsi ed il conseguente abnorme bisogno costante di sottoporsi ad igiene[39].

---

37. c. Funghini, sent. 18.7.1990, 640, n. 3.
38. c. Funghini, sent. 18.7.1990, 640-641, n. 4.
39. c. Funghini, sent. 18.7.1990, 641, n. 5.

Da tale descrizione il Ponente vede la possibilità che, rimanendo integra la facoltà di comprendere il matrimonio secondo la sua natura, l'anoressica manchi della necessaria libertà interna di elezione per l'impossibilità di resistere agli impulsi interni così che «...*incapax exstat "quaecumque sint ea quae exterius forte appareant, maxime profanis, vel etiam iis qui infirmum carissima dilectione prosequuntur" (coram Mattioli, Molinen., diei 4 aprilis 1966, ARRT Dec., vol. LVIII, p. 211, n. 2), validum emittendi consensum, communionem vitae constituendi, onera essentialia assumendi et exsequendi cum certo inhabilis sit ad magna et ampla negotia vitae ponenda "sive ob suggestionabilitatem, sive propter impulsus quos reprimere absolute nequeat, sive propter instabilitatem" (coram Lefebvre, Quebecen., diei 8 iulii 1967, ARRT Dec., vol. LIX, p. 564, n. 3)*»[40].

Si sottolinea inoltre che questo disturbo, oltre l'apparente remissione, rimane attualmente insanabile[41]. Il parere del perito viene poi giudicato non solo utile, ma necessario quando si tratti di un'anomalia psichica, sempre che il perito rispetti la sua funzione, con argomentazioni fondate in atti ed una visione antropologica coerente con quella cristiana[42].

Nella parte *In facto*, viene dato risalto ai numerosi documenti clinici presenti che attestano la grave situazione della convenuta a par-

---

40. c. Funghini, sent. 18.7.1990, 642, n. 5.
41. «*Gravis animi perturbatio transeuntes remissiones, opportunis adhibitis curis, admittit et patiens commodioris valetudinis esse potest ad tempus, at de se fere generatim insanabilis est*: "La terapia dell'anoressia mentale è molto difficile, essendo il malato resistente a qualsiasi tipo di psicofarmaco" (Enciclopedia Europea, l.c.). *Quod comprobat usuque cognitum habuit medicus a curatione conventae, doct. Remus, qui in sua depositione iudiciali declarat:* "La prognosi della malattia rimane sempre dubbia. Nella mia esperienza non mi sono mai incontrato con persone affette da sindrome ossessiva che siano sicuramente guarite"» (c. Funghini, sent. 18.7.1990, 642, n. 6).
42. c. Funghini, sent. 18.7.1990, 642, n. 7.

tire dai 14 anni, contro le affermazioni della convenuta stessa, che nega molti dei sintomi che sono invece documentati[43]. In particolare, il Ponente considera i dati anamnestici raccolti dal medico della convenuta dopo il matrimonio – che testimoniano che essa si sposò nel 1965 pur permanendo la sintomatologia che si riferisce ad anoressia nervosa e psicosi ossessiva-rupofobica – aventi valore giuridico di confessione extragiudiziale della convenuta[44]. Un altro medico, che la curò in occasione di un suo ricovero ospedaliero nel 1967, pur confermando che dai 14 anni la convenuta era malata di anoressia, ritiene che all'epoca del matrimonio essa fosse in grado di inserirsi validamente ed efficacemente nell'istituto matrimoniale[45]. I testi di parte attrice confermano tutti i sintomi del disturbo nella convenuta.

Funghini dichiara che emerge, dalle prove documentali e testimoniali, che la convenuta fu realmente affetta, durante la pubertà, da «anoressia mentale» (come era allora chiamata la stessa malattia), che fu ricoverata per più anni in diverse case di cura e che in seguito, al tempo del matrimonio, la sua condizione migliorò, per esplodere poi dopo lo stesso matrimonio. Non essendoci piena concordanza, dalla documentazione clinica e dalle deposizioni, circa i sintomi nel periodo immediatamente precedente il matrimonio, è stato importante l'ausilio dei periti[46].

Il Ponente richiama le osservazioni del prof. Mari, perito in primo grado, il quale osserva, sulla base dei soli atti processuali, che anche durante il fidanzamento non è mai scomparsa completamente la fenomenologia tipica di una personalità di tipo fobico-anancastico, con un quadro anoressico e una tendenza rupofobica. Dopo il matrimonio, si rileva l'aggravamento di tutte le manifesta-

---

43. c. Funghini, sent. 18.7.1990, 646-647, n. 10.
44. c. Funghini, sent. 18.7.1990, 644, n. 8.
45. c. Funghini, sent. 18.7.1990, 648, n. 12.
46. c. Funghini, sent. 18.7.1990, 652, n. 16.

zioni ad un grado tale da rendere necessario il ricovero in case di cura. La conclusione del perito, ripresa in sentenza, è che «anche all'atto del matrimonio [tali manifestazioni morbose] erano presenti e con la loro presenza non permettevano l'emissione di un valido consenso, perché rendevano impossibile per la paziente, come in seguito è apparso sempre più evidente, l'assumere gli oneri e di doveri propri del matrimonio»[47].

Inoltre, vengono riprese in sentenza le conclusioni del *peritior*, prof. Periti, che effettuò anche visita clinica sulla convenuta: «Dal contesto delle risposte fornite in ogni situazione sperimentale e clinica emergono gli aspetti di una personalità per molti lati immatura, contrassegnata dal narcisismo e dall'egocentrismo tipico della puerizia, dalla superficialità e dall'aridità dei sentimenti e della fantasia, dal bisogno di farsi valere, dalla tendenza a credersi e a farsi credere diversa di quella che è, in termine tecnico, una personalità epitimica [...] Conviene esplicitare che l'anomalia mentale della signora G. – di cui alle cartelle cliniche allegate agli atti – non è fenomeno transitorio, bensì attributo abituale e permanente [...] non era, quindi, in grado di intendere sufficientemente, liberamente volere, adeguatamente valutare la portata del passo che stava per compiere, né far fronte ai relativi conseguenti impegni»[48].

Perciò, conclude la sentenza:

«*Ad conclusionis instar dicendum petitionem actoris, ad uxoris incapacitatem assumendi et adimplendi onera coniugalia quod spectat, fundatam esse in eventibus, qui matrimonium antecesserunt, comitarunt ac subsecuti sunt atque validis ac nullae exceptioni obnoxiis documentis comprobatam necnon concordibus testibus ac peritorum votis vallatam ac roboratam. [...] Quibus omnibus in iure et in facto perpensis, Nos infrascripti Auditores de*

---

47. c. Funghini, sent. 18.7.1990, 653, n. 16.
48. c. Funghini, sent. 18.7.1990, 655, n. 17.

turno sententiamus: Affirmative, seu constare de matrimonii nullitate, in casu, ob incapacitatem mulieris assumendi onera coniugalia»[49].

La sentenza conclude dunque per l'esistenza dell'incapacità di assumere gli oneri coniugali essenziali e lo fa accogliendo la valutazione del *peritior*, quella stessa valutazione che ha permesso alla sentenza precedente di terminare per l'esistenza del difetto di discrezione di giudizio.

A nostro parere, non sembra vi sia tanto una differenza tra le sentenze sul modo di concepire l'influsso dell'anoressia – e delle sindromi fobiche e ossessive che l'accompagnano – sul consenso, quanto piuttosto una differenza nel concepire i diversi capi di nullità sottesi.

Infatti, la vera differenza – sostanziale – tra le sentenze è che la prima – c. Stankiewicz – ha riconosciuto anche il difetto nella facoltà critica (che Stankiewicz chiama conoscenza estimativa e che costituisce con la volontà gli elementi formali del consenso), mentre la c. Funghini non ha riconosciuto tale difetto.

Entrambe le sentenze hanno invece riconosciuto compromessa gravemente la libertà interna, o di elezione, (ad opera prevalentemente delle sindromi fobiche e ossessive), ma Stankiewicz la concepisce all'interno del can. 1095, 2°, mentre Funghini all'interno del can. 1095, 3°. Funghini dunque ammette la possibilità, come in questo caso, che l'anoressica, a causa di impulsi interni irresistibili connotati da una forte carica affettiva, possa mancare della necessaria libertà interna – quindi della capacità di volere liberamente – pur rimanendo integra la capacità cognitiva.

2.3 c. Ragni, sent. 23.3.1993

Questa sentenza conferma quella precedente, dichiarando la nullità del matrimonio in oggetto.

---

49. c. Funghini, sent. 18.7.1990, 657, nn. 21-22.

La sentenza si focalizza esclusivamente sul can. 1095, 3°, relativamente all'incapacità di assumere da parte della convenuta. Ragni esamina questo canone distinguendo il capo di nullità al quale fa riferimento dagli altri due capi di nullità sull'incapacità di cui parla lo stesso can. 1095. Più che nelle due sentenze precedenti, questa dà un'ampia visione del can. 1095, 3°, sottolineando gli aspetti personalistici di tale incapacità e distinguendola nettamente dalle altre due fattispecie:

«*Procul dubio, Legislator definite atque clare determinavit unamquamque ex tribus incapacitatibus. Qua re tertia incapacitas (cf. can. 1095, n. 3) minime confundi potest cum aliis, quae de carentia usus rationis vel de gravi defectu discretionis iudicii in subiecto loquuntur (cf. nn. 1 et 2 can. 1095). Comma tertium can. 1095, igitur, se refert atque perpendit "impossibilitatem iuridicam" assumendi obligationes essentiales matrimoniales ex contrahente qui patitur causas naturae psychicae, seu anomalias psychicas, quae inficiunt suae personalitatis conformationem. Unde, quovis excluso "bis in idem" vel remota quavis confusionis umbra, praesertim inter nn. 2 et 3 citati canonis, "la nuova regolamentazione... permette di prendere in considerazione supposti che prima richiedevano un grande sforzo dottrinale e dialettico... quali: a) l'incapacità per la relazione interpersonale, b) le difficoltà gravi all'intimità di vita ed amore coniugali specifica relatione habita al confronto tra le due personalità della coppia ed alle circostanze nelle quali sono chiamate a realizzare il loro progetto concreto di matrimonio" (cf. Commento al CDC, Urbaniana, Roma, pp. 642-643; unam Medellen. coram infrascripto Ponente, decisio diei 1 decembris 1992, nn. 8 ssqq.)*»[50].

Inoltre, la sentenza richiama due Allocuzioni del Sommo Pontefice alla Rota Romana: una, del 1987, che ricorda che solo l'incapacità a realizzare una vera comunità di vita e di amore rende nullo il matrimonio, l'altra, del 1993 (l'anno stesso della sentenza),

---

50. c. Ragni, sent. 23.3.1993, 171, n. 4.

che tratta dell'interpretazione del testo giuridico e del rischio che l'applicazione del testo legislativo sia lasciato all'arbitrio dei singoli o di coloro ai quali è affidato il compito di farlo osservare[51]: «*atque, olim non una adnotatione seu notione praevia iuridica (propedeutica) evocata una simul cum elementis praeliminaribus iuris, iudicibus praecavet a periculo aut inclinatione non parum damnosa de sic dicta «una non meglio precisata "umanizzazione" della legge canonica»* qua – prosequitur – *«si intende non di rado avvallare una eccessiva relativizzazione, quasi si imponessero, per salvaguardare asserite esigenze umane, una interpretazione e una applicazione della stessa che finiscono per snaturarne le caratteristiche», dum concludit animo tota pastorali sollicitudine ornato: «Piegare la legge canonica al capriccio o all'inventiva interpretativa, in nome di un "principio umanitario" ambiguo ed indefinito, significherebbe mortificare, prima ancora della norma, la stessa dignità dell'uomo»* (Ephem. L'Osservatore Romano, 30 gennaio 1993, p. 5, nn. 3-6, passim)[52].

Dalla dottrina psichiatrica, Ragni distingue l'incapacità di volere, cioè il non poter espletare atti della volontà, e l'incapacità di agire, che può essere prodotta dall'incapacità di volere stessa, oppure può dipendere da una causa psichica che impedisca l'espletamento della volontà nell'azione, lasciando inalterata la capacità di intendere e di volere. Il Ponente quindi conclude che tale alterazione psichica può costituire l'aggravamento di un preesistente stato patologico, o la risultante di fattori molteplici (caratteriologici, personalità psicopatiche, alcolismo, etc.), unitamente a determinate sostanze[53].

In seguito, la sentenza descrive, in base a recenti studi, il disturbo dell'anoressia nervosa, distinguendola dalla bulimia, e soffermandosi sugli effetti nella psiche del paziente, con particolare riguardo a quegli effetti che incidono sulla capacità di assumere gli

---

51. c. Ragni, sent. 23.3.1993, 172, n. 4.
52. c. Ragni, sent. 23.3.1993, 172, n. 4.
53. c. Ragni, sent. 23.3.1993, 172-173, n. 5.

oneri matrimoniali. Riprendendo la giurisprudenza rotale, Ragni dichiara infatti che l'anoressia può togliere al nubente la capacità di emettere un valido consenso matrimoniale impedendo il corretto esercizio della facoltà critica o di quella volitiva, impedendo quindi che l'atto emesso sia un vero atto umano, mancando del libero esercizio della volontà[54].

«*Tanta incapacitas prohibet nuptias contrahentem sumere «obligationes matrimonii essentiales» «ad constituendum totius vitae consortium ex natura sua ordinaturm» et a) ad bonum coniugum et b) ad generationem et educationem prolis. Nupturiens, qui affectus est anorexia "nervosa" seu mentali, incapax panditur tradendi atque acceptandi obiectum sui matrimonialis contractus, seu tradendi acceptandi, nempe sumendi obligationem donationis perpetuae atque exclusivae erga compartem, propriae personae ad constituendum coniugale consortium, totam per inter ipsos unionem ad bonum integrum (i.e. psycho-physicum) utriusque partis assenquendum necnon ad prolem generandam ac educandam*»[55].

L'anoressica – prosegue il Ponente – vivendo con l'ossessiva preoccupazione della forma e del peso del suo corpo, pur credendo di emettere un valido consenso matrimoniale, in realtà non emette un *actus humanus*, ma solo un *actus hominis*, mancando della necessaria libertà interna al momento della celebrazione nuziale, e ciò sia nel caso l'anomalia sia passiva, cioè latente, sia nel caso sia attiva, cioè manifesta.

Il Ponente conclude che

«*in unoquoque casu, anorexicus nupturiens, praeter suam affirmationem aut negationem, validum obiectum matrimonialis contractus incapax est tradendi, nempe obligationes essentiales matrimonii assumendi necnon adimplendi, cum ille non disponat capacitatem donandi propriam personam qua «aptam» sub duplici aspectu et psychico et physico ad onera*

---

54. c. Ragni, sent. 23.3.1993, 173-176, nn. 6-9.
55. c. Ragni, sent. 23.3.1993, 176, n. 9.

coniugalia essentialia assequenda»[56].

Nella parte *In facto*, la sentenza analizza innanzitutto le deposizioni delle parti, poi considera i documenti clinici prodotti da coloro che hanno curato la convenuta ed infine valuta le argomentazioni portate dai periti.

Ciò che si evince dalla sentenza è che G. ha confermato la sua condizione solo in minima parte, cercando di presentarsi come persona senza alcuna difficoltà psicologica, contraddetta in ciò sia dall'attore, che dalla considerevole documentazione medica redatta nel corso degli anni[57].

Le conclusioni peritali vengono considerate valide entrambe, anche se una è stata redatta solamente sugli atti del processo e l'altra, del *peritior*, anche attraverso l'esame diretto della convenuta e la somministrazione di reattivi diagnostici.

La sentenza termina così confermando quella precendente, cioè "*Affirmative, constare de nullitate matrimonii, in casu, ob incapacitatem mulieris conventae assumendi onera coniugalia*".

È interessante notare che, per la prima volta in una sentenza rotale, viene qui riportata la distinzione tra anoressia e bulimia, segno, oltre che di un approfondimento ulteriore sul disturbo in oggetto rispetto alle sentenze precedenti (viene citata infatti letteratura medica più recente e in maniera più ampia), anche di una certa considerazione riconosciuta alla bulimia quale disturbo che riguarda la psiche.

Il Ponente considera che, in generale, l'anoressia possa impedire l'esercizio sia della facoltà critica, che di quella volitiva. In questo caso, si riconosce l'effetto del disturbo sulla libertà interna (evidentemente concepita all'interno del can. 1095, 3°), al punto da impedire l'emissione di un valido consenso per incapacità di assumere gli oneri coniugali essenziali.

---

56. c. Ragni, sent. 23.3.1993, 176, n. 9.
57. c. Ragni, sent. 23.3.1993, 177-178, nn. 12-20.

2.4 c. Serrano Ruiz, sent. 9.1.1998[58]

C., all'età di venti anni, sposò N., di quattro anni maggiore, nel giugno 1983. Si conobbero nel 1981 e iniziarono subito il fidanzamento. Al momento delle nozze, C. soffriva di anoressia, ma la relazione proseguì bene fino al matrimonio, al quale giunsero con fiducia. Contro la loro previsione, invece, la vita coniugale fu molto difficile, per diverse cause, tra le quali anche l'infedeltà di entrambi: N. trascurava la moglie, tornava spesso a casa di notte, abbandonò la pratica religiosa e non si curò per nulla della moglie quando ebbe un aborto spontaneo. Ciò durò fino al 1986, quando C. lasciò N. e chiesero poi il divorzio. Successivamente, C. si unì con rito civile con altro uomo ed ebbe dei figli.

Presentato il libello presso il Tribunale competente nel 1987, il dubbio fu concordato per grave difetto di discrezione di giudizio da parte di entrambi. La sentenza di primo grado, emessa nel 1990, fu a favore del vincolo. Tale sentenza fu appellata e si giunse ad una nuova sentenza, difforme dalla precedente, che dichiarava nullo il matrimonio.

La parte *In iure* della presente sentenza, abbastanza breve, si focalizza sul disturbo dell'anoressia, che viene riconosciuta come una malattia tipica dei nostri tempi e avente un grande risalto nei mezzi di comunicazione di massa[59]. Le caratteristiche del disturbo vengono riprese dal DSM-IV e da altri testi psichiatrici degli anni '60 e '70, quali Ey-Bernard-Brisset e Bleuler[60]. In particolare vengono considerati due aspetti dell'anoressia, ritenuti decisivi in relazione al patto matrimoniale: a) un grave distacco dalla realtà deri-

---

58. c. Serrano Ruiz, 9.1.1998, RRDec 90, 1998, 1-9.
59. «De anorexica mulierem deordinatione quasi quotidianeam notitiam habemus etiam penens ephemerides et ordinaria socialis communicationis media», c. Serrano Ruiz, sent. 9.1.1998, 2-3, n. 3.
60. c. Serrano Ruiz, sent. 9.1.1998, 2-4, nn. 3-4.

vante da una deformazione dell'Io risalente alla prima infanzia, che rende molto difficile la percezione del reale rapporto interpersonale tra i coniugi, l'accettarsi e il donarsi mutuo; b) il turbamento del processo deliberativo a causa del difetto di libertà interna e di una incompleta formazione della persona[61].

Nella parte *In facto*, Serrano Ruiz considera le affermazioni dei medici che ebbero in cura la parte attrice – che diagnosticarono un'anoressia nervosa cronica –, le conclusioni del perito nominato dal Tribunale di prima istanza e quelle del perito nominato dal Tribunale della Rota. Il primo perito conferma le valutazioni esposte nella parte *In iure* circa gli effetti dell'anoressia, riferendoli in concreto a C., ed analizza la personalità della stessa: evidenziando una difficoltà nell'area emozionale della donna, spiega l'origine del disturbo anoressico nell'infanzia sofferta della ragazza, a causa del matrimonio instabile dei propri genitori e di una relazione difficile, specialmente con il padre violento. Il secondo perito, che redasse la relazione solo sugli atti processuali, si dichiara d'accordo con i medici precedenti nell'individuare, nella grave e prolungata forma di anoressia, un disturbo severo dell'identità corporea, affettiva, sessuale e di relazione, risalente a cause costituzionali e a eventi traumatici infantili, come un padre violento e scarsamente affettivo[62].

Così il Ponente dichiara:

«*In transcriptis omnibus auctoritatibus medicalibus omnibus planum est, iuxta illa in parte in iure disceptata anomaliam anorexiae nervosae in se et determinate in subiecta specie multum inficere illam discretionem iudicii, quae necessaria et propria est ad deliberandum de seligendis nuptiis. In casu enim habetur fervens sauciata indoles quae aggressivitatem erga se et erga alios secum fert; compulsio ut a familia et domo fugeret; deordinata perceptio rei sexualis et commercii... Quae omnia absque dubio profundis*

---

61. c. Serrano Ruiz, sent. 9.1.1998, 4, n. 5.
62. c. Serrano Ruiz, sent. 9.1.1998, 5-7, nn. 8-11.

exturbare valent quamcumque gravem electionem, eam magis matrimonii, propter gravitatem negotii coniugalis in se et propter qualitates quae eidem necessario inhaerent»[63].

A conferma di quanto osservato dai periti, la sentenza riporta i fatti come appaiono dalle deposizioni giudiziali: la chiusura dell'attrice nei confronti della madre, la violenza del padre e soprattutto l'anoressia prima e durante il matrimonio, anche se, a parere del convenuto, tale disturbo non ebbe riflessi sul matrimonio stesso. Diversi testimoni, anche amici della donna, non nominano nemmeno le sue difficoltà psicologiche e spiegano il fallimento del matrimonio nell'essere dedito all'alcol e alle donne da parte del convenuto e nell'infedeltà reciproca degli sposi.

Il Ponente spiega che non è improbabile che l'anoressia sia rimasta nascosta anche alle persone più prossime, in quanto ciò è tipico della malattia. Inoltre – aggiunge – capita sovente che i testimoni pongano più attenzione alle mancanze morali, che ad un disturbo psichico che non è conclamato. Infine, evidenziando i molti tratti negativi di N., il convenuto, la sentenza giudica ancora più gravemente il disturbo di C. proprio per la (scriteriata) scelta del futuro coniuge[64]. I Giudici concludono rispondendo: *Affirmative, seu constare de matrimonii nullitate in casu ob defectum discretionis iudicii (can. 1095, n. 2) penes partem actricem*.

Di questa sentenza si può notare – in positivo – lo spazio ancora più consistente dato alla spiegazione della malattia, ritenuta tipica dei nostri tempi e di grande risalto nei mezzi di comunicazione di massa. Ne viene evidenziato in particolare l'influsso sulle facoltà critiche e volitive, che causa una difettosa percezione del reale rapporto interpersonale coniugale e un carente processo deliberativo per difetto di libertà interna, qui considerato facente parte del can. 1095, 2°.

---

63. c. Serrano Ruiz, sent. 9.1.1998, 7, n. 12.
64. c. Serrano Ruiz, sent. 9.1.1998, 7-9, nn. 13-17

Dalla parte *In facto*, ricaviamo che tali distorsioni, nel caso in specie, sono fatte risalire a traumi affettivi infantili, sottolineando così il ruolo decisivo della famiglia nell'eziopatogenesi della malattia, oltre alle non meglio specificate «cause costituzionali». Dall'analisi della fattispecie si può evincere che non si tratta qui di un'anoressia di tipo restrittivo (come quella trattata nel caso precedente), ma di tipo diverso. Ciò è evidente per la personalità che viene tratteggiata, che rivela la presenza di impulsività (fuga dalla famiglia, promiscuità sessuale, aggressività) e difficoltà nell'area emozionale.

2.5 c. Boccafola, sent. 12.3.1998[65]

C., di nazionalità statunitense, nata nel 1951 da una famiglia borghese di San Francisco, ha avuto problemi alla nascita per mancanza di ossigenazione. Sia la madre, che il fratello minore, presentano patologie psichiatriche gravi (depressione maggiore con tentativi di suicidio e schizofrenia).

Ella ha cominciato a fumare marijuana all'età di 13 anni e contemporaneamente ha avuto comportamenti sessualmente liberi e promiscui. All'età di 16 anni, nel luglio del 1967, ha smesso totalmente di mangiare per dimostrare alla famiglia di poter imporre al proprio corpo un'assoluta astinenza. Ricoverata in clinica psichiatrica e nutrita coattivamente con flebo è stata presto dimessa senza, apparentemente, alcuna diagnosi.

Tornata a casa, ha cominciato a provare «schifo per il proprio corpo» e ha fatto ricorso sempre più massiccio alle droghe, in particolare LSD, per annullare gli stimoli della fame. In breve è arrivata a pesare 38 chilogrammi.

Nuovamente ricoverata in una clinica per il recupero delle tossicodipendenze e curata con terapia psicoanalitica e farmacologi-

---

65. c. c. Boccafola, 12.3.1998, RRDec, 90, 1998, pp. 216-227.

ca, le è stata diagnosticata «tossicodipendenza, anoressia, disturbo ossessivo di tipo religioso».

Dimessa con raccomandazione di una terapia psicoanalitica almeno bisettimanale, ha apparentemente risolto ogni problema dopo qualche anno con l'incontro di un giovane, G., con il quale si è presto fidanzata e ha deciso di sposarsi.

Circa una settimana prima del matrimonio, avvenuto nel giugno 1979, C. ha annunciato che voleva farsi suora ed entrare in un convento di clausura.

Stante l'imposizione dei genitori, ha poi contratto matrimonio, che, in breve tempo, è entrato in crisi per le ripetute infedeltà della donna (anche di tipo omosessuale), per la sua incapacità ad avere rapporti intimi con il marito a meno di non poter contemporaneamente recitare il rosario, e per il suo deciso rifiuto a cucinare, imponendo anche al marito un regime dietetico composto solo da integratori alimentari.

Dopo circa un anno, C. è rimasta incinta: spaventata all'idea della trasformazione del proprio corpo, ha smesso di mangiare e ha ripreso l'uso di droghe, così facendo ha provocato un aborto spontaneo, che l'ha costretta ad una nuova ospedalizzazione. A questo punto il marito ha chiesto la separazione[66].

La causa giunse in Rota dopo un processo al Tribunale competente di prima istanza conclusosi con sentenza affermativa.

Nella parte *In iure*, Boccafola innanzitutto spiega il capo di nullità che è stato concordato, cioè l'incapacità di assumere gli oneri coniugali essenziali. In particolare, si sofferma sul contenuto di tali obbligazioni e sul riferimento necessario di tali obbligazioni ai *bona matrimonialia*, inserendo tra essi anche il *bonum coniugum*: «*Praeterea, post Concilium Vaticanum II consolidata est doctrina quae requirit non tantum capacitatem assumptionis horum trium onerum, sed*

---

66. c. Boccafola, sent. 12.3.1998, 217, nn. 1-2.

vero etiam habilitatem inaugurandi ac sustinendi consortium vitae ad bonum coniugum ordinatum; quod onus ab aliquibus consideratum quasi esset quartum bonum, ab aliis uti elementum essentiale ad mentem can. 1101, § 2. Ideoque si quis, ob psychicas deordinationes radicaliter incapax sit oblativum actum ponendi, eius materialis consensu irritus tenendus est, quia omnino ineptus praestandi comparti validas relationes interpersonales, ad bonum morale, spirituale et sociale coniugum promovendum. Communicatio interpersonalis minime ad solum sexum reducitur, sed praesupponit capacitatem amoris et donationis, qua nonnulla bona personalia communicantur ut bonum coniugum aedificetur et finis matrimonii assequatur. Radicalis autem incapacitas interpersonales relationes interponendi, bonum coniugum praepedit, cum impossibile evadat onera coniugalia assumere et adimplere. Certo certius iudicatur incapax inaugurandi ac sustinendi bonum coniugum quis, ob causas naturae psychicae, et incapax invenerit colloquendi ac communicandi cum consorte, et incapax invenerit cooperandi ac fruendi relatione sexuali inter sponsos, et incapax invenerit sive exercendi laborem remunerationem quo propriae societati domesticae contribuit sive implendi saltem ordinaria munera domestica utpote coquere, aedem verrere, lintea lavare, etc.»[67].

Il Ponente si premura di ricordare che per riconoscere un'incapacità ad assumere è necessario che si verifichino delle condizioni: che vi sia un grave difetto psichico o una grave psicopatia, che tale anomalia renda veramente intollerabile la vita coniugale, che ci sia una vera impossibilità ad adempiere le obbligazioni e che tale abnorme causa psichica sia antecedente la celebrazione del matrimonio.

La sentenza afferma inoltre, seguendo la più recente giurisprudenza rotale, che non viene più considerato necessario il requisito della perpetuità.

Il nucleo dell'incapacità ad assumere viene evidenziato nel principio di diritto naturale per cui *ad impossibilia nemo tenetur.*

---

67. c. Boccafola, sent. 12.3.1998, 218, n. 6.

«*Et ergo huic capiti incapacitatis, quae canone 1095, n. 3, legis positivae ecclesiasticae recognita est, subiacet principium iuris naturalis, scilicet, absonum est ut aliquis se obliget ad paestandum id quod superat capacitatem suam naturalem, quod pro eo impossibile est. Cum ergo res naturaliter absque sua essentia consistere nequeat, repugnat naturae matrimonii id validum esse existente ea incapacitate ad aliquam essentialem abligationem adimplendam, ac proinde, attenta ipso naturae iure, in tali casu matrimonium irritum esset. Nec sufficit. In memoriam teneri debet matrimonium esse contractum de praesenti quae minime se constiture et existere potest absente ipso obiecto consensus [...]. Si nupturiens momento contractus absolute incapax onera essentialia matrimonii adimplendi re vara sit, idcirco nullomodo potest sibi assumere obligationem de praesenti tradendi comparti sive ius ad tales praestationes sive praestationes ipsas quia nec ius nec praestationes de facto sub dominio suo sunt..*»[68].

In questo contesto, il Ponente si chiede se e in che modo l'anoressia nervosa può influire sull'esercizio della facoltà critica. Richiamando la letteratura canonica e la giurisprudenza rotale (la sentenza c. Funghini del 18 luglio 1990 che già abbiamo analizzato) afferma che è possibile che il soggetto sofferente di anoressia, possa, rimanendo integra la sua *intelligendi facultas*, mancare della necessaria libertà interna di scelta a causa degli impulsi dovuti alla malattia al punto da impedire l'emissione di un valido consenso, di costituire la comunione di vita, di assumere ed adempiere gli oneri coniugali. Tale verifica va fatta con l'ausilio dei periti in psichiatria e psicologia[69].

Nella parte *In facto*, Boccafola considera innanzitutto il contesto familiare nel quale crebbe la ragazza, notando le patologie psichiatriche della madre e del fratello di C., per passare poi all'anamnesi psichiatrica della donna stessa. Vari sono gli elementi qui osservati: i problemi da lei avuti al momento della nascita

---

68. c. Boccafola, sent. 12.3.1998, 220, n. 8.
69. c. Boccafola, sent. 12.3.1998, 221, n. 9.

(mancanza di ossigenazione), il disturbo dell'anoressia per la quale fu seguita nel tempo da una decina di medici, l'uso di droghe (marijuana e LSD). In seguito, il Ponente nota le appurate circostanze prenuziali (la reticenza della donna nel manifestare al fidanzato i suoi problemi di anoressia, il tentativo di fuga dalle nozze ad una settimana dalla celebrazione) e quelle postnuziali (problemi gravi di comunicazione che resero impossibile la vita coniugale già dai primi anni, religiosità ossessiva di C. dovuta alla sua personalità patologica, difficoltà nelle relazioni intime) per giungere infine all'apporto delle relazioni peritali, considerate importanti[70].

Furono due i periti nominati in prima istanza: uno diagnosticò, al tempo delle nozze, un disturbo schizoide di personalità ed un disturbo di personalità di tipo *borderline*, per cui l'anoressia era segno di tale personalità perturbata; l'altro ravvisò un'anoressia nervosa con disturbo ossessivo-compulsivo e disturbo di personalità di tipo *borderline*. Infine, il *peritior* nominato dalla Rota Romana concluse affermando la presenza della depressione maggiore con sviluppi psicotici e disturbo schizoide di personalità.

Di fronte a tali conclusioni, la sentenza, pur notando le lievi divergenze tra i periti quanto alla diagnosi, sottolinea come però tutti siano d'accordo nel ritenere la convenuta carente della capacità di assumere gli oneri coniugali essenziali per la presenza, al momento delle nozze, di uno stato psicopatologico di fondo che impediva l'esercizio della deliberata volontà[71].

Considerato che i fatti e la gravità e l'antecedenza dei fenomeni sono stati ritenuti provati, i Giudici affermarono dunque la nullità del matrimonio per incapacità della parte convenuta ad assumere gli oneri coniugali essenziali a norma del can. 1095, n. 3.

---

70. c. Boccafola, sent. 12.3.1998, 221-225, n. 11-16.
71. c. Boccafola, sent. 12.3.1998, 225-226, n. 17.

L'anoressia in questa sentenza appare come una manifestazione, anche se non l'unica, di un quadro psicopatologico di fondo. Il Ponente la considera però la patologia predominante e prova di ciò è la sua trattazione nella parte *In iure*: citando la sentenza c. Funghini già analizzata, Boccafola ribadisce che l'anoressia può, rimanendo integra la facoltà critica, inficiare la necessaria libertà interna, impedendo l'emissione di un valido consenso matrimoniale. Come Funghini, anche Boccafola ritiene il difetto di libertà interna da comprendere nell'ambito del can. 1095, 3°.

La concomitanza di così gravi comportamenti – quali l'uso di droghe, la promiscuità sessuale, il tentativo di fuga dalle nozze – mostrano un tipo di personalità più simile ad una bulimica che ad un'anoressica e ciò dimostra anche quanto possa essere variegato lo spettro dell'anoressia.

Sarebbe stato auspicabile verificare i rapporti intrafamiliari della donna, per comprendere maggiormente l'origine della malattia, anche se le patologie familiari (della madre e del fratello) fanno comunque intuire l'esistenza di fattori ereditari che entrano in gioco nell'insorgenza del disturbo psichiatrico.

3. Analisi della sentenza della Rota Romana non pubblicata

3.1 c. Huber, sent. Arundelien. – Brichtelmestunen, A. 135/02

Le nozze si celebrarono nel 1971 tra T., di 25 anni, e C., di 22 anni, che aveva subìto un abuso sessuale da bambina e che soffriva di anoressia. I primi due anni di matrimonio di questa coppia inglese furono felici e la coppia ebbe due figli. Dopo quindici anni, vi fu la separazione di fatto e, qualche tempo dopo, quella legale, seguita dal divorzio.

In primo grado, la causa fu giudicata negativamente per tutti i capi di cui venne accusato di nullità il matrimonio, cioè per grave difetto di discrezione di giudizio da parte di entrambi e per l'incapacità ad assumere gli obblighi matrimoniali essenziali per cause di natura psichica da parte della donna convenuta. In appello, invece, la sentenza fu affermativa *ad omnia*.

Nella parte *In Iure*, il Ponente, ricordando che il can. 1095, 2° si riferisce a tre aspetti della decisione umana, (intellettivo, estimativo ed elettivo) e che nel caso concreto vi potevano essere varie cause di questo difetto di discrezione di giudizio, cita la c. Funghini che abbiamo avuto modo di vedere precedentemente: «*anorexia nervosa tunc tantum celebrationem coniugii invalidare, cum facultatem cogitandi, aestimandi et eligendi limitat*»[72].

Per quanto riguarda il can. 1095, 3°, il Ponente scrive che non è raro che si esamini l'anoressia nervosa sotto tale capo di nullità, in quanto gli effetti della malattia non sono riconducibili solo ai problemi del cibo, ma manifestano anche una profonda perturbazione della personalità. Aggiunge che spesso l'anoressia porta ad un'incapacità ad instaurare una relazione interpersonale e sessuale con il coniuge e ad esercitare il compito di padre e di madre quanto ai figli da educare[73].

Il perito di primo grado, citato dal Ponente, affermava che la donna aveva sofferto di una grave anoressia, non episodica e che, unitamente alle difficoltà ad essere fedele al marito, si poteva configurare un disturbo della personalità di tipo istrionico. Inoltre, dichiarava che tale disturbo poteva aver intaccato l'attitudine a stabilire una comunità di vita e forse anche quella ad educare responsabilmente i figli. Infine, lo stesso perito precisava, *in recognitione relationis*, che vi è una differenza importante, anche se i confini non sempre possono essere indicati con sicurezza, tra l'anoressia della donna e il sorgere di una magrezza in relazione a diete contro l'obesità e che l'anoressia vera e propria compor-

---

72. c. Funghini, sent. 18.7.1990, 640, n. 4
73. A. 135/02, c. Huber, n. 5.

ta una compromissione dell'identità che implica naturalmente la compromissione dell'identità sessuale, con tutto ciò che essa comporta.

Nella parte *In Facto*, per ciò che riguarda il difetto di discrezione di giudizio, il Ponente, ripercorrendo la storia clinica della donna, chiarisce che essa soffrì di anoressia nell'età dello sviluppo, in seguito a diete dimagranti, che fu visitata da molti psichiatri e fu ricoverata anche per breve tempo in ospedale, ma non è presente agli atti alcun referto medico, cartella clinica o dichiarazione dei medici curanti che documentino in qualche modo la consistenza del disturbo. Il Ponente rileva che, mentre i giudici del Tribunale di appello hanno affermato che l'anoressia nervosa della donna sia stata attestata come presente prima, durante e dopo il matrimonio, e che in generale l'anoressia sia riconosciuta dalla giurisprudenza rotale come fattore che può contribuire al difetto di discrezione di giudizio, rendendo la persona incapace ad emettere un valido consenso, in realtà, nel caso specifico, ciò non è accaduto. Infatti, l'anoressia può contribuire al difetto di discrezione di giudizio, rendendo la persona incapace a dare il consenso, ma – ribadisce il Ponente – quel *può* è molto importante: l'anoressia non è un impedimento dirimente in senso tecnico, né porta con sé la nullità di matrimonio. L'anoressia, dunque, invalida il matrimonio *solo* quando il nubente risulta incapace di contrarre matrimonio, nel caso di grave difetto di discrezione di giudizio[74].

Il Ponente, dunque, rifiuta le conclusioni dei Giudici del Tribunale di appello in quanto viziate da determinismo psicologico, non avendo considerato la distinzione tra psicoanalisi e metafisica della libertà, mentre ravvede nella donna al momento della celebrazione del matrimonio sì la presenza di un'ano-

---

74. A. 135/02, c. Huber, n. 12.

ressia, ma non della gravità tale da determinare la volontà di contrarre le nozze.

A conferma di ciò, la relazione del perito rotale non ravvisò alcun elemento che indicasse un'incapacità di giudizio della donna[75].

Per quanto riguarda il capo d'incapacità ad assumere gli oneri coniugali, il Ponente scrive innanzitutto che non vi è nessuna testimonianza che possa far sospettare una personalità perturbata (le deposizioni la ritraggono come una donna attraente, brava donna di casa, brava cuoca, una donna che sembrava perfetta, che sapeva ascoltare)[76]. Tra loro, i nubendi non parlarono mai dell'anoressia e il marito testimonia che dopo il matrimonio la donna ne guarì, confermato in ciò da tutti i testi meno uno[77].

Considerando le perizie, il Ponente osserva che entrambe furono redatte solamente sugli atti di causa, rifiutandosi la donna di rendersi disponibile ad esse. Egli giudica negativamente la prima perizia, poiché in essa non appare alcuna analisi strutturale della persona, mentre viene dato molto peso ai processi inconsci. La seconda perizia, redatta invece da un perito rotale, afferma, riguardo alla precedente, che essa non dà elementi per un giudizio sulla capacità o meno di compiere una valida scelta matrimoniale e sull'attitudine a formare una comunità coniugale. A parere del secondo perito, vi è solo il sospetto di una condizione nevrotica e di un disturbo di personalità, ma non si può affermare nulla circa la gravità per la genericità delle testimonianze e l'assenza di una qualsivoglia documentazione clinica e di un sicuro giudizio diagnostico. Quanto alla capacità di instaurare una relazione matrimoniale duale ed esclusiva, il perito afferma che è possibile desumerla dalle

---

75. A. 135/02, c. Huber, n. 13.
76. A. 135/02, c. Huber, n. 14.
77. A. 135/02, c. Huber, n. 15.

testimonianze, ma, presente una grave anoressia nervosa, si deve sospendere il giudizio.

Concludendo, circa il can. 1095, 3°, il Ponente afferma che in epoca matrimoniale vi era sì un'anoressia nervosa, ma non di tale grado da produrre un'incapacità ad assumere. L'esito infelice del matrimonio avvenne per cause esterne, cioè per la relazione extraconiugale della donna. L'anoressia non fu grave, mancando l'ossessione fobica e l'amenorrea.

La donna dunque realizzò sostanzialmente i doveri coniugali: non vi furono problemi nella vita intima, né quanto a frequenza, né quanto al modo. Non vi fu, dalle tavole processuali, un onere specifico per cui la donna si potesse dire incapace[78].

Il dispositivo risponde al dubbio dichiarando *Negative ad omnia*. Huber quindi, in questa sentenza, pur riconoscendo la possibilità per l'anoressia di inficiare il consenso (sia per il can. 1095, 2°, toccando gli aspetti intellettivo, estimativo e elettivo della decisione umana, che per il can. 1095, 3°, nel perturbare gravemente la personalità della malata), dichiara che, nel caso in esame, non fosse, al momento della celebrazione, di una gravità tale da determinare la nullità del matrimonio. Ciò è confermato dal fatto che la donna fu ritenuta guarita per tutti gli anni di convivenza coniugale.

È da sottolineare che il Ponente include, per la prima volta, negli effetti della perturbazione della personalità ad opera dell'anoressia, sotto il can. 1095, 3°, oltre all'incapacità di instaurare rapporti interpersonali e sessuali adeguati con il coniuge, anche l'incapacità ad esercitare il compito di padre e di madre quanto ai figli da educare.

---

78. A. 135/02, c. Huber, n. 15.

4. Analisi del decreto della Rota Romana non pubblicato

4.1. c. Funghini, sent. Insubris seu Comen, B. 47/99

Due giovani, italiani, si conoscono in un centro termale, dove stavano trascorrendo alcuni giorni di vacanza. Ella, studentessa di filosofia di 22 anni, stava vivendo un periodo doloroso dovuto alla morte prematura del padre, cui era molto legata. In seguito, a ciò aveva cominciato ad abusare di alcolici e sigarette e a soffrire di anoressia. Egli, di 28 anni, terminata a malapena la scuola dell'obbligo, era dedito alle corse dei cavalli. Dopo pochi mesi dal primo incontro, decisero di sposarsi, nonostante il parere negativo dei parenti e degli amici di lei. Nel 1990, si celebrò il matrimonio e dopo due anni la convivenza coniugale si interruppe per decisione della moglie.

La causa fu introdotta dall'attrice in primo grado per esclusione della prole da parte della donna stessa e terminò con sentenza negativa. In appello, vennero aggiunti i capi di incapacità a norma del can. 1095, 2° e 3° e la sentenza fu negativa per l'esclusione della prole, ma affermativa per il can. 1095, 2°, con assorbimento del can. 1095, 3°.

La perizia su di lei rilevò vari disturbi di tipo depressivo, con manifestazioni rilevanti e contemporanee di anoressia, etilismo e tabagismo. A parere del perito, prof. Barbieri, la personalità dell'attrice era oggettivamente immatura al momento dello scambio del consenso matrimoniale.

La perizia è stata giudicata ampiamente fondata sugli atti, con ragioni e argomentazioni atte a riconoscere la mancanza di discrezione di giudizio.

La sentenza della Rota è stata affermativa dunque per il can. 1095, 2° e negativa per il can. 1095, 3°.

Ancora una volta si evidenzia una forma di anoressia, apparentemente di tipo non restrittivo, che risulta determinante nel processo deliberativo, impedendo una scelta sufficientemente libera.

Non è dato sapere, però, analizzando questo decreto, come l'anoressia abbia influito con esattezza nel detto processo.

5. Osservazioni

Al termine dell'analisi delle decisioni rotali circa l'anoressia quale *causa naturae psychicae*, vogliamo innanzitutto far rilevare che esse dimostrano, seppure in modo diversificato, l'interesse e l'apprezzamento dei giudici verso le scienze psichiatriche e psicologiche, considerate necessarie per il loro apporto nel valutare cause di nullità che riguardano tale patologia.

Il numero delle decisioni rotali riguardanti tali patologie alimentari è, come rilevato, abbastanza esiguo: possiamo ipotizzare che ciò dipenda dal fatto che queste patologie sono apparse, perlomeno in termini numericamente così consistenti, in tempi abbastanza recenti, sebbene si possa anche pensare che altre cause introdotte si siano risolte con sentenza affermativa doppia conforme già nei Tribunali di appello, senza la necessità di giungere alla Rota Romana.

Inoltre, c'è da considerare che le decisioni rotali si riferiscono spesso a matrimoni contratti molti anni prima (nel 1965 per le prime tre sentenze da noi esaminate, nel 1983 per quella c. Serrano Ruiz, nel 1979 per quella c. Boccafola, nel 1971 per quella c. Huber, infine nel 1990 per quanto riguarda il decreto c. Funghini), per cui è presumibile che vi sarà in futuro un maggior numero di decisioni rotali concernenti non solo l'anoressia, ma anche altri disturbi della condotta alimentare, poiché le statistiche hanno stimato, negli ultimi quindici-venti anni, una crescita vertiginosa della diffusione di questa patologia, specialmente nel mondo occidentale.

Un altro dato significativo, rispetto alle decisioni rotali analizzate, è che per la maggior parte hanno riconosciuto la nullità del matrimonio e ciò evidenzia senza dubbio l'impatto – nel caso –

dell'anoressia, sulla libera emissione del consenso matrimoniale. La sentenza con esito negativo, cioè a favore della validità delle nozze, ci pone d'altra parte di fronte ad un rischio, che cioè sia impugnata la validità del matrimonio anche nei casi di «para-anoressie» o «para-bulimie», cioè nei casi in cui, pur in presenza di sintomi che potrebbero dare diagnosi di anoressia o di bulimia, non si riscontra un sufficiente disturbo della struttura della personalità, tale da far ritenere possibile un'invalidità del consenso matrimoniale. A questo proposito si rende necessaria una maggiore vigilanza al momento dell'introduzione delle cause nei Tribunali, tenendo conto sia dell'indiscusso aumento generale di problematiche legate al peso corporeo, sia della relativa «novità» delle patologie alimentari, che può facilmente indurre ad errori di valutazione circa la gravità e la consistenza di tali patologie.

Come già rilevato la c. Ragni è la prima decisione rotale (e l'unica finora) che, nella sua parte *In iure*, tratta esplicitamente della bulimia nervosa come possibile causa di nullità matrimoniale. È un dato significativo, benché la causa riguardasse l'anoressia e non la bulimia, in quanto indice di un'attenta comprensione dei DCA nelle loro conseguenze nell'ambito della struttura della personalità e quindi del consenso matrimoniale.

Per ciò che riguarda la valutazione dei capi di nullità addotti nelle cause riportate, è rilevante osservare che tutte le sentenze hanno affermato la possibilità da parte dell'anoressia di provocare effetti sull'intelletto e sulla volontà, tali da produrre un'invalidità del consenso sia secondo la fattispecie del can. 1095, 2°, sia secondo quella del can. 1095, 3°, nonostante abbiano poi deciso per uno solo dei due capi.

Inoltre, le sentenze c. Funghini, c. Ragni e c. Boccafola hanno considerato l'incapacità per difetto di libertà interna secondo il can. 1095, 3°, mentre la sentenza c. Serrano Ruiz l'ha considerata sempre per difetto di libertà interna, ma all'interno del can. 1095, 2°. La c. Stankiewicz, la prima in ordine temporale, si colloca invece leggermente al di fuori di queste due posizioni, definendo la nullità del matrimonio secondo il can. 1095, 2°, sia per difetto della conoscenza estimativa, che per difetto della volontà dell'atto di elezione, cioè sempre per difetto di libertà interna.

La dottrina psichiatrica riguardo all'anoressia, citata nelle decisioni rotali evidenziate, mostra un progressivo incremento delle conoscenze sul tema – dovuto anche all'approfondimento delle ricerche in sede medico-psicologica –, sebbene, forse per prudenza, si ricorra il più delle volte a testi classici della letteratura medico-psichiatrica sull'anoressia e non si dia molto spazio a quelli più recenti. Tuttavia, proprio per lo sviluppo delle pubblicazioni sui DCA avutosi negli ultimi anni, si reputa auspicabile l'utilizzo di tali strumenti per una comprensione sempre migliore di disturbi che, come abbiamo avuto modo di notare anche in queste decisioni rotali, non sono affatto tutti simili fra loro e che possono mutare nel corso del tempo.

Saggio conclusivo

METODOLOGIA DELLA PERIZIA MEDICO-CANONISTICA IN MATERIA DI DISTURBI ALIMENTARI

Alessandra Luzzago, Cristiano Barbieri

1. Premesse metodologiche

Dall'analisi complessiva della giurisprudenza rotale, emerge chiaramente l'interesse della Giustizia canonica anche per condizioni psicopatologiche come i disturbi alimentari, le quali, seppur vecchie quanto il mondo, ora più che mai sono diventate oggetto di terapia psichiatrica, o implicano un intervento psichiatrico anche quando sono trattate primariamente in ambito medico-chirurgico[1], soprattutto dopo l'avvento del D.S.M. e della sua tassonomia, che ne ha riconosciuto l'insorgenza in epoca puberale ed anche pre-puberale.

In queste sentenze sono contenuti alcuni importanti spunti di riflessione che riguardano anche l'attività peritale in materia di disordini della condotta alimentare (DCA) e che, alla fine, si riflettono sull'organizzazione della stessa perizia medico-canonistica. Infatti, il perito, se vuole stilare un elaborato tecnicamente corretto, non può certo ignorare quelle indicazioni di matrice normativa che il canonista implicitamente gli fornisce, laddove pone attenzione non solo alla tipologia specifica del disordine alimentare, ma

---

1. Clerici M., Lugo F., Papa R., Penati G., *L'approccio psicosociale nel trattamento ospedaliero dei disturbi dell'alimentazione: presupposti e significato clinico*, in: Clerici M., Lugo F., Papa R., Penati G., *Disturbi alimentari e contesto psicosociale*, Franco Angeli, Milano, 1996, pp. 13-26.

anche ad altri disturbi psichiatrici eventualmente concomitanti ed interagenti con il medesimo nell'alterare il corretto funzionamento psichico del soggetto; oppure laddove valuta i pregiudizievoli riverberi del disturbo alimentare sull'esercizio delle facoltà estimative e deliberative, sul controllo degli impulsi, nonché sull'autonoma espressione dell'attività volitiva; oppure laddove esamina le conseguenze della patologia alimentare sull'integrazione psicoaffettiva e sull'esercizio della sessualità oblativa nella vita della coppia coniugale; oppure laddove prende in considerazione le caratteristiche qualitative e quantitative della cura della prole da parte del paziente affetto da DCA.

In tal senso, qui più che mai, si può vedere come la Dottrina (canonistica) fondi necessariamente il Metodo (medico-legale)[2]: infatti, nell'economia di un discorso sulla perizia canonistica in tema di disturbi alimentari, si evidenzia come il perito, tenendo conto di quanto contenuto nelle citate sentenze, debba risolvere

---

2. A proposito del rapporto tra Dottrina e Metodo, è opportuno rammentare che, sul piano storico, in Italia si è formata una disciplina scientifica denominata Medicina Legale, anche per l'influenza del Diritto Canonico, che, per risolvere questioni legate all'amministrazione della giustizia, ha sempre posto quesiti specifici alla scienza bio-medica; il che ha favorito il formarsi di un complesso di conoscenze tali da costituire, col tempo, il corpus della Medicina Canonistica, integratasi poi nella stessa Medicina Legale. Questa, infatti, derivata dal Diritto Canonico grazie all'opera di Paolo Zacchia, si è affermata in senso scientifico diventando una disciplina autonoma sul piano del metodo, qualificato appunto dal celebre aforisma dello Zacchia: "De rebus medicis sub specie juris". Per ulteriori approfondimenti, si rimanda a: Musselli L., *Storia del diritto canonico. Introduzione alla storia del diritto e delle istituzioni ecclesiali*, Giappichelli, Torino, 1992; Macchiarelli L., Arbarello P., *Trattato di Medicina Legale* + CDROM, Minerva Medica, Torino, 2005; Musselli L., Tedeschi M., *Manuale di diritto canonico*, Monduzzi, Bologna, 2006; Feola T., *Profilo storico della medicina legale. Dalle origini alle soglie del XX secolo*, Minerva Medica, Torino, 2007.

due diversi ordini di problemi: quello diagnostico e quello ermeneutico; problemi che sono affrontati nelle due diverse fasi nelle quali si svolge la stessa perizia medico-legale: quella clinica e quella valutativa[3].

2. Problematiche diagnostiche

Il problema diagnostico-clinico implica una duplice necessità: da un lato, configurare il disturbo alimentare nei termini di una realtà autonoma dal punto di vista nosologico; dall'altro, differenziarlo da altri disturbi mentali che siano non solo eventualmente compresenti, ma anche interagenti in modo sinergico con il medesimo.

2.1 Il disturbo alimentare come realtà clinica indipendente

Qualificare un disturbo della condotta alimentare come una realtà a sé stante sul piano psicopatologico comporta inevitabilmente di riconoscerne il quadro semeiologico, il corteo sintomatologico, la precipua tipologia, l'origine, il decorso cronologico e l'entità; il che significa stilare una diagnosi che, laddove sia possibile, si articoli a più livelli: clinico (cioè sui sintomi e sui segni tipici del disturbo), ezio-patogenetico e patoplastico (cioè sui fattori che incidono sull'insorgenza e sullo sviluppo), nosodromico (cioè sull'andamento temporale), prognostico (cioè sulla verosimile evoluzione futura) e di gravità (cioè sulla qualità e sulla quantità delle manifestazioni abnormi perduranti).

---

3. Sul punto specifico, cfr. De Fazio F., *Psichiatria, criminologia e medicina legale in rapporto agli sviluppi della perizia psichiatrica*, "Psychopatologia", 5, 1987, pp. 253-257; De Fazio F., Luberto S., *La prassi della perizia psichiatrica*, "Rivista Sperimentale di Freniatria", CXII, 1988, pp. 85-92; De Fazio F., *Editoriale: Perché una rivista di Psichiatria Forense*, "Quaderni di Psichiatria Forense", 1, 1992, pp. 15-22.

Tutto questo comporta necessariamente una riflessione sul significato del giudizio diagnostico e sulla tipologia diagnostica che il perito deve formulare sul piano psicopatologico.

Secondo letteratura[4], diagnosticare vuol dire "riconoscere come tipico un quadro psicopatologico clinicamente rilevabile (sintomo, sindrome, stato, decorso), che si presenta con un aspetto fondamentale sempre simile e... correlare tale quadro ai caratteri di una malattia". La diagnostica, perciò, consiste in un "processo di riconoscimento e di messa in relazione", prefigurando "un complesso processo di giudizio nel quale entrano in gioco le più diverse nozioni". Un percorso diagnostico deve dunque basarsi sul maggior numero di informazioni possibili, poiché il termine diagnosi "porta con sé un significato riguardante gli antecedenti dello stato attuale, le condizioni analoghe e... quanto probabilmente avverrà in futuro"[5].

Sul piano storico, se nel XIX secolo la preoccupazione diagnostica rappresentava il correlato obbligato della preoccupazione nosologica, nel XX secolo è stato prospettato un "modello percettivo-tipologico di diagnosi psichiatrica", finalizzato "a riconoscere dei *tipi* di malati di mente, piuttosto che delle *malattie* mentali"[6], per cui, attualmente, per formulare una corretta diagnosi in ambito psichiatrico, pare necessario ricorrere ad un meccanismo di tipizzazione[7],

---

4. Scharfetter Ch., *Psicopatologia generale. Un'introduzione*, Giovanni Fioriti Editore, Roma, 2004.
5. Sims A., *Introduzione alla psicopatologia descrittiva*, Seconda edizione, Raffaello Cortina Editore, Milano, 1997.
6. Tatossian A., *Le problème du diagnostic dans la clinique psychiatrique*, in: Pichot P., Werner R. (Sous la direction de), *L'approche clinique en psychiatrie*, Institut Sybthélabo pour les progrès de la connaissance, Le Plessis-Robinson, 1999, pp.171-188.
7. Sul punto, cfr.: Kendell R.E., *The role of diagnosis in psychiatry*, Blackwell Scientific Publications, Oxford, 1975; Schwartz M.A., Wiggins O.P., *Typifications. The first step for clinical diagnosis in psychiatry*, "Journal of Nervous and Mental Disease", 175, 2, 1987, pp. 65-77; Sims A., *Introduzione alla psicopatologia descrittiva*, Seconda edizione, Raffaello Cortina Editore, Milano, 1997.

poiché il riconoscimento di tipologie di soggetti consente non solo di individuarne caratteristiche specifiche e sostanzialmente stabili, ma anche di distinguere un tipo da un altro in chiave diagnostico-differenziale, pur tenendo conto della possibilità di forme atipiche, intermedie, di passaggio, miste. La finalità di una distinzione diagnostica, del resto, è "la collocazione di un quadro sintomatologico clinicamente accertabile nell'ambito di una ...definizione etio-patogenetica di una malattia", anche se tale obiettivo "non è sempre raggiungibile a causa delle ampie zone ancora oscure che persistono nella nostra conoscenza sulle cause delle malattie mentali", per cui, in questo caso, "il procedimento diagnostico deve limitarsi a stabilire una tipologia di stato e di decorso"[8].

L'invito alla tipizzazione diagnostica, d'altra parte, chiama in causa una dimensione culturale nella quale, fin dagli albori della storia del pensiero medico, alla scuola ippocratica, sostenitrice dell'esistenza di un gradiente tra salute e malattia, disposte lungo determinate dimensioni, si opponeva quella platonica, che catalogava invece le patologie in tipologie ideali e distinte l'una dall'altra. Siffatta impostazione ha fatto sì che, in campo scientifico, si sia assistito nel tempo ad una progressiva evoluzione da modelli di tipo dicotomico, cioè categoriali (nei quali alcune specifiche variabili sono considerate presenti o assenti), a paradigmi di tipo continuo, ossia dimensionali (nei quali vi è un continuum di gradazioni della medesima dimensione, con la possibilità di una migliore precisazione)[9].

Nel caso dei DCA, come peraltro per tutti gli altri disturbi psichici, questo approccio si ravvisa nella duplice tipologia diagnostica maggiormente diffusa oggi: da un lato, la diagnosi descrittiva, basata su

---

8. Scharfetter Ch., *Psicopatologia generale. Un'introduzione*, Giovanni Fioriti Editore, Roma, 2004.
9. Migone P., *Alcuni problemi della diagnosi in psichiatria*, "Il Ruolo Terapeutico", 70, 1995, pp. 28-31.

parametri e su una criteriologia di stampo nosografico (come quelle del D.S.M. o dell'I.C.D.) e, dall'altro, la diagnosi psicodinamica, fondata sulla comprensione del paziente e della sua patologia. Nella presente trattazione, si evidenzia l'opportunità di integrare le due modalità di porre diagnosi, posto che la prima serve essenzialmente a fornire un'etichetta ad un'informazione che deve essere comunicata in modo chiaro ed inequivocabile ad altri interlocutori, per essere condivisa con loro, mentre la seconda viene considerata il riepilogo del processo di conoscenza che precede la formulazione di quell'etichetta, ma va oltre la medesima[10]. In proposito, quindi, facendo riferimento a contributi storici, ma sempre attuali, si richiama il concetto di diagnosi "...nel senso di comprendere come il paziente sia malato e quanto sia malato, come si sia ammalato e come utilizzi la sua malattia"[11].

Infatti, se lo scopo della diagnosi è quello di comprendere le dinamiche e le circostanze che causano un disagio emotivo, nel caso dei DCA, come in tutti gli altri disturbi mentali, limitarsi a dare un nome ad una certa condizione, peraltro sulla base di criteri convenzionalmente predeterminati, non aiuta certo a capire come mai un soggetto possa sviluppare un certo tipo di disturbo alimentare, anziché un altro (ad es., una forma anoressica, anziché bulimica), né permette di scoprire perché quel particolare tipo di disturbo possa insorgere in una certa fase della vita del paziente e perdurare nel tempo. Ecco perché, nella formulazione di una diagnosi clinica in sede peritale, risulta opportuno e proficuo, oltre ad un'impostazione descrittiva, ricorrere ad un approccio di tipo esplicativo, nel quale le diagnosi siano "...organizzate attorno al livello di compromissione

---

10. Al riguardo, si segnalano: Gabbard G.O., *Introduzione alla psicoterapia psicodinamica*, Raffaello Cortina Editore, Milano, 2005; Gabbard G.O., *Psichiatria psicodinamica*, Quarta edizione, Raffaello Cortina Editore, Milano, 2007.

11. Menninger K., Mayman M., Pruyser P., *The Vital Balance: The Life Process in Mental Health and Illness*, Viking Press, New York, 1963.

della struttura delle rappresentazioni mentali, soprattutto attorno ai concetti di sviluppo della definizione di sé (identità) e di relazionalità interpersonale (concetto di oggetto), riferendoci ad esse come alle due dimensioni fondamentali dell'organizzazione di personalità"[12]. Tale impostazione, infatti, non solo permette di riconoscere le diverse forme psicopatologiche, concependole in termini di rottura dei processi di sviluppo e non sulla base di raggruppamenti di sintomi spesso arbitrari, ma facilita altresì l'indagine sullo sviluppo stesso dell'organizzazione della personalità e sui rapporti tra le alterazioni di questo processo ed i diversi disturbi mentali[13].

Quindi, se la diagnosi di DCA, come quella degli altri disturbi psichici, deve ispirarsi ad una concezione delle forme psicopatologiche quali epifenomeni della distorsione o dell'interruzione di un regolare ed adeguato sviluppo psicologico, il disturbo del paziente deve essere "...percepito non certo *dopo* e *a partire dal* sintomo, ma *con* e *nel* sintomo"[14] (ad es. la persistente alterazione dell'immagi-

---

12. Blatt J.S., Levy K.N., *Un approccio psicodinamico alla diagnosi della psicopatologia*, in: Barron J.W. (a cura di), *Dare un senso alla diagnosi*, Raffaello Cortina Editore, Milano, 2005, pp.79-114.

13. Sulla concezione del disturbo psichico come esito di un'interruzione di un fisiologico processo di sviluppo mentale, si segnalano: Blatt J.S., *Representational structures in psychopathology*, in: Cicchetti D., Toth S. (Eds.), *Rochester Symposium on Developmental Psychopathology, Volume VI: Emotion, Cognition and Representation*, University of Rochester Press, Rochester NY, 1995, pp. 1-33; Blatt S.J., Auerbach J.S., *Mental representation, severe psychopathology, and the therapeutic process*, "Journal of the American Psychoanalytic Association", 49, 2001, pp. 113-159; Blatt S.J., *Polarities of experience: Relatedness and self-definition in personality development, psychopathology, and the therapeutic process*, American Psychological Association Press, Washington DC, 2008.

14. Tatossian A., *Le problème du diagnostic dans la clinique psychiatrique*, in: Pichot P., Werner R. (Sous la direction de), *L'approche clinique en psychiatrie*, Institut Sybthélabo pour les progrès de la connaissance, Le Plessis-Robinson, 1999, pp.171-188.

ne corporea, o il costante rifiuto di alimentarsi, o le abbuffate più o meno ricorrenti). Esso, infatti, se storicizzato sul piano diacronico, colto nella sua valenza comunicativa e correlato alla sua matrice antropologica, dischiude al perito la comprensione del *vissuto* del soggetto, permettendo così quel viraggio dal *sintomo* al *senso*, che qualifica la psicopatologia stessa come "ricerca di senso e di significato"[15], laddove il *senso* consiste nel rinvio dell'oggetto al soggetto ed il *significato* di ogni fenomeno si coglie nello *spazio interpersonale*, costruito sulla "*coesistenza* – intesa – *come struttura ontologica* del nostro essere-nel-mondo"[16].

Questo vuol dire che, in ambito psicopatologico, il giudizio diagnostico "si svolge nelle diverse dimensioni del modo di comprendere"[17], per cui, se vuole essere veramente esaustivo, non può prescindere anche da un approccio antropo-fenomenologico, dato che la fenomenologia "ha a che fare con ciò che è realmente esperito" ed "osserva lo psichico dall'interno nella – sua – presentificazione immediata"[18]. In quest'ottica, per far diagnosi, bisogna prima "fare fenomenologia", cioè "lasciarsi guidare oltre le apparenze delle cose per andare alle cose stesse"[19] e "far venire fuori tutto l'essenziale delle cose dalle cose stesse"[20]. Tale impo-

---

15. Callieri B., *La psicopatologia come ricerca di senso e di significato, in: Il senso della Psicopatologia - Atti del Congresso Inaugurale della Società Italiana per la Psicopatologia*, Firenze, 23 marzo 1996, "Psichiatria generale e dell'età evolutiva", I, 1997, pp. 15-24.
16. Callieri B., *La psicopatologia come ricerca di senso e di significato*, "Psichiatria Generale e dell'Età Evolutiva", 45, 1-2, 2008, pp. 5-14.
17. Scharfetter Ch., *Psicopatologia generale. Un'introduzione*, Giovanni Fioriti Editore, Roma, 2004.
18. Jaspers K., *Scritti psicopatologici*, a cura di Achella S., Donise A., Alfredo Guida Editore, Napoli, 2004.
19. de Monticelli R., *La conoscenza personale. Introduzione alla fenomenologia*, Guerini e Associati, Milano, 2000.
20. Boss M., (1957), *Psicanalisi ed analisi esistenziale*, Astrolabio, Roma, 1973.

stazione consente allo psicopatologo di cogliere la natura del fenomeno – cioè l'accadere psichico patologico[21] (es. distorsione della propria immagine corporea, costante rifiuto di alimentarsi, etc.) – e di decodificarne il vissuto – poiché il fenomeno è proprio "ciò che si dà nell'evidenza originaria del vissuto"[22] (es. disgusto per le personali sembianze somatiche, colpa per aver assunto del cibo nonostante la fame, etc.) –. In questa prospettiva, la diagnosi non solo decodifica il significato del comportamento esteriore del soggetto, ma rende altresì conto di ogni sua esperienza psichica attraverso una *comprensione* che fonda la conoscenza stessa dell'uomo sofferente[23].

2.2 La comorbilità psichiatrica dei disturbi alimentari

Quello di comorbilità sembra un concetto ambiguo[24], perché, se questo termine è stato introdotto in medicina per indicare una condizione clinica nella quale sono presenti, più o meno contem-

---

21. Jaspers K. (1913), *Psicopatologia generale*, Il Pensiero Scientifico Editore, Roma, 1982.
22. Armezzani M., *L'enigma dell'ovvio. La fenomenologia di Husserl come fondamento di un'altra psicologia*, Unipress, Padova, 1998.
23. Paradigmatiche, al riguardo, risultano le seguenti parole: "...Parliamo di comprendere tanto per la presentificazione fenomenologica, quanto per questo cogliere il derivare l'uno dall'altro... Chiamiamo il comprendere fenomenologico dello stato psichico, il comprendere statico, che coglie solo le datità, le esperienze vissute, i modi di coscienza ed è il fondamento del suo definire e del suo caratterizzare... Chiamiamo comprendere genetico il comprendere le connessioni delle esperienze vissute psichiche, l'emergere dello psichico dallo psichico" (cfr. Jaspers K., *Scritti psicopatologici*, a cura di Achella S., Donise A., Alfredo Guida Editore, Napoli, 2004).
24. Relativamente al concetto di comorbilità, si rinvia alla nota V di: Barbieri C., *Il c.d. disturbo dipendente di personalità: aspetti psichiatrici*, in AA.VV., *Dipendenze psicologiche e consenso matrimoniale*, Libreria Editrice Vaticana, Città del Vaticano, 2009, pp. 17-36.

poraneamente, disturbi diversi nello stesso paziente[25] (ad es. diabete ed ipertensione), l'utilizzo del medesimo in psichiatria si rivela complesso e, talora, problematico, dato che l'ezio-patogenesi dei disturbi psichici non è sempre nota e, in genere, chiama in causa una pluralità di fattori che danno luogo ad una malattia mentale specialmente nella loro reciproca interazione.

Infatti, premesso che il costrutto della comorbilità è stato adoperato per indicare sia la semplice associazione nello stesso soggetto di differenti sindromi, o malattie[26], sia l'esistenza nello stesso momento di due o più disturbi[27], sia la presenza di più disturbi specifici in un ben preciso periodo di tempo[28], è stata altresì proposta la distinzione tra "co-presenza" e "co-morbilità", designando la prima come la contemporaneità nello stesso individuo di più disturbi e la seconda come la presenza di più disturbi indipendentemente dalla loro relazione temporale[29].

Tenuto conto di tutto ciò, ben si comprende come il ricorso eccessivo ed acritico a siffatto costrutto sia diventato uno dei maggiori problemi della diagnostica psichiatrica attuale, anche

---

25. Feinstein A.R., *The pre-therapeutic classification of co-morbidity in chronic disease*, "Journal of Chronic Disease", 23, 1970, pp. 455-468.

26. Maser J.D., Cloninger C.R., *Comorbidity of anxiety and mood disorders: introduction and overview*, in: Maser J.D., Cloninger C.R. (Eds.), *Comorbidity of mood and anxiety disorders*, American Psychiatric Publishing, Washington DC, 1990, pp.3-12.

27. Klerman G.L., *Approaches to the phenomena of comorbidity*, in: Maser J.D., Cloninger C.R. (Eds.), *Comorbidity of mood and anxiety disorders*, American Psychiatric Publishing, Washington DC, 1990, pp.13-40.

28. Burke J.D., Wittchen H.U., Reiger D.A., Sartorius N., *Extracting information from diagnostic interviews on concurrence of symptoms of anxiety and depression*, in: Maser J.D., Cloninger C.R. (Eds.), *Comorbidity of mood and anxiety disorders*, American Psychiatric Publishing, Washington DC, 1990, pp. 649-667.

29. Andrews G., *Comorbidity and the general neurotic syndrome*, "Britisch Journal of Psychiatry", 168, 30 Suppl, 1996, pp. 76S-84S.

perché è stato usato per designare un'associazione di sintomi, oltre che di diagnosi[30].

Sul piano epidemiologico, le attuali conoscenze in materia di comorbilità dei DCA possono così compendiarsi[31]:

. esiste un'elevata comorbilità *lifetime* sia tra i vari tipi di disturbi del comportamento alimentare, sia tra i DCA e gli altri disturbi classificati sull'Asse I del D.S.M.;

. i disturbi psichiatrici diagnosticati con maggiore frequenza sono quelli dell'umore, in prevalenza di tipo unipolare;

. elevata, anche se inferiore a quella con i Disturbi dell'Umore, è la comorbilità con i Disturbi d'Ansia e, in particolare, con il Disturbo di Panico e con il Disturbo Ossessivo Compulsivo;

. il fenomeno delle comorbilità si riscontra, in misura significativa, anche tra i DCA e i Disturbi da Abuso e Dipendenza da Sostanze Psicotrope.

D'altra parte, l'elevata frequenza del fenomeno non riguarda soltanto i disturbi di spettro (affettivo, ansioso, da abuso di sostanze)[32],

---

30. Vella G., Aragona M., Alliani D., *The complexity of psychiatric comorbidity: a conceptual and methodological discussion*, "Psychopathology", 33, 2000, pp. 25-30.
31. La letteratura sul tema è molto vasta; a titolo esemplificativo e riassuntivo, si segnalano i seguenti contributi: Capovani B., Mauri M., Borri C., Baldassari S., Miniati M., Pacciardi B., Benvenuti A., Calderone A., Mengali F., Cassano G.B., *Giornale Italiano di Psicopatologia*, "Comorbidità nei Disturbi della Condotta Alimentare", 5, 1, 1999; Woodside B.D., Staab R., *Management of psychiatric comorbidity in anorexia nervosa and bulimia nervosa*, "CNS Drugs", 20, 8, 2006, pp. 655-663; Wagner A., Wöckel L., Bölte S., Radeloff D., Lehmkuhl G., Schmidt M.H., Poustka F., *Mental disorders among relatives of patients with anorexia nervosa and bulimia nervosa*, "Zeitschrift für Kinder - und Jugendpsychiatrie und Psychotherapie", 36, 3, 2008, pp. 177-184.
32. Lo spettro psicopatologico indica un insieme di sindromi, simili dal punto di vista fenomenico, ma pur sempre distinguibili, accomunate da un'unica determinante, che si esprime però con una qualità ed un'intensità diverse a

o i disturbi che, dal punto di vista nosografico, sono classificati in Asse I, ma anche quelli codificati in Asse II, come i disturbi di personalità (DP), soprattutto il Disturbo di Personalità Ossessivo-Compulsivo, il Disturbo di Personalità Borderline e il Disturbo di Personalità Evitante[33].

Le percentuali di comorbilità tra DCA e DP variano da uno studio all'altro[34], ma appaiono comunque assai elevate. Tale dato è

---

seconda dei casi. Tale concetto quindi evidenzia la continuità tra diversi quadri clinici, o quantomeno la parziale sovrapposizione fra manifestazioni patologiche che possono afferire a differenti sindromi, per cui può verificarsi un'associazione di sintomi differenziati, ma con una comune base patogenetica (cfr. Aragona M., Vella G., *Lo spettro in psicopatologia*, "Nòos", 1, 4, 1998, pp. 3-36; Aragona M., Vella G. *Metodologia della diagnosi in psicopatologia. Categorie e dimensioni*, Bollati Boringhieri, Torino, 2000; Manna V., *"Doppia diagnosi" o continuum psicopatologico tra dipendenze patologiche da sostanze e disturbi mentali? L'ipotesi disedonica*, "Voci di Strada", III, 2004, pp. 83-142; Castrogiovanni A., Goracci A., Di Simplicio M.C., Fargnoli F., Pellegrini F., Castrogiovanni P., *Temperamenti affettivi e spettri di psicopatologia sottosoglia in un campione di popolazione clinica*, "Giornale Italiano di Psicopatologia", 11, 2005, pp. 295-305).

33. Al riguardo, cfr. Piran N., Lerner P., Garfinkel P.E., Kennedy S.H., Brouillette C., *Personality disorders in anorexic patients*, "International Journal of Eating Disorders", 7, 1988, pp. 589-599; Piran N., Kennedy S., Garfinkel P.E., Whynot C., *Eating disorders, affective illness, and borderline personality disorder*, "Journal of Clinical Psychiatry", 49, 3, 1988, pp. 125-130; Johnson C., Tobin D., Enright A., *Prevalence and clinical characteristics of borderline patients in an eating-disordered population*, "Journal of Clinical Psychiatry", 50, 1, 1989, pp. 9-15; Kennedy S.H., Katz R., Rockert W., Mendlowitz S., Ralevski E., Clewes J., *Assessment of personality disorders in anorexia nervosa and bulimia nervosa: a comparison of self-report and structured interview methods*, "The Journal of Nervous and Mental Disease", 183, 1995, pp. 358-364; Lageix P., Steiger H., *Eating disorders and borderline personality disorder: what are the connections?*, "Santé Mentale au Québec", 22, 1, 1997, pp. 127-142; Matsunaga H., Kiriike N., Nagata T., Yamagami S., *Personality disorders in patients with eating disorders in Japan*, "International Journal of Eating Disorders", 23, 1998, pp. 399-408.

34. Il range appare molto ampio: dal 20 ad oltre l'80 % a seconda dei casi, sia

stato variamente interpretato: da un lato, infatti, il disturbo di personalità è stato considerato come un fattore di predisposizione per sviluppare condotte alimentari abnormi, ma, da un altro, si è anche pensato che i disturbi alimentari, di fatto, possano modificare tratti di personalità e che alcuni meccanismi patogenetici possano stimolare tanto il disturbo alimentare, quanto certe caratteristiche abnormi di personalità[35].

---

per i disturbi di Asse I, che per quelli di asse II (cfr. Siracusano A., Troisi A., Marino V., Tozzi F., *Comorbilità nei disturbi della condotta alimentare: revisione critica della letteratura*, "Nòos", 1, 2003, pp. 7-26.; Politi R., Caredda M., Tarolla E., Pancheri P., *Condotte alimentari disfunzionali sottosoglia in un campione di pazienti ambulatoriali* (risultati preliminari), "Giornale Italiano di Psicopatologia", 12, 2006, pp. 262-266) .

35. Il dibattito scientifico sul tema appare molto articolato e la letteratura risulta assai vasta; per gli approfondimenti del caso, cfr. Rosenvinge J.H., Martinussen M., Ostensen E., *The comorbidity of eating disorders and personality disorders: a meta-analytic review of studies published between 1983 and 1998*, "Eating Weight Disorders", 5, 2, 2000, pp. 52-61; Zaider T.I., Johnson J.G., Cockell S.J., *Psychiatric comorbidity associated with eating disorder symptomatology among adolescents in the community*, "International Journal of Eating Disorders", 28, 1, 2000, pp. 58-67; Matsunaga H., Kaye W.H., McConaha C., Plotnicov K., Pollice C., Rao R., *Personality disorders among subjects recovered from eating disorders*, "International Journal of Eating Disorders", 27, 3, 2000, pp. 353-357; Tomotake M., Ohmori T., *Personality profiles in patients with eating disorders*, "The Journal of Medical Investigation", 49, 3-4, 2002, pp. 87-96; Murakami K., Tachi T., Washizuka T., Ikuta N., Miyake Y., *A comparison of purging and non-purging eating disorder patients in comorbid personality disorders and psychopathology*, "Tokai Journal of Experimental & Clinical Medicine", 27, 1, 2002, pp. 9-19; Muratori F., Calderoni S., Picchi L., Maestro S., Viglione V., Carissimo R., *Disturbi di personalità e disturbi del comportamento alimentare in adolescenza*, "Giornale Italiano di Psicopatologia", 9, 3, 2003; Godt K., *Eating disorders and personality disorders—possible interactions and their therapeutic implications*, "Tidsskr Nor Laegeforen", 124, 17, 2004, pp. 2247-2250; Pham-Scottez A., *Eating disorders and personality disorders*, "La revue du praticien", 58, 2, 2008, pp. 157-160.

Infine, è stata dimostrata una certa compresenza tra i DCA e la dimensione della aggressività; quella autodiretta (es. ferite, ustioni, contusioni auto-inferte) può nascere subito dopo una crisi bulimica e, talvolta, si accompagna anche ad aggressività eterodiretta, soprattutto verso i familiari, nel contesto di un vero e proprio discontrollo degli impulsi. Tale discontrollo, del resto, rappresenta un fenomeno di frequente riscontro nei pazienti con Anoressia Nervosa Binge/Purging e Bulimia Nervosa ed è stata correlata ad un'alterazione del Sistema Serotoninergico[36].

La conoscenza della comorbilità tra i DCA e gli altri disturbi psichiatrici codificati in Asse I e II può comunque assumere una certa importanza; infatti, se in sede clinica essa è finalizzata ad impostare un adeguato progetto terapeutico e a formulare un corretto giudizio prognostico, in ambito peritale valutare la presenza di altri disturbi mentali, più o meno concomitanti con quelli alimentari, diventa fondamentale nella misura in cui è necessario esaminarne l'interazione reciproca e l'eventuale effetto sinergico di perturbazione delle facoltà psichiche del soggetto.

In quest'ottica, quindi, il perito deve non solo e non tanto distinguere due disturbi psichici di cui, più o meno contemporaneamente, il soggetto esaminato soffre o ha sofferto, ma cercare di

---

36. Per ulteriori approfondimenti, si rinvia a: Svirko E., Hawton K., *Self-injurious behavior and eating disorders: the extent and nature of the association,* "Suicide Life Threatening Behaviour", 37, 4, 2007, pp. 409-421; Corstorphine E., Waller G., Lawson R., Ganis C., *Trauma and multi-impulsivity in the eating disorders,* "Eating Behaviours", 8, 1, 2007, pp. 23-30; Steiger H., Israël M., Gauvin L., Ng Ying Kin N.M., Young S.N., *Implications of compulsive and impulsive traits for serotonin status in women with bulimia nervosa,* "Psychiatry Research", 120, 3, 2003, pp. 219-229; Steiger H., Gauvin L., Israël M., Kin N.M., Young S.N., Roussin J., *Serotonin function, personality-trait variations, and childhood abuse in women with bulimia-spectrum eating disorders,* "The Journal of Clinical Psychiatry", 65, 6, 2004, pp. 830-837.

stabilire "se" e "fino a che punto" i vari disturbi hanno interagito tra loro nell'alterare l'adeguato funzionamento mentale dell'individuo. In altri termini, considerando quanto emerge dalle sentenze rotali, lo studio di un'eventuale comorbilità, laddove esso sia possibile, può fornire più esaustive informazioni sul "tipo" e sul "grado" di conseguenze prodotte dalle diverse sindromi sulla sfera mentale del periziando e, quindi, sul corretto esercizio delle sue capacità giuridiche, fermo restando la necessità di dimostrare la correlazione tra i vari disturbi (ad es. un disturbo di personalità borderline ed un disturbo bulimico, oppure un'anoressia nervosa ed un disturbo di personalità ossessivo).

3. *Problematiche ermeneutiche in Medicina Canonistica: dal senso del disturbo alimentare alla rilevanza forense del medesimo*

Il secondo tipo di problema che il perito si trova ad affrontare concerne la rilevanza giuridica del disturbo alimentare in precedenza riconosciuto, descritto e spiegato, rilevanza che si dimostra decodificando il significato del disordine stesso nel contesto della seconda fase della perizia medico-legale: quella più propriamente valutativa.

Infatti, per giudicare "se" e "fino a che punto" il prospettato disturbo soddisfi o meno i requisiti delle categorie giuridiche di riferimento (il grave difetto di discrezione di giudizio circa i diritti e i doveri matrimoniali essenziali da dare e accettare reciprocamente; le cause di natura psichica che impediscono l'assunzione degli obblighi essenziali del matrimonio) è necessario che il perito compia un percorso di tipo interpretativo, nel quale realizzare quella fondamentale apertura "dal sintomo al segno, dal significato al senso, dall'epistemologia all'ermeneutica"[37]. In proposito, si

---

37. Callieri B., *La psicopatologia come ricerca di senso e di significato*, "Psichiatria Generale e dell'Età Evolutiva", 45, 1-2, 2008, pp. 5-14.

richiama il valore insostituibile dell'approccio ermeneutico in Psicopatologia forense[38], laddove l'ermeneutica si configura come una riflessione sulla valenza e sulla portata di quelle dinamiche che consentono la comprensione del significato di ogni produzione narrativa e, per estensione, di ogni vicenda umana, posto che "nel dialogo ermeneutico non ci sono un soggetto ed un oggetto, ma c'è l'incontro di due orizzonti, che si fonde in un orizzonte nuovo, costituito da un cambiamento di entrambi nel momento dell'interpretazione"[39].

Nel caso dei DCA, si è detto[40] che questi possono incidere sulla sufficiente capacità di formulare un consenso psicologico completo ed autonomo laddove l'atto dell'*intelligere* e / o del *velle* risultino oggettivamente inficiati da fobie, o da ossessioni che sottendono la condotta di tipo anoressico o bulimico, nonché da una percezione derealistica della propria immagine corporea, soprattutto in rapporto a quella del partner; come altresì possono impedire l'assunzione e/o il mantenimento degli oneri coniugali sostanziali nei casi in cui l'articolazione della vita di coppia venga realisticamente pregiudicata sia dal rifiuto del rapporto sessuale al coniuge e/o dall'impossibilità di modulare una comunicazione adeguata sul piano affetti-

---

38. Sull'argomento, cfr. Barbieri C., Lugano P., *Presupposti antropologici e aspetti epistemologici della perizia medico-legale in diritto canonico. Riflessioni a margine della Dignitas Connubii*, Zacchia, 3, 2006, pp. 277-299; Callieri B., Barbieri C., *Dalla psicopatologia-clinica alla psicopatologia-forense: la comprensione di senso come transito da una dimensione fenomenologico-esistenziale ad una dimensione normativa*, "Psichiatria Generale e dell'Età Evolutiva", 44, 3-4, 2007, pp.102-132; Barbieri C., Verde A., *L'approccio ermeneutico nelle consulenze tecniche in ambito familiare*, "Rassegna Italiana di Criminologia", I, 2, 2007, pp. 207-233.

39. Barison F., *La psichiatria tra ermeneutica ed epistemologia*, "Comprendre. Archive International pour l'Antropologie Phénoménologique", 5, 1990, pp. 27-35.

40. Barbieri C., Luzzago A., Musselli L., *Psicopatologia forense e matrimonio canonico*, Libreria Editrice Vaticana, Città del Vaticano, 2005.

vo (come nel caso del paziente anoressico), sia dall'incapacità di avere relazioni autentiche, cioè partecipate a livello empatico, tra coniugi, o tra genitori e figli (come nel paziente bulimico). Questi pregiudizievoli ed oggettivi riverberi sulle capacità giuridiche del soggetto da parte dei DCA si dimostrano chiarendo il significato del disturbo alimentare e spiegando il legame che intercorre tra questo e i sintomi accusati, da un lato, ed il comportamento individuale, dall'altro. In questo percorso di ricerca e ricostruzione del senso, si coglie l'incidenza della patologia mentale sulle capacità richieste in sede normativa. Al riguardo, del resto, si richiama il fatto che "... l'accurato esame della fenomenica tipica dell'anoressia nervosa - e del differente rilievo che in essa assumono di volta in volta i singoli lineamenti psicopatologici e clinici - permette di disaggregare nel medesimo contesto sindromico una notevole varietà di forme cliniche (si rimanda qui non solo alla classica nozione di polimorfismo sintomatologico che caratterizza la storia naturale del disturbo), così - specularmente - l'indagine dasein-analitica contribuisce ad individuare e descrivere le diversificate modalità di accesso... all'anoressia che corrispondono ad altrettante strutture esistenziali in cui si può sviluppare la malattia"[41]. Quindi, se tali contributi assumono un ruolo insostituibile nel rivelare i diversi significati che possono acquisire le varie patologie alimentari[42], il rilievo di queste sul piano giuridico non può dimostrarsi se non portando alla luce i significati medesimi, così come emergono nelle costellazioni clinico-comportamentali.

---

41. Cella M., Legori A., Clerici M., *Una chiave di lettura fenomenologia*, in: Clerici M., Lugo F., Papa R., Penati G., *Disturbi alimentari e contesto psicosociale*, Franco Angeli, Milano, 1996, pp. 111-119.
42. Sul tema, cfr. Kuhn R., *Zur Daseinanalyse der anorexia mentalis*, "Nervenarzt", 22, 1951, pp. 11-13; Straus E., *Psychologie der menschlichen Welt. Gesammelte Schriften*, Springer, Berlin, Göttingen, Heidelberg, 1960; Boss M., *Introduction à la Médicine Psychosomatique*, PUF, Pans, 1988.

Esemplificativa, in proposito, è la correlazione tra la coartazione dell'attività psichica intellettiva e l'alterata percezione della propria corporeità nell'anoressia e nella bulimia[43]: infatti, se "il corpo sessuale è una realtà duale"[44], nella quale il fatto di *avere-un-corpo* e, al contempo, di *essere-un-corpo* permette la comunicazione con l'altro e con il mondo, l'anoressica che depriva il proprio corpo, fino a farlo morire nei casi estremi, perché lo percepisce in modo dereistico, cioè diversamente da quello che è, non può certo esperire in modo adeguato la realtà, propria e altrui, vale a dire il suo *essere-al-mondo* come *essere-in-rapporto* con il mondo e con gli altri; lo stesso dicasi per le "diverse configurazioni abnormi bulimiche", nelle quali lo schema sessuale del corpo umano viene ad essere "...ridotto, coartato, soffocato, bloccato....con tutti i suoi correlati di comorbidità, neuro-endocrini, immuno-neurologici"[45], perché le predette "configurazioni bulimico-anoressiche" risultano "agganciate ai problemi di un'oralità deviata o arrestata, maniacale o paranoica"[46], ossia ad un modo di *essere-nel-mondo* nel quale il corpo perde la sua intrinseca connotazione di "forma in cui il principio di struttura fa tutt'uno con il principio di significato"[47].

---

43. Relativamente al disturbo dell'immagine corporea, si rinvia a: Onnis L., Carfagna D., Cherubini R., Di Pucchio A., Federico M.T., Orsini C., Vietri A., *Il disturbo dell'immagine corporea nell'anoressia e bulimia: risultati di una ricerca*, "Psicobiettivo", 2, 2006, pp. 1-16; Faccio E., *Le identità corporee. Quando l'immagine di sé fa star male*, Giunti, Firenze, 2007.
44. Sul punto, cfr. Gebsattel von V. E., *Prolegomena einer medizinischen Anthropologie*, Springer, Berlin, 1954; Gebsattel von V. E., *Imago Hominis: Beltrage zu einer personalen Anthropologie*, Neues Forum, Schweinfurt, 1964.
45. Callieri B., *Corpo Esistenze Mondi. Per una psicopatologia antropologica*, Edizioni Universitarie, Romane, Roma, 2007.
46. Callieri B., Maldonato M., Di Petta G., *Lineamenti di Psicopatologia Fenomenologica*, Alfredo Guida Editore, Napoli, 1999.
47. *Ibid.*

Paradigmatico, dunque, appare l'accanimento delle anoressiche ad utilizzare il corpo nella loro ostinata lotta contro l'*hybris* del padre e/o l'ansia della madre e/o il ruolo sessuale inscritto nella propria corporeità e/o, ancora, contro il *furor curandi* del terapeuta, percepiti sempre come il prodotto di una violenza esterna; ecco perché, nell'assoluta impossibilità di sottrarsi alle dimensioni affettiva, sessuale, co-esistentiva dell'esistenza stessa, vissute appunto come distruttive, l'anoressica tiene in ostaggio il proprio corpo, nel tentativo di opporsi ad una vita nella quale non riesce a scrivere la propria storia[48]; come paradigmatico appare il ritmo patologico di replezione / svuotamento imposto dalla bulimica al proprio corpo, perché, se la corporeità costituisce "l'esperienza primaria della presenza mondana"[49], il cibo prima ingurgitato e poi espulso rimanda ad un senso di vuoto che è, essenzialmente, un vuoto esistenziale; se *"l'esserci* è sempre *embodiment*"[50], una lacuna da colmare a tale livello non può che tradursi in una deteriore forma di alimentazione dove si introduce troppo soltanto per espellere il tutto quanto prima, poiché sottesa a tale condotta vi è la percezione, tanto sostanziale quanto abnorme, della propria soggettività incarnata.

Inoltre, risulta emblematico il rapporto tra le manifestazioni fobico-ossessive presenti nel disturbo anoressico (ad es. il rifiuto stenico del cibo) e in quello bulimico (ad es. le abbuffate compulsive e seriali) e l'alterazione dell'attività psichica volitiva: infatti, se la libertà "è lo spazio infinito della chiarificazione di ciò che l'uomo in se stesso può essere"[51], il modo in cui il proprio corpo appare al

---

48. Jonckheere P., *Le corps otage de soi. Aspects phénoménologiques de l'anorexie mentale*, "Acta Psychiatrica Belgica", 88, 1988, pp. 105-116.
49. Rovaletti M.L. (Ed.), *Corporalidad*, Lugar, Buenos Aires, 1998.
50. Zaner R.M., *The problem of Embodiment. Some contributions to a phenomenology of the body*, Martinus Nijhoff, The Hague, 1964.
51. Jaspers K., *Il medico nell'età della tecnica*, Raffaello Cortina Editore, Milano, 1991.

soggetto ne condiziona irrimediabilmente la scelta della condotta alimentare; in proposito, del resto, è stato osservato che sono appunto le "modalità di apparire-corporeo" a declinarsi non solo "in multiformi esperienze fobiche (dismorfofobiche, ereutofobiche, etc.)", ma anche "in diversi disturbi della condotta orale, dalla bulimia alle manie selettive dietetiche e, soprattutto, all'*anoressia mentale*, intesa non soltanto come una forma particolare di *dismorfofobia*, ma anche come una vera *appetizione*, l'appetizione (o *addiction*) della magrezza", equivalente ad una "vera tossicomania", che si esplicita "sul piano estetico dell'*Erlebnis*"[52]. Questa condizione risulta così peculiare da richiamare il concetto di *Magersucht*[53], cioè dimensione esistenziale nella quale la ricerca coatta della macilenza rinvia ad un *Esserci* che si coniuga solo nell'*essere-costretto-ad-essere* e mai nel *poter-essere-altrimenti*, o nell'*avere-il-permesso-di-essere*[54]. D'altro canto, la relazione tra disturbo anoressico e coartazione della volontà può essere altresì colta partendo dall'analisi della stessa temporalità: nell'anoressia nervosa, infatti, la temporalità si destruttura nelle sue singole articolazioni di passato, presente e futuro, così da provocare l'arresto del flusso temporale, con conseguente impossibilità a realizzare ogni progetto mondano[55]. La proiezione verso il futuro, cioè l'*essere-avanti-a-sé in vista della morte*[56], appare bloccato in un mondo quasi fantastico, nel quale i rapporti con il mondo concreto si sna-

---

52. Callieri B., *Corpo Esistenze Mondi. Per una psicopatologia antropologica*, Edizioni Universitarie, Romane, Roma, 2007.
53. Zutt J., *Der ästhetische Erlebnisbereich und seine krankhaften Abwandlungen*, Nervenarzt, 23, 1952, pp. 163-169.
54. Cargnello D., *Alterità e alienità*, Feltrinelli, Milano, 1966.
55. Cella M., Legori A., Clerici M., *Una chiave di lettura fenomenologia*, in: Clerici M., Lugo F., Papa R., Penati G., *Disturbi alimentari e contesto psicosociale*, Franco Angeli, Milano, 1996, pp. 111-119.
56. Heidegger M., *Sein und Zeit,* Max Niemeyer, Tübingen 1927, trad. it. Chiodi P. (Ed.), *Essere e tempo*, Longanesi, Milano, 1976.

turano e si annichiliscono, al punto che una delle più gravi conseguenze è rappresentata dal blocco dell'*entschlossenheit*, cioè di quello spirito di determinazione prefigurabile nei termini "responsabilità e presa in carico dell'esistenza"[57].

Infine, nei DCA appare emblematica la correlazione tra il rifiuto della sessualità, potenzialmente rivolta anche alla generazione, oltre che all'integrazione psico-affettiva e psico-sessuale reciproca, e il costante perseguimento di quelle prerogative intrinseche alla coniugalità ed alla genitorialità. L'anoressica, del resto, rigetta tenacemente la propria identità sessuale, il proprio ruolo femminile e, di conseguenza, anche la propria funzione riproduttiva, a causa dell'"insanabile lacerazione tra l'essere-gettata di fatto nel ruolo di donna e la mancata assunzione di tale ruolo", al punto da sviluppare un'opposizione "che si esplicita soprattutto nella sessualità vissuta come una forma di totale sottomissione alla figura maschile e nella maternità intesa come il marchio della radicale ineguaglianza tra i sessi"[58]. Qui più che mai, dunque, emerge la radicale contraddizione tra il mondo proprio dell'anoressica ed il suo destino biologico, che ella ripudia pur essendo ineluttabile, in quanto dettato dalla legge di conservazione della specie; pertanto, essendo mossa solo dal desiderio ostinato di voler essere diversamente da quello che è e che può essere, l'anoressica rifiuta se stessa come donna mediante la rinuncia al cibo. Il tal senso, è stato notato che "il cibo, quello che "nutre", è vissuto abitualmente come minaccia all'integrità "magra" del proprio corpo, l'unica consentita; ogni realtà e pro-

---

57. Jonckheere P. (Éd.), *Phénoménologie et analyse existentielle*, Presses universitaires de Louvain, Louvain-la-Neuve, 1986.
58. Cella M., Legori A., Clerici M., *Una chiave di lettura fenomenologia*, in: Clerici M., Lugo F., Papa R., Penati G., *Disturbi alimentari e contesto psicosociale*, Franco Angeli, Milano, 1996, pp. 111-119.

gettualità alteregoica è in sua funzione. Ne deriva il rifiuto progressivo della dimensione intersoggettiva nel farsi mondano del proprio corpo; di quel corpo che... abitualmente si nutre insieme agli altri corpi, almeno non rifiuta ciò, ed anzi si arricchisce di prospettive vitali nell'incontro agapico"[59]. In alcuni casi, la repulsione è rivolta non solo all'*essere-gettata-nel-mondo* nel ruolo di donna e all'insostenibile gravame della corporeità medesima, ma addirittura allo stesso *essere-gettato* in senso di heideggeriano[60]; in altri termini, il rifiuto dell'anoressica si colloca ad un livello ancor più profondo, cioè contro la deiezione stessa[61], vale a dire contro il fondamento dell'esistenza umana, poiché, per definizione, "l'uomo si trova deietto nel suo essere"[62]. Anche la bulimica, che cerca con l'incorporazione e l'espulsione degli alimenti un equilibrio che non trova mai, non riesce a trovare il predetto fondamento, poiché l'alternarsi di periodi di ristrettezze alimentari ad altri di abbuffate manifesta soltanto un'abnorme oscillazione tra accettazione e rifiuto dell'identità sessuale, del ruolo femminile, della dimensione corporea e, in ultima analisi, del proprio *essere-al-mondo*. Lo spazio intracorporeo, prima occupato dal cibo assunto compulsivamente e poi svuotato mediante condotte compensatorie, diventa epifenomenico di un universo affettivo incentrato sulla vacuità e sulla carenza, al punto che l'esser bulimica si pre-

---

59. Callieri B., *Corpo Esistenze Mondi. Per una psicopatologia antropologica*, Edizioni Universitarie, Romane, Roma, 2007.
60. Cella M., Legori A., Clerici M., *Una chiave di lettura fenomenologia*, in: Clerici M., Lugo F., Papa R., Penati G., *Disturbi alimentari e contesto psicosociale*, Franco Angeli, Milano, 1996, pp. 111-119.
61. Heidegger M., *Sein und Zeit,* Max Niemeyer, Tübingen 1927, trad. it. Chiodi P. (ed.), *Essere e tempo*, Longanesi, Milano, 1976.
62. Cfr. Binswanger L., *Il caso di Ellen West e altri saggi*, Bompiani, Milano, 1973; Binswanger L., *Per un'antropologia fenomenologica*, Feltrinelli, Milano, 1989.

figura come vera e propria psicopatologia del vuoto. In tale ottica, la crisi bulimica, durante la quale vengono agiti sentimenti di rabbia, tristezza ed abbandono, rappresenta una forma di soddisfazione corporea e, contemporaneamente, il tentativo di riappropriarsi di una dimensione mondana, proprio perché mira a riempire (di cibo, appunto) uno spazio esistenziale vuoto. Tenuto conto di tutto ciò, ben si comprende perché né la modalità esistenziale anoressica, né quella bulimica riescano mai ad accedere ad una declinazione autenticamente co-esistenziale. Cibarsi, infatti, significa poter vivere e relazionarsi con il mondo, con sé stessi, con il proprio corpo e con quello altrui; nella carenza o nell'eccesso alimentare, perciò, non ci può essere alcuna forma di esistenza che, autenticamente, possa articolarsi all'insegna dell'integrazione e della reciprocità, cioè di un mutuo completamento che si realizza "con" e "nel" dono di sé sufficientemente continuo, equilibrato, spontaneo, costruttivo.

4. *Conclusioni*

Le predette osservazioni tecniche mirano a delineare la struttura, a chiarire i contenuti ed a illustrare la corretta metodologia della perizia medico-canonistica in tema di disturbi alimentari.

D'altra parte, se è vero che *"peritis in arte credendum est"*, il "perito dei periti" resta pur sempre il giudice, né deve essere altrimenti.

Pertanto, il *senso* del discorso sviluppato non può che essere rivolto, in ultima e conclusiva analisi, all'autorità giudicante, la quale può trarre le debite decisioni nella misura in cui riesce ad utilizzare un elaborato peritale compiuto sul piano formale ed adeguato su quello sostanziale, considerando che la perizia resta un mezzo di prova.

In quest'ottica, quindi, pare opportuno richiamare il fatto che il soggetto affetto da DCA, come ogni individuo portatore di un disturbo mentale, interpreta la propria condizione all'interno di una rete di significati, per cui l'attenzione posta ai medesimi risulta fondamentale non solo per i periti che devono valutare, ma anche per i giudici che devono decidere.

Infatti, di fronte ad una patologia come i DCA, che colpisce il corpo in quanto fondamento dell'esperienza del mondo e della soggettività, il racconto del dolore e sul dolore provato permette al soggetto di localizzare la sua sofferenza nella sua storia e di collocare gli eventi in un ordine temporale dotato di senso, insieme alle esperienze che hanno contrassegnato il suo decorso clinico-biografico[63].

Da qui l'auspicio che anche il giudice, oltre al perito, possa raccogliere il monito ippocratico "*iatròs philòsophos isotheòs*" ribadito nella lezione jaspersiana[64], nel senso che "...il medico che si fa filosofo diventa pari a un dio. Come medico, infatti, si avvale del sapere scientifico... ma con la consapevolezza propria del filosofo che conosce i limiti di ogni forma di sapere, per cui non si professa *sophòs*, ma *philo-sophòs*, disponendosi nei confronti del sapere non come un possidente nei confronti del suo territorio, ma come un viandante nei confronti della sua via"[65].

---

63. Good B.J., *Narrare la malattia. Lo sguardo antropologico sul rapporto medico-paziente*, a cura di Villella C., Giulio Einaudi Editore, Torino, 2006.

64. Jaspers K., *Il medico nell'età della tecnica*, Raffaello Cortina Editore, Milano, 1991.

65. Galimberti U., Introduzione, in: Jaspers K., *Il medico nell'età della tecnica*, Raffaello Cortina Editore, Milano, 1991, pp. VII-XXVII.

POSTFAZIONE

S. E. Mons. Antoni Stankiewicz

Talmente consolidato, nella tradizione giuridica non solo canonistica, è il binomio *torus et mensa* — ad indicare sia, in positivo, la comunione coniugale nella sua integrità[1], sia, in negativo, il momento patologico della disgregazione di tale comunione[2] — che si direbbe inevitabile supporre, in presenza di un disordine psichico che induce un grave disagio nel rapporto col cibo, una qualche ripercussione sull'altro elemento basilare della *communio vitae et amoris* (l'intimità nuziale) e sulla comunione stessa nel suo complesso; non solo e non tanto, in una riduttiva prospettiva materialistica, considerando le due dimensioni alla stregua di modalità di soddisfazione di primordiali istinti (la conservazione di se stessi e della specie), quanto per il profondo significato che riveste la condivisione della mensa e del talamo, in quanto luoghi assolutamente privilegiati di incontro intimo (sia pure, com'è ovvio, a livelli di intensità assai diversi) fra le persone.

In quest'ottica i disturbi del comportamento alimentare, a cui è dedicata la presente indagine, presentano un indubbio interesse

---

1. Aggiuntavi la condivisione dello spazio vitale quotidiano: *communio tori, mensae et habitationis*, cf. P. Gasparri, *Tractatus canonicus de matrimonio*, vol. I, Città del Vaticano 1932⁹, p. 15.

2. Cfr. l'intestazione dell'art. II, lib. III, tit. VII, c. X del CIC 1917: *De separatione tori, mensae et habitationis*.

nel quadro della capacità psichica al matrimonio, in particolare, essendo una categoria di disturbi mentali dotati di un così diretto e immediato impatto sulla dimensione corporea della persona, intrinsecamente coinvolta nel dono nuziale. Nelle sue magistrali catechesi sull'amore umano il venerato Papa Giovanni Paolo II ha sviscerato, con la profondità teologica e filosofica che gli era propria, questo aspetto, mettendo fra l'altro in luce che «il perenne e ogni volta nuovo "linguaggio del corpo", *è non soltanto il "substrato" ma, in certo senso, il contenuto costitutivo della comunione delle persone*»[3]. Appare chiaro, ciò considerato, che un blocco di sostanziale gravità sia nella capacità di articolare e declinare nella prassi di vita quotidiana quel primigenio linguaggio, sia, ancora a monte, di percepirne e padroneggiarne i costrutti fondamentali, non può che riflettersi negativamente sull'adeguatezza della persona ad instaurare una comunione che proprio nella donazione reciproca attraverso la corporeità (si ponga mente alla paolina *potestas corporis*, o ancora al basilare sintagma giuridico dello *ius in corpus*!) trova la sua originaria ed ineludibile modalità d'espressione e di realizzazione.

Avendo di mira l'acuto interesse che la tematica trattata in questo studio riveste per chi professionalmente – studioso od operatore di giustizia – si occupa del matrimonio canonico, particolarmente nella dimensione della patologia del suo momento genetico (ovvero della nullità), si può facilmente apprezzare la validità del lavoro svolto dagli Autori, che hanno fornito con questo volume un approfondimento analitico – e, direi, completo –, sotto il profilo medico-psichiatrico delle patologie oggetto del loro studio, a partire dagli aspetti storici, attraversando, in una rassegna assai pun-

---

3. Giovanni Paolo II, *Il linguaggio del corpo substrato e contenuto della vita coniugale*, Catechesi tenuta all'Udienza generale del 5 gennaio 1983, in: *Insegnamenti di Giovanni Paolo II*, vol. VI, 1, LEV, Città del Vaticano 1983, pp. 43 s, n. 5.

tuale, quelli sistematici, diagnostici e terapeutici, senza trascurare i risvolti medico-legali, con una presentazione sobria ma accurata della dottrina e della giurisprudenza canonica sull'argomento.

Vorrei dire che anche a monte di qualsiasi riflessione giuridica l'ottima esposizione scientifica, contenuta specificamente nella prima parte del volume, suggerisce al lettore contemporaneo una serie di considerazioni che – direi – sconfinano nel terreno della morale, intesa questa nel suo senso alto, teologico, non come facile e banale moralismo. La prima riflessione è correlata alla netta caratterizzazione etno-sociale dei disturbi del comportamento alimentare, che a tutti gli effetti appaiono essere (come del resto, fuori dall'ambito psichiatrico, fenomeni come l'obesità e le malattie del metabolismo) «malattie sociali» dell'Occidente opulento, evidenziando come la «cattiva alimentazione» – quasi in una sorta di ideale contrappasso alla malnutrizione che affligge ancora così vaste aree del pianeta – appaia la modalità espressiva di un collettivo disagio, materiato di ansie, di paure, e assai spesso del senso di vuoto (interiore, di valori, di significato) che attanaglia il corpo sociale nel suo complesso. Da questo punto di vista, vien da pensare – o quantomeno da sperare – che un processo in cui il mondo occidentale ritrovi, alla luce delle sue radici culturali e religiose, un'equilibrata amministrazione del suo presente e una realistica visione del suo futuro, aperta alla speranza cristiana[4], possa comportare anche un ridimensionarsi di certe forme patologiche che costituiscono, per così dire, la somatizzazione (a livello individuale come sociale) di un malessere che è innanzitutto interiore.

L'altra considerazione che sorge dalla lettura del volume è che i disturbi correlati all'alimentazione si presentano (in particolare l'anoressia) come disturbi tipicamente femminili. Ora, se è vero che il genere femminile è, fin dalla radice etimologica, identifica-

---

4. Cfr. Benedetto XVI, Lettera enciclica *Spe salvi*, *AAS* 99 [2007], p. 986, n. 2.

to dal suo legame primigenio con la funzione nutritiva[5], il che potrebbe suggerire (almeno a un profano) una sua peculiare sensibilità verso la sfera dell'alimentazione, sia dal lato fisico che da quello psichico, con quel che ne consegue anche in termini di vulnerabilità a stimoli psichici incongrui o francamente patologici in tale ambito, dà comunque profondamente da pensare l'idea che le varie forme di disturbo dell'alimentazione possano essere (più o meno consciamente) utilizzate dalla donna d'oggi quasi come una accorata ricerca di interlocuzione con un ambiente familiare o sociale che ne svaluta il valore individuale o la declassa a mero oggetto di piacere, secondo i canoni perversi di una «diffusa cultura edonistica e mercantile che promuove il sistematico sfruttamento della sessualità»[6]. Anche questa riflessione, partendo dalla constatazione drammatica di un esito gravemente patologico, deve interpellare la responsabilità di chi a vario titolo ha la possibilità e il compito di plasmare l'*ethos* sociale, perché venga debellato il clima culturale che ancora oggi troppo spesso e troppo diffusamente umilia e mortifica la dignità della donna.

Riconducendo il discorso su un versante più propriamente giuridico, mi pare opportuno richiamare la necessità che il discorso sui disturbi correlati all'alimentazione venga comunque e sempre riportato entro l'alveo della consolidata dottrina e giurisprudenza canonica. Stante, infatti, una certa novità dell'argomento, che inoltre gode di una presa anche emotiva abbastanza intensa, veicolata fra l'altro dagli organi d'informazione, potrebbe corrersi

---

5. La radice sanscrita *dhâ* (col mutamento in latino del *dh* in *f*) fa riferimento all'idea dell'allattare; si vedano anche i termini *fetus, filius...* (cf. il classico *Vocabolario etimologico della lingua italiana* di O. Pianigiani, Roma 1907, s.v. *Femmina*).

6. Giovanni Paolo II, *Lettera alle donne*, 29 giugno 1995, *AAS* 87 [1985], p. 806, n. 5.

il rischio di intravedere in esso una facile via di inquadramento e definizione delle cause di nullità di matrimonio, per lo più contrassegnata dal carisma di una attraente attualità. Per converso, anche in campo giuridico, come in quello dogmatico, occorre attenersi fedelmente alla «sana dottrina», rifuggendo dal «prurito», come lo chiama efficacemente san Paolo, di udire – e, aggiungo, di dire – qualcosa di nuovo (II Tm, 4, 3), forse di allettante o «alla moda», ma contrario alla verità. E la «verità sul matrimonio» è quella tramandata dalla dottrina cattolica – solidamente innestata nella Rivelazione e nella Tradizione – e recentissimamente riproposta dal Sommo Pontefice nell'Allocuzione alla Rota Romana del corrente anno.

Benedetto XVI in tale occasione ha posto l'accento sulla necessità di «riscoprire in positivo la capacità che in principio ogni persona umana ha di sposarsi in virtù della sua stessa natura di uomo o di donna. Corriamo infatti il rischio di cadere in un pessimismo antropologico che, alla luce dell'odierna situazione culturale, considera quasi impossibile sposarsi. A parte il fatto che tale situazione non è uniforme nelle varie regioni del mondo, non si possono confondere con la vera incapacità consensuale le reali difficoltà in cui versano molti, specialmente i giovani, giungendo a ritenere che l'unione matrimoniale sia normalmente impensabile e impraticabile. Anzi – ha ancora evidenziato il Papa –, la riaffermazione della innata capacità umana al matrimonio è proprio il punto di partenza per aiutare le coppie a scoprire la realtà naturale del matrimonio e il rilievo che ha sul piano della salvezza»[7].

Sulla base di tali premesse il Pontefice ha ammonito: «Ovviamente alcune correnti antropologiche "umanistiche", orientate all'autorealizzazione e all'autotrascendenza egocentrica,

---

7. Benedetto XVI, *Allocuzione alla Rota Romana* del 29 gennaio 2009, *L'Osservatore Romano* del 30 gennaio 2009, p. 7.

idealizzano talmente la persona umana e il matrimonio che finiscono per negare la capacità psichica di tante persone, fondandola su elementi che non corrispondono alle esigenze essenziali del vincolo coniugale. Dinanzi a queste concezioni, i cultori del diritto ecclesiale non possono non tener conto del sano realismo a cui faceva riferimento il mio venerato Predecessore (cfr. Giovanni Paolo II, *Allocuzione alla Rota Romana*, 27.1.1997, n. 4, *AAS* 89 [1997], p. 488), perché la capacità fa riferimento al minimo necessario affinché i nubendi possano donare il loro essere di persona maschile e di persona femminile per fondare quel vincolo al quale è chiamata la stragrande maggioranza degli esseri umani. Ne segue che le cause di nullità per incapacità psichica esigono, in linea di principio, che il giudice si serva dell'aiuto dei periti per accertare l'esistenza di una vera incapacità (can. 1680; art. 203, § 1, DC), che è sempre un'eccezione al principio naturale della capacità necessaria per comprendere, decidere e realizzare la donazione di sé stessi dalla quale nasce il vincolo coniugale»[8].

Sulla scorta di tali insegnamenti occorrerà dunque esaminare con rigore le fattispecie di nullità matrimoniale in cui saranno coinvolti soggetti affetti da disturbi della condotta alimentare, valutando, anche con l'ausilio dei periti, se il disturbo abbia veramente causato un serio e sostanziale *vulnus* alla capacità critica-estimativa-elettiva della parte accusata d'incapacità, ovvero alla sua idoneità ad assumere gli obblighi essenziali del matrimonio. Un rilievo particolare assumerà l'eventuale compresenza di altri disturbi e/o anomalie psichici, coi quali il disturbo alimentare si ponga in posizione di concausa (in senso materiale) del difetto di discrezione o dell'*incapacitas assumendi*. Da questo punto di vista, una veloce disamina della – finora non copiosa – giurisprudenza rotale sembra suggerire che, generalmente, proprio in relazione alla sus-

---

8. *Ibid.*

sistenza di un quadro patologico complesso, di cui il disturbo alimentare costituiva un tassello per quanto importante, si sia di volta in volta riconosciuta l'incapacità dei soggetti coinvolti *ex* can. 1095, n. 2 o n. 3; il che sottintenderebbe che la sussistenza del menzionato disturbo da sé sola non è presupposto sufficiente a produrre l'incapacità psichica, almeno fin quando non raggiunga livelli di gravità che lo rendano autonomamente rilevante ai fini della nullità; cosa che, come ripeto, non pare essersi riscontrata nella maggior parte delle decisioni finora emesse.

Prendiamo comunque atto che sarà il prosieguo del cammino giurisprudenziale a precisare i contorni della rilevanza canonica della categoria di disturbi in esame; non senza rinnovare comunque l'auspicio che, almeno per quanto dipende dai presupposti etno-culturali di sì inquietante fenomeno, esso non abbia a conoscere nella realtà sociale una ulteriore espansione.

Coram R. P. D. RAPHAËLE FUNGHINI, Ponente

REG. INSUBRIS SEU COMEN.

NULLITATIS MATRIMONII; Prael.: CONF. SENT.

(PICCOLO - CHIAVEGATO)

Prot. N. 17.510   B. Bis 47/99

DECRETUM TURNI

Infrascripti Patres Auditores de Turno, die 12 maii 1999, in sede H. A. T. legitime coadunati ad definiendam quaestionem: "Utrum sententia Tribunalis Ligustici d. 31 ianuarii 1997, quae, tamquam in I[a] instantia, constare de nullitate matrimonii edixit in causa, de qua supra, ob defectum discretionis in actrice, confirmanda sit, an causa admittenda ad ordinarium secundi gradus examen", sequens pronuntiaverunt Decretum.

FACTI SPECIES

I. - Libello die 8 iulii 1994 Tribunali Regionali Insubri oblato, Morena Piccolo nullitatis accusavit ob exclusum bonum prolis sua ex parte matrimonium, quod die 5 maii 1990 cum d.no Paulo Remo Chiavegato in paroeciali ecclesia SS. Ippolito et Cassiano dicata, intra fines dioeceseos Comen., contraxerat.

Coniuges sibi fortuito obviam venerant in pagi thermopolio aestate a. 1989. Morena 22 annos numerabat, Paulus 28.

Statim sese frequentare coeperunt etsi inter eos gravis aderat inaequalitas sive vitae institutionis ac rationis sive eruditionis atque doctrinae. Dum enim Morena, optima alumna, athaeneum mediolanense celebrabat in facultate philosophiae, Paulus, e contra, humili cultu educatus, "aveva terminato a fatica la scuola dell'obbligo" (30/3) et eo tempore hyppodromi loci stabularius erat.

In gravem debilitationem atque animi obiectionem id temporis implicata erat Morena ob praematuram mortem patris cancerosi et ad solacium vel doloris relaxationem sibi afferendam alchoolicis potationibus necnon tabaci fumiferi immodico usui se dedit et a cibo, quem fastidiebat, se, anoressia affectam abstinere, consueverat.

Qua misera condicione haud exstante actrix paucis mensibus a primo occursu elapsis nuptias viro proposuit, eo vel magis quod summam inde ab adulescentia habuerat cum matre dissimilitudinem et dissensionem.

Consanguinei omnes, matre non excepta, amici, atque factionis politicae communistarum, cui nomen dederat, consodales actricem a tam cito celebrandis muptiis instanter dehortati sunt, at frustra.

Coniugalis convictus nulla prole recreatus quovis sub aspectu brevi tempore in discrimen venit et ferme biennio a nuptiarum celebratione exacto coniuges ad separationem devenerunt, a civili auctoritate, instante eadem actrice, mense ianuario a 1993 firmatam.

Accusata ab actrice nullitate sui matrimonii cum Paulo initi ob exclusum bonum prolis sua ex parte, Tribunal Insubre causam instruxit, absente a iudicio convento, et die 27 aprilis 1995 sententiam protulit votis actricis contrariam.

Ad Tribunal Ligusticum appellationem interposuit actrix et, in actu prosecutionis appellationis expetivit ut causa videretur etiam ob defectum discretionis iudicii sua ex parte vel ob suam incapacitatem assumendi essentiales obligationes matrimonii ob causam naturae psychicae.

Iuxta actricis instantiam, post concordatum dubium, appellationis Tribunal actricem eiusque matrem iterum audivit et cum etiam in altero iurisdictionis gradu absens a iudicio mansisset conventus, ad confectionem peritiae processit cum ipsius conventae inspectione. Qua habita, praevia disceptatione ad decisionem causae devenit edicendo: "Negativamente ad primum, cioè non consta la nullità del matrimonio per l'esclusione della prole da parte della donna attrice;

Affermativamente ad secundum, cioè consta la nullità del matrimonio in questione per grave difetto di discrezione di giudizio della donna attrice, a norma del can. 1095, n. 2 con assorbimento del n. 3 C.I.C".

Causa delata ad H.A.T., Nobis hodie, perpensis animadversionibus R.D.Vinculi Defensoris, solvenda est quaestio praeliminaris, de qua supra.

II. - Ad ius quod spectat egregie appellata sententia doctrinam refert, a magisterio pontificio illustratam ac constanti iurisprudentia Nostri fori roboratam. Qua de causa opus non est ut immoremur in iterum exponendis principiis, quae sese referunt ad n. 2 can. 1095.

Sufficiat hoc recolere discretionem iudicii conceptum esse potius iuridicum quam clynicum, maturitatem psychicam exigere atque tria elementa amplecti, i.e. "sufficientem cognitionem intellectualem circa obiectum consensus, cognitionem criticam seu aestimationem proportionatam celebrando matrimonio, i.e. congruam tanto officio nuptiali et demum libertatem internam, capacitatem nempe deliberandi post sufficientem valutationem motivorum et modo autonomo i.e. absque ulla determinatione impulsus ab interno" (c. infrascripto, Cameracen., d. 19 maii 1993, R.R. Dec., vol. 85, pag. 403, n. 2).

Ex parte intellectus, ideo, contrahentes nedum minimam instituti matrimonialis scientiam, de qua in can. 1096, habere debent, sed unusquisque tanta iudicii maturitate quoque gaudeat necesse est ut, prae oculis habita natura matrimonii, negotii scilicet graves perpetuasque obligationes inferentis tum erga consortem tum erga futuram prolem tum erga societatem, et cribratis circumstantiis in quibus versatur, per iudicium practico-practicum constituere valeat utrum matrimonium contrahere cum hac determinata persona sibi prosit an noxiosum sit, utrum deceat an dedeceat, utrum demum in praesentiarum an in futurum opportunius tempus nuptias inire expediat commodumque et utile sit.

Ex parte autem voluntatis pernecesse est ut contrahens libere agere valeat sese determinando ad nuptias, i. e. eidem vera optio detur electionis, et, remota quavis interna coactiva angustia vel effreno impulsu cui resisti nequit, solutus extet tum a gravi incitatione vel stimulo tum ab inhibitione vel refrenatione.

III. - Ex actis incunctanter constat actricem cum in conventum incidit laborasse gravi animi debilitatione ac abiectione, praematura morte patris aggravata.

Filia unica, optime instituta et in schola praestantissimum locum tenens, inde a prima aetate christiana catechesi adulescentulos erudire solebat.

Patris autem, quocum bonam relationem interpersonalem colebat, insanabilis cancerosus morbus eiusque praematura mors gravem perturbationem ei provocavit et in eius vita omnia ad perniciem profligata et perdita sunt:

"Fino all'età di diciotto anni - deponit actrix - praticavo regolarmente la messa domenicale e insegnavo catechismo nella mia parrocchia di Olgiata Comasco" (29/2) ... "La morte di mio padre ebbe su di me una grandissima influenza, anche se preannunciata (da circa un anno aveva un cancro ai polmoni). L'evento mi ha trovata del tutto impreparata ed ha causato in me un vero e proprio vuoto d'affetto, perché mi sono accorta che era lui che teneva in piedi la famiglia" (30/2) ... "Posso dire che allora io vivevo come una doppia vita ... mi lasciavo trascinare dagli eventi" (31/3).

Et revera relationem intexuerat cum professore philosophiae uxorato:

"Nel 1987 avevo avuto una relazione estremamente complicata con un uomo sposato, che terminò a metà del 1989, prima di conoscere Paolo Chiavegato" (30/2); (Acta II^{ae} inst., 6/4, c); factioni politicae communistarum contra familiae traditionem - pater et mater contrarii erant - nedum nomen dedit, sed actuosam activitatem penes iuvenum communistarum consociationem exercuit (29/2), studia neglexit, alchoolicis potationibus se dedit immoderateque tabaco usa est: "Venuta a conoscenza della malattia irreversibile di mio padre, se prima già fumavo, incominciai a consumare sigarette una dietro l'altra e soprattutto a consumare alcoolici in maniera smodata tanto da ridurmi in uno stato quasi di etilismo" (Acta II^{ae} inst. 25/4, b); a sumendo quoque cibo se abstinuit (forma anoressica): "non pensavo neppure di andare da un medico a farmi curare sebbene fossi arrivata al punto di non mangiare quasi niente ed aver perso quindici chili di peso" (26/4, b).

IV. - Quae omnia confirmantur a matre ceterisque testibus: "Mia figlia fino a circa alla terza liceo classico andava in chiesa e insegnava anche catechismo; poi si è iscritta al partito comunista e ha cominciato a non andare più in chiesa ... La malattia del padre causò in Morena un trauma fortissimo, non solo quando mio marito morì, ma già quando seppe - dopo la visita medica - che per lui non c'era più niente da fare" (39/2) ... "Quando Morena si sposò non era affatto tranquilla e serena, ma agitata sia in seguito alla morte del padre sia perché io mi trovavo ricoverata presso l'Ospedale Africa di Monte Olimpino (CO), sia perché - come ho accennato - Paolo minacciava di suicidarsi se il matrimonio non fosse avvenuto. Il giorno delle nozze io ero in ospedale" (41/5, 2).

Minae suicidii memorantur ab ipsa actrice in suo primo vadimonio (30/3).

Pro certo tenet mater filiam nuptias celebrasse "perché voleva uscire di casa" (40/3) (Cfr. Acta II^{ae} inst. 31/2) ... "In quel momento era davvero frastornata ... sembrava fuori di sé. Quasi non mi sembrava più mia figlia: era talmente partita di testa da non sembrare più la ragazza di prima" (ibid.).

Comprobat mater tum tumultuosam relationem amatoriam filiae cum viro uxorato (ibid.) tum abusum potationis alchoolicae: "Intervenne però nel frattempo la malattia di mio marito, per cui Morena si era depressa ed era diventata irriconoscibile: fumava tantissimo e si era data anche all'alcool. Era diventata molto magra: non mangiava quasi più ed era diminuita di diversi chili ... Morena era talmente fuori di testa da non rendersi conto delle bugie che Paolo le raccontava; per esempio quello di dire che aveva una casa e lei non andare a vedere dove fosse e come anche arredarla" (Acta II^{ae} inst. 52/2).

Actricis condiscipula athaenei mediolanensis Elisabeth Spinelli deponit: "Morena era molto impegnata politicamente quando la conobbi ... era segretaria della FIGC" (44/2) ... "Io chiesi a Morena come mai si fosse legata a Paolo nonostante la differenza sociale, culturale e di carattere. Ella mi rispose che lo faceva «per toccare il fondo»: con questa espressione Morena intendeva dire che stava vivendo un periodo molto brutto" (45/3) ... "A quell'epoca Morena era molto sfiduciata in se stessa e pensava che nessuno avrebbe fatto qualcosa di buono per lei" (45/4). "Di fronte alla notizia del matrimonio siamo rimasti tutti sconcertati ... eravamo sconcertate noi amiche ... Il giorno del matrimonio ho visto che anche i compagni di partito di Morena erano sconcertati" (45/5).

Olympia Capobianco, "amica intima di Morena" (57/2), assecla eiusdem factionis politicae communistarum, comprobat: "Morena rimase traumatizzata sia per la malattia del padre sia soprattutto quando egli morì" (58/3) ... "Inoltre nel 1988, Morena aveva iniziato una relazione sentimentale con un uomo sposato e con figli, relazione che, nel 1989, era diventata squallida, nel senso che l'uomo ricercava Morena solo sul piano sessuale ... Aggiungo che Morena aveva smesso di frequentare la chiesa ... si era data a bere ed era dimagrita molto" (ib.) ... "Trovandosi in questo stato psicofisico, Morena non era in grado di valutare la persona con la quale aveva deciso di sposarsi e neppure di capire la portata della scelta matrimoniale" (59/3) ... "Morena certamente sapeva che cosa vuol dire sposarsi in chiesa, ma al momento in cui lo ha celebrato era talmente annebbiata che non si rendeva conto di ciò che faceva" (59/5).

Constanter auditi testes omnia actricis dicta comprobant circa illius tempore praematrimoniali animi debilitationem et abiectionem, quae mentis aciem hebescit.

Potissimum ad rem attendendae sunt testificationes actricis matris et eiusque intimae amicae Olimpiae Capobianco, qua familiarissime usa est actrix (57/2).

V. - Conventus in utroque iudicii gradu absens a iudicio mansit.

Eius agendi modus gravi reprehensione quidem dignus est, at causae, prae oculis habito can. 1595, § 1, irreparabile damnum haud infert. Ceterum ex actis facile colligitur ius defensionis plene ei servatum esse.

Insuper sive ante sive post nuptias largiore vino uti solebat vir (33/6; 42/6; 45/3, 2) incostantia mutabilitateque mentis laborabat (43/8) ac ad suspiciones pronus erat, ut manifestat episodium a teste Nadia Gianatti, actricis ab adulescentia amica (50/2) relatum: "Ho sentito per telefono Paolo dopo che sia lui che io avevamo ricevuto la citazione per questa causa. Egli mi chiese se ci fosse qui in Tribunale anche una mia lettera e io gli risposi affermativamente. Ho capito che egli aveva paura che io venissi qui a parlare male di lui e io ho cercato di rassicurarlo in proposito dicendogli che io venivo a dichiarare quanto sapevo. Egli aggiunse che avrebbe potuto citarmi per diffamazione. Non mi disse se egli sarebbe venuto o meno in Tribunale a deporre" (52/8).

Cui accedit testimonium Olympiae Capobianco circa reactionem conventi consilio actricis separationem instituendi: "Paolo reagì malissimo alla volontà della moglie di separarsi ricorrendo alle minacce di suicidio, ad atteggiamenti violenti e, in una parola, esasperando la sua instabilità di carettere. Ricordo che una volta Paolo mi telefonò dicendomi addirittura che voleva uccidere la moglie e la suocera" (61/7).

VI. - Adest in actis peritia, a doct. Christiano Barbieri de mandato Tribunalis Appellationis confecta.

Cl.mus Peritus, expensis actis ac actrice inspecta, praeviis iteratis colloquis (Act. II^{ae} inst. pag. 89), ad hanc conclusionem devenit:

"La personalità dell'attrice dal punto di vista psichico era oggettivamente immatura, in quanto affetta da vari disturbi di tipo depressivo, con consensuali e rilevanti manifestazioni di anoressia, etilismo, tabagismo; tali condizioni non hanno consentito alla medesima parte attrice di emettere un consenso matrimoniale contenutisticamente valido in relazione ai requisiti della capacità di intendere e/o di volere in grado sufficiente sia ciò che il matrimonio è veramente sia ciò che il matrimonio comporta effettualmente, nonché sotto il profilo dei reciproci diritti e doveri coniugali e dei relativi mezzi di realizzazione; ... le conclusioni del Perito sottoscritto godono di morale certezza in quanto conseguite agendo - sul piano deontologico, epistemologico e metodologico - in scienza e coscienza".

Peritia, ample in actis fundata, congruentes rationes ac argumentationes pro actricis deneganda discretione iudicii momento prolationis consensus affert, psychicam mulieris condicionem attente investigando.

VII. - Circumstantiae omnes relatis Periti conclusionibus favent.

Praeter illas, iam in lucem positas, sufficiat hic considerationem intendere in unanimem testium asseverationem familiares, amicos, factionis politicae communistrarum sectatores de actricis capto consilio nuptias ineundi cum convento miratos esse et eam sedulo et actuose dehortatos esse ut a proposito desisteret consiliumque deponeret: "Tutti la sconsigliarono - deponit mater - dallo sposare il Chiavegato. Oltre a me, la sconsigliarono i parenti, le sue amiche e anche i colleghi di partito" (40/3).

Confirmat Elisabeth Spinelli: "Di fronte alla notizia del matrimonio, siamo rimasti tutti sconcertati ... Il giorno del matrimonio ho visto che anche i compagni di partito di Morena erano sconcertati" (46/5)

Eadem referunt Nadia Gianatti: "Io so di aver sconsigliato Morena dallo sposarsi però ella dopo la separazione mi disse che altre persone le avevano sconsigliato il matrimonio con il Chiavegato" (51/3, 2) et Olympia Capobianco: "Posso dire che tutti hanno sconsigliato il matrimonio (amici intimi e meno intimi, parenti, conoscenti, mi pare anche colleghi di partito" (59/4).

Testis - quam "la mia amica più cara" dicit actrix - d. 30 decembris 1989, accepta notitia de suscepto consilio ex parte actricis nuptias festinanter celebrandi, eidem epistolam misit morositatis plenam ac animi trepidationem redolentem, quam eadem actrix Tribunali exhibendam curavit: "Vedo che tu giochi ai dadi la tua vita, come potrei esserne contenta? No, non sono per niente felice della notizia del tuo matrimonio, anzi è stato un duro colpo e continuo a sperare di aver capito male ... sposandoti cercheresti di ingannare te stessa e io non vorrei che avvenisse questo. Ti amo troppo per dover assistere al consumo della tua vita" (Summ. pag. 12).

Tanta animi abiectione afficiebatur actrix imminentibus nuptiis ut ad suicidium quoque mentem verteret, et die 14 februarii 1990, i.e. ferme bimestre ante nuptias, in diario adnotaret: "Ciao papà...

Oggi sono tre mesi che mi hai lasciato, e prima ho pianto per te. Ieri notte invece (insonne) ho pianto per me. Mi sono detta che ormai mi resta una sola cosa da fare, al punto in cui sono: dare forma al progetto di venire via da qui, per sempre. Uccidermi, né vedere né sentire più nessuno, mai più provare questo «male di vivere» che non mi abbandona un attimo" (Summ. pag. 15).

VIII. - Quibus omnibus prae oculis habitis, infrascripti Patres Auditores de Turno propositae praeliminari quaestioni respondendum esse censent uti respondent:

"AFFIRMATIVE AD I^{UM};
NEGATIVE AD II^{UM}, SEU SENTENTIAM TRIBUNALIS LIGUSTICI DIEI 31 IANUARII 1997, QUAE, TAMQUAM IN I^A INSTANTIA, CONSTARE DE NULLITATE MATRIMONII EDIXIT, OB DEFECTUM DISCRETIONIS IUDICII IN ACTRICE, CONFIRMANDAM ESSE, IN CASU".

Et ita statuerunt Patres, mandantes ut hoc Decretum notificetur, omnibus, quorum intersit ad omnes iuris effectus.

Romae, in sede Tribunalis Rotae Romanae, die 12 maii 1999.

Raphaël FUNGHINI, Ponens
Cormac BURKE
Kenneth E. BOCCAFOLA

Pius Eheobu Okpaloka, Not.

Ex Cancellaria Rotae Romanae Tribunalis, die

Henricus Hadrianus Rosa, Not.

Hoc Decretum, quod confirmat sententiam a Tribunali Ligustico pro nullitate in prima instantia die 31 ianuarii 1997 latam, est exsecutivum.

Ideo ius est partibus, quae alioquin non impediantur, Decreti notificatione recepta, novas contrahendi nuptias.

Ex Cancellaria Rotae Romanae Tribunalis, die

Henricus Hadrianus Rosa, Not.

Coram R. P. D. IOSEPHO HUBER, Ponente

ARUNDELIEN.-BRICHTELMESTUNEN.

NULLITATIS MATRIMONII

(SMITH - HOWES)

Prot. N. 17.650   Sent. 135/02

SENTENTIA DEFINITIVA

In Nomine Domini.

IOANNIS PAULI PP. II anno Summi Pontificatus vicesimo quinto, die 19 decembris 2002, RR. PP. DD. Iosephus HUBER, qui et Ponens, Franciscus LÓPEZ-ILLANA, et Ioannes Baptista DEFILIPPI, Auditores de Turno, in causa Arundelien.-Brichtelmestunen., nullitatis matrimonii, inter:

- actorem, d.num Ioannem Michaelem Schmith, catholicum, die 14 martii 1946 natum, domicilium habentem in "102 Monks Walk, Buntingford, Hertfordshire, SG9 9DP", in iudicio repraesentatum per adv. Davidem Venturini;

- conventam, d.nam Christinam Mariam Howes, die 1 octobris 1949 ortam, acatholicam, domicilium retinentem in "5 Southdown Terrace, Steyning, West Sussex", legitime citatam,

- intervenientibus ac disceptantibus R.D. Gerardo McKay, vinculi Defensore, H.A.T., et Clarissimo Domino Laurentio Remotti, specialiter ad casum deputato;

- sequentem, in tertio iurisdictionis gradu, pronuntiaverunt sententiam definitivam.

SPECIES FACTI

1. - Annis 1964 - 1965 Ioannes Michael in hexostimacho "Vanessa" occurrit, quacum relationem intexuit amatoriam. Puella ei mense iulio anno insequenti cognoscendam obtulit sororem Christinam, quam Ioannes Michael postea saepe vidit. Iuvenes sibi mense iulio anno 1969 fidem dederunt et de coniugio celebrando cogitaverunt. Tempus antenuptiale serenum et pacificum fuit. Sponsus in "College" degit et sponsa operam praestitit.

Inter partes amor vigebat, quem etiam per signa corporea expresserunt et perfecerunt, quin relationes sexuales locum haberent. Iuvenes se frequentaverunt, ita ut alter alterius indolem et ingenium profunde cognoscere posset.

Partes diligenter se ad matrimonii sacramentum celebrandum praeparaverunt. Per sex menses "Curriculum praeparatorium" absolverunt ideoque elementa matrimonii essentialia eiusque proprietates essentiales perspexerunt atque illas sincero animo susceperunt.

Utriusque partis familia coniugii celebrationi consensit neque ulla quoad felicem connubii exitum dubia adfuerunt.

Nuptiae die 23 octobris 1971 in ecclesia Sancto Iosepho dicata, quidem in urbe "Calfront St. Peter" posita et in dioecesi Northantonien. sita. Sponsus numerabat 25 annos, sponsa 22 annos nata erat.

Coniuges iter nuptiale fecerunt, matrimonium consummaverunt, primis duobus annis feliciter cohabitaverunt, binam prolem procreaverunt illamque laetanter acceperunt atque humaniter educaverunt.

Contentiones inter coniuges variis ex causis ortae sunt: ex quaestionibus de institutione primogeniti filii, ex viri studiis denuo susceptis, ex eius animi demissione et praecipue ex mulieris violationibus fidelitatis.

Maritus mense septembri anno 1986 separationem facto instituit, quae, instante muliere, anno insequenti facta est definitiva. Coniuges die 1 iunio 1988 divortium obtinuerunt.

2. - Vir vero die 26 novembris 1991 Tribunali Arundelien.-Brichtelmestunen., ratione domicilii partis conventae competenti, libellum obtulit, quo matrimonium suum nullitatis accusavit ob "Grave lack of discretion of judgement in the Petitioner and/or Grave lack of discretion of judgement in the Respondent and/or Inability to assume and fulfil the obligations of marriage in the Respondent".

Libello admisso, capita iuxta Actoris petitionem in dubio posita sunt.

Causa per auditionem partium et octo testium rite instructa, die 20 ianuarii 1995 prodiit sententia edicens non constare de matrimonii nullitate, in casu, ex ullo capite adducto.

Ab hac decisione Actor die 17 februarii 1995 appellationem interposuit ad Tribunal Interdioecesanum Southvarcen.

Hoc Tribunal, post votum quoddam obtentum, ut videtur tantum super solis actis confectum, die 6 martii 1996 pronuntiavit constare de matrimonii nullitate, in casu, ex omnibus capitibus allatis.

Ex appellatione Defensoris vinculi causa ad Nostrum Forum transmissa est. Heic, die 6 iulii 1998 dubia statuta sunt hac sub formula: "An constet de nullitate matrimonii, in casu, ob gravem defectum discretionis iudicii in utraque parte et/vel ob incapacitatem assumendi atque adimplendi onera matrimonii essentialia ex parte mulieris".

Deficientibus quibuscumque documentis clinicis, medicus in arte psychologica et psychiatrica peritus adhibitus est, qui votum super solis actis confecit.

Hodie tandem, commutata opera defensionali, Nobis respondendum est dubiis rite determinatis et mox relatis.

IN IURE

DISCRETIO IUDICII

3. - Etsi, ad validum matrimonium contrahendum, necesse non est, ut nuptiens omnes sequelas contractus matrimonialis cognoscit et aestimat, tamen edocemur "ad consensum matrimonialem eliciendum, non sufficere simplicem usum rationis et actum formalem voluntatis, sed requiri insuper *appretiationem* seu *aestimationem* obiecti, quae contineat elementum et cognitivum et appetitivum ideoque functionem tam rationis quam voluntatis" (coram Wynen, decisio diei 25 februarii 1941, RRDec., vol. XXXIII, p. 146, n. 4). Alio loco explicatur, ad propriam actuum responsabilitatem habendam, non sane sufficere "exercitium facultatis cognoscitivae", sed operari debere *facultatem criticam*, "quae una potest iudicia efformare et liberae voluntatis excitare actus" (coram Felici, decisio diei 2 decembris 1957, ibid. vol. XLIX, p. 788, n. 3). Alibi altius introspicitur sermo de cognitione «*mere repraesentativa*» quidnam sit matrimonium et «*appretiatione seu aestimatione*» illius obiecti "quae id fertur efficere quod efficiunt facultas critica et iudicium practicum, scilicet, in luce ponere quoddam matrimonium *hic et nunc* constituere bonum alicui nupturienti, id est ipsi convenire ipsique idcirco appetendum esse atque eligendum" (coram Egan, decisio diei 29 maii 1976, ibid. vol. LXVII, p. 238, n. 7).

Cavendum tamen est, ne *facultas critica* tamquam tertia facultas praeter intellectum et voluntatem consideretur. Est enim proprium officium intellectus res aestimandi. Nam *facultas critica* nihil aliud est ac intellectus in operatione, qui dicitur intellectus practicus seu operativus. Re sic concepta, facile intelliguntur ea, quae hisce verbis exponuntur: "Ubi constet subiectum, sive ante sive post matrimonium, tali aegritudine laborasse, ut, integra etiam manente eius intelligendi facultate, salvaque scientia seu notione de qua in can. 1082, perturbata tamen in eo appareat *harmonica illa ordinatio ac conspiratio superiorum facultatum, intellectus scilicet ac voluntatis*, ex qua procedit conscia et libera determinatio ad certum obiectum, cum facultate ad aliud divertendi [...]" (coram Mattioli, decisio diei 20 decembris 1962, ibid. vol. LIV, p. 710, n. 2). Crescit in dies numerus doctorum qui, metaphysica libertatis attenta, notioni facultatis criticae renuntiare malint.

4. - Can. 1095, n. 2 ita sonat: "Sunt incapaces matrimonii contrahendi: 2^0 qui laborant gravi defectu discretionis iudicii circa iura et officia matrimonialia essentialia mutuo tradenda et acceptanda".

Attento itinere iurisprudentiali supra relato, discretio iudicii tria elementa comprehendit: *sub aspectu intellectivo*, requiritur in contrahente illa scientia minima, quae a can. 1096 expostulatur; *sub aspecto aestimativo*, quis capax esse debet iura et officia essentialia matrimonialia critice aestimare; *sub aspectu electivo*, ad matrimonium valide contrahendum, libertas conscie et libere se determinandi necessaria est.

In casu concreto asseritur defectum discretionis iudicii ex multiplici causa exoriri: ex immaturitate, ex abusu sexuali, ex influxu inconscii et ex anorexia nervosa.

Ad immaturitatem psychoaffectivam quod attinet, iuxta iurisprudentiam Nostri Fori eius signa sunt incapacitas subordinandi passiones intellectui et voluntati, irresponsabilitas, egoismus, desiderium inveniendi in comparte patrem vel matrem. Huiusmodi immaturitas verificatur, cum psychoaffectiva evolutio in adulescentia sistit vel ad phases praecedentes regreditur.

Abusus sexualis influxum exercere potest in relationibus interpersonalibus nectendis. Necesse non est heic res altius exponere, quia assertus ingressus per vim, cum violentia, in sexualem viri intimitatem valde obscurus manet.

Quoad relationem inconscii ad conscientiam memoria repetendum est in conscium et conscientiam non esse loca diversa, sed gradus ("livelli") diversos vitae psychicae, qui ad invicem influxum exercent. Inconscium non est subter conscientiam, sed se manifestat per conscientiam. Non datur actus conscius, qui non pervadatur elementis inconsciis. Non habetur inconscium, quod campum conscientiae non penetret. Ex una parte, evitandus est realismus inconscii, ut si inconscium agat, amet in me et per me, sed absque me. Sum semper "ego", qui ago et amo. Ex alia parte, haud obliviscendum est conscientiam non adeo lucidam esse, ut nihil absconditi habeatur. His perspectis, concludi licet: cum homini semper spatium conscientiae relinquitur, ei libere et conscie agendi facultas remanet.

Quod spectat ad anorexiam nervosam seu mentalem, notum est illam radicale cibi fastidium secum ferre ac refutationem vel saltem sensibilem defectum appetitus aut comestionis diminuitionem. Illa, quae anorexia patitur, saepe pathologicas reactiones ostendit in transitu a pubertate in adulescentiam, ab adulescentia ad aetatem adultam et in vita coniugali (cf. coram Funghini, decisio diei 18 iulii 1990, ibid., vol. LXXXII, p. 640, n. 4).

Firmiter tamen tenendum est anorexiam nervosam tunc tantum celebrationem coniugii invalidare, cum facultatem cogitandi, aestimandi et eligendi limitat.

INCAPACITAS ASSUMENDI ONERA MATRIMONII ESSENTIALIA

5. - Haud raro anorexia nervosa sub can. 1095, n. 3 examinatur, quia effectus morbi non tantum ad problemata cibi reducuntur, vero etiam profundam personalitatis perturbationem manifestant. Saepe enim agitur de incapacitate relationem interpersonalem et

sexualem cum coniuge instaurandi atque officium paternum vel maternum quoad filios educandos exercendi.

Ad rem Peritus rotalis, qui etiam familiaris est cum iurisprudentia, docet: "Il dato anamnestico di una grave anoressia, che non fu certo episodica, può conferire un particolare significato ai dati emersi dalle testimonianze (conflittualità con il padre e la sorella, atteggiamento di dominio, smania di affermarsi, trascuratezza nei confronti del figlio primogenito, infedeltà) e porre il sospetto di una condizione neurotica o di un disturbo di personalità che, pur non compromettendo la capacità di giudizio e di libera scelta, può aver gravemente impedito l'attitudine a stabilire una comunità di vita e forse a educare i figli. In particolare le infedeltà coniugali potrebbero iscriversi nel quadro di un disturbo istrionico di personalità (ciò che un tempo si chiamava personalità isterica)". Hisce verbis Magister principia theoretica proponit et exponit, ut ex vocibus "può" et "potrebbero" emergit.

In recognitione relationis Peritus addit: "Per chiarezza preciso che esiste una differenza importante, anche se i confini non sempre possono essere indicati con sicurezza, tra l'anoressia sopra indicata e il sorgere di una magrezza in relazione a diete intraprese contro l'obesità. Preciso ancora che la compromissione dell'identità nell'anoressia vera e propria implica naturalmente la compromissione dell'identità sessuale con tutto quello che essa comporta".

6. - Ad probationes quod attinet, haec veniunt animadvertenda:
Primum auditur pars "sana", quae Iudici rationem nuntiet, cur matrimonium nullum declarandum sit. Ipse vices, sive antenuptiales sive postnuptiales, accurate narrat, ex quibus signa alicuius personalitatis perturbatae eluceant.

Pars, quae incapax matrimonii contrahendi asseritur, suam institutionem et evolutionem psychicam describat atque anorexiae nervosae initium, gravitatem et influxum in propositum contrahendi referat.

Testes reddant ea, quae propriis sensibus experti sunt. Eorum est facta referre, non iudicia dare.

In causis, de quibus in can. 1095, Iudex vix ex propria scientia certitudinem moralem de matrimonii nullitate assequi valet. Itaque unius periti vel plurium opera utatur. Ut opera periti utilis reapse evadat, caveat Iudex, ut peritus seligatur, qui principiis anthropologiae christianae adhaereat.

Periti est omnes probationes sub luce suae scientiae interpretari et naturam atque gravitatem causae psychicae definire, ob quam partis asseritur non tantum gravis difficultas, sed vera incapacitas onera matrimonialia essentialia assumendi. Satis non est, ut Peritus symptomata abnormia certae causae naturae psychicae adscribat illaque tamquam consequentias huiusmodi causae consideret. Ipse perficiat profundam personae analysin structuralem, ut causa psychica abnormitates producens detegatur.

Iudex non tantum peritorum conclusiones, etsi concordes, sed cetera quoque adiuncta causae attente perpendat. Ipse rationes quoque exprimat, cur conclusiones peritales aut admiserit aut reicerit (cf. can. 1579).

IN FACTO

DE DEFECTU DISCRETIONIS IUDICII

7. - Causa duas sententias obtinuit, quarum prima negativa, altera affirmativa fuit.

Primae curae Iudices accurate facta describunt. Ita via inductiva procedunt et quamcumque viam deductivam evitant. Iidem ex factis certis et iuridice probatis conclusiones deducunt. Haec methodus est laudanda. Ubi enim de defectu discretionis iudicii et de incapacitate onera matrimonialia assumendi disceptetur, facta biographica magnum momentum habent. Omnis incapacitas matrimonii contrahendi suam causam in condicione nupturientis psychica habet, etsi haec causa tantum in norma de incapacitate assumendi obligationes matrimonii essentiales enuntiatur.

Alterius instantiae Iudices consistunt in declarationibus partium et testium in actis collectis, sed verba quasi seiunctim a factis interpretantur. Veritas tantum detegitur, cum verba ex complexu omnium adiunctorum intelliguntur. Verba ambigua esse possunt, facta illa univoca reddunt. Appellata sententia haud semper viam deductivam evitat, ad modum syllogismi procedens et ex quoddam facto concludens, quin illud certum et determinatum sit atque cum capite nullitatis directe cohaereat.

Infrascipti Auditores de Turno absque praeiudiciis omnia causae acta pervolverunt et facta aliunde rite probata sub luce partium testiumque declarationum interpretati sunt unicum hunc in finem, ut veritas obiectiva de accusato matrimonio detegeretur. Patres persuasissimi sunt quaestiones pastorales a veritate et iustitia seiungi non posse.

8. - Vir, primus e tribus filiis, in familia felici natus est. Ibi institutionem humanam et religiosam accepit. Mater eius perturbationibus depressivis laboravit. Puer ob mortem aviae nec non ob morbum patris trauma quoddam passus est.

Una cum fratribus in "College" vixit usque ad annum suae aetatis duodevicesimum, quia parentes operis causa domicilium instituerunt nedum in Anglia, vero etiam in America.

Actor scholas superiores magnis cum fructibus frequentavit et diploma "Bachelor" adeptus est. Ei nulla difficultas adfuit relationes nectendi sive cum parentibus, sive cum fratribus, sive cum Magistris, sive cum aequalibus diversi sexus.

Adulescens fatetur se puerum sexdecim annorum difficultates "with relating to girls" passum esse. Postea amicitiam cum pluribus puellis coluit et relationem intimam quoque cum muliere matrimonio iuncta fovit.

Numquam ante nuptias examinibus psychiatricis vel psychologicis subiectus est. Nemo umquam aliquid abnorme in iuvene detexit.

Vir, vehementi amore erga Christinam haud obstante, haud semel consuetudinem interrupit, sed illam resumpsit.

Propinqui utriusque partis matrimonii celebrationi consenserunt. Nemo infelicem connubii exitum praevidebat.

Nuptiis initis, primis duobus annis vir vita matrimoniali contentus fuit. At nativitas primi filii vitam communem mutavit: Nicolaus enim fuit "a demanding baby" et mater "was frequently exhausted and distressed", cum pater domum rediit. Quattuor annis transactis, Actor iterum severa studia apud Universitatem studiorum suscepit. Ipse varias ob causas, inter quas et mulieris infidelitas, anno 1981 "a breakdown" expertus est. Vir, cum vitam communem amplius ferre non potuit, post quindecim annos convictus iugalis familiam deseruit.

Attenta narratione vitae, libenter concedendum est virum actorem in condicionibus crevisse, quae aliquo modo maturitati acquirendae obstare possent. Ipse tamen omnia obstacula magno et constanti animo superavisse videtur, ita ut tempore nuptiarum munere professorio ("School Teacher") functus sit.

9. - Acta demonstrant virum dotes physicas, morales et intellectuales harmonice evolvisse, ut gradatim sensum responsabilitatis in propria vita continuo nisu recte excolenda et in libertate persequenda acquireret.

Actor de se ipso dicit: "I had many good sides to my character" atque loquitur de "the warm side of my character" (Summ., 11/5d).

Eius necessarii hos tractus characteriales explicatius describunt: dum pater filium habet "a very dedicated boy", "a steady boy", "perfect at school", "very happy in the world, a caring boy" (Summ., 27/2d), dicit mater: "He was a kind person, rubust child who was very interested in sports" (Summ., 36/2f), et diiudicat frater: "John is a very normal, a happy person [...]. John is honest, dependable and a very devout Catholic" (Summ., 45/2d-e).

Haec testimonia confirmationem ex testibus postmatrimonialibus accipiunt.

Margarita habet Actorem "a mature and responsible person" (Summ., 54/6c).

Petrus ait: "He wishes to be forthright, truthful and honest yet because of his highly charged personality, his judgement can be hasty and impetuous at times" (Summ., 59/2e).

Rosa Maria, praecedentis testis uxor, affirmat: "Michael is the sort of person who would say that everything is wonderful when it patently was not" (Summ., 66/2e).

Magnum momentum habet testificatio religiosae, nemini suspectae, quae virum post nuptias contractas primum in paroecia, deinde in eodem "core group" obvium habuit. Eadem ad rem refert: "I found Mike truthful and reliable [...]. I always admired his openness and truthfulness with others..." (Summ., 73/2e).

"Vanessa", olim actori relatione amatoria iuncta, extra chorum cantat: "He was happy-go-lucky, lacking in seriousness. He was fun-loving, unconcerned about responsability" (Summ., 78/2d). Hoc testimonium imaginem viri a testibus pictam evertere nequit.

Sic ex testificationibus comperimus virum fuisse personam aequilibratam et responsabilem. Adsunt plures testes antenuptiales, qui eum matrimonio maturum tenent. Nulla denuntiantur in testimoniis gravia symptomata, quae in Iudices suspicionem de viri incapacitate matrimonium contrahendi incitare possint.

10. - Transeamus nunc ad examen singulorum argumentorum ab appellata sententia in favorem nullitatis connubii allatorum.

Primum argumentum sumitur ex viri immaturitate. At haec asserta immaturitas ex actis non probatur: vir enim suas passiones voluntati subordinare valuit, cum responsabilitate egit et nullo amore suiipsius exaggeratus imbutus fuit. Eius dependentia a genitoribus, praesertim a matre, non adeo gravis fuit, ut ipsi pro filio decisiones sumerent et eius libertatem eligendi coarctarent.

Hoc in contextu memoria repetendum est virum tempore nuptiarum aetatem legalem ultra novem annis exsuperavisse et munere professorio functum esse. Si quis testimonia sub lumine anthropologiae christianae aestimaverit, concludit virum etiam maturitatem psychologicam hominis viginti et quinque annorum acquisivisse. Quae omnia non prohibent, ne vir decursu vitae communis maturescere potuerit. Homo enim ut viator semper "immature" manet et numquam hoc in mundo perfectam maturitatem assequitur.

Alterum argumentum depromitur ex nimia dependentia viri a matre. Si verum est filium valde matri devinctum fuisse, pariter verum est hanc dependentiam non constituisse praevalentem causam contrahendi. Ex tabulis processualibus namque indubie constat Actorem ex amore Conventam in matrimonium duxisse, ipso proferente: "I loved her. I enjoyed her company. I thought marriage would be forever. We had interests" (Summ., 11/5b). Atque repetit: "We were very much in love" (Summ., 10/4e).

Tertium argumentum hauritur ex defectu libertatis. Actor in libello causae introductorio scribit, quod mulier "suggested that if we married she would get better". Pergit: "I felt pressuried, but I loved her and wanted her to get better. I felt I owed it to her to get engaged, as she had given me a lot of confidence" (Summ., 1). Et in examine iudiciali fusius hac de re deponit: "She wanted to marry me. She was getting better. Marriage was a good way to help her to improve. We'd been through a lot together" (Summ., 11/5).

Nemo est, qui ex his verbis deducat virum libertate interna caruisse. Desiderium mulieris enim matrimonium ineundi virum ad nuptias celebrandas non exclusive determinavit. Ipse, ardenti amore impulsus, coniugium voluit, ut condicionem mulieris meliorem redderet, fiduciae mulieris respondens. Et ita cuique patet virum non ex caeco instinctu ad aras accessisse. Propter quod celebratio connubii ei imputanda est. Ipse matrimonium directe voluit, aiens: "At the time, it was a good thing to do. She had a good job. She was a good support" (Summ., 11/5b). Propositum igitur coniugii celebrandi ex deliberatione rationis processit, ita ut electio conscia et libera esset.

Quartum argumentum deducitur ex ingressu alicuius personae in sexualem viri intimitatem. Ad rem ille tantum patefacit se abusus sexuales "at the boarding school" (Summ., 16/14) passum esse. Dolendum est scandalosum facinus peractum non ulterius explicari. Ex paucis, quae ex actis scimus, concludi non licet virum, sua vita perdurante, illo facto signatum mansisse. Ipse enim veri amoris, authenticae relationis interpersonalis et donationis suiipsius capax fuit. Ultimum argumentum hauritur ex defectu realisticae perceptione propriae capacitatis ex parte viri. Tabulae processuales sane demonstrant Actorem fuisse aliquo modo alienum a realitate et haesitantem in decisionibus sumendis.

Refert frater: "He is an artist... Initialy, he tried to be an architect and then he decided against it; we put him into a graphics designing, and then he decided he wanted to be a teacher. He became head of Department in the school" (Summ., 28/2g).

Accedit Conventa: "He was in fear of not doing the right thing" (Summ., 17/3a). "I felt he was never in touch with reality. He had unrealistic ideas..." (Summ., 18/3e). "He was 23 or 24, but decision-making was difficult" (Summ., 19/5e).

Adhuc: "I had an enormous frustration that he didn't seem to live in the real world. He had enormous mood swings. He was either very high or very low. It was Mike's inastability to stay with reality, and my inability to cope with that. Mike has a fragile personality, and there are a lot of problems in his personality that he hasn't come to terms with" (Summ., 21/9b).

Attento quod libertas humana finita et fallibilis est, mirum non est, si homo libertate difficulter utitur, se ipsum decipit et in errorem incidit. Quae omnia cum exercitio libertatis plene componuntur. Ut curriculum vitae clare ostendit, vir actor decursu vitae multas decisiones deliberatas tulit et semper ex motivis rationalibus egit. Ipse numquam in nubibus, sed semper hanc super terram vixit.

Haec est conclusio ex probationibus hucusque collectis: vir actor amore ardentissimo erga mulierem flagravit, de felici connubii exitu persuasus et iurium atque officiorum matrimonialium essentialium conscius fuit, prolem ex connubio exoptavit et omnia fecit, ut matrimonium salvum faceret. Etsi ipse in contrahendo erravisset, tamen libertate usus esset. Viro namque eligendi libertas relicta est, quamvis motiva inconscia in eius electionem influxum exercerent.

11. - Duae vota super solis actis confecta in actis prostant, quae nunc cribranda sunt.

Primum suffragium exaratum est a d.na Catharina Howard, de cuius competentia in arte psychologica vel psychiatrica et artis suae experientia nihil scitur. Votum synthesis actorum potius quam partium analysis structuralis esse videtur. Quapropter nullum validum adiutorium affert ad res sub aspectu psychologico illustrandas.

Perita suas conclusiones magna ex parte in declarationibus Actoris et sororis Conventae fundat, pluribus depositionibus in actis exstantibus neglectis. Ita votum explicat rationes, cur matrimonium naufragium passum sit, sed nullas praebet causas, ob quas vir capacitate libere et conscie eligendi gavisus non sit.

Infrascripti Patres admittunt motiva inconscia in electione matrimoniali adfuisse. At ex actis morali cum certitudine non patet illa exclusive decisionem viri determinavisse. Etenim ille ex motivis in eius conscientia praesentibus res cogitavit. Motiva inconscia in processum electivum non ingressa sunt, etsi illa in errorem inducere potuerint. Electio autem erronea cum necessitate non est electio non libera.

Appendice II

Peritus rotalis, post universarum probationum examen, suas conclusiones ita comprehendit: "Stando agli atti processuali, l'attore si presenta come un soggetto sentimentale, un artista, un sognatore; poco adatto ad affrontare gli scontri con la realtà sociale; piuttosto sottomesso, almeno nelle relazioni familiari e coniugali; ma capace di dedizione, di amore, di sacrificio e di perdono nei confronti della sposa; disponible con i figli [...]. Nonostante i limiti caratterologici ha sempre lavorato come insegnante fino al termine della convivenza coniugale [...]. Non si riscontrano elementi patocaratterologici, salvo una certa instabilità emotiva e la tendenza a reazioni di tipo depressivo" (Summ., 127/1).

Atque: "Da quanto abbiamo esposto, non risultano elementi per affermare un'incapacità di giudizio, relativa al matrimonio [...]" ex parte viri actoris (Summ., 26/7).

Nihil prohibet, quominus hoc votum in campum canonicum transferatur. Peritus Nostro Foro optime notus est, suum votum longe lateque explicat distinguens inter psychoanalisin et metaphysicam. Conclusionibus cum ceteris causae adiunctis collatis, infrascripti Auditores de Turno censuerunt caput gravis defectus discretionis iudicii in viro amandandum esse.

12. - Mulier, minor ex duobus sororibus, in familia harmoniosa nata est. Infantia bene transcurrit. Relatio ad matrem melior fuit quam illa ad patrem. In aetate evolutiva affecta fuit bulimia. Diaeta nimis rigorosa puellam ad anorexiam perduxit. A pluribus psychiatris visitata est et etiam per breve tempus in valetudinario degit. Tamen in tabulis processualibus desunt quaecumque chartulae clinicae. Nulla testimonia medicorum a curatione prostant. Deficit etiam attestatio medici, qui aliquam "family therapy" instituit.

Quidquid est, Iudices appellati ex probationibus collectis deducunt: "That the Respondent in this case suffered from the condition *anorexia nervosa* prior to, and at the time of, the mariage is not doubt. The testimony of witnesses bears this out" (Summ., 103/34).

Ipsi ad iurisprudentiam rotalem appellant: "As has been referred to above, the presence of *anorexia nervosa* is recognised in Rotal Jurisprudence a factor that can contribute to a lack of discretionary judgement, to the extent that the individual concerned in rendered unable to make a consent" (Summ., 103/33).

Magnum momentum habet verbum "can". Hac voce significatur anorexiam nervosam non esse impedimentum dirimens sensu technico neque per se nullitatem matrimonii secum ferre. Anorexia nervosa tunc tantum matrimonium invalidat, cum nupturientem ob gravem defectum discretionis iudicii incapacem coniugii contrahendi reddit.

13. - Iudices appellati post examen actorum ad conclusiones pervenerunt: "The judges of this tribunal recognise that the respondent's judgement at the time of consent was driven by the needs she had arising from her illness. There was no sense in which she was able to make an appropriate judgement regarding marriage consent. This heading is found proven" (Summ., 104/37).

Infrascripti Patres has conclusiones nullo modo suas faciunt, quia determinismum psychologicum sapiunt. Uti supra diximus, distinguendum est inter psychoanalisin et metaphysicam libertatis, inter causam finalem et causam efficientem.

Ad sententiam sustinendam, Iudices appellati multum in mulieris morbo inque eius dependentia a viro consistunt. Duo argumenta allata itaque singillatim examinanda sunt.

Quod attinet ad anorexiam nervosam, vir in libello exponit se in domo amasiae "Vanessa" loqui potuisse cum Christina, "who was showing signs of distress in her behaviour and weight loss (she was later diagnosed as anorexic)". Ipse declarat se cum puella anno 1966 conversationem incepisse "during her illness" et pergit: "I felt I was a great support to her, and she confirmed this". Et in examine iudiciali profert: "We never talked about the anorexia. When we married, she overcame the anorexia" (Summ., 10/4b).

Demum: "She was getting better during our courtship. So I felt that marriage would help her" (Summ., 12/7d).

Ex his declarationibus indubie constat morbum mulieris tempore sponsalicio perdurante in melius conversum esse et tempore nuptiarum non adeo gravem fuisse, ut eius voluntatem nubendi viro determinaret. Causa contrahendi fuit amor inter sponsos intercedens, viro fatente: "We were very much in love" (Summ., 10/5a), et muliere confirmante: "Because we were in love with each other" (Summ., 19/5b).

Conventa sine abagibus admittit: "I was, in fact, overweight and went on diet. I got out of control. The recovery period went on for 10 to 15 years. I saw various psychiatrists, and I stayed in hospital a few times" (Summ., 19/7).

Ad influxum morbi in consensum quod spectat, mulier a Iudice pressius interrogata: "Did you think that marriage would cure your illness?", absque haesitatione respondit: "No, I didn't think it would cure my illness" (Summ., 20/7d). Et sic mulier apertis verbis fatetur anorexiam nervosam nullum influxum causalem in decisionem nubendi exercuisse.

Ea insuper exponit "I would say I was mature enough for marriage", atque explanat: "It was a decision I was happy with, and wanted to make" (Summ., 19, 5e). Ita Conventa coram Iudice confirmat unicam causam efficientem matrimonii fuisse actum voluntatis. Ii, qui influxum morbi in decisionem defendunt, res sub aspectu philosophico non alte introspiciunt. Confundant enim motivum celebrandi cum causa matrimonium efficienti.

Perita res ex scientia psychoanalytica intelligere videtur. Eius conclusiones iuvant ad relationem inter partes intercedentem eiusque ruinam aestimandam, sed nullum adiutorium adducunt ad quaestionem de gravi defectu discretionis iudicii in Conventa dissolvendam.

Standum est conclusionibus Periti rotalis, qui nullum elementum pro "un'incapacità di giudizio" in muliere detexit (Summ., 126/7).

His animadversis, infrascripti Patres censent etiam caput gravis defectus discretionis iudicii in muliere reiciendum esse.

INCAPACITAS MULIERIS ASSUMENDI ONERA MATRIMONII ESSENTIALIA

14. - Vir uxorem, quacum per multos annos cohabitavit et binam prolem procreavit, hisce verbis describit: "She was quite a happy person, very able to cope. She had a good shop, she was supportive of me. I had just starded teaching." (Summ., 10/4a).

Actor adhuc virtutes Conventae laudat: "She is good at helping people. She is a good listener." (Summ., 14/9i), et diiudicat: "She is a very complex character" (Summ., 15/10b).

Conventa revelat: "I was close to my mother, my father was distant". Et domus paternae memoriam recolit: "It was a happy home. There were the usual sibling arguments with my sister, but it was generally a happy home and background" (Summ., 17/2c).

Mulier a viri patre ita depingitur: "She is very attractive, good housekeeper, cooked well, and had every appearance of being the perfect housewife" (Summ., 28/3b). Etiam: "She had a very pleasant manner, but always wanted to be a top executive" (Summ., 28/3c).

Ex hisce testimoniis nulla apparent signa, quae in infrascriptos Iudices suspicionem alicuius personalitatis perturbatae incitare possint.

15. - Fuitne mulier incapax matrimonii contrahendi ob anorexiam nervosam?

Partes affirmant anorexiam nervosam mulieris, sed eam nullo pacto tamquam expressionem perturbationis personalitatis considerant.

Ad rem mulier coram Iudice profert: "I was, in fact, overweight and went on a diet. It got out of control. The recovery period went on for 10 to 15 years" (Summ., 19/7b).

Ut supra rettulimus, vir tempore sponsalicio numquam cum muliere de anorexia collocutus est et tempore nuptiarum mulier "overcame the anorexia" (Summ., 10/4).

Actoris necessarii de morbo mulieris loquuntur, quin facta certa reddant: dum pater habet: "We knew there was something very wrong as she never ate a reasonable meal and went to the toilet often" (Summ., 30/5b), asserit mater: "We visited her in the hospital but I know nothing of her treatment or visit to any psychiatrists" (Summ., 39/5b), et affirmat frater: "Just a bad illness. She was given the full treatment" (Summ., 47/5b).

Ceteri testes pauca ad res illustrandam afferre possunt: Margarita et testis religiosa nihil sciunt (Summ., 54/5a-i; 74/5a-i); Petrus novit "she was anorexic around the time of this early relationship" (Summ., 60/3f), Rosa Maria scit: "She was anorexic during her late teens" (Summ., 67/3e), Conventae soror asserit: "Christina's personality at the time of her marriage was affected by the fact that she suffered from anorexia nervosa" (Summ., 79/3c).

Depositiones testium reapse pauperrimae sunt: alii de re nihil sciunt, alii anorexiam nervosam pro "this early relationship" et pro "her late teens" comprobant. Sola soror mulieris dicit "at the time of her marriage".

Paupertas probationum a Peritis quoque effertur: dum Perita scribit: "There is very little information about the causes of her illness [...], lamentatur Peritus: "In particolare non sappiamo nulla sulla dinamica della forma nervosa" (Summ., 124/5).

16. – Transeamus nunc ad examen relationum peritalium.

Psychologa declarat, cur matrimonium naufragium sit passum, sed nullam praebet analysin structuralem mulieris. Perita consistit multum in processibus inconsciis.

Peritus rotalis, qui suffragium Psychologae sub aspectu professionali examinavit, perstringit: "Le conclusioni della «relazione psicologica» della dr.ssa Rina Howard vanno accolte solo in parte:

esse possono darci ragione del fallimento del matrimonio ma non possono fondare un giudizio sulla capacità di compiere una valida scelta matrimoniale e sull'attitudine a formare una comunità coniugale" (Summ., 128/3).

Psychiater suas deductiones sic perstringit: "La convenuta dimostra una personalità forte, ambiziosa, dominante, vogliosa di affermarsi, poco religiosa, ma cordiale e perfetta padrona di casa. Durante l'età evolutiva ci fu una certa rivalità con la sorella, rivalità che poi scomparve, e un conflitto con il padre. Una dato anamnestico importante è la comparsa intorno ai 17 anni di una anoressia nervosa che pone il sospetto (ma soltanto il sospetto) di una condizione neuvrotica e di un disturbo di personalità" (Summ., 127/1).

Quoad gravitatem morbi Peritus nullum iudicium proferre valet, ipso fatente: "Purtroppo, data la genericità delle testimonianze e la mancanza di una documentazione clinica, non siamo in grado di formulare un sicuro giudizio diagnostico e tanto meno di «quantificare» l'eventuale forma morbosa" (Summ., 127).

Quoad incapacitatem mulieris instaurandi relationem matrimonialem, dualem et exclusivam, Peritus suum votum hoc modo exprimit: "Non possiamo dire se tale capacità sia stata presente anche nella convenuta. Le testimonianze sembrano deporre in senso positivo, ma il dato diagnostico di una grave anoressia impone di sospendere doverosamente il giudizio" (Summ., 127/2).

17. - Infrascripti Auditores de Turno, omnibus causae adiunctis attente perpensis, ad conclusionem veniunt anorexiam nervosam seu mentalem tempore nuptiarum in mulieri talem gradum non attigisse, qui incapacitatem assumendi obligationes matrimonii essentiales produceret.

Ex tabulis processualibus comperimus anorexiam curam bulimiae secutam esse et tempore nuptiarum gravem non fuisse, aiente muliere: "My health was quite stable after marriage" (Summ., 21/8c). Connubium per saltem duos primos annos serenum et pacificum fuit, immo "very happy" (Summ., 13/9a). Mutuae contentiones, quae ad disruptionem insanabilem connubii adduxerunt, ex diversitate prospectuum vitae initium sumunt: mulier difficultates exortas ex nativitate primogeniti, qui "was a problem child" (Summ., 22/9h), tollerare noluit et vir nova et severa studia universitaria suscepit.

Causa naufragii matrimonii a Conventa locutionibus "my relationship with another man" (Summ., 23/10/b) indicatur. Connubium igitur non ex rationibus mulieris internis infelicem habuit exitum, sed ob rationes supervenientes et externas.

Accedit, quod vir domum coniugalem deseruit, ut ipse patefacit: "I decided to move out" (Summ., 14/9l) et: "I moved out in 1988" (Summ., 13/9b).

Ad naturam et gravitatem anorexiae nervosae quod attinet, haec sunt animadvertenda:

Desunt in muliere illa symptomata, quae in puellis hoc morbo affectis inveniuntur. Non solum deficit in ea obsessio phobica, sed etiam "amenorrhea", quidem "stranamente", ut Peritus rotalis scite adnotat. Sicut vir asserit, mulier sponsaliis perdurantibus "gained weight" (Summ., 1). Quemadmodum iam dictum est, mulier officia uxoris et matris quoad substantialia implevit. Itaque ei cura de prole a Magistratu civili concredita est. Nulla denuntiatur difficultas, ad vitam intimam quod spectat, sive quoad frequentiam sive quoad modum.

Cum ex tabulis processualibus onus specificum, cuius mulier dicitur incapax, non emergat, Peritus rotalis naturam et gravitatem causae psychicae in Conventa significare non possit atque connubium ex causis externis ruinam passum sit, Iudices certitudinem moralem iure necessariam ad declarandam nullitatem matrimonii adipisci non possunt.

18. - Quibus omnibus cum in iure tum in facto rite expositis et mature perpensis, Nos infrascripti Auditores de Turno, pro Tribunali sedentes et solum Deum prae oculis habentes, Christi nomine invocato, decernimus, declaramus ac definitive pronuntiamus dubiis propositis respondentes:

NEGATIVE AD OMNIA, SEU NON CONSTARE DE NULLITATE MATRIMONII, IN CASU, EX ULLO ADDUCTO CAPITE.

Ita pronuntiamus atque committimus locorum Ordinariis et Tribunalium ministris, ad quos spectat, ut hanc Nostram definitivam sententiam notificent omnibus, quibus de iure, ad omnes iuris effectus.

Romae, in sede Romanae Rotae Tribunalis die 19 decembris 2002.

Iosephus HUBER, Ponens
Franciscus LÓPEZ- ILLANA
Ioannes Baptista DEFILIPPI

M. Xaverius Leo Arokiaraj, Not.

Ex Cancellaria Rotae Romanae Tribunalis, die

M. Xaverius Leo Arokiaraj, Not.

GLI AUTORI

BARBIERI Prof. Cristiano
Professore di Medicina Legale nelle Facoltà di Giurisprudenza dell'Università degli Studi di Pavia e dell'Università Cattolica del Sacro Cuore di Piacenza

CALLIERI Prof. Bruno
Libero Docente in Psichiatria ed in Malattie Nervose e Mentali - Università degli Studi di Roma "La Sapienza"

HILBERT Prof. Michael P., S. J.
Decano della Facoltà di Diritto Canonico della Pontificia Università Gregoriana

LUZZAGO Prof.ssa Alessandra
Professore di Psicopatologia Forense nell'Università degli Studi di Pavia

RONCAROLI Prof. Pierluigi
Professore di Psicoterapia nell'Istituto Italiano Studi di Ipnosi Clinica e Psicoterapia "H. Bernheim" di Verona

STANKIEWICZ Mons. Antoni
Decano del Tribunale della Rota Romana

TAVERNA Prof. Pietro (03.08.1927 - 23.09.2009)
Libero Docente in Malattie Nervose e Mentali - Già Primario neurologo dell'Ospedale Civile di Voghera

TRONCHIN Dott. Michele
Rettore del Seminario Arcidiocesano Missionario "Redemptoris Mater" di Dar Es Salama (Tanzania) - Già Difensore del Vincolo e Promotore di Giustizia del Tribunale di Appello del Vicariato di Roma.

INDICE

Prefazione   3
Michael P. Hilbert S.J.

SAGGIO INTRODUTTIVO – L'ambiguo dialogo tra anoressia e dismorfofobia   7
Bruno Callieri

CAPITOLO I – Aspetti definitori: disturbo alimentare o disturbo esistenziale?   15
Cristiano Barbieri
   1. Il concetto di anoressia nella storia della psichiatria   15
   2. Il concetto di bulimia nella storia del pensiero psichiatrico   26
   3. Altri disturbi alimentari nella storia del pensiero psichiatrico   33
   4. Il senso del disturbo   39

CAPITOLO II – Problematiche classificatorie   49
Cristiano Barbieri, Michele Tronchin
   1. Riflessioni preliminari   49
   2. Psicopatologia versus nosografia   55
   3. Il disturbo anoressico   62
   4. Il disturbo bulimico   71

5. Altri disturbi del comportamento alimentare	77
6. I rapporti tra i diversi disturbi	80

CAPITOLO III − Epidemiologia dei disturbi alimentari	85
Cristiano Barbieri, Michele Tronchin	
1. Problemi e limiti	85
2. Alcuni dati internazionali	86
3. Alcuni dati nazionali	89
4. La mortalità	90

CAPITOLO IV − Eziologia, patogenesi e patoplastica	93
Cristiano Barbieri, Michele Tronchin	
1. Fattori socio-culturali	93
2. Fattori biologico-individuali	105
3. Fattori psicologico-relazionali	108
4. Fattori situazionali	130

CAPITOLO V − Caratteristiche personologiche	139
Cristiano Barbieri	
1. Introduzione	139
2. La personalità dell'anoressica	141
3. La personalità della bulimica	148

CAPITOLO VI − Diagnostica dei disturbi alimentari	157
Cristiano Barbieri	
1. Premesse	157
2. Anoressia	157
3. Bulimia	167

CAPITOLO VII – Psicoterapie dei disturbi alimentari — 181
Pierluigi Roncaroli, Cristiano Barbieri
  1. Clinica dei disturbi del comportamento alimentare — 181
  2. Psicoterapie individuali — 184
  3. Terapie di gruppo — 188
  4. Terapie familiari — 194
  5. Conclusioni — 202

CAPITOLO VIII – Farmacoterapie dei disturbi alimentari — 209
Pietro Taverna, Cristiano Barbieri
  1. Premesse — 209
  2. Tipologie di farmaci — 211
  3. Alcune osservazioni sulla farmacoterapia dei disturbi della condotta alimentare — 217

CAPITOLO IX – Anoressia e bulimia nel matrimonio canonico — 221
Michele Tronchin
  1. Premessa — 221
  2. Le relazioni interpersonali — 222
  3. La sessualità — 229
  4. La cura della prole — 242

CAPITOLO X – La Dottrina canonica in materia di disturbi alimentari — 245
Michele Tronchin
  1. Introduzione — 245
  2. Il can. 1095 — 246
  3. Il ruolo della psichiatria e della psicologia nelle cause di nullità — 271
  4. Anoressia e bulimia nel contesto del can. 1095, nn. 2-3 — 281

CAPITOLO XI – La Giurisprudenza Rotale in materia di disturbi   289
alimentari
Michele Tronchin
   1. Introduzione   289
   2. Analisi delle sentenze della Rota Romana pubblicate   290
   3. Analisi della sentenza della Rota Romana non   320
      pubblicata
   4. Analisi del decreto della Rota Romana non pubblicato   325
   5. Osservazioni   326

SAGGIO CONCLUSIVO – Metodologia della perizia medico-   329
canonistica in materia di disturbi alimentari
Alessandra Luzzago, Cristiano Barbieri
   1. Premesse metodologiche   329
   2. Problematiche diagnostiche   331
   3. Problematiche ermeneutiche in Medicina Canonistica: 343
      dal senso del disturbo alimentare alla rilevanza forense
      del medesimo
   4. Conclusioni   351

POSTFAZIONE   353
S.E. Mons. Antoni Stankiewicz

APPENDICE – Testo latino integrale delle sentenze rotali   361

GLI AUTORI   395

INDICE GENERALE   397

Finito di stampare nel mese di Febbraio 2010
presso Servizi Grafici Editoriali Srl - Roma